CORRUPÇÃO E SEUS MÚLTIPLOS ENFOQUES JURÍDICOS

CRISTIANA FORTINI

Coordenadora

Maria Sylvia Zanella Di Pietro

Prefácio

CORRUPÇÃO E SEUS MÚLTIPLOS ENFOQUES JURÍDICOS

Belo Horizonte

Fórum

CONHECIMENTO JURÍDICO

2018

© 2018 Editora Fórum Ltda.

É proibida a reprodução total ou parcial desta obra, por qualquer meio eletrônico, inclusive por processos xerográficos, sem autorização expressa do Editor.

Conselho Editorial

Adilson Abreu Dallari
Alécia Paolucci Nogueira Bicalho
Alexandre Coutinho Pagliarini
André Ramos Tavares
Carlos Ayres Britto
Carlos Mário da Silva Velloso
Cármen Lúcia Antunes Rocha
Cesar Augusto Guimarães Pereira
Clovis Beznos
Cristiana Fortini
Dinorá Adelaide Musetti Grotti
Diogo de Figueiredo Moreira Neto
Egon Bockmann Moreira
Emerson Gabardo
Fabrício Motta
Fernando Rossi
Flávio Henrique Unes Pereira

Floriano de Azevedo Marques Neto
Gustavo Justino de Oliveira
Inês Virgínia Prado Soares
Jorge Ulisses Jacoby Fernandes
Juarez Freitas
Luciano Ferraz
Lúcio Delfino
Marcia Carla Pereira Ribeiro
Márcio Cammarosano
Marcos Ehrhardt Jr.
Maria Sylvia Zanella Di Pietro
Ney José de Freitas
Oswaldo Othon de Pontes Saraiva Filho
Paulo Modesto
Romeu Felipe Bacellar Filho
Sérgio Guerra
Walber de Moura Agra

Luís Cláudio Rodrigues Ferreira
Presidente e Editor

Coordenação editorial: Leonardo Eustáquio Siqueira Araújo

Av. Afonso Pena, 2770 – 15º andar – Savassi – CEP 30130-012
Belo Horizonte – Minas Gerais – Tel.: (31) 2121.4900 / 2121.4949
www.editoraforum.com.br – editoraforum@editoraforum.com.br

C823   Corrupção e seus múltiplos enfoques jurídicos/ Cristiana Fortini (Coord.).– Belo Horizonte : Fórum, 2018.

389 p.

ISBN: 978-85-450-0422-6

1. Direito Administrativo. 2. Direito Constitucional. 3. Direito Público I. Fortini, Cristiana. II. Título.

CDD 341.3
CDU 342

Informação bibliográfica deste livro, conforme a NBR 6023:2002 da Associação Brasileira de Normas Técnicas (ABNT):

FORTINI, Cristiana (Coord.). *Corrupção e seus múltiplos enfoques jurídicos*. Belo Horizonte: Fórum, 2018. 389 p. ISBN 978-85-450-0422-6.

SUMÁRIO

PREFÁCIO
Maria Sylvia Zanella Di Pietro 11

APRESENTAÇÃO 15

PARTE I
O BRASIL E A LEI ANTICORRUPÇÃO DAS PESSOAS JURÍDICAS

CONSIDERAÇÕES SOBRE A (IN)CONSTITUCIONALIDADE DA LEI Nº 12.846/2013
Débora Carvalho Mascarenhas dos Anjos, Paula Carolina de Oliveira Azevedo da Mata 19
1 Introdução 19
2 Competência legislativa da União 19
3 Fundamento constitucional para a previsão da responsabilidade objetiva das pessoas jurídicas 24
3.1 Ação Direta de Inconstitucionalidade nº 5.261 30
4 Conclusão 32
Referências 33

RESPONSABILIDADE DE PESSOAS JURÍDICAS POR ATOS DE CORRUPÇÃO: REFLEXÃO SOBRE OS CRITÉRIOS DE IMPUTAÇÃO
Ana Frazão 35
1 Introdução 35
2 A responsabilização da pessoa jurídica por fato próprio 36
3 A responsabilização da pessoa jurídica por fato de "terceiro" 39
4 Solução acolhida pela Lei Anticorrupção 43
5 Correta interpretação da *vicarious liability* no âmbito do Direito Administrativo sancionador: impossibilidade de punição sem reprovabilidade 45
6 Mesmo no Direito Civil, a chamada responsabilidade objetiva da pessoa jurídica é, como regra, um juízo de imputação, que não dispensa a prática de ato culposo 49
7 Conclusões 53
Referências 54

O DECRETO FEDERAL Nº 8.420/15 E A METODOLOGIA DE CÁLCULO PARA FIXAÇÃO DA MULTA
Cristiana Fortini, Laís Rocha Salgado 57
1 Introdução 57

2	O decreto	61
3	Das circunstâncias agravantes	63
4	Das circunstâncias atenuantes	68
	a) Da consumação ou não da infração	68
	b) Da reparação integral do dano	69
	c) Do programa de integridade, cooperação e acordo de leniência	71
5	A vantagem auferida ou pretendida pelo infrator	76
6	O valor da multa	77
7	Conclusão	79
	Referências	80

ATOS LESIVOS À ADMINISTRAÇÃO PÚBLICA E O PRINCÍPIO *NE BIS IN IDEM*: UMA ANÁLISE DO SISTEMA LEGAL DE DEFESA DA INTEGRIDADE ADMINISTRATIVA

Caroline Stéphanie Francis dos Santos Maciel, Mariana Magalhães Avelar 83

1	Introdução	83
2	Breve diagnóstico: ausência de unidade e de coerência normativa no sistema de defesa da integridade administrativa	86
3	A busca por unidade e coerência normativa na defesa da integridade: por uma visão integrada das esferas de responsabilização por atos de corrupção	98
4	As contribuições da Legística para a coerência do sistema de defesa da integridade administrativa	109
5	Considerações finais	113
	Referências	114

ANÁLISE DO PROGRAMA DE LENIÊNCIA DA LEI ANTICORRUPÇÃO BRASILEIRA: CARACTERÍSTICAS E EFETIVIDADE

Reinaldo Diogo Luz, Fabiano Teodoro de Rezende Lara 119

1	Introdução	119
2	A Lei Anticorrupção e seu programa de leniência	123
3	Fundamentos econômicos dos programas de leniência	128
3.1	Leniência parcial x leniência total	131
3.2	Único proponente x múltiplos proponentes	132
3.3	Leniência *ex ante* x leniência *ex post*	134
3.4	Possibilidade de leniência para o líder do grupo	135
3.5	Possibilidade de recompensa positiva	136
4	Conclusão	137
	Referências	140

COMPLIANCE ANTICORRUPÇÃO: FORMAS E FUNÇÕES NA LEGISLAÇÃO INTERNACIONAL, NA ESTRANGEIRA E NA LEI Nº 12.846/2013

Marcelo Andrade Féres, Henrique Cunha Souza Lima 145

1	Considerações iniciais	145

2	O que é o *compliance*: possíveis definições	147
3	*Compliance* na legislação anticorrupção estrangeira e internacional: entre formas e funções	148
3.1	As formas do *compliance* no direito estrangeiro: FCPA e o UK BriberyAct	150
3.2	As funções do compliance no direito estrangeiro: FCPA e o UK Bribery Act	154
3.3	As formas e as funções do *compliance* nos tratados internacionais anticorrupção	157
4	O *compliance* na lei brasileira anticorrupção	160
4.1	As formas do *compliance* na Lei Brasileira Anticorrupção	160
4.2	As funções do *compliance* na Lei Brasileira Anticorrupção	162
	a) O *compliance* e a responsabilização administrativa	164
	b) O *compliance* e os acordos de leniência	167
	c) O *compliance* e a responsabilização judicial	169
5	Conclusões	171
	Referências	172

USANDO MULTIPLICIDADE INSTITUCIONAL PARA ENFRENTAR A CORRUPÇÃO COMO UM PROBLEMA DE AÇÃO COLETIVA: LIÇÕES DO CASO BRASILEIRO

Lindsey D. Carson, Mariana Mota Prado		175
1	Introdução	175
2	Corrupção como um problema de Principal-Agente	176
2.1	A corrupção segundo o modelo de Principal-Agente	177
2.2	As limitações de iniciativas convencionais de combate à corrupção	179
3	Corrupção como um problema de ação coletiva	181
3.1	Corrupção segundo o modelo da ação coletiva	181
3.2	Incorporar o modelo de ação coletiva à agenda anticorrupção	183
4	Multiplicidade institucional – Uma abordagem promissora para enfrentar a corrupção como uma ação coletiva	185
4.1	Definindo a multiplicidade institucional	185
4.2	A multiplicidade institucional como estratégia para enfrentar os problemas de ação coletiva	187
4.3	Tipos de multiplicidade institucional	189
5	Brasil – Um estudo de caso de multiplicidade institucional reativa	190
6	Conclusão	196
	Referências	198

A NECESSIDADE DE HARMONIZAÇÃO DAS ESFERAS DO PODER PUNITIVO ESTATAL (ADMINISTRATIVA E PENAL) NO COMBATE À CORRUPÇÃO

Bruno Martins Torchia, Maria Tereza Fonseca Dias		205
1	Introdução	205
2	Atos de corrupção	208

3	Multiplicidade das esferas do poder punitivo estatal	210
3.1	A importância do elemento subjetivo das condutas nas diferentes esferas do poder punitivo estatal	212
3.2	Aspectos penais do combate à corrupção e da responsabilização das pessoas jurídicas	214
3.3	A responsabilidade objetiva da Lei Anticorrupção	216
3.3.1	Aspectos gerais da Lei Anticorrupção: fundamentos e natureza jurídica	216
3.3.2	Responsabilidade objetiva, legalidade e tipicidade das condutas descritas na LAC	219
3.3.3	Críticas à responsabilidade objetiva e as vicissitudes do Direito Administrativo Sancionador	221
4	Considerações finais	225
	Referências	227

O NOVO MARCO REGULATÓRIO DAS ORGANIZAÇÕES DO TERCEIRO SETOR COMO FERRAMENTA DE COMBATE À CORRUPÇÃO

Renata Ramos de Castro		231
1	Breve introdução ao Terceiro Setor	231
2	As práticas de combate à corrupção no Terceiro Setor	236
2.1	A impessoalidade	237
2.2	O monitoramento e avaliação	241
2.3	*Accountability* (prestação de contas)	242
2.4	*Disclosure* (transparência)	244
3	Conclusão	245
	Referências	246

PARTE II

COMBATE GLOBAL À CORRUPÇÃO: INSTRUMENTOS E EXPERIÊNCIAS

RECOMPENSAS PARA DENUNCIANTES NO COMBATE À CORRUPÇÃO?

Theo Nyreröd, Giancarlo Spagnolo, Tradução: Reinaldo Diogo Luz		251
1	Introdução	251
2	Em que a corrupção é diferente?	253
3	Retaliação, compensação e a necessidade de recompensar denunciantes	254
4	Características dos programas de recompensas existentes	255
5	O custo e o escopo dos programas de recompensa	257
6	Preocupações morais e denunciantes oportunistas/ mal-intencionados	260
7	Conclusões	263
	Referências	264

COOPERAÇÃO E COMBATE À CORRUPÇÃO NA UNIÃO EUROPEIA

Jamile Bergamaschine Mata Diz, Lucas Tavares Mourão 267
    Introdução 267
1   Noções sobre cooperação jurídica 268
2   Breves apontamentos acerca da corrupção na União Europeia 271
3   Mecanismos de combate à corrupção que afetam a União Europeia 274
3.1   Combate à corrupção na União Europeia 278
3.2   Organismo de Luta Antifraude 281
4   Conclusão 285
    Referências 286

O COMBATE GLOBAL À CORRUPÇÃO E O DIREITO INTERNACIONAL PRIVADO: PRIMEIROS ESFORÇOS DE UMA SISTEMATIZAÇÃO NECESSÁRIA

Fabrício Bertini Pasquot Polido 289
1   Direito internacional privado, combate global à corrupção e suas fronteiras: uma introdução 290
2   Conformação do arcabouço internacional de combate às práticas de corrupção e unilateralismo das soluções 294
3   Jurisdição e responsabilidades por atos delituais praticados em conexão com corrupção no estrangeiro 299
4   Cooperação jurídica internacional e contencioso internacional privado em processos de corrupção 303
5   Corrupção e contratos internacionais 307
    Referências 309

PARTE III
O COMBATE À CORRUPÇÃO SOB A ÓTICA DO DIREITO PENAL

A RESPONSABILIDADE PENAL DA PESSOA JURÍDICA POR CRIME DE CORRUPÇÃO NA PROPOSTA DE NOVO CÓDIGO PENAL

Fernando A. N. Galvão da Rocha 315
1   Introdução 315
2   Opção política 317
3   Teoria do crime e pessoa jurídica 322
4   Responsabilidade indireta 325
5   Responsabilidade civil como referência dogmática 327
6   Responsabilidade restrita às pessoas de direito privado 329
7   Responsabilidade restrita a alguns crimes 331
8   Responsabilidade objetiva 332
9   Conclusões 334
    Referências 335

RESPONSABILIDADE CORPORATIVA E *COMPLIANCE*: NOVAS ESTRATÉGIAS DE PREVENÇÃO À CRIMINALIDADE ECONÔMICA

Felipe Martins Pinto, Paula Rocha Gouvêa Brener......339
    Introdução 339
1   Contextualização: sociedade de riscos e autorregulação regulada....341
2   *Compliance* como instrumento preventivo 342
3   Novos contornos da responsabilidade dos gestores empresariais 345
4   Individualização de responsabilidade e afastamento de tipicidade..349
5   Considerações finais......351
    Referências 352

PARTE IV
POLÍTICA E CORRUPÇÃO

CORRUPÇÃO E REFORMA POLÍTICA

Adriana Campos Silva, Paulo Henrique de Mattos Studart, Júlia Rocha de Barcelos......357
1   Introdução 357
2   Considerações gerais sobre a corrupção 358
3   Considerações sobre o atual modelo jurídico-institucional de garantia da higidez do processo eleitoral 360
4   Perspectivas em discussão 363
4.1   *Accountability* ou responsividade 363
4.2   Financiamento de partidos e campanhas......364
4.2.1 A questão do caixa dois 368
5   Considerações finais......370
    Referências 370

SOCIEDADE ÉTICA, ESTADO DE DIREITO E CORRUPÇÃO

José Luiz Quadros de Magalhães......373
1   Introdução 373
2   O Direito Penal não resolve 376
3   Quem diz o que é ético? 377
4   Ética x direito 378
5   O candidato limpo......381
6   Conclusão, sempre provisória: somos seres processuais, singulares, plurais e dinâmicos 383

SOBRE OS AUTORES 385

PREFÁCIO

Recebi, com muita alegria, convite para escrever o Prefácio do livro organizado pela Professora Cristiana Fortini, da Universidade Federal de Minas Gerais, sob o título de *Corrupção e seus Múltiplos Aspectos*.

O tema é dos mais importantes nos dias atuais em decorrência das inúmeras investigações de atos de corrupção praticados por agentes públicos, em conluio com particulares, especialmente grandes empresas do setor privado. O alerta inicial levou à instalação da chamada *Lava Jato*, seguida de outras investigações, sempre batizadas com nomes sugestivos.

O tema vem despertando grande interesse e tem merecido a atenção de juristas, cientistas políticos, sociólogos, jornalistas, criminalistas, estudantes, pelo impacto que os escândalos de corrupção, a todo momento noticiados pela mídia, causa em toda a sociedade, com repercussões negativas sobre a imagem do Estado brasileiro em outros países. Eu mesma já organizei um livro de comentários à Lei Anticorrupção (Lei nº 12.846, de 1º.08.2013), em conjunto com o Professor Thiago Marrara, também publicado pela Editora Fórum, neste ano de 2017.

Não há dúvida de que o tema da corrupção se tornou alvo de grande preocupação por parte de toda a sociedade brasileira, pelos resultados funestos que esse tipo de ilícito vem causando ao interesse coletivo, pelo desperdício de dinheiro público nas mãos de políticos e empresários que não têm qualquer tipo de escrúpulo em relação às crises que o país atravessa. É assustador o contraste entre, de um lado, os valores recebidos a título de propinas, conluios e conchavos de toda espécie, e a situação de miséria enfrentada por parcela considerável da população brasileira, que enfrenta todo tipo de dificuldades à míngua de recursos públicos por parte do Estado. Este se omite no atendimento do mínimo existencial, enquanto recursos públicos são perdidos nas mãos de cidadãos inescrupulosos. Aliás, talvez as crises sejam, em grande parte, consequência da atuação de verdadeiras organizações criminosas que se instalaram nos Poderes do Estado. Talvez a crise ética e a crise de moralidade estejam na base de todas as demais crises que vivenciamos, a saber, a crise financeira, a crise fiscal, a crise política, a crise de eficiência.

A corrupção já é punida, desde longa data, pelo Código Penal. Também vêm de longa data as leis que punem o enriquecimento ilícito de servidores públicos no desempenho de cargo ou emprego público.

A lei de improbidade veio em reforço da responsabilização dos agentes públicos, com um alcance maior, de modo a punir particulares que tenham de alguma forma participado do ato de improbidade administrativa. A aplicação dessa lei vem sendo feita de forma rotineira pelos legitimados ativos, especialmente o Ministério Público e a Advocacia Pública. A Lei de Licitações também sanciona os ilícitos administrativos e criminais praticados no procedimento licitatório. Agora a Lei Anticorrupção acrescenta no direito positivo mais um instrumento importante para punir, administrativa e judicialmente, as pessoas jurídicas que causam dano à Administração Pública nacional e estrangeira.

No entanto, está de tal forma arraigada no sistema político brasileiro a prática de atos de corrupção, que os políticos não estão se sentindo intimidados pelas sanções que vêm se multiplicando em relação a agentes públicos (especialmente agentes políticos) e a empresas privadas. Tem-se a impressão de que os políticos não sabem exercer as altas funções que assumiram sem tentar obter proveito extra, em benefício próprio e em detrimento do erário, com reflexos altamente negativos sobre os encargos sociais a cargo do Estado. E, embora a atuação da Polícia Federal e do Ministério Público esteja muito intensa na apuração dos ilícitos, com vistas à punição dos infratores, os recursos perdidos ainda são recuperados em montante pouco significativo. E o que mais assusta é que parcela considerável da própria sociedade parece ter-se acostumado com essa forma de governar ou está alheia aos males sociais que disso resultam e continuam a acreditar e a apoiar políticos que engrossam a lista dos que não têm a "ficha limpa" que se espera dos governantes.

Por isso tudo, é importante que a academia se preocupe em analisar o assunto da corrupção em seus múltiplos aspectos. É preciso criar a cultura da probidade na atuação governamental. Toda contribuição nesse sentido é muito bem recebida.

É o que faz o livro, que agora tenho a honra de prefaciar, organizado com muita competência pela Professora Cristiana Fortini. Ele não se limita a analisar a chamada Lei Anticorrupção ou Lei da Empresa Limpa. Ele tem um conteúdo mais amplo, porque analisa diferentes aspectos da corrupção, com trabalhos de professores da Universidade Federal de Minas Gerais, de diferentes especialidades. Como me esclareceu a ilustre Professora ao me formular o convite, "*são olhares sob o ângulo penal, empresarial, econômico, internacional, constitucional e administrativo*". E o livro também abrange "olhares" de estudantes de Mestrado daquela Universidade.

Realmente, os textos compilados para inserção no livro abrangem temas como *Sociedade ética, Estado de Direito e corrupção; Corrupção e reforma politica; Responsabilidade corporativa e* compliance; *A responsabilidade penal de pessoa jurídica por crime de corrupção na proposta de novo Código Penal; O combate global à corrupção e o direito internacional: primeiros esforços de uma sistematização necessária; Cooperação e combate à corrupção; Recompensas para denunciantes no combate à corrupção,* entre outros.

Os títulos apresentados são suficientes, por si, para chamar a atenção para a importância dos temas analisados por profissionais e estudiosos de diferentes áreas. Exatamente essa interdisciplinaridade é que atrai a atenção e revela a relevância do livro para os estudiosos da matéria.

É importante a contribuição que, com a organização dessa obra, a Professora Cristiana Fortini traz para o conhecimento e o combate à corrupção. A sua postura, como profissional do Direito, os seus amplos conhecimentos de direito administrativo e constitucional, a sua ética como professora universitária e como jurista, emprestam credibilidade e importância à obra que agora vem a público. É mais uma contribuição do mundo jurídico ao esforço de instalar a probidade no seio dos três Poderes do Estado.

Maria Sylvia Zanella Di Pietro
Professora titular aposentada de Direito Administrativo
da Universidade de São Paulo (USP). Docente sênior na
mesma instituição. Livre-Docente, Doutora e Mestre em
Direito do Estado pela Universidade de São Paulo (USP).
Advogada parecerista.

APRESENTAÇÃO

O Programa de Pós-Graduação em Direito da Faculdade de Direito da Universidade Federal de Minas Gerais apresenta a presente obra, que congrega os estudos desenvolvidos sobre corrupção por diversos professores, e seus mestrandos e doutorandos, durante os anos de 2016 e 2017, além de contar com a participação de alguns convidados externos, estrangeiros e brasileiros, ligados a outros Programas.

Busca-se com a apresentação dos estudos enlaçar as diversas abordagens e olhares que o tema da corrupção propicia. Se de um lado enfrenta-se a questão sob a ótica penal, de outro, oferece-se visão mais própria ao ambiente do Direito Administrativo. Se importam os compromissos internacionais e a agenda mundial sobre o tema, também devem ser considerados aspectos internos relacionados ao ambiente eleitoral. O tema perpassa mais de uma linha de pesquisa, exatamente porque impossível circunscrevê-lo, dado o interesse que desperta nos pesquisadores do Direito.

O objetivo principal é, assim, promover a reflexão sobre os diversos aspectos jurídicos da corrupção, sem descurar, como se percebe dos artigos vários, as influências históricas, sociais e culturais.

Espera-se com esta obra que o leitor, além de conhecer as pesquisas realizadas por parte dos professores do Programa de Pós da UFMG, e de professores convidados, possa construir a sua própria visão, municiado de perspectivas as mais diversas sobre o assunto.

Belo Horizonte, novembro de 2017.
Cristiana Fortini

PARTE I

O BRASIL E A LEI ANTICORRUPÇÃO DAS PESSOAS JURÍDICAS

CONSIDERAÇÕES SOBRE A (IN)CONSTITUCIONALIDADE DA LEI Nº 12.846/2013

DÉBORA CARVALHO MASCARENHAS DOS ANJOS

PAULA CAROLINA DE OLIVEIRA AZEVEDO DA MATA

1 Introdução

Após a edição da Lei nº 12.846/2013, a doutrina nacional tem se dedicado ao estudo dos institutos por ela disciplinados. Como é de se esperar, após a entrada em vigor de uma nova legislação, a doutrina tem controvertido em relação a vários aspectos.

Dentre os inúmeros questionamentos sobre os quais a doutrina tem se debruçado, destaca-se neste trabalho a discussão referente à constitucionalidade da lei.

A divergência a respeito da constitucionalidade do diploma normativo centra-se em dois pontos principais, quais sejam, a competência da União para a edição de uma lei de caráter nacional que verse sobre responsabilidade e procedimento administrativo, bem como a previsão de responsabilidade objetiva das pessoas jurídicas.

2 Competência legislativa da União

A Lei nº 12.846/2013, denominada Lei Anticorrupção, disciplina a responsabilização administrativa e civil de pessoas jurídicas pela prática de atos lesivos à administração pública, nacional ou estrangeira.

No tocante à previsão de responsabilidade civil para as pessoas jurídicas, entende-se inquestionável a competência da União para a edição de lei de caráter nacional, posto que o artigo 22, inciso I, da Constituição da República dispõe que pertence à União a competência privativa para a edição de leis que versem sobre direito civil.

Por outro lado, no que se refere à competência para a edição de lei que verse sobre responsabilidade administrativa e seu respectivo procedimento, questiona-se a competência da União para a edição de lei nacional, ou seja, com aplicabilidade para todos os entes federados.

Indaga-se qual o dispositivo constitucional fundamenta a competência da União para a edição de lei de caráter nacional que verse sobre responsabilidade administrativa por atos praticados contra a administração pública e o respectivo procedimento de responsabilização.

A competência para legislar sobre direito administrativo é de natureza concorrente entre a União, Estados e Distrito Federal. Não obstante inexistir previsão de competência concorrente para os Municípios, eles poderão editar normas que versem sobre o tema desde que de interesse local, nos termos do artigo 30, inciso I, da Constituição da República.

A previsão de competência concorrente é a regra geral, de modo que nas hipóteses que o legislador entendeu necessárias, expressamente consignou no texto constitucional a competência privativa da União para legislar sobre temas afetos ao direito administrativo, como o fez no artigo 22, inciso II e inciso XXVII, que tratam de desapropriação e normas gerais de licitação e contratação, respectivamente.

Do mesmo modo, o artigo 37, §4º, da Constituição da República determinou a edição de lei que verse sobre atos que configurem improbidade administrativa, bem como elencou as respectivas penas. Com fundamento nesse dispositivo constitucional, a União editou a Lei nº 8.429/1992, com aplicabilidade para todos os entes federados.

Diogo de Figueiredo Moreira Netto, ao afirmar a constitucionalidade da Lei Anticorrupção, o faz sob o argumento de que o fundamento de validade da mencionada lei é o sistema constitucional da moralidade administrativa.

O autor esclarece que se trata de hipótese de eficácia exógena do princípio da moralidade administrativa, ou seja, apesar de os indivíduos não estarem submetidos ao princípio da legalidade administrativa, por se tratar de princípio oponível apenas à Administração Pública, seus efeitos devem ser estendidos aos particulares. Transcreve-se:

> (...) Este princípio substantivo da moralidade administrativa informa vários institutos atinentes ao controle da Administração Pública,

notadamente os que embasam o desempenho ético dos agentes políticos e administrativos.

Não obstante, para que se dê concretude ao princípio da moralidade administrativa, não se deve exercer o controle finalístico — interno e externo — das atividades administrativas exercidas, tão somente, por agentes do Estado. Atualmente, os mecanismos de controle dos atos violadores do princípio da moralidade administrativa, notadamente os relacionados aos atos de corrupção, se estendem aos agentes privados que financiem tais práticas. Nesse particular, é lícito falar-se em eficácia exógena do princípio da moralidade administrativa. Em outros termos, embora os indivíduos não estejam compreendidos sob o princípio da legalidade administrativa — oponível tão somente à Administração Pública — a extensão dos efeitos *do princípio da moralidade administrativa aos particulares* — no âmbito da autonomia da vontade — está em conformidade com o Direito, ou seja, com o princípio da juridicidade.

Deflui daí a constitucionalidade de um diploma normativo que tem por objeto justamente a repressão de condutas de agentes privados que fomentem a prática de imoralidades por servidores do Estado, estabelecendo sanções e instrumentos administrativos para a sua persecução.[1]

Ainda que se considere irretocável a ponderação do doutrinador a respeito da eficácia exógena do princípio da moralidade administrativa, pode-se afirmar que o alcance do princípio tanto para a Administração Pública quanto para todos aqueles que com ela se relacionam, não tem o condão de, por si só, fundamentar a constitucionalidade da lei.

O princípio constitucional da moralidade administrativa deve ser interpretado em conjunto com as demais normas, em especial com a autonomia legislativa dos entes federados e a previsão de competência concorrente para legislar sobre responsabilidade administrativa e seu respectivo procedimento.

Defender a constitucionalidade da lei com fundamento exclusivo no princípio da moralidade administrativa vai de encontro com a interpretação sistemática do texto constitucional.

Pode-se afirmar, portanto, que não há fundamento constitucional para a aplicabilidade nacional da Lei nº 12.846/2013 no que se refere à responsabilidade administrativa e o procedimento de responsabilização. Por essa razão, a Lei nº 12.846/2013 deve ser interpretada conforme

---

[1] FREITAS, Rafael Véras de; NETTO, Diogo de Figueiredo Moreira. A juridicidade da Lei Anticorrupção: reflexões e interpretações prospectivas. Disponível em: <http://www.editoraforum.com.br/ef/wp-content/uploads/2014/01/ART_Diogo-Figueiredo-Moreira-Neto-et-al_Lei-Anticorrupcao.pdf>. Acesso em: 17 set. 2016.

a Constituição, no sentido de que, especificamente, os dispositivos que disciplinam essa matéria tenham aplicabilidade restrita à União Federal.

José dos Santos Carvalho Filho, ao lecionar especificamente sobre o processo administrativo de responsabilização previsto na Lei Anticorrupção, afirma que a sua aplicabilidade restringe-se à União. Aduz que se trata de lei de âmbito federal e não nacional, haja vista a autonomia legislativa consagrada na Constituição da República. Conclui o autor que interpretação contrária implica inconstitucionalidade por ofensa ao artigo 18 do texto constitucional (princípio da autonomia federativa).[2]

Ainda no que se refere à competência legislativa da União e à aplicabilidade da lei a todos os entes federados, Pedro Henrique Poli de Figueiredo posiciona-se no sentido da incompetência legislativa da União para legislar sobre responsabilidade administrativa e o respectivo procedimento de responsabilização. Esclarece o autor que, embora a Lei Anticorrupção tenha a pretensão de ter aplicabilidade nacional, não existe fundamento constitucional, bem como afirma que eventual tentativa de utilizar como fundamento o artigo 37, §4º, cuja previsão é para a edição da Lei de Improbidade Administrativa, configuraria interpretação excessivamente extensiva, o que seria vedado, por se tratar de hipótese de direito administrativo sancionador. Transcreve-se:

> A Lei Anticorrupção, embora pretenda ter um caráter nacional, não encontra uma fonte normativa constitucional, salvo, evidentemente, valendo-se de uma interpretação largamente extensiva do art. 37, par. 4º, o que não pode ser admitido em direto administrativo sancionador, para que as sanções sejam aplicadas em outra esfera que não a da União. As sanções de multa e publicação extraordinária da decisão administrativa, que são as sanções administrativas admitidas no art. 6º da Lei, não podem ser aplicadas por Estados, Distrito Federal e Municípios à míngua de lei específica estadual, distrital e municipal que disciplinem a aplicação destas sanções e, principalmente, estabeleçam qual autoridade administrativa seja competente para tanto. O mesmo não se diga em relação à União, já que a sobredita Lei preocupou em trazer, nos art. 8º e 9º, a competência da autoridade máxima de cada Poder para a instauração do procedimento e a Controladoria Geral da União como órgão competente para a apuração e aplicação das sanções no âmbito do Poder Executivo.
>
> Assim, conclui-se ser indispensável aos Estados, ao Distrito Federal e aos Municípios, que pretendam se valer dos instrumentos normativos e das prerrogativas da Lei Anticorrupção, que elaborem projetos de lei

---

[2] CARVALHO FILHO, José dos Santos. *Manual de Direito Administrativo*. 28. ed. rev., ampl. e atual. São Paulo: Atlas, 2015. p. 1038-1039.

que estabeleçam o procedimento próprio e a competência para a aplicação de sanções no âmbito de seus poderes, sob pena de invalidade das sanções que pretendam aplicar.[3]

Não obstante os apontamentos a respeito da inexistência de dispositivo constitucional que fundamente a edição de lei de caráter nacional no que se refere a responsabilidade e procedimento administrativo, esse aspecto é pouco abordado pela doutrina pátria. Comprova-se a pouca atenção dispensada ao tema, pelo fato de a Ação Direta de Inconstitucionalidade nº 5.261 ter como objeto apenas aspectos materiais da Lei Anticorrupção, nada versando sobre eventual vício de iniciativa.

Entende-se que o motivo desta "indiferença" da doutrina justifica-se por razões de ordem prática.

As considerações sobre a incompetência da União para legislar sobre responsabilidade e procedimento administrativo com abrangência nacional fundamentam-se, exclusivamente, no texto constitucional. Trata-se, portanto, de um ponto de vista teórico a respeito do tema analisado.

Mister mencionar que sob um ponto de vista pragmático, o ideal é que a responsabilidade administrativa por atos cometidos pelas pessoas jurídicas em detrimento do patrimônio público (genericamente chamados atos de corrupção) e o respectivo procedimento de responsabilização sejam disciplinados pela União Federal.

É inquestionável que o tratamento individualizado da responsabilidade administrativa por atos de corrupção por cada unidade federativa geraria excessiva insegurança jurídica para aqueles que se relacionam com a Administração Pública.

Ademais, a extensão geográfica do país e a disparidade de características entre os entes federados permitem concluir que talvez a maioria dos entes, em especial os municípios, não tenha estrutura técnica para legislar sobre temas dessa complexidade.

Por fim, sabe-se que apesar de ter sido adotado um modelo de Estado Federal, a característica da centralização ainda é extremamente presente, fato que decorre, entre outros fatores, da natureza da formação do federalismo brasileiro, qual seja, federalismo centrífugo (Estado Federal que surge a partir de um Estado Unitário).

Entende-se que essas são as razões pelas quais os doutrinadores, ao abordarem a Lei Anticorrupção, pouco mencionam a incompetência legislativa da União. Regra geral, quando o fazem, utilizam unicamente

---

[3] FIGUEIREDO, Pedro Henrique Poli de Figueiredo. A Lei Anticorrupção nos Estados e Municípios. *Panorama Legal – Edição Especial*. Disponível em: <http://www.ipgm.org.br/web/docs/panorama_legal_maio_2014.pdf>. Acesso em: 17 set. 2016.

CRISTIANA FORTINI (COORD.)
CORRUPÇÃO E SEUS MÚLTIPLOS ENFOQUES JURÍDICOS

princípios constitucionais, para fundamentar a constitucionalidade da aplicabilidade da lei para todos os entes federados.

3 Fundamento constitucional para a previsão da responsabilidade objetiva das pessoas jurídicas

A Lei Anticorrupção estabelece que a responsabilidade das pessoas jurídicas pela prática de atos contra o patrimônio público independe de culpa. Trata-se, portanto, de hipótese de responsabilidade objetiva.

A constitucionalidade da previsão de responsabilidade objetiva é objeto de acentuada divergência na doutrina, bem como é questionada por meio da Ação Direta de Inconstitucionalidade nº 5.261 (ADI nº 5.261).

A ADI nº 5.261, ajuizada pelo Partido Social Liberal, tem como objeto as expressões "objetiva" e "objetivamente" previstas, respectivamente, nos artigos 1º, *caput*,[4] 2º,[5] bem como o artigo 3º, §1º,[6] todos da Lei nº 12.846/2013.

Parcela da doutrina que sustenta a inconstitucionalidade da responsabilidade objetiva das pessoas jurídicas afirma, em síntese, que não há fundamento constitucional que autorize a criação, pelo legislador ordinário, de hipótese de responsabilidade objetiva para atos que atentem contra a Administração Pública.

Nesse sentido, Jorge Ulisses Jacoby Fernandes e Karina Amorim S. Costa sustentam que a previsão de responsabilidade objetiva é autorizada na Constituição da República somente nas hipóteses dos artigos 37, §6º e 21, XXIII, "c", que tratam, respectivamente, de responsabilidade do Estado e responsabilidade por danos nucleares.[7]

Ademais, afirmam que as hipóteses de responsabilidade que independem da existência de culpa têm como finalidade a proteção

---

[4] "Art. 1º Esta Lei dispõe sobre a responsabilização objetiva administrativa e civil de pessoas jurídicas pela prática de atos contra a administração pública, nacional ou estrangeira."

[5] "Art. 2º As pessoas jurídicas serão responsabilizadas objetivamente, nos âmbitos administrativo e civil, pelos atos lesivos previstos nesta Lei praticados em seu interesse ou benefício, exclusivo ou não."

[6] "§1º A pessoa jurídica será responsabilizada independentemente da responsabilização individual das pessoas naturais referidas no caput."

[7] COSTA, Karina Amorim Sampaio; FERNANDES, Jorge Ulisses Jacoby. Breves comentários à Lei da Responsabilização Administrativa e Civil de Pessoas Jurídicas pela prática de atos contra a Administração Pública, nacional ou estrangeira. In: NASCIMENTO, Melillo Diniz do (Org.). *Lei Anticorrupção Empresarial*: aspectos críticos à Lei nº 12.846/2013. Belo Horizonte: Fórum, 2014.

dos cidadãos em face do Estado, de modo que não podem servir de fundamento para a proteção do Estado em face dos cidadãos.

Também no sentido da inconstitucionalidade da previsão objetiva de responsabilidade, Kleber Luiz Zanchin esclarece que no ordenamento jurídico brasileiro a regra é a responsabilidade subjetiva, de modo que somente por previsão legal expressa é possível responsabilizar independente de culpa. Entretanto, no tocante à responsabilidade das pessoas jurídicas, a Constituição da República, no artigo 173, §5º, fixou limites ao legislador ordinário.

O autor entende que os limites fixados já foram disciplinados por meio da Lei do Sistema Financeiro (Lei nº 4.595/64), Código de Defesa do Consumidor (Lei nº 8.078/90) e Lei da Concorrência (nº 12.529/11). Transcreve-se:

> Quando a análise envolve pessoa jurídica é preciso acrescentar ainda outro tempero: o capítulo dos Princípios Gerais da Atividade Econômica, inaugurado no artigo 170 da Constituição Federal. Em diversas normas desse capítulo pode-se buscar fundamento para produção de leis de responsabilização dos indivíduos. Porém, o artigo 173, parágrafo 5º, traça limites para a atuação do legislador em relação à pessoa jurídica ao dizer que a lei estabelecerá a responsabilidade desta, sujeitando-a às punições compatíveis com sua natureza, nos atos praticados contra a ordem econômica e financeira e contra a economia popular. Ocorre que essas situações já estão regulamentadas. Como exemplo, veja-se a Lei nº 4.595 (Lei do Sistema Financeiro), de 1964, o Código de Defesa do Consumidor e a Lei nº 12.529 (Lei da Concorrência), de 2011. A ora famosa Lei Anticorrupção não trata desses temas. Refere-se apenas a atos contra a administração pública, nacional ou estrangeira.
>
> Desse modo, fica a questão: se a base dos sistemas de responsabilidade no Brasil é subjetiva e a responsabilização das pessoas jurídicas encontra limitações claras no texto da Constituição Federal, como pode a Lei nº 12.846, de 2013, estipular-lhes sanções fundadas em responsabilidade objetiva?[8]

Marçal Justen Filho, ao tratar das sanções no âmbito do direito administrativo, sustenta a necessidade da presença do elemento subjetivo. Para o doutrinador, é abominável, no Estado Democrático de Direito, punir sem comprovação de culpabilidade.[9]

---

[8] ZANCHIM, Kleber Luiz Zanchim. A inconstitucionalidade da Lei Anticorrupção. Disponível em: <http://www.valor.com.br/legislacao/3490548/inconstitucionalidade-da-lei-anticorrupcao#ixzz2wsLskvav>. Acesso em: 17 set. 2016.

[9] JUSTEN FILHO, Marçal. *Comentários à Lei de Licitações e Contratos*. 11. ed. São Paulo: Dialética, 2005, p. 618.

No mesmo sentido, ao analisar especificamente a Lei nº 12.846/2013, o doutrinador esclarece que não há que se falar em responsabilidade objetiva das pessoas jurídicas, pois é fundamental a ação dolosa de uma pessoa física. Transcreve-se:

> Em momento algum a Lei nº 12.846/2013 instituiu uma espécie de 'corrupção objetiva', em que seria bastante e suficiente a ocorrência de eventos materiais. Ocorre que, consumada a infração em virtude da conduta reprovável de um ou mais indivíduos, poderá produzir-se a responsabilização da pessoa jurídica. Essa responsabilização será 'objetiva', na acepção de que bastará a existência de um vínculo jurídico com a pessoa física infratora.[10]

Em sentido oposto à consideração feita por Marçal Justen Filho, entende-se possível e constitucional a responsabilização exclusiva da pessoa jurídica, independentemente de a pessoa física ser ou não sancionada.

Há, inclusive, precedente do Supremo Tribunal Federal no Recurso Extraordinário nº 548.181,[11] em que foi analisada a responsabilidade penal exclusiva da pessoa jurídica e consolidou-se o entendimento

---

[10] JUSTEN FILHO, Marçal. A "nova" Lei Anticorrupção brasileira (Lei Federal 12846). Disponível em: <http://www.justen.com.br//informativo.php?&informativo=82&artigo=1110&l=pt>. Acesso em: 17 set. 2016.

[11] "RECURSO EXTRAORDINÁRIO. DIREITO PENAL. CRIME AMBIENTAL. RESPONSABILIDADE PENAL DA PESSOA JURÍDICA. CONDICIONAMENTO DA AÇÃO PENAL À IDENTIFICAÇÃO E À PERSECUÇÃO CONCOMITANTE DA PESSOA FÍSICA QUE NÃO ENCONTRA AMPARO NA CONSTITUIÇÃO DA REPÚBLICA. 1. O art. 225, §3º, da Constituição Federal não condiciona a responsabilização penal da pessoa jurídica por crimes ambientais à simultânea persecução penal da pessoa física em tese responsável no âmbito da empresa. A norma constitucional não impõe a necessária dupla imputação. 2. As organizações corporativas complexas da atualidade se caracterizam pela descentralização e distribuição de atribuições e responsabilidades, sendo inerentes, a esta realidade, as dificuldades para imputar o fato ilícito a uma pessoa concreta. 3. Condicionar a aplicação do art. 225, §3º, da Carta Política a uma concreta imputação também a pessoa física implica indevida restrição da norma constitucional, expressa a intenção do constituinte originário não apenas de ampliar o alcance das sanções penais, mas também de evitar a impunidade pelos crimes ambientais frente às imensas dificuldades de individualização dos responsáveis internamente às corporações, além de Supremo Tribunal Federal Documento assinado digitalmente conforme MP nº 2.200-2/2001 de 24/08/2001, que institui a Infraestrutura de Chaves Públicas Brasileira – ICP-Brasil. O documento pode ser acessado no endereço eletrônico http://www.stf.jus.br/portal/ autenticacao/ sob o número 7066890. Supremo Tribunal Federal Inteiro Teor do Acórdão – Página 1 de 64 Ementa e Acórdão RE 548181 / PR reforçar a tutela do bem jurídico ambiental. 4. A identificação dos setores e agentes internos da empresa determinantes da produção do fato ilícito tem relevância e deve ser buscada no caso concreto como forma de esclarecer se esses indivíduos ou órgãos atuaram ou deliberaram no exercício regular de suas atribuições internas à sociedade, e ainda para verificar se a atuação se deu no interesse ou em benefício da entidade coletiva. Tal esclarecimento, relevante para fins de imputar determinado delito à pessoa jurídica, não se confunde, todavia, com subordinar a responsabilização da pessoa jurídica à responsabilização conjunta e cumulativa das pessoas físicas envolvidas. Em não raras oportunidades, as responsabilidades internas pelo fato estarão diluídas ou parcializadas de tal modo que não permitirão a imputação de

de que não há norma constitucional que imponha a necessária dupla imputação.

Entende-se que o ordenamento jurídico pátrio não veda a criação, pelo legislador ordinário, de novas hipóteses de responsabilização objetiva. Ademais, não há na Constituição da República dispositivo que vede a responsabilização objetiva das pessoas jurídicas por atos de corrupção.

O fato de o legislador constituinte ter expressamente previsto a responsabilidade objetiva do Estado e em razão de danos nucleares impede que o legislador ordinário edite lei com previsão de responsabilidade subjetiva para essas hipóteses. Por outro lado, não há que se interpretar que existe uma vedação ao legislador ordinário de criar outras hipóteses de responsabilidade objetiva.

Conclui-se, portanto, que a natureza da responsabilidade, subjetiva ou objetiva, é uma opção conferida ao legislador ordinário, salvo nas hipóteses em que o constituinte já o fez expressamente.

Exatamente por se tratar de uma opção legislativa, no ordenamento jurídico pátrio existem inúmeras leis com previsão de responsabilidade objetiva, entre elas podem-se citar o Código Civil, o Código de Defesa do Consumidor e a Lei da Política Nacional do Meio Ambiente.[12]

No sentido da constitucionalidade da responsabilidade objetiva, Felipe P. Braga Netto aduz que a previsão legal está em harmonia com o tratamento conferido ao tema em outros ordenamentos jurídicos. O autor explica que em ordenamentos jurídicos semelhantes ao brasileiro está ocorrendo fenômeno parecido, ou seja, a legislação tem como foco a vítima do dano, e não a culpa.[13]

---

responsabilidade penal individual. 5. Recurso Extraordinário parcialmente conhecido e, na parte conhecida, provido. RECURSO EXTRAORDINÁRIO 548.181 PARANÁ."

[12] Nesse sentido, FREITAS, Rafael Véras de; NETTO, Diogo de Figueiredo Moreira. A juridicidade da Lei Anticorrupção: Reflexões e Interpretações Prospectivas. Disponível em: <http://www.editoraforum.com.br/ef/wp-content/uploads/2014/01/ART_Diogo-Figueiredo-Moreira-Neto-et-al_Lei-Anticorrupcao.pdf>. Acesso em: 17 set. 2016. (Não se trata, aqui, de inovação no ordenamento jurídico pátrio, na medida em que a responsabilização objetiva de pessoas jurídicas já tem sido adotada: como, por exemplo, no âmbito da legislação ambiental (arts. 14, §1º, 15 da Lei nº 6.938/1981 – Lei da Política Nacional do Meio Ambiente c/c arts. 3º, 16, da Lei nº 9.605/1998) e nos artigos 932, inciso III, e 933, ambos do Código Civil.).

[13] BRAGA NETTO, Felipe P. Uma nova hipótese de responsabilidade objetiva na ordem jurídica brasileira? O Estado como vítima de atos lesivos. In: SOUZA, Jorge Munhós de; QUEIROZ, Ronaldo Pinheiro de (orgs.). Lei Anticorrupção. Salvador: Juspodivm, 2015. ("[...] Não só no Brasil, mas também nos países que compartilham sistemas jurídicos semelhantes ao nosso, está havendo, em relação à responsabilidade civil, um fenômeno semelhante: olha-se menos a culpa, em claro contraste com o que acontecia no passado. Outro ponto importante, e inversamente proporcional ao anterior: cresce a preocupação com a vítima do dano.

No que se refere à argumentação da obrigatoriedade de culpabilidade no direito administrativo sancionador, entende-se que esta é exigível apenas em relação às pessoas físicas, conforme posicionamento de Fábio Medina Osório, transcrito a seguir:

> No plano do Direito Administrativo Sancionador, pode-se dizer que a culpabilidade é uma exigência genérica, de caráter constitucional, que limite o Estado na imposição de sanções a pessoas físicas. Não se trata de exigência que alcance também as pessoas jurídicas. (...). Não há, e isso é importante enfatizar, nenhuma exigência constitucional de culpabilidade das pessoas jurídicas, especialmente no Direito Administrativo Sancionador.[14]

Há autores que sustentam a constitucionalidade da previsão de responsabilidade objetiva das pessoas jurídicas com fundamento na teoria do risco administrativo, na teoria da imputação direta ou com fulcro na responsabilidade civil extracontratual do Código Civil.

De acordo com as lições de Melillo Dinis do Nascimento, a responsabilidade objetiva na Lei Anticorrupção e a responsabilidade objetiva do Estado baseiam-se no risco administrativo. Do mesmo modo que o Estado dispõe de inúmeras prerrogativas, as pessoas jurídicas também exercem atividades que lhes proporcionam inúmeras vantagens, de modo que devem assumir os ônus dela decorrentes.[15]

Entende-se que fundamentar a responsabilidade objetiva das pessoas jurídicas na teoria do risco administrativo é um equívoco. Esta teoria presta-se a fundamentar a responsabilidade objetiva do Estado.

A teoria do risco administrativo é decorrência de um longo período de evolução no que se refere à responsabilidade civil. Trata-se, por óbvio, de hipóteses em que o Estado é o causador do dano e não sua vítima, de modo que deverá arcar com a responsabilidade decorrente dos riscos gerados por sua atividade administrativa.

A Lei nº 12.846/2013 elenca hipóteses em que a administração pública é vítima dos danos praticados pela pessoa jurídica. Não há que se falar, portanto, em teoria do risco administrativo.

Na obra *Lei Anticorrupção – apontamentos sobre a Lei 12.846/2013*, os autores Antônio Araldo Ferraz Dal Pozzo, Augusto Neves Dal Pozzo,

---

[...] Na busca da realização da justiça substantiva e concreta, deve dar primazia à restauração do equilíbrio social rompido, conferindo proteção qualitativamente diferenciada à vítima".)

[14] OSÓRIO, Fábio Medina. *Direito Administrativo sancionador*. São Paulo: Revista dos Tribunais, 2000.

[15] NASCIMENTO, Melillo Diniz do. O controle da corrupção no Brasil e a Lei nº 12.846/2013 – Lei Anticorrupção. In: NASCIMENTO, Melillo Diniz do (Org.). *Lei Anticorrupção Empresarial*: aspectos críticos à Lei nº 12.846/2013. Belo Horizonte: Fórum, 2014.

Beatriz Neves Dal Pozzo e Renan Marcondes Facchinatto esclarecem que a mesma lógica que permite a responsabilidade objetiva do Estado justifica a responsabilidade objetiva das pessoas jurídicas por atos praticados contra a Administração Pública.

Afirmam que o fundamento da Lei nº 12.846/2013 não é o artigo 927 do Código Civil, e sim as normas de direito público. Utilizam como analogia a relação entre o Estado e seus agentes públicos, hipótese de imputação direta ao Estado dos atos praticados por seus agentes.

Desse modo, o ato praticado em nome de uma pessoa jurídica (já que esta, por óbvio, se manifesta por meio de pessoas físicas – do mesmo modo que o agente público atua em nome do Estado) será a ela imputado. Transcreve-se:

> Assim, em se tratando de responsabilidade objetiva, aquele se manifesta em nome da empresa, e comete um dos atos lesivos à Administração Pública estará atribuindo esse ato diretamente à própria pessoa jurídica, como se ela própria agisse, independentemente do ânimo ou do elemento subjetivo que o animou a agir (dolo ou culpa em sentido estrito, conquanto dificilmente esta possa ocorrer em face da natureza dos atos lesivos à Administração Pública, como se verá oportunamente).
>
> Nesta hipótese, basta o nexo de causalidade entre o ato lesivo à Administração Pública e o agir do sujeito ativo e a relação jurídica entre este e a empresa, para que esta seja responsável pelo ilícito.[16]

Rogério Gesta Leal, por sua vez, entende que o fundamento para a responsabilidade objetiva prevista no artigo 1º da Lei nº 12.846/2013 é a responsabilidade extracontratual prevista nos artigos 186 e 927 do Código Civil.

Ademais, o doutrinador esclarece que a responsabilidade objetiva da pessoa jurídica assemelha-se com a responsabilidade objetiva do Estado prevista no artigo 37, §6º, da Constituição da República, posto que em ambas as hipóteses a objetivação da responsabilidade foi prevista por três razões: (a) deve haver responsabilidade sempre que qualquer atividade/omissão de dever configure risco para outrem; (b) aquele que lucra com a situação deve responder pelo risco ou pelas desvantagens dela resultantes; (c) nem sempre é possível identificar o agente causador do dano, nem demonstrar o dolo ou culpa.

Em relação à previsão de responsabilidade objetiva disciplinada no artigo 927 do Código Civil, entende-se que também não é

---

[16] DAL POZZO, Antônio Araldo Ferraz; DAL POZZO, Augusto Neves; DAL POZZO, Beatriz Neves; FACCHINATTO, Renan Marcondes. *Lei Anticorrupção*: apontamentos da Lei 12846/2013. Belo Horizonte: Fórum, 2014.

fundamento para a previsão da Lei Anticorrupção, posto que não há que se falar que uma lei ordinária possa servir de fundamento para outra lei ordinária.

Para que uma lei ordinária extraia seu fundamento de validade de uma outra lei, necessário que exista uma hierarquia entre elas. Desse modo, não há dúvidas de que inexiste hierarquia entre duas leis ordinárias.[17]

Conforme já exposto, trata-se de uma opção do legislador a responsabilização objetiva das pessoas jurídicas, ou seja, o legislador entendeu que esta opção era a razoável e adequada às finalidades da lei.

3.1 Ação Direta de Inconstitucionalidade nº 5.261

A Ação Direta de Inconstitucionalidade nº 5.261, ajuizada pelo Partido Social Liberal, questiona a constitucionalidade das expressões "objetiva" e "objetivamente" previstas, respectivamente, nos artigos 1º, *caput*[18] e 2º,[19] bem como o artigo 3º, §1º,[20] da Lei nº 12.846/2013.

Em síntese, o fundamento para a suposta inconstitucionalidade é a ofensa aos princípios constitucionais da segurança jurídica (artigos 1º, *caput*, e 5º, *caput* e XXXVI, da Constituição da República), razoabilidade, proporcionalidade (artigo 5º, LIV, da Constituição da República) e intranscendência das penas (artigo 5º, XLV, da Constituição da República).

A ofensa à razoabilidade restaria configurada na medida em que a adoção da teoria do risco integral impede as excludentes de responsabilidade, ao passo que o desrespeito ao princípio da intranscendência das penas é evidenciado pela responsabilização de uma pessoa jurídica em razão de um ato de terceiros (seus dirigentes).

A Procuradoria-Geral da República, por meio do Parecer nº 395/2016-AsJConst/SAJ/PGR, manifestou-se no sentido da constitucionalidade da previsão de responsabilidade objetiva, com fundamento nos artigos 5º, *caput* e incisos LIV e LXXIII; 37, *caput* e §4º, e 173, §5º, da Constituição da República.

---

[17] Mister registrar que prevalece na doutrina e na jurisprudência que não existe hierarquia entre lei complementar e lei ordinária. Desse modo, o fundamento de validade somente poderia ser extraído da Constituição da República.

[18] "Art. 1º Esta Lei dispõe sobre a responsabilização objetiva administrativa e civil de pessoas jurídicas pela prática de atos contra a administração pública, nacional ou estrangeira."

[19] "Art. 2º As pessoas jurídicas serão responsabilizadas objetivamente, nos âmbitos administrativo e civil, pelos atos lesivos previstos nesta Lei praticados em seu interesse ou benefício, exclusivo ou não."

[20] "§1º A pessoa jurídica será responsabilizada independentemente da responsabilização individual das pessoas naturais referidas no caput."

O artigo 173, §5º, dispõe que as pessoas jurídicas poderão ser responsabilizadas, independentemente da responsabilização individual dos seus dirigentes, pelos atos praticados em detrimento da ordem econômica e financeira e da economia popular. Trata-se, portanto, no entendimento da Procuradoria-Geral da República, de dispositivo que autoriza a responsabilização objetiva da pessoa jurídica de modo independente à responsabilidade das pessoas físicas que a dirigem.

Ainda de acordo com o parecer ministerial, em razão da interpretação sistemática da Constituição da República, não há que se falar em ofensa aos princípios da razoabilidade e proporcionalidade por uma lei cujo teor reproduz o comando constitucional previsto no artigo 173, §5º.

No tocante ao entendimento de que o artigo 173, §5º, da Constituição da República é um dos fundamentos para a responsabilização objetiva, questiona-se se esse dispositivo fundamenta a responsabilização objetiva das pessoas jurídicas especificamente em relação aos atos praticados contra o patrimônio público.

Sabe-se que o bem jurídico protegido pela Lei Anticorrupção é o patrimônio público, ao passo que a lei a que se refere o artigo 173, §5º, trata somente dos atos praticados em detrimento da ordem econômica e financeira e da economia popular.

Mister registrar que não obstante o artigo 173, §5º, não fundamente a constitucionalidade da lei, também não tem o condão de justificar a sua inconstitucionalidade, conforme posicionamento já exposto de Kleber Luiz Zanchin.

Ademais, consta do parecer que a previsão de responsabilidade objetiva já existe no complexo normativo legal, pois já prevista, entre outras leis, no Código Civil, no Código de Defesa do Consumidor e na Lei de Proteção do Meio Ambiente.

A Procuradoria-Geral da República afirma, ainda, que o patrimônio público, enquanto bem jurídico tutelado pela lei, não pode ser restritivamente definido nos termos da Lei nº 4.717/65, como bens e direitos de valor econômico, artístico, estético, histórico ou turístico, mas sim em um sentido mais amplo, como *direito difuso, titularizado por toda coletividade, de correta administração dos recursos públicos e de observância dos princípios constitucionais regentes da atividade administrativa do Estado.*

Desse modo, a Lei nº 12.846/2013 tem fundamento constitucional nos princípios da probidade administrativa, moralidade, razoabilidade, proporcionalidade, função social da propriedade e regime republicano.

Ao opinar pela constitucionalidade, aduz que a Lei Anticorrupção não colide com a Constituição da República, mas sim complementa a estrutura legal do país, dando concretude ao ordenamento jurídico pátrio, já composto pela Lei de Improbidade Administrativa; Lei Geral de

Licitações e Contratos; Lei de Crimes de Responsabilidade; Lei da Ficha Limpa; Lei de Defesa da Concorrência e Lei de Acesso à Informação.

Por fim, no tocante ao princípio da intranscendência das penas, afirma que não há nenhuma pertinência com o tema disciplinado na lei, pois é assunto afeto ao direito administrativo sancionador, e não tema relativo ao direito penal, em cuja área o princípio tem aplicabilidade.

4 Conclusão

O escopo do trabalho foi expor o posicionamento da doutrina e tecer considerações a respeito da (in)constitucionalidade da Lei nº 12.846/2013 – Lei Anticorrupção –, especialmente no que se refere à competência da União para legislar, com abrangência nacional, sobre responsabilidade e procedimento administrativo e a respeito da previsão de responsabilidade objetiva das pessoas jurídicas.

Conclui-se que inexiste dispositivo constitucional que autoriza a União a editar lei com caráter nacional a respeito de responsabilidade administrativa e seu respectivo procedimento. Trata-se de matéria de competência concorrente entre a União, Estados e Distrito Federal.

Ao disciplinar matéria afeta aos demais entes federados no que toca à responsabilidade administrativa, ocorre violação à autonomia federativa prevista no artigo 18 da Constituição da República, razão pela qual se entende necessária uma interpretação conforme à Constituição no sentido de os dispositivos em comento terem aplicabilidade somente para a União Federal.

Não obstante a inconstitucionalidade mencionada, sob o ponto de vista pragmático, a edição da lei pela União com aplicabilidade nacional deverá ser tolerada em razão da insegurança jurídica gerada pelo tratamento díspar da matéria por cada unidade federativa, bem como em razão da ausência de estrutura técnica da maioria dos entes para legislar a respeito de matéria desta complexidade.

Registra-se, ainda, que apesar de ausente o fundamento constitucional, a centralização de competências legislativas no âmbito da União é uma consequência do federalismo de origem centrífuga.

No tocante à previsão da responsabilidade civil objetiva das pessoas jurídicas, conclui-se pela constitucionalidade, por se tratar de uma opção legislativa que se coaduna com as finalidades da lei, bem como por inexistir vedação para a criação de novas hipóteses de responsabilidade objetiva.

Ademais, o ordenamento jurídico pátrio já consagra inúmeras hipóteses de responsabilidade que independem da avaliação de culpa.

Referências

BRAGA NETTO, Felipe P. Uma nova hipótese de responsabilidade objetiva na ordem jurídica brasileira? O Estado como vítima de atos lesivos. In: SOUZA, Jorge Munhós de; QUEIROZ, Ronaldo Pinheiro de (Org.). *Lei Anticorrupção*. Salvador: JusPodivm, 2015.

CAMPOS, Patrícia Toledo de. Comentários à Lei 12.846/2013 – Lei anticorrupção. *Revista Digital de Direito Administrativo*. [*on-line*]. Disponível em: <http://www.revistas.usp.br/rdda/article/view/80943>. Acesso em 17 de setembro de 2016.

CARVALHO FILHO, José dos Santos. *Manual de Direito Administrativo*. 28. ed. rev., ampl. e atual. São Paulo: Atlas, 2015.

CARVALHOSA, Modesto. *Considerações sobre a Lei Anticorrupção das pessoas jurídicas*. São Paulo: Editora Revista dos Tribunais, 2015.

COSTA, Karina Amorim Sampaio; FERNANDES, Jorge Ulisses Jacoby. Breves comentários à Lei da Responsabilização Administrativa e Civil de Pessoas Jurídicas pela prática de atos contra a Administração Pública, nacional ou estrangeira. In: NASCIMENTO, Melillo Diniz do (Org.). *Lei Anticorrupção Empresarial*: aspectos críticos à Lei nº 12.846/2013. Belo Horizonte: Fórum, 2014.

CUELLAR, Leila Cuellar; PINHO, Clóvis Alberto Bertolini de. Reflexões sobre a Lei Federal nº 12846/2013 (Lei Anticorrupção). In: *Revista de Direito Público da Economia*. Belo Horizonte, ano 12, n. 46, abr./jun. 2014.

DAL POZZO, Antônio Araldo Ferraz; DAL POZZO, Augusto Neves; DAL POZZO, Beatriz Neves; FACCHINATTO, Renan Marcondes. *Lei Anticorrupção*: apontamentos da Lei 12846/2013. Belo Horizonte: Fórum, 2014.

FIGUEIREDO, Pedro Henrique Poli de Figueiredo. A Lei Anticorrupção nos Estados e Municípios. *Panorama Legal – Edição Especial*. Disponível em: <http://www.ipgm.org.br/web/docs/panorama_legal_maio_2014.pdf>. Acesso em: 17 set. 2016.

FREITAS, Rafael Véras de; NETTO, Diogo de Figueiredo Moreira. A juridicidade da Lei Anticorrupção: reflexões e interpretações prospectivas. Disponível em: <http://www.editoraforum.com.br/ef/wp-content/uploads/2014/01/ART_Diogo-Figueiredo-Moreira-Neto-et-al_Lei-Anticorrupcao.pdf>. Acesso em: 17 set. 2016.

JUSTEN FILHO, Marçal. A "nova" Lei Anticorrupção brasileira (Lei Federal 12846). Disponível em: <http://www.justen.com.br//informativo.php?&informativo=82&artigo=1110&l=pt>. Acesso em: 17 set. 2016.

JUSTEN FILHO, Marçal. *Comentários à Lei de Licitações e Contratos*. 11. ed. São Paulo: Dialética, 2005, p. 618.

LEAL, Rogério. A nova Lei Anticorrupção empresarial no Brasil: novo marco regulatório às responsabilidades das pessoas jurídicas por atos atentatórios aos bens público. Disponível em: <http://www.editoraforum.com.br/ef/wp-content/uploads/2015/08/lei-anticorrupcao-compliance.pdf>. Acesso em: 17 set. 2016.

OSÓRIO, Fábio Medida. *Direito Administrativo sancionador*. São Paulo: Revista dos Tribunais, 2000.

Parecer nº 395/2016-AsJConst/SAJ/PGR. Disponível em: <file:///C:/Users/User/Downloads/texto_308513375.pdf>. Acesso em: 20 set. 2016.

SOUZA, Jorge Munhós de. Responsabilização administrativa na Lei Anticorrupção. In: SOUZA, Jorge Munhos; QUEIROZ, Ronaldo Pinheiro de (Org.). *Lei Anticorrupção*. Salvador: Juspodivm, 2015.

ZANCHIM, Kleber Luiz Zanchim. A inconstitucionalidade da Lei Anticorrupção. Disponível em: <http://www.valor.com.br/legislacao/3490548/inconstitucionalidade-da-lei-anticorrupcao#ixzz2wsLskvav>. Acesso em: 17 de setembro de 2016.

Informação bibliográfica deste texto, conforme a NBR 6023:2002 da Associação Brasileira de Normas Técnicas (ABNT):

ANJOS, Débora Carvalho Mascarenhas dos; MATA, Paula Carolina de Oliveira Azevedo da. Considerações sobre a (in) constitucionalidade da Lei nº 12.846/2013. In: FORTINI, Cristiana (Coord.). *Corrupção e seus múltiplos enfoques jurídicos*. Belo Horizonte: Fórum, 2018. p. 19-34. ISBN: 978-85-450-0422-6.

RESPONSABILIDADE DE PESSOAS JURÍDICAS POR ATOS DE CORRUPÇÃO: REFLEXÃO SOBRE OS CRITÉRIOS DE IMPUTAÇÃO

ANA FRAZÃO

1 Introdução

A Lei Anticorrupção representa, sem dúvida, um grande avanço no objetivo de prevenção e de punição de ilícitos, especialmente por viabilizar a responsabilização civil e administrativa de pessoas jurídicas, sem prejuízo da responsabilização cumulativa das pessoas naturais que agiram em nome daquelas.

Para atingir os seus objetivos, a mencionada lei adota acertadamente a premissa de que não há óbices à punição das pessoas jurídicas pelos ilícitos praticados pelos seus administradores ou representantes. Afinal, o fato de agirem por meio de órgãos ou pessoas naturais não faz com que as pessoas jurídicas sejam despidas de vontade ou não possam praticar atos próprios que venham a ser considerados ilícitos.

Na verdade, do ponto de vista jurídico, as pessoas jurídicas manifestam a sua vontade e agem por meio dos seus administradores, motivo pelo qual é de se esperar que as ações e omissões destes possam justificar a responsabilidade daquelas, além da possibilidade de responsabilidade pessoal destes. Não é sem razão que a Constituição Federal admite até mesmo a possibilidade de responsabilização penal das pessoas jurídicas, nos termos do §3º do art. 225.

Todavia, a possibilidade de que as pessoas jurídicas sejam consideradas autoras de ilícitos não leva à conclusão simplista de que a sua responsabilização, para fins sancionatórios, pode ocorrer de forma automática e irrestrita em razão de qualquer ação praticada por seus administradores ou representantes.

É no contexto dessas preocupações que se situa o presente artigo, cujo objetivo é oferecer uma reflexão sobre a adequada interpretação que se deve conferir à responsabilidade objetiva prevista na Lei Anticorrupção, a fim de demonstrar que, na seara punitiva, a responsabilização da pessoa jurídica deve estar alicerçada em critérios idôneos, justos e compatíveis com os pressupostos da aplicação de qualquer sanção.

Para atingir seus objetivos, o artigo inicialmente abordará os dois regimes de responsabilização da pessoa jurídica – por ato próprio ou por ato de terceiros –, mostrando as implicações da escolha, pela Lei Anticorrupção, do segundo. Em seguida, procurará demonstrar a extensão da chamada responsabilidade objetiva prevista pela Lei Anticorrupção, em interpretação que esteja e conformidade com os princípios constitucionais do Direito Administrativo sancionador. Por fim, buscará utilizar a experiência da responsabilização objetiva da pessoa jurídica no Direito Privado, para reforçar o argumento de que a chamada responsabilidade objetiva da pessoa jurídica no Direito Administrativo sancionador apenas pode se referir a um juízo de imputação automática que tem como pressuposto o ato culposo do presentante ou representante da pessoa jurídica.

2 A responsabilização da pessoa jurídica por fato próprio

Diante da problemática anunciada – como justificar a responsabilidade da pessoa jurídica para fins punitivos –, há basicamente duas opções: ou se pune a pessoa jurídica por ato próprio ou se pune a pessoa jurídica por fato de seus administradores ou representantes.

Na primeira hipótese, o fundamento para a punição não é a imputação à pessoa jurídica de um ato de administrador ou de representante, mas sim a constatação de uma falha de organização que possibilitou que as pessoas naturais em comento praticassem aquele ilícito em nome da pessoa jurídica. Assim, busca-se criar um sistema específico de culpabilidade da pessoa jurídica, no qual existiria responsabilidade por fato próprio, em razão de vício organizativo consistente na ausência de prevenção da conduta ilícita.

É importante destacar que a referida proposta envolve a adaptação das categorias da dogmática penal clássica, sobretudo do próprio conceito de culpabilidade, o qual, em se tratando de ilícitos praticados por pessoas jurídicas, passa a estar baseado na detecção de um defeito de organização. Logo, será este defeito que, diante de um ilícito corporativo, atrairá a responsabilidade da pessoa jurídica na seara punitiva, independentemente da conduta individual que deu origem ao fato.[1]

Tal alternativa é bem explicada por Günther Heine, segundo o qual sistema de culpabilidade por organização deficiente supera o problema da irresponsabilidade individual estrutural e organizada, podendo ser aplicado desde que se estabeleçam requisitos específicos para a imputação da pessoa jurídica.[2] Sob esse prisma, uma das circunstâncias importantes a ser analisada é a existência dos devidos cuidados para a prevenção do ilícito, de modo a demonstrar que a pessoa jurídica envidou todos os esforços para impedir – ou inclusive remediar – a conduta delituosa.[3] Segundo Heine:

> El deber de evitar peligros y de controlar resultan del hecho que los riesgos propios de la explotación pueden ser únicamente controlados mediante una administración de los riesgos por parte de la empresa y no mediante las disposiciones de seguridad y de control estatales. Los criterios rectores para una responsabilidad "penal" de la organización estarían dados por dos presupuestos: como condición necesaria debe existir una administración deficiente del riesgo (*fehlerhafte Risikomanagement*); y como condición suficiente la materialización del peligro típico de la empresa (por ejemplo un peligro común, un daño ambiental especialmente grave).[4][5]

A culpabilidade da pessoa jurídica é vista, assim, sob uma perspectiva funcional-sistemática, o que faz com que a reprovabilidade da conduta seja constatada a partir da violação dos deveres de cuidado para prevenir e remediar ilícitos.[6] Tal como entendem as legislações penais

---

[1] CUESTA, J. L. Una "nueva" línea de intervención penal: el Derecho Penal de las personas jurídicas. In: MESSUTI, A., SANPEDRO ARRUBLA, J. A. *La Administración de Justicia en los albores del tercer milenio*. Buenos Aires: Editorial Universidad 2001, p. 65-80, p. 72.

[2] HEINE, Günther. La responsabilidad penal de las empresas: evolución historica y consecuencias nacionales. In: POZO, José Hurtado. *Responsabilidad penal de las personas jurídicas*. Madri: Grijley, 1997, p. 19-45. p. 28

[3] HEINE, *op. cit.*, p. 39.

[4] HEINE, *op. cit.*, p. 40.

[5] Tradução livre: O dever de evitar perigos e de controlar resultam do fato de que os riscos próprios da exploração podem ser unicamente controlados mediante uma administração dos riscos por parte da empresa e não mediante as disposições de segurança e de controle estatais. Os critérios condutores para uma responsabilidade "penal" da organização estariam dados por dois pressupostos: como condição necessária deve existir uma administração deficiente do risco; e como condição suficiente a materialização do perigo típico da empresa (por exemplo, um perigo comum, um dano ambiental especialmente grave).

[6] HEINE, *op. cit.*, p. 43.

da Suíça e da Austrália,[7] pune-se a pessoa jurídica porque se entende que a lesão aos bens jurídicos decorreu da ausência de organização correta dos seus processos de produção.[8]

Nesse contexto, é significativo o papel do *compliance*, já que a existência de um bom programa pode afastar o defeito de organização e, consequentemente, a responsabilidade da pessoa jurídica. De fato, o papel da autorregulação, muito mais do que o de servir como mero instrumento aditivo de dever de garantia, é o de fundamentar a

---

[7] A lei penal suíça dispõe em seu art. 102: « Un crime ou un délit qui est commis au sein d'une entreprise dans l'exercice d'activités commerciales conformes à ses buts est imputé à l'entreprise s'il ne peut être imputé à aucune personne physique déterminée en raison du manque d'organisation de l'entreprise. Dans ce cas, l'entreprise est punie d'une amende de cinq millions de francs au plus". En cas d'infraction prévue aux art. 260ter, 260quinquies, 305bis, 322ter, 322quinquies ou 322septies, al. 1, ou encore à l'art. 4a, al. 1, let. a, de la loi fédérale du 19 décembre 1986 contre la concurrence déloyale, l'entreprise est punie indépendamment de la punissabilité des personnes physiques s'il doit lui être reproché de ne pas avoir pris toutes les mesures d'organisation raisonnables et nécessaires pour empêcher une telle infraction ». Tradução livre: Um crime ou um delito cometido no âmbito de uma empresa no exercício de atividades comerciais conformes a seus propósitos é imputado à empresa se não puder ser imputado a nenhuma pessoa física determinada em razão do defeito de organização da empresa. Nesse caso, a empresa é punida por multa de no máximo cinco milhões de francos. No caso das infrações previstas nos arts. 260 ter, 260 quinquies, 305 bis, 322 ter, 322 quinquies ou 322 septies, alínea 1, ou ainda no l'art. 4a, alínea 1, letra a, da lei federal de 19 de dezembro de 1986 contra a concorrência desleal [...], a empresa é punida independentemente da punibilidade das pessoas físicas se dever ser criticada por não ter tomado todas as medidas organizacionais necessárias e razoáveis para evitar tais crimes. O Código Penal australiano prevê um sistema nesses moldes ao determinar que as pessoas jurídicas serão responsabilizadas criminalmente se ficar comprovada a existência de uma cultura corporativa que encoraje ou tolere determinadas condutas. Em caso de infração dos artigos citados, a empresa é punida independentemente da punibilidade das pessoas físicas se ela dever ser criticada por não ter tomado todas as medidas de organização razoáveis e necessárias para impedir a referida infração. A empresa é considerada culpada pela legislação penal australiana, ainda, se ficar comprovado que a pessoa jurídica não dispunha de uma cultura corporativa que estivesse de acordo com a lei (*proving that the body corporate failed to create and maintain a corporate culture that required compliance with the relevant provision*). Part. 2.5, Division 12, 12.3, (2), (d), do Código Penal australiano (emenda de 2001).

[8] MARTÍN, Adán Nieto. La responsabilidad penal de las personas jurídicas: esquema de un modelo de responsabilidad penal. *Nueva Doctrina Penal*. n. 1, p. 125-159, 2008, p. 135. Adán Nieto Martín adiciona ao modelo de culpabilidade por defeito de organização a responsabilidade subsidiária derivada da não identificação ou da inexistência da responsabilidade individual. O autor reconhece, entretanto, a hipótese de culpabilidade em decorrência do "caráter" da pessoa jurídica, o que se configuraria quando a organização empresarial se desviasse de um modelo ideal de atuação. Trata-se, nesse segundo caso, de um transplante da ideia de "direito penal do autor" para o âmbito das pessoas jurídicas, a fim de que estas adotem determinados padrões de comportamento (MARTÍN, *op. cit.*, p. 135). Em sentido semelhante, Braithwaite e Fisse (*Corporations, crime and accountability*. Nova Iorque: Cambridge University Press, 1993. p. 48) tratam da culpabilidade da pessoa jurídica a partir da culpa empresarial reativa (*reactive corporate fault*), que pode ser definida como a deficiência injustificada na tomada de medidas preventivas ou corretivas por parte da empresa. .

responsabilidade da pessoa jurídica no âmbito punitivo, conclusão que não se restringe necessariamente ao âmbito penal.[9]

Se não há defeito de organização, responderá na esfera punitiva somente a pessoa natural, sem prejuízo de que a pessoa jurídica responda, de forma objetiva e solidária, pelo ressarcimento de eventuais danos no âmbito da responsabilidade civil.

Institui-se, portanto, um duplo juízo para efeitos punitivos, em que todas as pessoas envolvidas respondem por ato e culpabilidade próprios, em total sintonia com as garantias constitucionais inerentes ao exercício do poder punitivo estatal: (i) as pessoas naturais que agem em nome da pessoa jurídica respondem pelos ilícitos praticados nessa qualidade; e (ii) as pessoas jurídicas respondem pelo ilícito organizacional, ou seja, por não terem criado uma organização idônea para prevenir e remediar adequadamente tais ilícitos.

Tal sistema, apesar das suas vantagens, não foi o adotado pela legislação anticorrupção brasileira que, como já se adiantou, não alicerça a responsabilidade administrativa da pessoa jurídica em defeito de organização, ainda que possa considerar um bom programa de integridade ou *compliance* como atenuante da pena. Por essa razão, examinar-se-á, na próxima seção, o alcance do regime de responsabilização das pessoas jurídicas por atos de seus órgãos (presentantes) ou representantes.

3 A responsabilização da pessoa jurídica por fato de "terceiro"

A solução apresentada na seção anterior é bastante distinta daquela que tenta justificar a responsabilidade da pessoa jurídica por fato de "terceiro",[10] ou seja, com base na mera prática de atos ilícitos pelos órgãos ou pessoas naturais que a presentam ou representam. Ao contrário do primeiro modelo, que propõe critérios próprios de culpabilidade da pessoa jurídica, o segundo imputa a esta, de forma automática, a conduta das pessoas naturais que agem em seu nome.

---

[9] SILVEIRA, Renato de Mello Jorge; SAAD-DINIZ, Eduardo. *Compliance, Direito Penal e Lei Anticorrupção*. São Paulo: Saraiva, 2015. p. 209.

[10] Admite-se que os administradores, ao presentarem a pessoa jurídica, não são propriamente terceiros. Porém, como se esclarecerá adiante, tal circunstância não afastará as distinções entre as duas teorias, pois o que importa é que a culpabilidade da pessoa jurídica está sendo analisada de acordo com a culpabilidade do seu administrador e não de acordo com um critério próprio. Por outro lado, a teoria do defeito de organização baseia-se em uma avaliação de como se deu a presentação, perquirindo o seu contexto e a existência um sistema organizacional que pode ser mais ou menos propício à ocorrência de ilícitos.

Tal alternativa corresponde à aplicação de um tipo específico de responsabilidade objetiva que é muito comum no direito privado: a responsabilidade do preponente ou empregador por ato de seu preposto ou empregado, o que se chama no direito anglo-saxão de *vicarious liability*. A base de tal teoria é o princípio *"let the superior answer"* desde que o representante (*agent*) esteja agindo em nome do representado (*principal*) e em benefício deste.[11]

Consequentemente, havendo um ato ilícito praticado por presentante ou representante da pessoa jurídica, este é automaticamente imputado a ela, desde que a ação da pessoa natural tenha sido em nome da pessoa jurídica e com o fim de beneficiá-la. A eventual existência de um bom programa de *compliance*, o fato de a pessoa jurídica ter feito todo o possível para evitar o ilícito e a inexistência de um defeito de organização não afastam a responsabilidade desta, podendo, na melhor das hipóteses, atenuá-la.[12]

Não há dúvida de que esse juízo de imputação automática[13] pode ser muito adequado para o direito privado,[14] diante do caráter

---

[11] Kenneth S. Abraham (*The forms and functions of Tort Law*. New York: Foundation Express, 2007, p. 190-192) mostra que há duas exigências para a aplicação da teoria: o agente ser empregado da pessoa jurídica e a conduta ter sido praticada no escopo da relação de emprego, uma vez que há limites para a capacidade de o empregador controlar a conduta de seus empregados: a condição de empregado da pessoa jurídica.

[12] É por essa razão que Silveira e Saad-Diniz apontam que, além da teoria do defeito de organização, há ainda duas outras respostas no direito comparado para justificar a imputação à pessoa jurídica dos atos de seus administradores ou representantes: (i) o sistema vicariante ou de transferência de responsabilidade (*vicarious theory*) e (ii) e o sistema misto, no qual a ausência de defeito de organização seria uma atenuante da pena, mas jamais uma excludente de responsabilidade (SILVEIRA; SAAD-DINIZ, *op. cit.*, p. 107).

[13] De fato, como ensina Pontes de Miranda, os administradores presentam a vontade da pessoa jurídica. PONTES DE MIRANDA, Francisco Cavalcanti. *Tratado de Direito Privado*. Tomo XLIX. Campinas: Bookseler, 2000. p. 94. No caso dos administradores, portanto, a vinculação à pessoa jurídica é direta, pois se trata da própria vontade desta sendo manifestada. Não há vontade da pessoa jurídica que não seja aquela manifestada por seus administradores, motivo pelo qual, pelos atos destes, a pessoa jurídica responde por ato próprio. O que precisa ser ressaltado é que a atribuição dos atos dos administradores às pessoas jurídicas não decorre propriamente da responsabilidade objetiva das segundas pelos primeiros – não há propriamente duas "vontades" nesse caso –, mas de mero juízo de imputação. Por essa razão, Ascensão (*Direito Civil*: teoria geral. Coimbra: Coimbra Editora, 2000. Volume I. p. 271-272) deixa claro que, em razão da relação de organicidade, os atos dos administradores são objetivamente imputados à pessoa jurídica. Por isso, o direito estrangeiro tem farta doutrina no sentido de que, da teoria orgânica, decorre que os ilícitos praticados pelos administradores são considerados como atos da pessoa jurídica desde o seu início. CARBONNIER, Jean. *Derecho Civil*. Barcelona: Bosch, 1960. v. 1, p. 728; ALPA, Guido. *Manuale di Diritto Privato*. Padova: Cedam, 2004, p. 299), GALGANO, Francesco. *Diritto Privato*. Padova: Cedam, 2004, p. 84; ASCENSÃO, *op. cit.*, p. 275). No que diz respeito aos empregados e prepostos, que correspondem aos chamados representantes internos, os arts. 932, III, c/c o 933 do Código Civil preveem a responsabilidade objetiva do empregador, pessoa jurídica ou não, pelos atos dos empregados, serviçais ou prepostos. Já

eminentemente patrimonial das discussões ali travadas, da importância da boa-fé objetiva e da teoria da aparência, bem como do fato de a responsabilidade objetiva ter como fundamentos, entre outros, a equidade, o risco e a socialização dos danos. Aliás, não é por outra razão que a *vicarious liability* surgiu no âmbito da responsabilidade civil.

A discussão é saber em que medida a referida teoria pode ser aplicada também no âmbito do direito punitivo, já que os motivos que justificam a pena são muito distintos daqueles que fundamentam o ressarcimento de danos. Com efeito, associar ao direito punitivo uma imputação automática, que nada esclarece sobre a reprovabilidade que justificaria a punição da pessoa jurídica, pode ser algo de difícil conciliação com as garantias constitucionais que se aplicam a qualquer exercício de poder punitivo estatal.

Imagine-se a hipótese de uma pessoa jurídica que tenha feito todo o possível para, por meio da sua estrutura organizacional, evitar o ilícito, e que, exatamente em razão da sua vigilância e constante monitoramento, foi a primeira a identificar o delito praticado por um de seus empregados e o fez de forma rápida e eficaz, tomando todas as providências para remediar o problema, inclusive se reportando às autoridades competentes. Qual seria o motivo para apenar uma pessoa jurídica que procedesse dessa maneira?

Como se sabe, o dever de cuidado é um dever de meio, e não de fim, motivo pelo qual o simples fato de haver um ilícito não quer dizer que a pessoa jurídica tenha violado o seu dever de cuidado e agido de forma reprovável. Tal assertiva é particularmente verdadeira em grandes corporações, nas quais é absolutamente impossível que os administradores possam assegurar o resultado da ação dos milhares de empregados e representantes que agem em nome da pessoa jurídica.

Como já se antecipou, a *vicarious liability* envolve, na verdade, uma imputação automática, motivo pelo qual adota um sistema de heterorresponsabilidade, transferindo a responsabilidade individual do

---

a disciplina mais específica dos arts. 1.169 a 1.178 do Código Civil, que tratam da responsabilidade da pessoa jurídica por atos de prepostos e gerentes de sociedades empresárias, mostram em que situações tais pessoas vinculam ou não a pessoa jurídica. Basta lembrar que, de acordo com a regra do art. 1.169, "o preposto não pode, sem autorização escrita, fazer-se substituir no desempenho da preposição, sob pena de responder pessoalmente pelos atos do substituto e pelas obrigações por ele contraídas".

[14] Para maiores informações sobre o tema, ver: FRAZÃO, Ana. Responsabilidade civil dos administradores de sociedades limitadas. In: AZEVEDO, Luís André N. de Moura; CASTRO, Rodrigo R. Monteiro (Coord.). *Sociedade limitada contemporânea*. São Paulo: Quartier Latin, 2013, p. 171-173.

presentante ou representante que pratica ato em benefício da empresa à própria pessoa jurídica.[15]

Diante da sua excessiva rigidez, autores como Joshua Greenberg e Ellen Brotman sustentam que, no âmbito do direito punitivo, a *vicarious liability* deveria ser flexibilizada em algumas circunstâncias, inclusive em nome da preservação da empresa, sob o fundamento de que não teria cabimento punir a pessoa jurídica que tivesse tomado todas as medidas necessárias para a prevenção dos ilícitos.[16] No mesmo sentido, Attila Ataner enfatiza a necessidade de haver alguma violação ao dever de cuidado por parte da pessoa jurídica para que possa haver a imputação automática inerente à *vicarious liability*.[17]

Alan Sykes chega a sugerir o que chama de *vicarious liability based on negligence*, como alternativa à *vicarious* compreendida como responsabilidade objetiva (*strict liability*), de forma que apenas haveria a responsabilidade da pessoa jurídica quando comprovado que ela

---

[15] SILVEIRA; SAAD-DINIZ, *op. cit.*, p. 109.

[16] GREENBERG, Joshua D.; BROTMAN, Ellen C. Reducing corporate criminality: evaluating department of justice policy on the prosecution of business organizations and options for reform. *American Criminal Law Review*. v. 51, n. 79, 2014.

[17] ATANER, Attila. How strict is vicarious liability? Reassessing the Enterprise Risk Theory. *University of Toronto Faculty of Law Review*. v. 64, n. 2, p. 63-103, 2006. p. 73-74. Vale ressaltar a seguinte passagem: "My approach, although critical in a sense, in fact aims to make a largely descriptive point, namely that a careful reading of the case law reveals a gap in our predominant understanding of vicarious liability. If this reading of the leading authorities is correct, an exemplary defendant appearing before a court that must decide between imposing strict liability or no liability should be able to persuade it that his or her case is distinguishable, or that an exception in his or her case is warranted in light of a proper understanding of what the enterprise risk theory stands for and what its limitations are. Thus, a positivistic or mechanical assertion that vicarious liability is a species of strict liability, and that no account of the defendant's conduct or level of care need be taken, is simply untenable. A defendant who is in fact able to clearly demonstrate a total absence of fault should, at least on my reading of the enterprise risk theory, be exempted from liability. And this, I maintain, follows from the premises of the enterprise risk theory itself". (ATANER, *op. cit.*, p. 90-91). Tradução livre: Minha abordagem, apesar de crítica em certo sentido, de fato se pretende descritiva, sobretudo ao pontuar que uma leitura cuidadosa da jurisprudência revela uma lacuna em nosso conhecimento predominante da responsabilidade vicariante. Se esta leitura das principais autoridades estiver correta, um réu exemplar posto perante um tribunal que deve decidir entre responsabilizar objetivamente e não responsabilizar deve ser capaz de persuadi-la de que seu caso é diferente, ou que uma exceção em seu caso pode ser sustentada de acordo com uma compreensão correta do sentido e das limitações da teoria do risco empresarial. Assim, uma asserção positivista ou mecânica de que a responsabilidade vicariante é uma espécie de responsabilidade objetiva, e que não se deve leva rem conta a conduta ou o nível de cuidado do réu, é simplesmente insustentável. Um réu que seja capaz de claramente demonstrar uma total ausência de culpa não deve, ao menos em minha leitura da teoria do risco empresarial, ser responsabilizado. E isso, eu defendo, está de acordo com as premissas da própria teoria do risco empresarial.

não empregou os devidos recursos para a redução da possibilidade de ocorrência de ilícitos.[18]

Tais tentativas de adaptação da *vicarious liability*, especialmente no âmbito punitivo, acabam aproximando-a, se não a igualando, à teoria do defeito de organização, na medida em que buscam o mesmo fundamento para a identificação da culpabilidade da pessoa jurídica.

Não obstante todos esses problemas, a *vicarious liability* é adotada no direito punitivo de vários países, como é o caso da Itália e da Espanha.[19] No Brasil, a Lei Ambiental, única a instituir a responsabilização criminal da pessoa jurídica, igualmente adota o critério respectivo, ao prever, em seu art. 3º, que as pessoas jurídicas "serão responsabilizadas administrativa, civil e penalmente", elegendo como critério de imputação a prática da infração por decisão "de seu representante legal ou contratual, ou de seu órgão colegiado, **no interesse ou benefício da sua entidade**" (grifos nossos).[20]

Além da Lei Ambiental, a Lei Anticorrupção também acolheu a *vicarious liability*, o que traz várias dificuldades para a justificação da responsabilização administrativa das pessoas jurídicas e também para a implantação dos programas de *compliance,* como se examinará a seguir.

4 Solução acolhida pela Lei Anticorrupção

A Lei Anticorrupção não adota como fundamento da responsabilidade das pessoas jurídicas uma noção própria de culpabilidade, mas

---

[18] SYKES, Alan O. The boundaries of vicarious liability: an economic analysis of the scope of employment rule and related legal doctrines. *Harvard Law Review*, v. 101, n. 563, p. 563-609, 1988. p. 577.

[19] Na Itália, o Decreto Legislativo nº 231 de 2001 prevê que a pessoa jurídica é responsável pelos crimes cometidos no seu interesse ou em sua vantagem. Já na Espanha, onde recente reforma legislativa acrescentou ao Código Penal o art. 31 *bis*, as pessoas jurídicas são penalmente responsáveis pelos delitos cometidos em seu nome ou por sua conta e em seu benefício direto ou indireto.

[20] Nicolao Dino, Ney Bello Filho e Flávio Dino (*Crimes e infrações administrativas ambientais.* 3. ed. Belo Horizonte: Del Rey. 2011. p. 47-48) deixam claro que, para haver a responsabilização penal, é necessário que haja um benefício por parte da empresa, oriundo do fato praticado. Dessa maneira, se o crime ambiental for praticado no interesse exclusivo do agente, com a utilização circunstancial da empresa, trata-se de crime de natureza individual. Da mesma forma, deve haver uma vinculação entre a atividade da empresa e o ato praticado, bem como entre o autor material do delito e a pessoa jurídica. . Outro aspecto interessante da lei é o de admitir a imputação de ato de órgão colegiado, o que é de grande serventia para situações nas quais não é possível a apuração de responsabilidades individuais. Com isso, supre-se um dos grandes defeitos do modelo vicarial típico que, segundo Nieto Martín (*Op. cit.*, p. 133-134), ao vincular a imputação da pessoa jurídica a uma pessoa natural, beneficia as grandes empresas e prejudica as pequenas, já que é mais fácil encontrar o responsável individual em organizações menos complexas.

sim a existência de atos praticados por seus órgãos, administradores e representantes. Dessa maneira, opta claramente pela heterorresponsabilidade da pessoa jurídica, a exemplo da *vicarious liability*.

É importante também salientar que os requisitos legais da vicarious liability foram confirmados pelo Supremo Tribunal Federal no que diz respeito à Lei Ambiental, no julgamento do RE nº 548.181/PR, oportunidade em que se exigiu, como requisito de responsabilização da pessoa jurídica, que a atuação dos indivíduos ou órgãos tenha se dado no interesse ou em benefício da pessoa jurídica.[21] Tais conclusões certamente devem ser aplicadas ao Direito Administrativo sancionador, de que a Lei Anticorrupção faz parte.

A própria Lei Anticorrupção acolhe, de forma explícita, todos os pressupostos da *vicarious liability*, ao prever, em seu art. 2º, que "as pessoas jurídicas serão responsabilizadas objetivamente, nos âmbitos administrativo e civil, pelos atos lesivos previstos nesta Lei praticados **em seu interesse ou benefício, exclusivo ou não**". (grifos nossos). Logo adiante, no art. 3º, determina que "a responsabilização da pessoa jurídica não exclui a responsabilidade individual de seus dirigentes ou administradores ou de qualquer pessoa natural, autora, coautora ou partícipe do ato ilícito".

Como se observa, a Lei Anticorrupção é expressa ao afirmar que apenas a ação praticada no interesse ou benefício da pessoa jurídica, ainda que não exclusivo, pode vinculá-la. Por essa razão, ao tratar da responsabilidade objetiva, a lei parece referir-se, na verdade, à imputação automática da pessoa jurídica pelos atos praticados pelas pessoas naturais que agem em seu nome, até porque é clara ao prever tal vinculação não apenas em razão de atos de dirigentes ou administradores, mas também de "qualquer pessoa natural, autora, coautora ou partícipe do ato ilícito".

Dessa maneira, a lei admite a vinculação das pessoas jurídicas também por atos de outros representantes e não somente dos administradores, esclarecendo o §1º do art. 3º que "a pessoa jurídica será responsabilizada independentemente da responsabilização individual das pessoas naturais referidas no caput".

De toda sorte, ainda que seja amplo o rol de representantes cujos atos podem ser imputados à pessoa jurídica, o foco da imputação é realmente a conduta praticada pelos administradores, já que o §2º do art. 3º prevê que "os dirigentes ou administradores somente serão

---

[21] STF, 1ª Turma, RE nº 548.181/PR, Rel. Min. Rosa Weber. Data de Julgamento: 06.08.2013, Data de Publicação: 30.10.2014.

responsabilizados por atos ilícitos na medida da sua culpabilidade", nada mencionando sobre os outros representantes da pessoa jurídica.

O que se observa, pois, é que a Lei Anticorrupção não acolhe a noção de culpabilidade da pessoa jurídica a partir do defeito de organização: por mais que a pessoa jurídica tenha envidado esforços para evitar o ilícito, tal circunstância jamais será idônea para afastar a sua responsabilidade, podendo, na melhor das hipóteses, servir como atenuante para a sua punição.

O acolhimento de modelo tão rigoroso, além das desvantagens já apontadas, pode tornar-se verdadeiramente pernicioso se, além de tudo, não for compreendido corretamente, ou seja, caso não se entenda que a imputação automática ou responsabilidade objetiva apenas pode ser considerada para efeitos de se atribuir determinada conduta à pessoa jurídica, mas jamais para levar a uma condenação de forma "objetiva", como se examinará no tópico que segue.

5 Correta interpretação da *vicarious liability* no âmbito do Direito Administrativo sancionador: impossibilidade de punição sem reprovabilidade

Ainda que adotada a *vicarious liability*, a imputação automática à pessoa jurídica de determinada conduta de administrador ou representante simplesmente indica que houve ação da pessoa jurídica para efeitos jurídicos, mas não informa sobre o acerto ou equívoco da referida ação para efeitos da aplicação de uma determinada sanção. Daí a necessidade de saber os adequados pressupostos para a aplicação da pena.

No caso específico da Lei Anticorrupção, a primeira grande dificuldade para o exame da questão é que ela não faz distinção entre as questões de imputação e de avaliação da conduta. Assim, poder-se-ia cogitar de que a previsão de responsabilidade objetiva se refere ao mérito da própria conduta, de forma que mesmo que as condutas imputadas às pessoas jurídicas não fossem reprováveis poderiam ser objeto de punição.

Todavia, tal interpretação levaria a resultados inaceitáveis e que implicariam até a inconstitucionalidade total – sem qualquer possibilidade de interpretação conforme à Constituição – das referidas normas, levando-se em consideração que a responsabilidade objetiva é técnica de socialização dos danos, mas jamais de responsabilidade punitiva. Com efeito, os fundamentos normalmente utilizados para a responsabilidade objetiva – risco, proveito, garantia, equidade, perigo, dentre outros – podem ser adequados para a reparação civil, mas são manifestamente inidôneos para a imposição de uma sanção, que apenas se justifica diante de um ato contrário ao direito. A responsabilidade objetiva, como se sabe, pode decorrer inclusive de atos lícitos, estando orientada para assegurar a reparação de danos em casos nos quais se entende que estes não devem ser suportados pela vítima.

Dessa maneira, ainda que se cogite possível a responsabilidade objetiva para efeitos de imputação dos atos de determinados órgãos, administradores ou representantes da pessoa jurídica, não seria justificável que as pessoas jurídicas fossem punidas por atos que não sejam considerados ilícitos ou reprováveis.

Tal discussão tem inequívoca natureza constitucional, em estreita conexão com os princípios da antijuridicidade, da culpabilidade e da individualização da pena, que confluem para a conclusão de que a reprovabilidade da conduta deve ser a medida da sanção. Assim, não havendo reprovabilidade da conduta, perde-se até mesmo o parâmetro fundamental da dosimetria da pena.

Não é sem razão que Luigi Ferrajoli assevera que o princípio da culpabilidade desqualifica a responsabilidade objetiva na seara punitiva, com base em quatro argumentos: (i) a reprovação da ação é condição necessária para justificar a punição do injusto; (ii) partindo da função utilitarista de prevenção geral do direito penal, apenas as condutas culpáveis podem ser objeto de prevenção por meio da pena, já que a intimidação só pode ocorrer se o fato for decorrente da ciência ou vontade do agente; (iii) o princípio da culpabilidade garante a possibilidade de prever e estruturar um projeto de vida partindo da estrutura coativa do direito, percebendo as normas penais como regras de conduta; e, por último, o argumento considerado mais importante pelo autor, (iv) "as ações culpáveis são as únicas que podem ser não somente objeto de reprovação, de previsão e de prevenção; são, também, as únicas que podem ser lógica e sensatamente proibidas".[22]

No mesmo sentido, entende Alejandro Nieto que o princípio da antijuridicidade é fundamental no Direito Administrativo sancionador, de forma que são excludentes de ilicitude as causas de justificação da conduta, tais como exercício legítimo de direito, estado de necessidade e força maior.[23] O autor chega a citar decisão do Tribunal Supremo da Espanha que, reconhecendo que a natureza subjetiva da responsabilidade administrativa tem origem na Constituição, assim afirma:

---

[22] FERRAJOLI, Luigi. *Direito e razão*: teoria do garantismo penal. São Paulo: Revista dos Tribunais, 2002, p. 393.

[23] NIETO, *op. cit.*, p. 364-368.

El principio de culpabilidad puede inferirse de los principios de legalidad y prohibición de exceso o de las exigencias inherentes al Estado de Derecho. Por consiguiente, tampoco en el ilícito administrativo puede prescindirse del elemento subjetivo de la culpabilidad para sustituirlo por un sistema de responsabilidad objetiva o sin culpa.[24]

No Brasil, já há farta doutrina sustentando que a culpabilidade é exigência *sine qua non* para a imposição de qualquer sanção, mesmo na seara administrativa, motivo pelo qual somente a responsabilidade subjetiva seria compatível com o direito punitivo.[25] Afinal, não faz sentido punir algo que não é ilícito nem reprovável, sendo a responsabilidade objetiva deletéria a qualquer garantia fundamental da pessoa jurídica acusada.[26]

Como acertadamente aponta Luiz Flávio Gomes, "castigar a causa objetiva de resultados imprevisíveis e inevitáveis seria inútil, desnecessário e ineficaz". Com efeito, um dos principais objetivos da aplicação de sanções é dissuadir o agente de praticar novamente as práticas nocivas, além do efeito preventivo geral.[27] Não havendo, entretanto, possibilidade de agir de forma diversa, a função dissuasória fica nitidamente comprometida, além de haver uma clara violação às garantias individuais.[28]

Modesto Carvalhosa também não se mostra contrário à necessidade de reprovabilidade da conduta no caso da Lei Anticorrupção, até por reconhecer que a referida lei tem "nítida natureza penal" e, portanto, exige a observação das garantias penais.[29] Daí afirmar que o legislador pretendeu transpor para o direito penal-administrativo a teoria da imputação objetiva, pretendendo verificar como a pessoa

---

[24] NIETO, *op. cit.*, p. 373.

[25] MEDINA OSÓRIO. *Direito Administrativo sancionador*. São Paulo: Revista dos Tribunais, 2011, p. 338; OLIVEIRA, Regis Fernandes. *Infrações e sanções administrativas*. São Paulo: RT, 2012, p. 40-45 e 180; VITTA, Heraldo Garcia. *A sanção no Direito Administrativo*. São Paulo: Malheiros, 2003, p. 156; NUCCI, Guilherme. *Corrupção e anticorrupção*. Rio de Janeiro: Forense, 2015, p. 102-104.

[26] SANGUINÉ, Odone. Os direitos fundamentais das pessoas jurídicas no processo penal. In: CHOUKR, Fauzi Hassan; LOUREIRO, Maria Fernanda; VERVAELE, John. *Aspectos contemporâneos da responsabilidade penal da pessoa jurídica*. São Paulo: Fecomercio, 2014. v. 2, p. 151-219

[27] GOMES, Luiz Flávio. Princípios constitucionais penais (III): Princípio da ofensividade do fato. In: MOLINA, Antonio García-Pablos; GOMES, Luiz Flavio. *Direito Penal*: fundamentos e limites do Direito Penal. São Paulo: Revista dos Tribunais, 2012. v. I, p. 453.

[28] Id.

[29] CARVALHOSA, Modesto. *Considerações sobre a Lei Anticorrupção das Pessoas Jurídicas*. São Paulo: Editora dos Tribunais, 2015, p. 33.

jurídica deveria ter se comportado, análise para a qual se deveria descartar o caráter subjetivo da intenção dolosa.[30]

Como se verifica, a preocupação do autor é tão somente a de afastar a possibilidade de que o ato de corrupção seja definido a partir dos critérios da culpa clássica e do dolo. Entretanto, a sua análise não afasta a necessidade da reprovabilidade da conduta. Tanto é assim que menciona, como pressuposto da sanção, a conduta contrária ao bem jurídico.[31] Aliás, a mera referência à imputação objetiva já é a prova de que o autor não está tratando propriamente de "responsabilidade objetiva", já que referida teoria envolve a reprovabilidade da conduta em razão de um risco indevidamente criado.[32]

Dessa maneira, é um imperativo constitucional que a punição de uma infração administrativa esteja condicionada à reprovabilidade da conduta. E nem se afirme que tal exigência poderia comprometer o exercício da competência punitiva na seara administrativa, diante das dificuldades inerentes à comprovação da culpa.

Ora, a culpa tem sido vista na atualidade não mais como um fato exclusivamente psicológico, mas sim como um fato social, revelador de que o agente descumpriu um dever jurídico quando poderia ter agido de forma diferente nas relações sociais.[33] Consequentemente, o juízo sobre a culpa passou a envolver a avaliação sobre a reprovabilidade da conduta a partir de um critério abstrato de diligência.[34]

Com essa nova noção de culpa, evita-se o excesso de subjetividade e facilita-se a comprovação da reprovabilidade da conduta, mas não se afasta o fundamento essencial que justifica a aplicação de

---

[30] CARVALHOSA, *op. cit.*, p. 37-38.

[31] CARVALHOSA, *op. cit.*, p. 39.

[32] Claus Roxin (A Teoria da Imputação Objetiva. *Revista Brasileira de Ciências Criminais*, n. 38, p. 11-31, abr./jun. 2002. p. 13-15) mostra que os pressupostos da teoria da imputação objetiva são: (i) criação de um risco não permitido para o objeto da ação; (ii) realização do risco no resultado concreto; e (iii) constatação de que este resultado se encontra dentro do alcance do tipo. Um dos exemplos citados por Roxin é que, se a vítima de um tiro morrer em acidente de ambulância a caminho do hospital, não se imputa o resultado ao autor do disparo, ainda que tenha criado o risco.

[33] Para maiores informações sobre o tema, ver: FRAZÃO, Ana. Pressupostos e funções da responsabilidade civil subjetiva na atualidade: um exame a partir do direito comparado. *Revista do Tribunal Superior do Trabalho*, v. 77, n. 4, out./dez. 2011, p. 32-33.

[34] Como explica Anderson Schreiber (*Novos Paradigmas da Responsabilidade Civil*. São Paulo: Atlas, 2011, p. 36), preocupações com a consciência da lesão ao direito alheio, com a previsibilidade do dano e a com a reprovabilidade moral da conduta foram gradativamente perdendo espaço diante das dificuldades concretas de demonstrar esses aspectos, o que culminou com a consagração da denominada culpa objetiva. Nas palavras do autor, "a culpa passou a ser entendida como o 'erro de conduta', apreciado não em concreto, com base nas condições e na capacidade do próprio agente que se pretendia responsável, mas em abstrato, isto é, em uma objetiva comparação ao modelo geral de comportamento".

sanções pelo Estado: a ilicitude ou a reprovabilidade de determinado comportamento.

Já se viu anteriormente que hoje existe considerável discussão em torno da possibilidade de que, mesmo nos casos de *vicarious liability*, sejam admitidas defesas referentes à inexistência de culpa por parte da pessoa jurídica, a fim de afastar até mesmo a responsabilização na seara punitiva. Com maior razão, devem ser admitidas defesas relacionadas à inexistência de reprovabilidade do ato, especialmente nas hipóteses em que este tenha sido automaticamente imputado à pessoa jurídica.

Dessa maneira, nada justifica que se interprete a responsabilidade objetiva prevista pela Lei Anticorrupção como uma autorização para punição mesmo sem a reprovabilidade da conduta. A única forma de se interpretar as referidas expressões em conformidade à Constituição é entendendo que se referem apenas ao juízo de imputação.

Disso decorre que a análise da responsabilização da pessoa jurídica deve se dar em dois passos: (i) o primeiro – juízo de imputação – que, pela Lei Anticorrupção, poderia ser caracterizado pelo automatismo ou pela responsabilidade objetiva; e, mesmo assim, com todas as ressalvas já feitas, (ii) o segundo – juízo de mérito da conduta –, que necessariamente exigiria a existência de reprovabilidade da conduta para que houvesse a imposição da sanção.

Consequentemente, é possível uma interpretação do art. 2º da Lei Anticorrupção em conformidade à Constituição e aos princípios elementares do Direito Administrativo sancionador, que, ao compreender corretamente a extensão da responsabilidade objetiva legalmente prevista, torna-a compatível com os pressupostos de punição da pessoa jurídica.

6 Mesmo no Direito Civil, a chamada responsabilidade objetiva da pessoa jurídica é, como regra, um juízo de imputação, que não dispensa a prática de ato culposo

Vale ressaltar que, mesmo no âmbito da responsabilidade civil, nunca se negou que responsabilidade objetiva do preponente/empregador pelo ato do preposto/empregado depende da existência de ato ilícito por parte deste, ou seja, é o ato ilícito do preposto/empregado que pode ser imputado objetivamente à pessoa jurídica. Entretanto, se não houver ato ilícito por parte do empregado, não há que se cogitar, por óbvio, da responsabilidade objetiva do empregador.[35] Com efeito, o empregador não precisa ter culpa para indenizar a vítima, mas somente será responsabilizado caso o seu preposto tenha agido culposamente. Nesse sentido, a jurisprudência do Superior Tribunal de Justiça é farta em exemplos que mostram que as hipóteses de responsabilidade objetiva previstas no art. 932 do Código Civil não dispensam o ato culposo por parte daquele que agiu em nome do responsável, raciocínio que se estende igualmente aos demais casos de responsabilidade objetiva lá previstos:

RESPONSABILIDADE CIVIL. ATO DO PREPOSTO. CULPA RECONHECIDA. RESPONSABILIDADE DO EMPREGADOR. (ART. 1.521, INCISO III, CC/16; ART. 932, INCISO III, CC/2002). ATO PRATICADO FORA DO HORÁRIO DE SERVIÇO E CONTRA AS ORDENS DO PATRÃO. IRRELEVÂNCIA. AÇÃO QUE SE RELACIONA FUNCIONALMENTE COM O TRABALHO DESEMPENHADO. MORTE DO ESPOSO E PAI DOS AUTORES. CULPA CONCORRENTE. INDENIZAÇÕES POR DANOS MATERIAIS E MORAIS DEVIDAS
1. **A responsabilidade do empregador depende da apreciação quanto à responsabilidade antecedente do preposto no dano causado – que é subjetiva – e a responsabilidade consequente do preponente, que independe de culpa, observada a exigência de o preposto estar no exercício do trabalho ou o fato ter ocorrido em razão dele.** [...](grifos nossos)[36]

PROCESSUAL CIVIL. AGRAVO REGIMENTAL NO AGRAVO DE INSTRUMENTO. AÇÃO INDENIZATÓRIA. REEXAME DE PROVAS. SÚMULA 7 DO STJ. INCIDÊNCIA. RESPONSABILIDADE CIVIL DO EMPREGADOR POR ATO DE PREPOSTO (ART. 932, III, CC). TEORIA DA APARÊNCIA. RESPONSABILIDADE OBJETIVA. PRECEDENTES. COMPENSAÇÃO COM DESPESAS DO FUNERAL. COMPROVAÇÃO. DESNECESSIDADE. APLICAÇÃO DA SÚMULA 83 DESTA CORTE. [...]
2. **Nos termos da jurisprudência do STJ, o empregador responde objetivamente pelos atos <u>culposos</u> de seus empregados e prepostos**

---

[35] É o que ensina Cees Van Dam (*European Tort Law*. Nova Iorque: Oxford University Press, 2006, p. 255), ao asseverar que a responsabilidade objetiva do empregador pelo ato do empregado requer a negligência deste último. No mesmo sentido a lição de Markesinis e Unberath (The German Law of Torts. Oregon: Hart Publishing, 2002, p. 694): "The master's own liability, therefore, was strict in the sense that it did not depend on any fault on his part, but *fault there had to be on the part of the servant.*" (grifos nossos). Tradução livre: A responsabilidade própria do mestre é objetiva no sentido de que não depende de nenhum ilícito da sua parte, mas deve ter havido falta por parte do servo.

[36] STJ, 4ª Turma, REsp nº 1.072.577/PR, Rel. Min. Luis Felipe Salomão, Data de Julgamento: 12.04.2012, Data de Publicação: *DJe* 26.04.2012.

praticados no exercício do trabalho que lhes competir, ou em razão dele (arts. 932, III, e 933 do Código Civil). Precedentes. [...] (grifos nossos)[37]

DIREITO CIVIL. RESPONSABILIDADE CIVIL. ACIDENTE DE TRÂNSITO ENVOLVENDO MENOR. INDENIZAÇÃO AOS PAIS DO MENOR FALECIDO. ENTENDIMENTO JURISPRUDENCIAL. REVISÃO. ART. 932, I, DO CÓDIGO CIVIL.
1. A responsabilidade dos pais por filho menor – responsabilidade por ato ou fato de terceiro –, a partir do advento do Código Civil de 2002, passou a embasar-se na teoria do risco para efeitos de indenização, de forma que as pessoas elencadas no art. 932 do Código Civil **respondem objetivamente, devendo-se comprovar apenas a culpa na prática do ato ilícito daquele pelo qual são os pais responsáveis legalmente.** Contudo, há uma exceção: a de que os pais respondem pelo filho incapaz que esteja sob sua autoridade e em sua companhia; assim, os pais, ou responsável, que não exercem autoridade de fato sobre o filho, embora ainda detenham o poder familiar, não respondem por ele, nos termos do inciso I do art. 932 do Código Civil. [...][...]" (grifos nossos)[38]

AGRAVO REGIMENTAL EM RECURSO ESPECIAL – AÇÃO CONDENATÓRIA (INDENIZATÓRIA) – DANOS EXTRAPATRI-MONIAIS E PATRIMONIAIS DECORRENTES DE ACIDENTE DE TRÂNSITO – RESPONSABILIDADE CIVIL DO EMPREGADOR – [...]
1. O novo Código Civil (art. 933), seguindo evolução doutrinária, considera a responsabilidade civil por ato de terceiro como sendo objetiva, aumentando sobejamente a garantia da vítima. **Malgrado a responsabilização objetiva do empregador, esta só exsurgirá se, antes, for demonstrada a culpa do empregado ou preposto, à exceção, por evidência, da relação de consumo.** (REsp 1135988/SP, Rel. Ministro Luis Felipe Salomão, Quarta Turma, DJe 17/10/2013) [...] (grifos nossos)[39]

RECURSO ESPECIAL. AÇÃO DE RESPONSABILIDADE CIVIL POR FATO DE OUTREM (EMPREGADOR). ART. 932, II, CC/2002. ACIDENTE DE TRÂNSITO CAUSADO POR PREPOSTO. FALECIMENTO DO MARIDO. DANOS MATERIAIS E MORAIS. AÇÃO PENAL. CAUSA IMPEDITIVA DA PRESCRIÇÃO. ART. 200 DO CC/2002. OCORRÊNCIA. [...]

---

[37] STJ, 4ª Turma, AgRg no Ag nº 1.162.578/DF, Rel. Min. Maria Isabel Gallotti, Data de Julgamento: 03.03.2016; Data de Publicação: *DJe* 09.09.2016.

[38] STJ, 3ª Turma, REsp nº 1.232.011/SC, Rel. Min. João Otávio de Noronha, Data de Julgamento: 17.12.2015, Data de Publicação: *DJe* 04.02.2016.

[39] STJ, 4ª Turma, AgRg no REsp nº 1.411.569/SP, Rel. Min. Marco Buzzi, Data de Julgamento: 06.02.2014, Data de Publicação: *DJe* 17.02.2014.

4. O novo Código Civil (art. 933), seguindo evolução doutrinária, considera a responsabilidade civil por ato de terceiro como sendo objetiva, aumentando sobejamente a garantia da vítima. **Malgrado a responsabilização objetiva do empregador, esta só exsurgirá se, antes, for demonstrada a culpa do empregado ou preposto, à exceção, por evidência, da relação de consumo.** [...] (grifos nossos)[40]

AGRAVO REGIMENTAL NO AGRAVO REGIMENTAL NO AGRAVO EM RECURSO ESPECIAL. DECISÃO MANTIDA. ACIDENTE. EMPREGADO. CULPA. COMPROVAÇÃO. REEXAME FÁTICO-PROBATÓRIO. EMPREGADOR. RESPONSABILIDADE OBJETIVA. SÚMULA 83 DO STJ. NÃO PROVIMENTO. [...]
2. Reconhecida a culpa do empregado pelo acidente, a responsabilidade do empregador é objetiva. Incidente, portanto, o enunciado 83 da Súmula do STJ. (grifos nossos)[41]

RESPONSABILIDADE CIVIL. ATO DO PREPOSTO. CULPA RECONHECIDA. RESPONSABILIDADE DO EMPREGADOR. (ART. 1.521, INCISO III, CC/16; ART. 932, INCISO III, CC/2002). ATO PRATICADO FORA DO HORÁRIO DE SERVIÇO E CONTRA AS ORDENS DO PATRÃO. IRRELEVÂNCIA. AÇÃO QUE SE RELACIONA FUNCIONALMENTE COM O TRABALHO DESEMPENHADO. MORTE DO ESPOSO E PAI DOS AUTORES. CULPA CONCORRENTE. INDENIZAÇÕES POR DANOS MATERIAIS E MORAIS DEVIDAS.
1. A responsabilidade do empregador depende da apreciação quanto à responsabilidade antecedente do preposto no dano causado – que é subjetiva – e a responsabilidade consequente do preponente, que independe de culpa, observada a exigência de o preposto estar no exercício do trabalho ou o fato ter ocorrido em razão dele. [...] (grifos nossos)[42]

É interessante notar que o art. 932 do Código Civil limita-se a prever a responsabilidade objetiva do preponente/empregador, sem afirmar expressamente a necessidade da existência de ato culposo por parte do preposto/empregado. Entretanto, por meio de interpretação axiológica e sistemática, a doutrina e a jurisprudência chegaram a tal conclusão, pois não faria sentido que a pessoa jurídica respondesse civilmente sem que houvesse qualquer ilícito por parte dos seus prepostos/

---

[40]   STJ, 4ª Turma, REsp nº 1.135.988/SP, Rel. Min. Luis Felipe Salomão, Data de Julgamento: 08.10.2013, Data de Publicação: *DJe* 17.10.2013.

[41]   STJ, 4ª Turma, AgRg no AgRg no AREsp nº 13.766/SP, Rel. Min. Maria Isabel Gallotti, Data de Julgamento: 13.11.2012, Data de Publicação: *DJe* 20.11.2012.

[42]   STJ, 4ª Turma, REsp nº 1.072.577/PR, Rel. Min. Luis Felipe Salomão, Data de Julgamento: 12.04.2012, Data de Publicação: *DJe* 26.04.2012.

empregados, salvo em áreas nas quais, como é o caso do Direito do Consumidor, a pessoa jurídica responde pelo risco.

Ora, tal raciocínio deve ser aplicado, com maior razão, à seara do Direito Administrativo sancionador, cujos pressupostos, como já se viu, são incompatíveis com a ideia de responsabilidade pelo risco e reclamam a aplicação de critério idôneo de culpabilidade. Assim, a solução do impasse pode ser a adequada interpretação da expressão responsabilidade objetiva prevista pela Lei Anticorrupção, para se entender que ela corresponde, na verdade, à imputação objetiva da pessoa jurídica pelos atos culposos de seus presentantes/representantes/ prepostos.

Trata-se, portanto, de alternativa interpretativa que não passa necessariamente pela declaração de inconstitucionalidade total do art. 2º da Lei Anticorrupção. Pelo contrário, por meio da interpretação conforme pode-se conciliar perfeitamente o requisito da responsabilidade objetiva da pessoa jurídica com a responsabilidade subjetiva do presentante/representante/preposto.

Afinal, já se viu que apenas faz sentido afastar o ato culposo do presentante/representante/preposto no âmbito da responsabilidade civil – já que tal lógica é perfeitamente compatível com o propósito de reparação e proteção da vítima – e, mesmo assim, nas áreas do direito em que a pessoa jurídica responde pelo risco.

Todavia, tal entendimento não pode ser estendido às searas punitivas, já que a ideia de risco é incompatível com o Direito Administrativo sancionador. Logo, se o ato culposo do presentante/representante/preposto é exigido até mesmo para a responsabilidade civil ordinária, não faz sentido que seja dispensável no âmbito do Direito Administrativo sancionador, sob pena de se gerar, mais do que uma incoerência sob a perspectiva da integridade e harmonia do sistema jurídico, a inconstitucionalidade total do art. 2º, da Lei Anticorrupção.

7 Conclusões

O presente artigo procurou mostrar que a responsabilização administrativa das pessoas jurídicas é fundamental para a política de prevenção a determinados ilícitos, especialmente os atos de corrupção. Entretanto, considerando que se trata de responsabilidade punitiva, é necessário que sejam encontrados critérios idôneos para a sua operacionalização.

Não obstante a teoria do defeito da organização ser a que oferece uma base mais consistente para criar um conceito de culpabilidade da pessoa jurídica, já se viu que a Lei Anticorrupção adotou a *vicarious liability*, motivo pelo qual há a imputação automática da pessoa jurídica por todas as condutas ilícitas praticadas por seus presentantes ou representantes, desde que em seu benefício ou interesse.

Entretanto, o artigo procurou demonstrar que a responsabilidade objetiva prevista na Lei Anticorrupção pode e deve ser interpretada apenas no sentido da imputação automática inerente à *vicarious liability*, o que não dispensa a autoridade administrativa de, para efeitos de condenação, fundamentar a reprovabilidade das condutas dos presentantes/representantes/prepostos que são atribuídas às pessoas jurídicas.

Com efeito, se a punição das pessoas jurídicas decorre da combinação do critério da imputação automática com o da inexistência de reprovabilidade da conduta a ela imputada, tem-se aí um cenário manifestamente contrário às garantias constitucionais mínimas que justificam o exercício de poder punitivo estatal.

Por essas razões, enquanto prevalecer no direito brasileiro o sistema vicariante, deve haver um esforço adicional para torná-lo minimamente compatível com as garantias constitucionais que se aplicam ao Direito Administrativo sancionador, o que exige que a "responsabilidade objetiva" a que se refere a Lei Anticorrupção apenas possa se referir ao juízo de imputação, mas não à análise de mérito da conduta.

Se é pressuposto da pena a reprovabilidade do ato que se imputa à pessoa jurídica, não há como puni-la sem a reprovabilidade do ato que a ela se imputa. Por essa razão, do ponto de vista das garantias constitucionais inerentes ao direito punitivo, especialmente as referentes à individualização e à proporcionalidade da pena, é necessário que, após o juízo de imputação, seja identificada a reprovabilidade da conduta imputada à pessoa jurídica, sob pena de, não havendo a ilicitude, se afastar por completo a caracterização da infração administrativa.

Referências

ABRAHAM, Kenneth S. *The forms and functions of Tort Law*. New York: Foundation Express, 2007.

ALPA, Guido. *Manuale di Diritto Privato*. Padova: Cedam, 2004.

ASCENSÃO, José de Oliveira. *Direito Civil*: teoria geral. Coimbra: Coimbra Editora, 2000. v. I.

ATANER, Attila. How strict is vicarious liability? Reassessing the Enterprise Risk Theory. *University of Toronto Faculty of Law Review*. v. 64, n. 2, p. 63-103, 2006.

BRAITHWAITE, John; FISSE, Owen. *Corporations, crime and accountability*. Nova Iorque: Cambridge University Press, 1993.

CARBONNIER, Jean. *Derecho Civil*. Barcelona: Bosch, 1960.

CARVALHOSA, Modesto. *Considerações sobre a Lei Anticorrupção das pessoas jurídicas*. São Paulo: Editora dos Tribunais, 2015.

CUESTA, J. L. Una "nueva" línea de intervención penal: el Derecho Penal de las personas jurídicas. In: MESSUTI, A., SANPEDRO ARRUBLA, J. A. *La Administración de Justicia en los albores del tercer milenio*. Buenos Aires: Editorial Universidad 2001, pp. 65-80.

DAM, Cees Van. *European Tort Law*. Nova Iorque: Oxford University Press, 2006.

DINO, Nicolao; BELLO FILHO, Ney; DINO, Flávio. *Crimes e infrações administrativas ambientais*. 3. ed. Belo Horizonte: Del Rey. 2011.

FERRAJOLI, Luigi. *Direito e razão*: teoria do garantismo penal. São Paulo: Revista dos Tribunais, 2002. p. 393.

FRAZÃO, Ana. Pressupostos e funções da responsabilidade civil subjetiva na atualidade: um exame a partir do direito comparado. *Revista do Tribunal Superior do Trabalho*. v. 77, n. 4, out./dez. 2011.

FRAZÃO, Ana. Responsabilidade civil dos administradores de sociedades limitadas. In: AZEVEDO, Luís André N. de Moura; CASTRO, Rodrigo R. Monteiro (Coord.). *Sociedade limitada contemporânea*. São Paulo: Quartier Latin, 2013.

GALGANO, Francesco. *Diritto Privato*. Padova: Cedam, 2004.

GOMES, Luiz Flávio. Princípios constitucionais penais (III): Princípio da Ofensividade do Fato. In: MOLINA, Antonio García-Pablos; GOMES, Luiz Flavio. *Direito Penal*: fundamentos e limites do Direito Penal. São Paulo: Revista dos Tribunais, 2012.

GREENBERG, Joshua D.; BROTMAN, Ellen C. Reducing corporate criminality: evaluating department of justice policy on the prosecution of business organizations and options for reform. *American Criminal Law Review*. v. 51, n. 79, 2014.

HEINE, Günther. La responsabilidad penal de las empresas: evolución historica y consecuencias nacionales. In: POZO, José Hurtado. *Responsabilidad penal de las personas jurídicas*. Madri: Grijley, 1997, pp. 19-45.

MARKESINIS, Basil; UNBERATH, Hannes. *The German Law of Torts*. Oregon: Hart Publishing, 2002.

MARTÍN, Adán Nieto. La responsabilidad penal de las personas jurídicas: esquema de un modelo de responsabilidad penal. *Nueva Doctrina Penal*. n. 1, p. 125-159, 2008.

NUCCI, Guilherme. *Corrupção e anticorrupção*. Rio de Janeiro: Forense, 2015.

OLIVEIRA, Regis Fernandes. *Infrações e sanções administrativas*. São Paulo: RT, 2012.

OSÓRIO, Fábio Medina. *Direito Administrativo sancionador*. São Paulo: Revista dos Tribunais, 2011.

PONTES DE MIRANDA, Francisco Cavalcanti. *Tratado de Direito Privado*. Campinas: Bookseler, 2000. t. XLIX.

ROXIN, Claus Roxin. A teoria da imputação objetiva. *Revista Brasileira de Ciências Criminais*. n. 38, pp. 11-31, abr./jun. 2002.

SANGUINÉ, Odone. Os direitos fundamentais das pessoas jurídicas no processo penal. In: CHOUKR, Fauzi Hassan; LOUREIRO, Maria Fernanda; VERVAELE, John. *Aspectos contemporâneos da responsabilidade penal da pessoa jurídica*. São Paulo: Fecomercio, 2014.

SCHREIBER, Anderson. *Novos paradigmas da responsabilidade civil*. São Paulo: Atlas, 2011.

SILVEIRA, Renato de Mello Jorge; SAAD-DINIZ, Eduardo. *Compliance, direito penal e lei anticorrupção*. São Paulo: Saraiva, 2015.

SYKES, Alan O. The boundaries of vicarious liability: an economic analysis of the scope of employment rule and related legal doctrines. *Harvard Law Review*, v. 101, n. 563, p. 563-609, 1988.

VITTA, Heraldo Garcia. *A sanção no Direito Administrativo*. São Paulo: Malheiros, 2003.

Informação bibliográfica deste texto, conforme a NBR 6023:2002 da Associação Brasileira de Normas Técnicas (ABNT):

FRAZÃO, Ana. Responsabilidade de pessoas jurídicas por atos de corrupção: reflexão sobre os critérios de imputação. In: FORTINI, Cristiana (Coord.). *Corrupção e seus múltiplos enfoques jurídicos*. Belo Horizonte: Fórum, 2018. p. 35-56. ISBN: 978-85-450-0422-6.

O DECRETO FEDERAL Nº 8.420/15 E A METODOLOGIA DE CÁLCULO PARA FIXAÇÃO DA MULTA

CRISTIANA FORTINI

LAÍS ROCHA SALGADO

1 Introdução

A Lei nº 12.846/13, conhecida como Lei Anticorrupção, impõe responsabilidade objetiva[1] às pessoas jurídicas que praticarem os atos infracionais descritos no art. 5º,[2] [3] prevendo a aplicação isolada ou

---

[1] CYRINO, André. Como se fazem as leis? Democracia, Grupos de Interesse e Controle de constitucionalidade. *Revista Brasileira de Estudos Políticos*, Belo Horizonte, n. 113, p. 51-99, jul./dez. 2016.

[2] A lei definiu corrupção para os seus fins. Efetivamente não há um conceito universal e, no mesmo país, podem conviver diversas acepções de corrupção, ora mais extensas, ora mais restritas. Para os fins de responsabilização de pessoas jurídicas, importa considerar o teor da Lei nº 12.846/13. FORTINI, Cristiana; MOTTA, Fabrício. Corrupção nas licitações e contratações públicas: sinais de alerta segundo a Transparência Internacional. *A&C - Revista de Direito Administrativo & Constitucional*, Belo Horizonte, v. 16, n. 64, p. 93-113, abr./jun. 2016.

[3] "Art. 5º Constituem atos lesivos à administração pública, nacional ou estrangeira, para os fins desta Lei, todos aqueles praticados pelas pessoas jurídicas mencionadas no parágrafo único do art. 1º, que atentem contra o patrimônio público nacional ou estrangeiro, contra princípios da administração pública ou contra os compromissos internacionais assumidos pelo Brasil, assim definidos:
I – prometer, oferecer ou dar, direta ou indiretamente, vantagem indevida a agente público, ou a terceira pessoa a ele relacionada;

conjunta das sanções administrativas descritas no art. 6º,[4] quais sejam *multa sobre o faturamento bruto do ano anterior à instauração do processo administrativo de responsabilização* e *publicação extraordinária da decisão condenatória*. A lei elegeu o ano anterior ao PAR, e não o ano da conduta, quando única, como indicativo para a obtenção do faturamento bruto. É possível que, assim, a multa não capte o possível incremento do ato corrupto no faturamento. Isso pensando em contratos com a Administração Pública obtidos diante da infração de que cuida do inciso I do art. 5º, por exemplo. Mas considerará a situação da entidade em momento mais próximo ao de sua responsabilização.

Nota-se que o rol das condutas descritas como corruptas, para os fins da lei, é taxativo, uma vez que o *caput* do art. 5º traz a expressão "assim definidos". A opção legislativa coaduna-se também com o princípio da segurança jurídica, delimitando os comportamentos que serão por ela alcançáveis, como já registramos anteriormente.

Como já dito, as sanções administrativas podem ser cumuladas. Tem-se aí a primeira decisão administrativa de viés discricionário. Mas a liberdade administrativa, sempre relativizada, se expande, porque a

---

II – comprovadamente, financiar, custear, patrocinar ou de qualquer modo subvencionar a prática dos atos ilícitos previstos nesta Lei;

III – comprovadamente, utilizar-se de interposta pessoa física ou jurídica para ocultar ou dissimular seus reais interesses ou a identidade dos beneficiários dos atos praticados;

IV – no tocante a licitações e contratos:

a) frustrar ou fraudar, mediante ajuste, combinação ou qualquer outro expediente, o caráter competitivo de procedimento licitatório público;

b) impedir, perturbar ou fraudar a realização de qualquer ato de procedimento licitatório público;

c) afastar ou procurar afastar licitante, por meio de fraude ou oferecimento de vantagem de qualquer tipo;

d) fraudar licitação pública ou contrato dela decorrente;

e) criar, de modo fraudulento ou irregular, pessoa jurídica para participar de licitação pública ou celebrar contrato administrativo;

f) obter vantagem ou benefício indevido, de modo fraudulento, de modificações ou prorrogações de contratos celebrados com a administração pública, sem autorização em lei, no ato convocatório da licitação pública ou nos respectivos instrumentos contratuais; ou

g) manipular ou fraudar o equilíbrio econômico-financeiro dos contratos celebrados com a administração pública;

V – dificultar atividade de investigação ou fiscalização de órgãos, entidades ou agentes públicos, ou intervir em sua atuação, inclusive no âmbito das agências reguladoras e dos órgãos de fiscalização do sistema financeiro nacional."

[4] "Art. 6º Na esfera administrativa, serão aplicadas às pessoas jurídicas consideradas responsáveis pelos atos lesivos previstos nesta Lei as seguintes sanções:

I – multa, no valor de 0,1% (um décimo por cento) a 20% (vinte por cento) do faturamento bruto do último exercício anterior ao da instauração do processo administrativo, excluídos os tributos, a qual nunca será inferior à vantagem auferida, quando for possível sua estimação; e

II – publicação extraordinária da decisão condenatória."

multa oscilará entre 0,1 e 20% (vinte por cento) do faturamento bruto do exercício anterior ao ano de início do processo administrativo.[5] O art. 7º da Lei nº 12.846/13 estabelece que serão considerados os seguintes critérios para a aplicação das sanções:

I – a gravidade da infração;

II – a vantagem auferida ou pretendida pelo infrator;

III – a consumação ou não da infração;

IV – o grau de lesão ou perigo de lesão;

V – o efeito negativo produzido pela infração;

VI – a situação econômica do infrator;

VII – a cooperação da pessoa jurídica para a apuração das infrações;

VIII – a existência de mecanismos e procedimentos internos de integridade, auditoria e incentivo à denúncia de irregularidades e a aplicação efetiva de códigos de ética e de conduta no âmbito da pessoa jurídica;

IX – o valor dos contratos mantidos pela pessoa jurídica com o órgão ou entidade pública lesados;[6]

A leitura dos incisos evidencia que os critérios não são matemáticos, por vezes geram dúvidas sobre o que espelham, inclusive porque é difícil estabelecer linhas cristalinas a apartar grau de lesão, efeito negativo e gravidade da infração, por exemplo. São referências que, sem detalhamentos, não socorrem a comissão julgadora na tarefa de estabelecer a penalidade que deverá ser imposta aos corruptores.

Curioso observar a utilização do plural no *caput* do artigo, permitindo entender que os incisos irão contribuir para a fixação do valor da multa e também para a decisão pela cumulação das reprimendas ou pela imposição de uma delas. Então, a primeira decisão a ser adotada é relativa à cumulação ou não das sanções. Depois, optando-se pela aplicação da multa, acompanhada ou não, inaugura-se o momento dedicado ao seu cálculo.

Parece-nos, portanto, que nos casos em que a multa for mais representativa, após a avaliação dos critérios legais e do seu detalhamento no decreto, inaceitável será não se determinar a publicação da condenação. Lado outro, quando o cálculo indicar uma multa menos retumbante, justificável seria não publicizar a condenação. Assim, os incisos do art. 7º devem ser considerados para se definir o *quantum* da

---

[5] O decreto reconhece a possibilidade de não existir faturamento bruto sobre o qual incidir o percentual, até porque a Lei atinge pessoas jurídicas despidas de caráter lucrativo e não apenas empresas. Como se verá, o decreto cuidou de solucionar a questão, oferecendo outro paradigma.

[6] Lei nº 12.846/13.

multa, tema a que se dedicarão os artigos 17 a 20 do decreto federal, mas também a decisão sobre a dupla penalização ou não.

A conclusão a que chegamos é reforçada pela necessidade de se evitar que a lei anticorrupção configure cenário para as práticas que ela deseja repelir. Criada como ferramenta para o combate à corrupção, a lei pode representar uma ameaça à ética, a depender do comportamento dos agentes públicos e privados. As prerrogativas sancionatórias precisam estar harmonizadas com os princípios da motivação, impessoalidade e moralidade. Portanto, sempre positivos critérios que contribuam para balizar as decisões.

Os parâmetros legais constantes do art. 7º são detalhados no decreto federal. Há de se considerar que não apenas à União, mas aos demais entes federados, concedeu-se a competência para descer aos pormenores da lei, regulamentando-a com o escopo de viabilizar a aplicação das sanções.

A única exceção, diante da redação do parágrafo único do art. 7º, seriam os programas de integridade, de que cuida o inciso VIII, porque apenas com relação a eles a lei ressalvou a disciplina única, por meio de decreto federal. Segundo nossa interpretação, a partir do disposto no parágrafo único, os demais critérios constantes da lei poderão ser detalhados por cada ente federado, enquanto o programa de integridade teria um regramento único. Ainda que esse recorte possa ser alvo de críticas, em especial considerando que a cada ente de federação se deveria assegurar competência para ditar os contornos de todos os parâmetros, incluídos os relativos ao programa de integridade, fato é que a possível oscilação traria enormes incertezas às pessoas jurídicas alcançáveis pela lei, isso se não houvesse contradição entre as exigências locais, estaduais e nacionais. Evidente que o legislador poderia ter evitado questionamentos se já tivesse dissecado o conteúdo dos citados documentos. Mas não o fez.

De todo modo, ainda se pode analisar a opção legislativa sob outro ângulo. União, Estados, Municípios e Distrito Federal estabelecerão, à sua maneira, balizas necessárias à aplicação das penalidades, exceto no que toca ao programa de integridade, segundo conclusão a que chegamos.

Vale dizer, os fatores que haverão de ser considerados para a definição das sanções demandam maior explicitação, o que será promovido por cada ente federado. A situação, infelizmente, pode ser um gatilho para a corrupção, ou ao menos para o desacerto. Na hipótese de alguns entes federados não elaborarem seus respectivos decretos, ou simplesmente repisarem a lei, será conferida uma enorme discricionariedade aos agentes públicos, o que acarretará insegurança jurídica às pessoas jurídicas e, consequentemente, possível judicialização da matéria, dificultando a aplicação rápida e eficiente da legislação. Assim, esse estudo se propõe a analisar como esses parâmetros foram trabalhados pela União por meio do Decreto Federal nº 8.420/15.

2 O decreto

O Decreto Federal nº 8.420/15 estabelece método próprio para o cálculo da multa com relação à base de cálculo legalmente estabelecida. Todavia, deixa a metodologia para apuração do faturamento bruto e tributos a serem decotados do faturamento a cargo do Ministro de Estado Chefe da Controladoria-Geral da União,[7] atualmente o Ministro da Transparência, Fiscalização e Controladoria-Geral da União (CGU). Certamente, o decreto deveria ter cuidado de toda a matéria referente ao cálculo da multa, pois deixá-lo a cargo do Ministro de Estado apenas dificulta a operacionalização da lei na medida em que a identificação do faturamento com exclusão dos tributos é o passo inicial para o cálculo da penalidade pecuniária.

A metodologia foi estabelecida pela CGU através da Instrução Normativa nº 1/2015,[8] que determina a aferição com base de cálculo no Regulamento do Imposto de Renda ou pelo SIMPLES Nacional, quando se tratar de Microempresa e Empresa de Pequeno Porte.

Há casos, entretanto, que não será possível a aplicação referida da base de cálculo, como ocorre nas entidades sem fins lucrativos, ou pela ausência requisitos para apuração do faturamento no ano anterior à instauração do PAR. Para essas hipóteses, o art. 22 do decreto federal estabelece as seguintes alternativas:

---

[7] "Art. 21. Ato do Ministro de Estado Chefe da Controladoria-Geral da União fixará metodologia para a apuração do faturamento bruto e dos tributos a serem excluídos para fins de cálculo da multa a que se refere o art. 6º da Lei nº 12.846, de 2013.
Parágrafo único. Os valores de que trata o **caput** poderão ser apurados, entre outras formas, por meio de:
I – compartilhamento de informações tributárias, na forma do inciso II do §1º do art. 198 da Lei nº 5.172, de 25 de outubro de 1966; e
II – registros contábeis produzidos ou publicados pela pessoa jurídica acusada, no país ou no estrangeiro. (BRASIL. Lei n. 12846, de 1º de agosto de 2013. *Diário Oficial da União*. Brasília, 02.08.2013)."

[8] BRASIL. Controladoria Geral da União. Instrução Normativa nº 1, de 7 de abril de 2015. "Estabelece metodologia para apuração do faturamento bruto e dos tributos a serem excluídos para fins de cálculo da multa a que se refere o art. 6 da Lei nº 12.846 de primeiro de agosto de 2013."

Art. 22. Caso não seja possível utilizar o critério do valor do faturamento bruto da pessoa jurídica no ano anterior ao da instauração ao PAR, os percentuais dos fatores indicados nos art. 17 e art. 18 incidirão:

I – sobre o valor do faturamento bruto da pessoa jurídica, excluídos os tributos, no ano em que ocorreu o ato lesivo, no caso de a pessoa jurídica não ter tido faturamento no ano anterior ao da instauração ao PAR;

II – sobre o montante total de recursos recebidos pela pessoa jurídica sem fins lucrativos no ano em que ocorreu o ato lesivo; ou

III – nas demais hipóteses, sobre o faturamento anual estimável da pessoa jurídica, levando em consideração quaisquer informações sobre a sua situação econômica ou o estado de seus negócios, tais como patrimônio, capital social, número de empregados, contratos, dentre outras.

Parágrafo único. Nas hipóteses previstas no **caput**, o valor da multa será limitado entre R$6.000,00 (seis mil reais) e R$60.000.000,00 (sessenta milhões de reais).[9]

Explorando o art. 7º da Lei nº 12.846/13, o decreto apresenta percentuais que ora somam pontos em detrimento do infrator, pavimentando uma maior reprimenda estatal, ora suavizam sua situação. Pretendeu-se traduzir em operação matemática a influência dos incisos do art. 7º por meio dos seguintes fatores: i) continuidade dos atos lesivos no tempo; ii) envolvimento do quadro diretivo a entidade; iii) interrupção da prestação dos serviços públicos ou obra; iv) capacidade financeira da entidade; v) reincidência; vi) valor do contrato; vii) consumação ou não da infração; viii) ressarcimento pelos danos; ix) colaboração investigação e apuração; x) comunicação espontânea do ilícito; xi) existência de programa de integridade.[10]

---

[9] BRASIL. Decreto nº 8.240/15, de 18 de março de 2015. Regulamenta a Lei nº 12.846, de 1º de agosto de 2013, que dispõe sobre a responsabilização administrativa de pessoas jurídicas pela prática de atos contra a administração pública, nacional ou estrangeira e dá outras providências.

[10] *Idem*. "Art. 17. O cálculo da multa se inicia com a soma dos valores correspondentes aos seguintes percentuais do faturamento bruto da pessoa jurídica do último exercício anterior ao da instauração do PAR, excluídos os tributos:

I – um por cento a dois e meio por cento havendo continuidade dos atos lesivos no tempo;

II – um por cento a dois e meio por cento para tolerância ou ciência de pessoas do corpo diretivo ou gerencial da pessoa jurídica;

III – um por cento a quatro por cento no caso de interrupção no fornecimento de serviço público ou na execução de obra contratada;

IV – um por cento para a situação econômica do infrator com base na apresentação de índice de Solvência Geral – SG e de Liquidez Geral – LG superiores a um e de lucro líquido no último exercício anterior ao da ocorrência do ato lesivo;

V – cinco por cento no caso de reincidência, assim definida a ocorrência de nova infração, idêntica ou não à anterior, tipificada como ato lesivo pelo art. 5º da Lei nº 12.846, de 2013, em menos de cinco anos, contados da publicação do julgamento da infração anterior; e

Os aspectos de que cuidam os artigos 17 e 18 do Decreto Federal nº 8420/15 encontram apoio na lista do art. 7º. Assim, efeito negativo da infração, grau de lesão, gravidade da situação, situação econômica do infrator e os demais estão refletidos no decreto. A dúvida está na reincidência, que prejudica a avaliação do infrator e não decorre, ao menos não de forma direta, de nenhum dos incisos do art. 7º. Cada requisito constatado comporá, então, a soma ou diminuição final, cujo total apurado definirá multa aplicada. Todavia, o decreto não encerra totalmente a questão da fixação, pois alguns incisos permitem variação de percentual, conforme será demonstrado.

3 Das circunstâncias agravantes

Ao tratar sobre "Gravidade da Infração" o decreto não especifica o que seria compreendido como infração baixa, média, grave ou gravíssima. O termo nem sequer é encontrado no regulamento.

Entre as situações descritas no art. 5º não há distinção objetiva. Assim, ainda que vislumbremos a possibilidade de entendimento diverso, não identificamos que a lei, *a priori*, valorou distintamente os incisos do art. 5º. O tipo infracional administrativo não está posto como no Direito Penal, em que para cada conduta há pena delimitada, com um *quantum* máximo e mínimo preestabelecido. Entende-se que deverão ser tomados como base para aplicação da sanção os demais aspectos comentados a seguir.

VI – no caso de os contratos mantidos ou pretendidos com o órgão ou entidade lesado, serão considerados, na data da prática do ato lesivo, os seguintes percentuais:
a)um por cento em contratos acima de R$1.500.000,00 (um milhão e quinhentos mil reais);
b) dois por cento em contratos acima de R$10.000.000,00 (dez milhões de reais);
c) três por cento em contratos acima de R$50.000.000,00 (cinquenta milhões de reais);
d) quatro por cento em contratos acima de R$250.000.000,00 (duzentos e cinquenta milhões de reais); e
e) cinco por cento em contratos acima de R$1.000.000.000,00 (um bilhão de reais).
Art. 18. Do resultado da soma dos fatores do art. 17 serão subtraídos os valores correspondentes aos seguintes percentuais do faturamento bruto da pessoa jurídica do último exercício anterior ao da instauração do PAR, excluídos os tributos:
I – um por cento no caso de não consumação da infração;
II – um e meio por cento no caso de comprovação de ressarcimento pela pessoa jurídica dos danos a que tenha dado causa;
III – um por cento a um e meio por cento para o grau de colaboração da pessoa jurídica com a investigação ou a apuração do ato lesivo, independentemente do acordo de leniência;
IV – dois por cento no caso de comunicação espontânea pela pessoa jurídica antes da instauração do PAR acerca da ocorrência do ato lesivo; e
V – um por cento a quatro por cento para comprovação de a pessoa jurídica possuir e aplicar um programa de integridade, conforme os parâmetros estabelecidos no Capítulo IV."

Logo, o parâmetro da gravidade da infração deve ser considerado não como um repúdio maior a uma infração do que a outra, a partir da catalogação dos incisos do art. 5º, mas absorvendo as referências traduzidas no decreto.

Os critérios constantes dos artigos 17 e 18 do decreto dissecam as circunstâncias que colaboraram para a redução ou majoração da multa. Toma-se como exemplo os incisos I, IV e V, art. 7º da Lei nº 12.846/13, respectivamente: gravidade da infração; grau de lesão ou perigo de lesão; efeito negativo produzido pela infração.

Inicialmente, poder-se-ia considerar que tais fatores constituem vieses de uma mesma ação, porquanto um único ato poderá ser grave, e em razão de sua gravidade elevada, desencadear uma lesão igualmente elevada, cuja consequência produzirá o efeito negativo. No mesmo sentido, as condutas *procurar afastar licitante* e *afastar licitante* são infrações de gravidade distintas e embora ambas afrontem o caráter competitivo do certame não poderão ser igualmente sancionadas. O critério da gravidade da infração poderá ser verificado pela aplicação dos demais incisos do art. 7º, servindo como norte para fixação dos percentuais, tal qual o princípio da proporcionalidade, sempre em atenção ao art. 6º, §1º, da lei.[11]

O decreto federal estabelece que ao se verificar a continuidade dos atos lesivos no tempo, será computado para o cálculo da multa o montante correspondente à variação de 1% (um por cento) e 2,5% (dois e meio por cento) da base de cálculo.[12]

Assim, necessária a multiplicidade de atos ilícitos, pelo que, quer nos parecer, a prática de ato isolado não poderá ensejar a causa de majoração prevista no inciso citado. É importante não confundir a sucessão de atos no decurso do tempo com a duração dos contratos administrativos. O ato ilícito havido apenas no momento da contratação constitui ato único cujos efeitos se protraem no tempo, porquanto meio para obtenção do contrato. O contrário ocorre quando o ato ilícito é reiterado e continuamente praticado durante toda a vigência contratual ou sistemático para assegurar diversas contratações. Desse

---

[11] "Art. 6º Na esfera administrativa, serão aplicadas às pessoas jurídicas consideradas responsáveis pelos atos lesivos previstos nesta Lei as seguintes sanções:
(...)
§ 1º As sanções serão aplicadas fundamentadamente, isolada ou cumulativamente, de acordo com as peculiaridades do caso concreto e com a gravidade e natureza das infrações."

[12] Decreto Federal nº 8.420/15 – "Art. 17. O cálculo da multa se inicia com a soma dos valores correspondentes aos seguintes percentuais do faturamento bruto da pessoa jurídica do último exercício anterior ao da instauração do PAR, excluídos os tributos: I – um por cento a dois e meio por cento havendo continuidade dos atos lesivos no tempo".

modo, a comissão julgadora será a encarregada de fixar a percentagem aplicável ao lapso temporal, em consonância com os casos concretos. A continuidade dos atos ilícitos no tempo pode, ou não, implicar maior lesão ou perigo de lesão. Ao comentar o grau da lesão ou perigo da lesão, José Anacleto Abduch Santos pondera:

> O prejuízo objetivo que a infração produz para o bem jurídico tutelado é também fator eleito como circunstância agravante ou atenuante. Não se confundem infração e lesão. Esta é resultado da conduta infracional, aquela, comportamento que realiza ou tenta realizar o tipo penal administrativo. A lesão de que trata a lei não é apenas patrimonial, mas também jurídica ou moral. Qualquer conduta que se subsuma a um dos tipos do art. 5º prazos, *prima facie*, lesão a valor jurídico tutelado pela norma, a mera existência de fenômeno da corrupção, por si só, já produz prejuízos sociais imensuráveis, por decorrência, o mero cometimento da infração já produz a lesão a valor juridicamente tutelado. Assim, ultimadas ou tentadas as condutas delituosas é de se presumir que a lesão ao interesse público, o que deve ensejar a aplicação de alguma sanção, como acima dito, o que se indagará a respeito da pena, é da intensidade ou potencialidade desta lesão.[13] [14]

Ao regulamentar a matéria, porém, o Poder Executivo Federal não deixou margem para que tamanha abstração pudesse ser valorada. Ao revés, uniu efeito negativo e grau de lesão em um único inciso, elegendo duas situações a serem consideradas como causa agravante da multa: (i) interrupção no fornecimento de serviços públicos; (ii) paralisação na execução de obra pública.[15] Nesse espectro, a intensidade do efeito negativo deverá servir para nortear a fixação do percentual estipulado pelo regulamento em atenção ao caso concreto. Assim, imaginando uma situação hipotética em que o ato ilícito deu causa a paralisação de transporte público, impor-se-ia a aplicação do inciso III do art. 17 do Regulamento Federal, pelo que a extensão do efeito serviria para fixação do percentual, que deverá ser entre 1% e 4% da base de cálculo.

---

[13] SANTOS, José Anacleto Abduch. *Comentários à Lei 12.846/2013*: lei anticorrupção, p. 229-230, 2015.

[14] O autor considera e existência do ilícito na forma tentada, o que será objeto de discussão mais adiante.

[15] Decreto Federal nº 8.429/15 "Art. 17. O cálculo da multa se inicia com a soma dos valores correspondentes aos seguintes percentuais do faturamento bruto da pessoa jurídica do último exercício anterior ao da instauração do PAR, excluídos os tributos: III – um por cento a quatro por cento no caso de interrupção no fornecimento de serviço público ou na execução de obra contratada;"

Entretanto, caso a entidade opte por minimizar os efeitos negativos, o regulamento estabelece que, em havendo comprovação do ressarcimento do dano causado à Administração, trata-se de fator de redução da multa[16] em 1% (um por cento) e 1,5% (um e meio por cento) do faturamento.

Esse tema será mais bem trabalhado em item posterior, acerca das circunstâncias atenuantes.

No que concerne ao valor dos contratos, o percentual incidente sobre a base de cálculo aumenta de acordo com o valor da contratação nos seguintes termos:

> VI – no caso de os contratos mantidos ou pretendidos com o órgão ou entidade lesado, serão considerados, na data da prática do ato lesivo, os seguintes percentuais:
>
> a) um por cento em contratos acima de R$1.500.000,00 (um milhão e quinhentos mil reais);
>
> b) dois por cento em contratos acima de R$10.000.000,00 (dez milhões de reais);
>
> c) três por cento em contratos acima de R$50.000.000,00 (cinquenta milhões de reais);
>
> d) quatro por cento em contratos acima de R$250.000.000,00 (duzentos e cinquenta milhões de reais); e
>
> e) cinco por cento em contratos acima de R$1.000.000.000,00 (um bilhão de reais).

Nesse caso, a agravante se intensifica proporcionalmente ao volume das contratações, tratando-se de critério objetivo, pois aumento estipulado independe da reprovabilidade da conduta infracional, não sendo necessária a verificação de quaisquer outras causas de aumento para sua incidência. Novamente é importante reforçarmos que os decretos estatual e municipal não podem simplesmente copiar o decreto federal, pois diversa a realidade numérica de seus contratos.

A situação econômica do infrator será apurada com base no Índice de Solvência Geral (SG) e de Liquidez Geral (LG). Sempre que índices contábeis, obtidos com base na análise do no último exercício anterior à ocorrência do ato lesivo, forem superiores a *um*, aumentar-se-á a multa em 1% (um por cento) da base de cálculo.[17]

---

[16] Decreto Federal nº 8.420/2015, Art. 18, "II – um e meio por cento no caso de comprovação de ressarcimento pela pessoa jurídica dos danos a que tenha dado causa;".

[17] Decreto Federal nº 8.420/2015: art. 17, "V – um por cento para a situação econômica do infrator com base na apresentação de índice de Solvência Geral – SG e de Liquidez Geral – LG superiores a um e de lucro líquido no último exercício anterior ao da ocorrência do ato lesivo".

Nota-se que houve a opção por penalizar em maior medida a entidade economicamente sadia, ou seja, aplicando maior multa àquele infrator que possui maior capacidade econômica para suportá-la, e consequentemente não sobrecarregar aquele que não a possui. O inciso é desdobramento do princípio da proporcionalidade e regulamenta diretamente o comando legal, porquanto o art. 7º, VI, da LAE prevê que *a situação econômica do infrator*[18] será considerada para aplicação das sanções.

É preciso considerar que de nada adianta aplicar pena elevada que esteja em dissonância com a realidade econômica da entidade, razão pela qual acertada a adoção de padrão contábil objetivo. Dessa maneira, evita-se que a penalidade seja concretamente inaplicável, acabando por imputar sanção incompatível com a sua permanência no mercado (quando for o caso), acarretando, então, por via transversa, sua dissolução – equiparável a uma desproporcional "pena de morte" da pessoa jurídica.

Havendo tolerância ou ciência de pessoas integrantes do corpo diretivo ou gerencial da entidade, acrescer-se-á entre 1% (um por cento) a 2,5% (dois e meio por cento) do faturamento, o percentual aumenta conforme o grau de comprometimento do quadro diretivo, segundo será trabalhado adiante.

A maior causa de aumento refere-se à situação de reincidência, assim definida pelo decreto:

> Art. 17, V – cinco por cento no caso de reincidência, assim definida a ocorrência de nova infração, idêntica ou não à anterior, tipificada como ato lesivo pelo art. 5º da Lei nº 12.846, de 2013, em menos de cinco anos, contados da publicação do julgamento da infração anterior;[19]

Ao conceituar a reincidência, o decreto não faz qualquer menção ao ente aplicador da sanção, o que impõe o seguinte questionamento: a entidade já punida por outro ente federado poderá ser considerada reincidente quando processada pela União? A pergunta é de difícil resposta, merecendo inclusive estudo específico, pois a reincidência nem sequer está prevista na Lei nº 12.846/13, ao menos não de forma direta nos incisos que povoam o art. 7º.

Imaginemos a seguinte situação hipotética: é instaurado PAR em face de determinada entidade com posterior condenação e publicação da decisão, a entidade, então, recorre ao Judiciário para anular o processo administrativo alegando cerceamento de defesa. Pendente o trânsito

---

[18] BRASIL. Lei nº 12.846, de 1º de agosto de 2013. *Diário Oficial da União*. Brasília, 02.08.2013.
[19] BRASIL. Lei nº 12.846, de 1º de agosto de 2013. *Diário Oficial da União*. Brasília, 02.08.2013.

em julgado, é novamente notificada para responder ao PAR, por ato posterior, ocorrido após publicação da primeira condenação administrativa. Certamente, a Administração computará a reincidência para agravamento da nova multa, o que obrigará a entidade a novamente recorrer ao Poder Judiciário.

As polêmicas decorrentes da aplicação da reincidência podem torná-la de difícil verificação, neutralizando a mais rigorosa causa de aumento, patamar fixo de 5% (cinco por cento), prevista no Decreto nº 8.420/15. Também deve ser considerado que a reincidência não é cotejada de forma isolada. Todas as agravantes e atenuantes devem ser analisadas, pelo que o impacto causado pela reincidência pode ser neutralizado diante das circunstâncias atenuantes.

Verificadas as causas atenuantes previstas no art. 17, a comissão deverá seguir para verificação das atenuantes, estabelecidas no art. 18 do Decreto nº 8.420/15.

4 Das circunstâncias atenuantes

a) Da consumação ou não da infração

O Decreto Federal nº 8.420/15 dispõe que a não consumação da infração é causa de redução da multa, devendo ser subtraído da somatória encontrada no art. 17 o montante correspondente a 1% (um por cento) da base de cálculo.[20]

Entretanto, a leitura conjugada do inciso com o rol taxativo disposto no art. 5º da Lei nº 12.846/13 levanta questão sobre a admissibilidade do ato ilícito administrativo tentado. Isso porque o legislador previu situações em que a simples prática do ato já configura o ilícito, ainda que os efeitos desejados não fossem produzidos. Nesses casos, simples atos como: (i) prometer ou oferecer vantagem indevida, (ii) procurar afastar licitante, (iii) criar pessoa jurídica para que de modo fraudulento participe do certame, já constituem o ato ilícito consumado pela mera conduta. Isto é, não exigem, por exemplo, que a vantagem seja efetivamente aceita (i); ou que o licitante efetivamente seja afastado (ii); ou mesmo que a pessoa jurídica fraudulenta desvirtue o certame (iii).

Desse modo, cabe aqui a diferenciação feita pelo Direito Penal entre consumação, exaurimento e tentativa. Ao pensar numa linha do

---

[20] Decreto Federal nº 8.420/15, "Art. 18. Do resultado da soma dos fatores do art. 17 serão subtraídos os valores correspondentes aos seguintes percentuais do faturamento bruto da pessoa jurídica do último exercício anterior ao da instauração do PAR, excluídos os tributos: I – um por cento no caso de não consumação da infração;".

tempo de um fato criminoso (*iter criminis*) que demanda mais de um ato para sua consumação, tem-se que, nessa sequência, se a execução é iniciada e a conduta pretendida é interrompida por motivos alheios à vontade do agente, configura-se crime tentado. Portanto, o crime tentado merece uma reprimenda menor justamente por não ter alcançado o resultado pretendido. O exaurimento, por sua vez, é justamente momento posterior à consumação, isto é, quando a conduta prevista no tipo já foi inteiramente praticada, mas acrescida por um outro resultado (um *plus*) que nem mesmo seria necessário para sua configuração, mas pode representar uma maior reprovação por ter alcançado esse estágio avançado.

Transpondo tal raciocínio para o âmbito do Direito Administrativo, percebe-se que o termo "consumação", previsto tanto na Lei nº 12.846/13 quanto no Decreto Federal nº 8.420/15, deve ser interpretado, em verdade, como o *exaurimento* da conduta, uma vez que representa a produção dos efeitos desejados – mas que não era necessária para a configuração do ilícito administrativo, pois este já se perfaz e se satisfaz com a mera conduta dos atos infracionais descritos na norma.

É dizer, praticado o ato pelo corruptor, ainda que não tenha produzido os efeitos desejados, impõe-se a sanção. No entanto, para a aplicação da redução do percentual estabelecido no decreto, é importante não ter ocorrido o *exaurimento* (equivocadamente disposto na lei como "consumação"), que é momento posterior, ou seja, correspondente ao infrator não ter aproveitado os efeitos pretendidos.

Soma-se a isso o fato de que inexiste no ordenamento pátrio a figura dos atos administrativos tentados – a menos que a legislação expressamente assim estabeleça. Ausente determinação legal, para que seja aplicada sanção administrativa é essencial que o ato praticado esteja descrito em lei, independentemente do exaurimento, mas preveja que a mera conduta constitui ilícito administrativo, tanto em razão do bem jurídico tutelado exposto ao risco, quanto pelo desvalor da ação do agente.

b) Da reparação integral do dano

A Lei nº 12.846/13 determina em seu art. 6º, §3º,[21] que a aplicação das sanções administrativas não exclui a reparação integral do dano causado. Ou seja, a apuração do dano é independente da aplicação da

---

[21] "§3º A aplicação das sanções previstas neste artigo não exclui, em qualquer hipótese, a obrigação da reparação integral do dano causado."

multa[22] e não integra parte da sanção. Por essa razão, a instauração de processo administrativo específico para obtenção da reparação não impede a aplicação das sanções.[23] Também por essa razão, havendo divergências acerca da dimensão do dano, instaurar-se-á processo em apartado. Uma vez quantificado, o montante apurado será inscrito em dívida ativa. A opção legislativa é criticável no aspecto de que a Administração Pública, parte lesada, não só investiga, mas conduz o processo administrativo, condena, e, na busca pela reparação civil, constitui o crédito em seu favor na forma de título executivo judicial.

Não obstante a possibilidade de condução apartada dos processos, o decreto federal estabelece que o ressarcimento integral é hipótese de redução da penalidade pecuniária em 1,5% (um e meio por cento) da base de cálculo.[24] Nesse caso, o ressarcimento deverá ser espontâneo a fim de que a circunstância atenuante possa ser decotada.

Ainda assim aferir a extensão do dano não será tarefa simples, pois sua natureza poderá ser mais do que apenas monetária. Caberá, nesse caso, a atuação conjunta das partes para sua quantificação, sendo

---

[22] Atente-se que em nenhum momento a "reparação integral do dano" foi classificada pelo legislador como espécie de sanção. No âmbito da responsabilização administrativa pretendeu-se deixar claro que a aplicação das demais sanções não exclui a obrigação de reparar o dano; já no âmbito da responsabilização judicial, a obrigação de reparação integral do dano foi inscrita como o art. 91, I do CP.
De fato, a obrigação de indenizar os danos não representa sanção ou punição, mas medida de responsabilidade civil decorrente do brocardo latino *neminem laedere* (não causar mal a outrem), cuja inobservância implica na necessidade de repor o *status quo ante*.
Reafirmar a natureza não sancionatória da reparação já é esforço que a doutrina nacional vem desenvolvendo, especialmente diante da redação do art. 12 da Lei 8.429/92, que prevê como sanção da prática do ato de improbidade a reparação integral do dano. A principal consequência desse entendimento é que, além de ser imprescritível por expressa determinação constitucional (art. 37, §5º, da CF), será absolutamente viável a transferência, aos sucessores do condenado, da responsabilidade patrimonial pela obrigação de reparar os danos causados ao erário, na forma expressamente autorizada pelo art. 5º, XLV da CF.
Será de todo conveniente que ao longo do processo administrativo instaurado para apurar a prática de atos lesivos, a comissão responsável destine especial atenção à adoção de medidas necessárias à identificação e quantificação do dano causado ao erário, de modo que seja possível, já ao fim do processo, cobrar esse valor da pessoa dos responsáveis, que responderão solidariamente. (SOUZA, Jorge Munhós, Responsabilização administrativa na lei anticorrupção. In: SOUZA, Jorge Munhós; QUEIROZ, Ronaldo Pinheiro de (Coord.) *Lei Anticorrupção*. Salvador: Juspodivm, 2015, p. 131/178).

[23] Lei nº 12.846/13: "Art. 13. A instauração de processo administrativo específico de reparação integral do dano não prejudica a aplicação imediata das sanções estabelecidas nesta Lei. Parágrafo único. Concluído o processo e não havendo pagamento, o crédito apurado será inscrito em dívida ativa da fazenda pública. (BRASIL. Lei n. 12846, de 1º de agosto de 2013. *Diário Oficial da União*. Brasília, 02.08.2013)."

[24] Decreto nº 8.420/15. "Art. 18 II – um e meio por cento no caso de comprovação de ressarcimento pela pessoa jurídica dos danos a que tenha dado causa;".

importante analisar a cooperação em consonância outras causas de redução das penalidades.

c) Do programa de integridade,[25] cooperação e acordo de leniência

O Decreto Federal nº 8.420/15 determina que, havendo comunicação espontânea pela entidade acerca do ato lesivo, será subtraída da somatória encontrada no art. 17 a porcentagem de 2% (dois por cento) do faturamento da entidade.[26] Trata-se de parâmetro fixo que não comporta valoração e depende da pura e simples comunicação, pelo que o decreto conferiu inquestionável estímulo à autodenúncia.

Para além da autodenúncia, a colaboração da pessoa jurídica com a investigação ou a apuração do ato lesivo, independentemente do acordo de leniência,[27] constitui fator de redução entre de 1% (um por cento) a 1,5% (um e meio por cento) do faturamento, a variar de acordo com o grau de cooperação.

Observa-se que há amplo estímulo à pessoa jurídica para que colabore com a Administração. A intenção aqui foi incentivar a denúncia apartada da investigação, separando-as em dois momentos privilegiando a cooperação em todas as etapas. Não fosse assim, a entidade apenas denunciaria, obtendo significativa redução da multa, mas em nada teria de colaborar, na outra hipótese não denunciaria, mas uma vez instaurado o processo administrativo, optaria por colaborar com as investigações.

O decreto federal dedicou capítulo especial à regulamentação do programa de integridade, popularmente conhecido por *compliance,* cuja efetividade (e não apenas existência, como uma leitura literal do inciso VIII do art. 7º da lei poderia autorizar) poderá reduzir o valor

---

[25] GABARDO, Emerson; CASTELLA, Gabriel Morettini e. A nova lei anticorrupção e a importância do compliance para as empresas que se relacionam com a administração pública. *A&C – Revista de Direito Administrativo & Constitucional,* Belo Horizonte, ano 15, n. 60, p. 129-147, abr./jun. 2015. Disponível em: <http://www.revistaaec.com/index.php/revistaaec/article/view/55/358>.

[26] Decreto nº 8.420/15. "Art. 18 IV – dois por cento no caso de comunicação espontânea pela pessoa jurídica antes da instauração do PAR acerca da ocorrência do ato lesivo;".

[27] Decreto nº 8.420/15. "III – um por cento a um e meio por cento para o grau de colaboração da pessoa jurídica com a investigação ou a apuração do ato lesivo, independentemente do acordo de leniência".

da multa aplicável de 1% (um por cento) a 4% (quatro por cento) do faturamento da pessoa jurídica, nos termos da base de cálculo.[28]

> Para fins do disposto neste Decreto, programa de integridade consiste, no conjunto de mecanismos e procedimentos internos de integridade, auditoria e incentivo à denúncia de irregularidades e na aplicação efetiva de códigos de ética e de conduta, políticas e diretrizes com objetivo de detectar e sanar desvios, fraudes, irregularidades e atos ilícitos praticados contra a administração pública, nacional ou estrangeira.[29]

Assim, estabelece minuciosamente os requisitos necessários à avaliação do programa, cuja verificação será necessária à estipulação do percentual da redução da multa.[30] O decreto federal impõe diversos

---

[28] RIBEIRO, Marcia Carla Pereira; DINIZ, Patrícia Dittrich Ferreira. Compliance: una perspectiva desde la Ley Brasileña n.º 12.846/2013. *Revista Eurolatinoamericana de Derecho Administrativo*, Santa Fe, v. 2, n. 1, p. 257-281, ene./jun. 2015. Disponível em: <http://bibliotecavirtual.unl.edu.ar/ojs/index.php/Redoeda/article/view/4638/7067>.

[29] Decreto Federal nº 8.420/2015 "Art. 41, Parágrafo Único. O programa de integridade deve ser estruturado, aplicado e atualizado de acordo com as características e riscos atuais das atividades de cada pessoa jurídica, a qual por sua vez deve garantir o constante aprimoramento e adaptação do referido programa, visando garantir sua efetividade".

[30] Decreto Federal nº 8.420/2015, "Art. 42. Para fins do disposto no §4º do art. 5º, o programa de integridade será avaliado, quanto a sua existência e aplicação, de acordo com os seguintes parâmetros:
I – comprometimento da alta direção da pessoa jurídica, incluídos os conselhos, evidenciado pelo apoio visível e inequívoco ao programa;
II – padrões de conduta, código de ética, políticas e procedimentos de integridade, aplicáveis a todos os empregados e administradores, independentemente de cargo ou função exercidos;
III – padrões de conduta, código de ética e políticas de integridade estendidas, quando necessário, a terceiros, tais como, fornecedores, prestadores de serviço, agentes intermediários e associados;
IV – treinamentos periódicos sobre o programa de integridade;
V – análise periódica de riscos para realizar adaptações necessárias ao programa de integridade;
VI – registros contábeis que reflitam de forma completa e precisa as transações da pessoa jurídica;
VII – controles internos que assegurem a pronta elaboração e confiabilidade de relatórios e demonstrações financeiros da pessoa jurídica;
VIII – procedimentos específicos para prevenir fraudes e ilícitos no âmbito de processos licitatórios, na execução de contratos administrativos ou em qualquer interação com o setor público, ainda que intermediada por terceiros, tal como pagamento de tributos, sujeição a fiscalizações, ou obtenção de autorizações, licenças, permissões e certidões;
IX – independência, estrutura e autoridade da instância interna responsável pela aplicação do programa de integridade e fiscalização de seu cumprimento;
X – canais de denúncia de irregularidades, abertos e amplamente divulgados a funcionários e terceiros, e de mecanismos destinados à proteção de denunciantes de boa-fé;
XI – medidas disciplinares em caso de violação do programa de integridade;
XII – procedimentos que assegurem a pronta interrupção de irregularidades ou infrações detectadas e a tempestiva remediação dos danos gerados;

requisitos às entidades para elaborar seus respectivos programas. Para além de refletir os valores perseguidos pela entidade, o programa deverá ser pensado de maneira artesanal, a fim de revelar harmonia com a atividade desenvolvida. Nesse sentido, não há um modelo ideal e padronizado, pelo que cada entidade deve implementar regras internas de maneira a retratar a repreensão da corrupção no ambiente interno e externo.

No ambiente interno, a entidade deve se preocupar, por exemplo, com o plano de carreira ofertado aos seus funcionários. É preciso ter cuidado, no que se refere às políticas de promoção, que não devem se pautar exclusivamente pela satisfação das metas financeiras, mas adoção de postura ética também deverá ser valorizada. Metas audaciosas podem ser gatilho para corrupção, pois se somadas à ausência de controle interno os agentes podem adotar comportamentos duvidosos para atingi-las.

XIII – diligências apropriadas para contratação e, conforme o caso, supervisão, de terceiros, tais como, fornecedores, prestadores de serviço, agentes intermediários e associados;

XIV – verificação, durante os processos de fusões, aquisições e reestruturações societárias, do cometimento de irregularidades ou ilícitos ou da existência de vulnerabilidades nas pessoas jurídicas envolvidas;

XV – monitoramento contínuo do programa de integridade visando seu aperfeiçoamento na prevenção, detecção e combate à ocorrência dos atos lesivos previstos no art. 5º da Lei nº 12.846, de 2013; e

XVI – transparência da pessoa jurídica quanto a doações para candidatos e partidos políticos.

§1º Na avaliação dos parâmetros de que trata este artigo, serão considerados o porte e especificidades da pessoa jurídica, tais como:

I – a quantidade de funcionários, empregados e colaboradores;

II – a complexidade da hierarquia interna e a quantidade de departamentos, diretorias ou setores;

III – a utilização de agentes intermediários como consultores ou representantes comerciais;

IV – o setor do mercado em que atua;

V – os países em que atua, direta ou indiretamente;

VI – o grau de interação com o setor público e a importância de autorizações, licenças e permissões governamentais em suas operações;

VII – a quantidade e a localização das pessoas jurídicas que integram o grupo econômico; e

VIII – o fato de ser qualificada como microempresa ou empresa de pequeno porte.

§2º A efetividade do programa de integridade em relação ao ato lesivo objeto de apuração será considerada para fins da avaliação de que trata o **caput**.

§3º Na avaliação de microempresas e empresas de pequeno porte, serão reduzidas as formalidades dos parâmetros previstos neste artigo, não se exigindo, especificamente, os incisos III, V, IX, X, XIII, XIV e XV do **caput**.

§4º Caberá ao Ministro de Estado Chefe da Controladoria-Geral da União expedir orientações, normas e procedimentos complementares referentes à avaliação do programa de integridade de que trata este Capítulo.

§5º A redução dos parâmetros de avaliação para as microempresas e empresas de pequeno porte de que trata o §3º poderá ser objeto de regulamentação por ato conjunto do Ministro de Estado Chefe da Secretaria da Micro e Pequena Empresa e do Ministro de Estado Chefe da Controladoria-Geral da União".

A contratação de pessoal também deve primar pela conduta escorreita, porquanto nesse momento a entidade tem abertura para buscar profissionais cujas posturas se coadunem com os valores do contratante. O regime disciplinar é outro aspecto relevante a ser considerado no programa, devendo abarcar todos os seguimentos de funcionários, aí incluindo o corpo diretivo. A adoção de canal independente de denúncia e apuração de faltas é indicador crucial acerca do comprometimento da entidade com o seu programa.

Dessa maneira, o programa de integridade deve ser pensado como um investimento, pois é mecanismo de projeção da própria imagem, lembrando que os melhores profissionais querem trabalhar nas melhores entidades.

A elaboração de programa de integridade deve considerar o setor com o qual a entidade se relaciona. A Lei nº 12.846/2013 objetiva blindar a Administração Pública contra atos corruptos da Administração Pública, dessa maneira, quanto maior for o grau de comunicação entre a atividade desenvolvida e a Administração Pública, maiores serão as peculiaridades que deverão adotadas pelo programa.

É preciso lembrar que todas as entidades, ainda que não sejam contratantes com o Poder Público, se relacionam com o Estado, na medida em que todas pagam tributos, taxas, tarifas e, em alguma medida, lidam cotidiana ou esporadicamente com a Administração.

Desse modo, a existência de efetivo *programa de integridade* assume real importância na órbita federal, uma vez que tal instrumento contribuirá para impedir que a pessoa jurídica incorra em demais causas de aumento da multa, como reincidência e tolerância de pessoas integrantes do quadro diretivo, respectivamente dispostos nos incisos II e V do art. 17 do Decreto Federal nº 8.240/2015.[31]

O raciocínio se faz no sentido de que a reincidência é claro indício de que o programa adotado inexiste, não é efetivo ou é falho, razão pela qual o decreto impõe o aumento de 5% (cinco por cento) sobre o faturamento bruto para o cálculo da multa. Nesse aspecto, o regulamento federal foi rigoroso, aplicando o maior percentual fixado entre as causas de aumento previstas no art. 17.

A participação de pessoas do quadro diretivo também é causa de aumento da multa, pois espelha um desvirtuamento ético que atinge o ápice da entidade e contamina o seu ambiente. Também deve

---

[31] Decreto Federal nº 8.420/15, art. 17, "II – um por cento a dois e meio por cento para tolerância ou ciência de pessoas do corpo diretivo ou gerencial da pessoa jurídica;
V – cinco por cento no caso de reincidência, assim definida a ocorrência de nova infração, idêntica ou não à anterior, tipificada como ato lesivo pelo art. 5º da Lei nº 12.846, de 2013, em menos de cinco anos, contados da publicação do julgamento da infração anterior; e".

ser considerado que não é crível que a entidade detenha programa de integridade efetivo quando há o envolvimento do alto escalão nos atos lesivos. Aliás, o grau de comprometimento do corpo gerencial poderá fulminar possível redução, pois demonstra que a corrupção é política institucional da entidade.

A Lei nº 12.846/13 prevê também que o acordo de leniência[32] poderá reduzir até 2/3 (dois terços) da multa aplicada,[33] podendo, nesses casos, ser inferior ao limite mínimo previsto no art. 6º da LAE: seis mil reais ou 0,1% da base de cálculo. Entretanto, havendo descumprimento do acordo pela entidade colaboradora, reestabelece-se o valor integral encontrado antes da redução, descontando-se as frações da multa eventualmente já pagas.[34]

É importante observar que o decreto federal não fala em desconto dos valores adimplidos, mas das frações, isso porque se entidade já pagou a integralidade da multa reduzida a um terço, mas descumpre o acordo, a fração remanescente deverá ser cobrada em sua integralidade.

---

[32] Acordos de leniência são acordos celebrados entre o Poder Público e um agente envolvido em uma infração, com vista à sua colaboração na obtenção de informações, em especial sobre outros partícipes e autores, com a apresentação de provas materiais de autoria, tendo por contrapartida a liberação ou a diminuição das penalidades que seriam a ele impostas com base nos mesmos fatos.
Considerado por alguns como instrumento imoral e por outros como instrumento e consensualidade, eles têm a sua origem nos Estados Unidos na década de 1970. Trata-se de um instrumento voltado à viabilização das investigações de determinados tipos de ilícitos, no âmbito concorrencial, econômico e, mais recentemente, de combate à corrupção, mediante a criação de incentivos à delação voluntária, notadamente a redução das penalidades que seriam impostas ao delator, na esfera administrativa e/ou criminal caso as informações prestadas sejam úteis à investigação (p. 254-255).

[33] "Art. 16. A autoridade máxima de cada órgão ou entidade pública poderá celebrar acordo de leniência com as pessoas jurídicas responsáveis pela prática dos atos previstos nesta Lei que colaborem efetivamente com as investigações e o processo administrativo, sendo que dessa colaboração resulte:
§2º A celebração do acordo de leniência isentará a pessoa jurídica das sanções previstas no inciso II do art. 6º e no inciso IV do art. 19 e reduzirá em até 2/3 (dois terços) o valor da multa aplicável."

[34] "Art. 23. Com a assinatura do acordo de leniência, a multa aplicável será reduzida conforme a fração nele pactuada, observado o limite previsto no §2º do art. 16 da Lei nº 12.846, de 2013.
§1º O valor da multa previsto no *caput* poderá ser inferior ao limite mínimo previsto no art. 6o da Lei no 12.846, de 2013.
§2º No caso de a autoridade signatária declarar o descumprimento do acordo de leniência por falta imputável à pessoa jurídica colaboradora, o valor integral encontrado antes da redução de que trata o **caput** será cobrado na forma da Seção IV, descontando-se as frações da multa eventualmente já pagas."

Os requisitos para a celebração do acordo estão disciplinados no art. 16 da Lei nº 12.846/13, reproduzidos no art. 30[35] do regulamento. A leitura conjugada dos dispositivos demonstra não ser necessária a espontaneidade da comunicação dos atos infracionais, mas sim que a entidade seja a primeira a comunicar seu interesse em celebrar o acordo, bem como efetivamente colaborar com as investigações, o que também é circunstância atenuante para aplicação da multa.[36]

A redução da multa em até 2/3 se fará sem parâmetros objetivos na lei, ausência que injeta risco de corrupção no emoldurar do ajuste, em especial nos entes em que o controle é menor e menos preparado o corpo funcional.

5 A vantagem auferida ou pretendida pelo infrator

A vantagem que se busca é o motivador da conduta ilícita, a razão pela qual se praticou o ato infracional, pois não seria razoável supor que o ato corrupto tenha fim em si mesmo, sendo certo que aquele que pratica a corrupção o faz perseguindo alguma vantagem. O termo, entretanto, não encerra uma definição precisa, pois a lei não deixa claro qual será sua natureza e tampouco a limita ao cunho pecuniário.

No âmbito das licitações, não se deve confundir a vantagem com o valor dos contratos, em primeiro lugar, porque os valores dos

---

[35] "Art. 30. A pessoa jurídica que pretenda celebrar acordo de leniência deverá:
I – ser a primeira a manifestar interesse em cooperar para a apuração de ato lesivo específico, quando tal circunstância for relevante;
II – ter cessado completamente seu envolvimento no ato lesivo a partir da data da propositura do acordo;
III – admitir sua participação na infração administrativa;
IV – cooperar plena e permanentemente com as investigações e o processo administrativo e comparecer, sob suas expensas e sempre que solicitada, aos atos processuais, até o seu encerramento; e
V – fornecer informações, documentos e elementos que comprovem a infração administrativa.
§1º O acordo de leniência de que trata o caput será proposto pela pessoa jurídica, por seus representantes, na forma de seu estatuto ou contrato social, ou por meio de procurador com poderes específicos para tal ato, observado o disposto no art. 26 da Lei nº 12.846, de 2013.
§2º A proposta do acordo de leniência poderá ser feita até a conclusão do relatório a ser elaborado no PAR."

[36] FORTINI, Cristiana; FARIA, Edimur Ferreira de. Os contornos do acordo de leniência após a Medida Provisória n 703/15: promessa de sucesso ou cenário de incertezas. *Revista Due in Altum. Cadernos de Direito*, v. 8, n. 15, jan/abr. 2016. FORTINI, Cristiana. Comentários ao art. 17 (acordo de leniência nas contratações públicas). *In*: DI PIETRO, Maria Sylvia Zanella; MARRARA, Thiago (Coord.). *Lei anticorrupção comentada*. Belo Horizonte: Fórum, 2017, p. 233-240.

contratos não refletem o lucro. Despesas as mais diversas estão ali incorporadas.

Por outro lado, poder-se-ia pensar nos atestados[37] obtidos em razão da execução de contratos, como vantagens, uma vez que essas são dotadas de valor econômico, isso porque quanto mais atestados a entidade possui, melhor será sua qualificação técnica. Ou seja, as certificações obtidas pela execução dos contratos públicos podem ser compreendidas como vantagens auferidas em licitações.

Mas não nos parece esse o recorte legal. É de se imaginar que se fosse essa a intenção, o legislador cuidaria de mencionar, já que não se trata de algo fácil e imediatamente constatável. Assim, quer nos parecer que a vantagem auferida ou pretendida é aquela imediata, fruto direto, ainda que não alcançada, mas só acalantada, da infração cometida.

A vantagem auferida é aquela efetivamente recebida, gozada, pela entidade, e, embora a lei não diga, conclui-se que esta se aplica aos atos exauridos, enquanto a vantagem pretendida se dá nos casos em que a conduta, embora praticada, não teve o exaurimento pretendido pelo agente, conforme já comentado.

6 O valor da multa

O art. 20 do regulamento federal a utiliza como critério balizador, tanto para o limite máximo da multa, quanto para o limite mínimo, exceto nos casos em que a estimativa não puder ser realizada.

> Art. 20. A existência e quantificação dos fatores previstos nos art. 17 e art. 18, deverá ser apurada no PAR e evidenciada no relatório final da comissão, o qual também conterá a estimativa, sempre que possível, dos valores da vantagem auferida e da pretendida.
>
> §1º Em qualquer hipótese, o valor final da multa terá como limite:
>
> I – mínimo, o maior valor entre o da vantagem auferida e o previsto no art. 19; e

---

[37] Lei Federal nº 8.666/93 "Art. 30. A documentação relativa à qualificação técnica limitar-se-á a: §1º A comprovação de aptidão referida no inciso II do "caput" deste artigo, no caso das licitações pertinentes a obras e serviços, será feita por atestados fornecidos por pessoas jurídicas de direito público ou privado, devidamente registrados nas entidades profissionais competentes, limitadas as exigências a:
I – capacitação técnico-profissional: comprovação do licitante de possuir em seu quadro permanente, na data prevista para entrega da proposta, profissional de nível superior ou outro devidamente reconhecido pela entidade competente, detentor de atestado de responsabilidade técnica por execução de obra ou serviço de características semelhantes, limitadas estas exclusivamente às parcelas de maior relevância e valor significativo do objeto da licitação, vedadas as exigências de quantidades mínimas ou prazos máximos;"

II – máximo, o menor valor entre:
a) vinte por cento do faturamento bruto do último exercício anterior ao da instauração do PAR, excluídos os tributos; ou
b) três vezes o valor da vantagem pretendida ou auferida.

§2º O valor da vantagem auferida ou pretendida equivale aos ganhos obtidos ou pretendidos pela pessoa jurídica que não ocorreriam sem a prática do ato lesivo, somado, quando for o caso, ao valor correspondente a qualquer vantagem indevida prometida ou dada a agente público ou a terceiros a ele relacionados.

§3º Para fins do cálculo do valor de que trata o §2º, serão deduzidos custos e despesas legítimos comprovadamente executados ou que seriam devidos ou despendidos caso o ato lesivo não tivesse ocorrido.

Nos casos em que a somatória dos incisos do art. 17 e 18 for menor ou igual a zero, o limite mínimo da multa corresponderá à *vantagem* auferida, ou ao patamar legal mínimo (0,1% do faturamento bruto ou R$6.000,00).[38] Já o limite máximo será o menor valor entre 20% (vinte por cento) do faturamento bruto,[39] ou três vezes o valor da *vantagem auferida ou pretendida*. Lembrando que o limite mínimo não menciona a vantagem pretendida como piso, mas apenas a efetivamente auferida, o que parece ter havido descuido na redação.

Os mencionados incisos do §1º são de aplicação simultânea, pois a redação do art. 20 estabelece que esse será o limite da multa "em qualquer hipótese". Dessa forma, o limite mínimo será sempre aplicado, e não apenas aos casos previstos no art. 19,[40] quando a soma dos percentuais estabelecidos nos artigos 17 e 18 for igual a zero.

Haverá, contudo, situações em que os limites trabalhados pelo art. 20 compõem um intervalo impossível. Basta pensar na hipótese em que 20% (vinte por cento) do faturamento bruto sejam menores do que

---

[38] Decreto Federal nº 8.420/15 "Art. 19. Na ausência de todos os fatores previstos nos art. 17 e art. 18 ou de resultado das operações de soma e subtração ser igual ou menor a zero, o valor da multa corresponderá, conforme o caso, a:
I – um décimo por cento do faturamento bruto do último exercício anterior ao da instauração do PAR, excluídos os tributos; ou
II – R$6.000,00 (seis mil reais), na hipótese do art. 22".

[39] Faturamento bruto lê-se: faturamento bruto do último exercício anterior ao da instauração do PAR, excluídos os tributos.

[40] "Art. 19. Na ausência de todos os fatores previstos nos art. 17 e art. 18 ou de resultado das operações de soma e subtração ser igual ou menor a zero, o valor da multa corresponderá, conforme o caso, a:
I – um décimo por cento do faturamento bruto do último exercício anterior ao da instauração do PAR, excluídos os tributos; ou
II – R$6.000,00 (seis mil reais), na hipótese do art. 22".

a vantagem auferida. Nessa ocasião, percebe-se que o limite máximo estipulado é menor do que o limite mínimo.

A solução se dará à luz da Lei nº 12.846/13, buscando compreender o desiderato da norma, lembrando que o decreto é regulamentação que se insere na moldura legal.

O art. 6º, I, da LAE estabelece que a multa compreenderá o intervalo de 0,1% a 20% do faturamento, mas *nunca será inferior à vantagem auferida*, quando possível sua estimação. De tal modo, ocorrendo confronto entre os incisos do §1º, art. 20 do regulamento federal, a solução será dada pela Lei nº 12.846/13, na medida em que o inciso II estaria aquém dos ditames legais.[41]

Estabelecidos os limites, o decreto explica, embora sem a clareza desejada, o que se compreende por vantagem auferida ou pretendida. Equivaleria aos ganhos obtidos ou pretendidos que não ocorreriam sem a prática do ato lesivo, somado ao valor indevidamente ofertado ou pago ao agente público. Inseriu-se, aqui, o valor da propina para o cálculo da vantagem auferida, embora, na realidade, essa vantagem tenha se destinado ao agente público, e não gozada pela entidade. Todavia, certo é que sem o pagamento indevido, o corruptor nada obteria.

Em seguida, determina-se a exclusão dos valores legitimamente despendidos em favor da administração, o que indica que a aferição da vantagem será, na prática, ponto nevrálgico do PAR. Ao pensar nas contratações públicas, é razoável supor que o particular despendeu recursos em favor da Administração, tais como despesas com o pessoal, insumos e maquinário. A identificação dos valores efetivamente despendidos demandará auditoria do serviço e da obra, de forma extirpar não apenas o superfaturamento, mas todo e qualquer benefício havido pela entidade por meio da contratação.

7 Conclusão

O Decreto nº 8.420/15 estipula balizas mais precisas a serem observadas pela comissão processante, mas há que se ter em mente que a aplicação prática ainda será dificultosa, principalmente se considerarmos a cultura brasileira arraigada ao Judiciário.

O relatório a ser apresentado deverá ser criteriosamente elaborado, valorando cada causa de aumento e redução de maneira a

---

[41] Todavia, não sendo a possível estimar a *vantagem*, o limite será entre 0,1% e 20% do faturamento bruto excluído os tributos ou R$6.000,00 e R$60.000.000,00.

proporcionar maior transparência possível ao procedimento administrativo e assim reduzir os riscos de questionamento.

A inafastabilidade do controle jurisdicional, somada ao fácil acesso ao Poder Judiciário leva ao amplo questionamento de sanções impostas pela Administração, muitas vezes em lides temerárias de cunho eminentemente protelatório. A boa atuação da Administração, por meio de procedimento transparente, e escorreito, é importante para reduzir demandas dessa natureza, fortalecendo as instituições e órgãos de controle, no caso, a Controladoria-Geral da União.

A análise da regulamentação federal demonstra significativos avanços, cabendo à prática administrativa se encarregar de produzir melhoras na definição de critérios, dada a discricionariedade que remanesce por conceitos ainda indefinidos.

Referências

ALMEIDA, Fernanda Dias Menezes de. *Competências na Constituição de 1988*. 6. ed. São Paulo: Atlas, 2013.

BATISTA JÚNIOR, Onofre Alves; ARÊDES, Sirlene Nunes; MATOS, Federico Nunes de (Coord.). *Contratos administrativos:* estudos em homenagem ao Professor Florivaldo Dutra de Araújo. Belo Horizonte: Fórum, 2014.

BITTENCOURT, Sidney. *Comentários à Lei Anticorrupção*: Lei 12.846/2013. São Paulo: Revista dos Tribunais, 2015.

BRASIL. Decreto nº 8.240/15, de 18 de março de 2015. *Diário Oficial da União*. Brasília, 19.03.2015.

BRASIL. Lei nº 12.846, de 1º de agosto de 2013. *Diário Oficial da União*. Brasília, 02.08.2013.

BRASIL. Lei nº 8.666, de 21 de junho de 1993. *Diário Oficial da União*. Brasília, 22.06.1993.

DI PIETRO, Maria Sylvia Zanella. *Direito Administrativo*. 28. ed. São Paulo: Atlas, 2015.

FERRAZ, Luciano. Reflexões sobre a Lei nº 12.846/2013 e seus impactos nas relações público-privadas: lei de improbidade empresarial e não lei anticorrupção. *Revista Brasileira de Direito Público – RBDP*, Belo Horizonte, ano 12, n. 47, p. 33-43, out./dez. 2014.

FERREIRA FILHO, Manoel Gonçalves. *Comentários à Constituição brasileira de 1988*. São Paulo: Saraiva, 1990. v. 1, p. 95.

FORTINI, Cristiana. Comentários ao art. 17 (acordo de leniência nas contratações públicas). *In*: DI PIETRO, Maria Sylvia Zanella; MARRARA, Thiago (Coord.). *Lei anticorrupção comentada*. Belo Horizonte: Fórum, 2017. p. 233-240.

FORTINI, Cristiana; MOTTA, Fabrício. Corrupção nas licitações e contratações públicas: sinais de alerta segundo a Transparência Internacional. *A&C - Revista de Direito Administrativo & Constitucional*, Belo Horizonte, v. 16, n. 64, p. 93-113, abr./jun. 2016.

FORTINI, Cristiana; YUKINS, Christopher; AVELAR, Mariana. A comparative view of debarment and suspension of contractors in Brazil and in the USA. *A&C – Revista de Direito Administrativo & Constitucional*, Belo Horizonte, ano 16, n. 66, p. 61-83, out./dez. 2016.

GABARDO, Emerson; CASTELLA, Gabriel Morettini e. A nova lei anticorrupção e a importância do compliance para as empresas que se relacionam com a administração pública. *A&C – Revista de Direito Administrativo & Constitucional*, Belo Horizonte, ano 15, n. 60, p. 129-147, abr./jun. 2015. Disponível em: <http://www.revistaaec.com/index.php/revistaaec/article/view/55/358>.

GABARDO, Emerson; CASTELLA, Gabriel Morettini e. La nueva ley anticorrupción brasileña: aspectos controvertidos y los mecanismos de responsabilización de las personas jurídicas. *Revista Eurolatinoamericana de Derecho Administrativo*, Santa Fe, v. 2, n. 1, p. 71-88, ene./jun. 2015. Disponível em: <http://bibliotecavirtual.unl.edu.ar/ojs/index.php/Redoeda/article/view/4630/7061>.

GRECO, Rogério. *Curso de Direito Penal*. 11. ed. Rio de Janeiro: Impetus, 2009.

GRECO, Rogério. VIEIRA, Ariana Shermam Morais. Lei anticorrupção empresarial: os riscos de sua regulamentação e implementação. In: REPOLÊS, Maria Fernanda Salcedo; DIAS, Maria Tereza Fonseca (Coord). *O direito entre a esfera pública e a autonomia privada*: transformações do direito público no ambiente democrático. Belo Horizonte: Fórum, 2015. v 2, p. 161-184.

GRECO, Rogério; MOTTA, Fabrício. Corrupção nas licitações e contratações públicas: sinais de alerta segundo a Transparência Internacional. *A&C – Revista de Direito Administrativo & Constitucional*, Belo Horizonte, ano 16, n. 64, p. 93-113, abr./jun. 2016.

JUSTEN FILHO, Marçal. *Comentários à lei de licitações e contratos administrativos*. 16. ed. São Paulo: Revista dos Tribunais, 2014.

LEAL, Rogério Gesta. A nova Lei Anticorrupção Empresarial no Brasil: novo marco regulatório às responsabilidades das pessoas jurídicas por atos atentatórios aos bens públicos. *Interesse Público – IP*, Belo Horizonte, ano 16, n. 88, p. 25-54, nov./dez. 2014.

NASCIMENTO, Melillo Denis do. *Lei Anticorrupção Empresarial*: aspectos críticos à Lei 12.846/2013. Belo Horizonte: Fórum, 2014.

RIBEIRO, Marcia Carla Pereira; DINIZ, Patrícia Dittrich Ferreira. Compliance: una perspectiva desde la Ley Brasileña n.º 12.846/2013. *Revista Eurolatinoamericana de Derecho Administrativo*, Santa Fe, v. 2, n. 1, p. 257-281, ene./jun. 2015. Disponível em: <http://bibliotecavirtual.unl.edu.ar/ojs/index.php/Redoeda/article/view/4638/7067>.

SANTOS, J. Da responsabilização administrativa. In: SANTOS, J.; BERTONCINI, M.; COSTÓDIO FILHO. U. *Comentários à Lei 12.846/2013*: lei anticorrupção. Revista dos Tribunais, São Paulo, 2015.

SOUZA, Jorge Munhós; QUEIROZ, Ronaldo Pinheiro de. (Coord.) *Lei Anticorrupção*. Salvador: Juspodivm, 2015.

TILLPMAN, Jessica. Foreign Corrupt Practices Act Fundamentals. *Briefing Papers* (Thomson West), No. 08-10 (Sept. 2008) Disponível em: http://scholarship.law.gwu.edu/cgi/viewcontent.cgi?article=1038&context=faculty_publications Acessado em 11 de junho de 2017, às 14:01.

Informação bibliográfica deste texto, conforme a NBR 6023:2002 da Associação Brasileira de Normas Técnicas (ABNT):

FORTINI, Cristiana; SALGADO, Laís Rocha. O decreto federal nº 8.420/15 e a metodologia de cálculo para fixação da multa. In: FORTINI, Cristiana (Coord.). *Corrupção e seus múltiplos enfoques jurídicos*. Belo Horizonte: Fórum, 2018. p. 57-81. ISBN: 978-85-450-0422-6.

ATOS LESIVOS À ADMINISTRAÇÃO PÚBLICA E O PRINCÍPIO *NE BIS IN IDEM*: UMA ANÁLISE DO SISTEMA LEGAL DE DEFESA DA INTEGRIDADE ADMINISTRATIVA

CAROLINE STÉPHANIE FRANCIS DOS SANTOS MACIEL

MARIANA MAGALHÃES AVELAR

1 Introdução

Em conformidade com diversas ações internacionais de combate à corrupção (GABARDO; MORETTINI; CASTELLA, 2015, p. 130), em agosto de 2013, foi promulgada a nova Lei Anticorrupção (Lei nº 12.846/13), que dispõe sobre a responsabilização administrativa e civil de pessoas jurídicas pela prática de atos contra a Administração Pública, nacional ou estrangeira. Esse diploma legal passou então a integrar o chamado 'sistema normativo de defesa da integridade e moralidade administrativa' (MOREIRA NETO; FREITAS, 2014, p. 9-10), de matriz constitucional[1] e constituído também pela Lei de Improbidade Administrativa (Lei nº 8.429/1992), Lei de Ação Civil Pública (Lei

---

[1] O imperativo de preservação da moralidade administrativa está presente em diversos dispositivos da Constituição:
"Art. 5º, LXXIII – Qualquer cidadão é parte legítima para propor ação popular que vise a anular ato lesivo ao patrimônio público ou de entidade de que o Estado participe, à

nº 7.347/1985), Lei de Ação Popular (Lei nº 4.717/1965), Leis de Licitações e Contratos (especialmente Lei nº 8.666/1993, Lei nº 10.520/2002 e Lei nº 13.303/2016), Lei nº 12.259/2011 (Estrutura o Sistema Brasileiro de Defesa da Concorrência), além de diversos tipos penais.

O artigo 5º da Lei nº 12.846/13 traz, nos seus respectivos incisos e alíneas, o rol de atos lesivos à Administração Pública, cuja prática sujeita à responsabilização civil e administrativa na modalidade objetiva. Essas condutas dialogam com os tipos taxativamente previstos nas demais legislações acima citadas, de tal forma que o conteúdo de alguns deles coincidem, culminando na penalização de uma mesma conduta por mais de uma lei, o que pode se mostrar problemático em face do princípio *ne bis in idem*.

Além disso, a própria Lei nº 12.846/13 estabelece independência entre a responsabilização administrativa e judicial, nos termos do seu art. 18:[2] significa dizer que o sancionamento no âmbito administrativo – a envolver aplicação de multa e publicação extraordinária da decisão condenatória – pode cumular-se às sanções aplicáveis no bojo do processo judicial, quais sejam, o perdimento dos bens, direitos ou valores que representem vantagem ou proveito direta ou indiretamente obtidos da infração, a suspensão ou interdição parcial de suas atividades, a dissolução compulsória da pessoa jurídica e ainda, a proibição de receber incentivos, subsídios, subvenções, doações ou empréstimos de órgãos ou entidades públicas e de instituições financeiras públicas ou controladas pelo poder público, pelo prazo mínimo de 1 (um) e máximo de 5 (cinco) anos.

---

moralidade administrativa, ao meio ambiente e ao patrimônio histórico e cultural, ficando o autor, salvo comprovada má-fé, isento de custas judiciais e do ônus da sucumbência;

Art. 14, §9º – Lei complementar estabelecerá outros casos de inelegibilidade e os prazos de sua cessação, a fim de proteger a probidade administrativa, a moralidade para exercício de mandato considerada vida pregressa do candidato, e a normalidade e legitimidade das eleições contra a influência do poder econômico ou o abuso do exercício de função, cargo ou emprego na administração direta ou indireta;

Art. 37 – A administração pública direta e indireta de qualquer dos Poderes da União, dos Estados, do Distrito Federal e dos Municípios obedecerá aos princípios de legalidade, impessoalidade, moralidade, publicidade e eficiência e, também, ao seguinte

§4º Os atos de improbidade administrativa importarão a suspensão dos direitos políticos, a perda da função pública, a indisponibilidade dos bens e o ressarcimento ao erário, na forma e gradação previstas em lei, sem prejuízo da ação penal cabível." (BRASIL, Constituição da República Federativa do Brasil, 1988).

[2] "Art. 18. Na esfera administrativa, a responsabilidade da pessoa jurídica não afasta a possibilidade de sua responsabilização na esfera judicial."

A atual redação do referido art. 18 não esclareceu a interface da responsabilização judicial com eventuais acordos de leniência,[3] a gerar quadro de insegurança jurídica.

Adicionalmente, os artigos 29 e 30 da Lei Anticorrupção[4] enfatizam que a aplicação da lei anticorrupção não exclui as competências do Sistema Brasileiro de Defesa da Concorrência e tampouco afeta os processos de responsabilização por improbidade administrativa e por infrações contidas nas leis de licitações e contratos.[5]

Diante desse diagnóstico, o presente trabalho pretende realizar uma análise comparativa pormenorizada do sistema de integridade administrativa, comparando as condutas típicas do artigo 5º da Lei Anticorrupção com aquelas previstas nas demais legislações desse

---

[3]   A MP 703/2015 propunha alteração à redação do art. 18 da Lei Anticorrupção, mas teve sua vigência encerrada sem conversão em lei, após receber diversas criticas por parte dos órgãos de controle. A redação proposta pela MP excetuava a responsabilização judicial em virtude da celebração de acordos de leniência. Veja-se: "Art. 18. Na esfera administrativa, a responsabilidade da pessoa jurídica não afasta a possibilidade de sua responsabilização na esfera judicial, exceto quando expressamente previsto na celebração de acordo de leniência, observado o disposto no §11, no §12 e no §13 do art. 16". (Redação dada pela Medida provisória nº 703, de 2015) (Vigência encerrada).

[4]   "Art. 29. O disposto nesta Lei não exclui as competências do Conselho Administrativo de Defesa Econômica, do Ministério da Justiça e do Ministério da Fazenda para processar e julgar fato que constitua infração à ordem econômica.
Art. 30. A aplicação das sanções previstas nesta Lei não afeta os processos de responsabilização e aplicação de penalidades decorrentes de:
I – ato de improbidade administrativa nos termos da Lei no 8.429, de 2 de junho de 1992; e
II – atos ilícitos alcançados pela Lei no 8.666, de 21 de junho de 1993, ou outras normas de licitações e contratos da administração pública, inclusive no tocante ao Regime Diferenciado de Contratações Públicas – RDC instituído pela Lei no 12.462, de 4 de agosto de 2011."

[5]   Nesse aspecto, releva compartilhar a posição de Cristiana Fortini: "O artigo 30 dispõe que a aplicação das sanções previstas na Lei anticorrupção não afeta a incidência de penas decorrentes de atos de improbidade administrativa (inciso I) e atos ilícitos alcançados pela Lei 8.666/1993 ou outras normas que abordam as licitações e contratos (inciso II), De fato não é difícil reconhecer a aproximação, quando não verdadeira identificação dos atos ofensivos à probidade, à legalidade, ao interesse público. Mas admitir dupla penalização judicial diante do mesmo ato é algo que merece atenção. Analisando especificamente a situação que configura ao mesmo tempo ato de improbidade e ato tipificado na lei anticorrupção, quer nos parecer, ao menos por enquanto, que há de se afastar a possibilidade da ação (e das sanções a ela correlatas) de que cuida a Lei 8.429/1992 quando inexistir ato ímprobo a envolver agente público. Se o ato ilícito for de autoria da pessoa jurídica, sem envolvimento de agente público, afasta-se a Lei 8.429/1992 e aplica-se a Lei 12.846/2013. Lado outro, se o ato envolver agente público, atrai-se a incidência da Lei 8.429/1992, afastando-se a Lei 12.846/2013.[8] Aos que poderiam alegar que essa interpretação esvaziaria a lei anticorrupção, lembro que a Lei 12.846/13 veio para suprir lacuna, onde o vazio existisse e que a interpretação aqui desenvolvida ainda reserva largo espaço para a punição nela fundada, na esfera administrativa". In FORTINI, Cristiana. Excesso de punição a atos de corrupção não favorece interesse público. Disponível em: <https://www.conjur.com.br/2017-ago-10/interesse-publico-excesso-punicao-atos-corrupcao-nao-favorece-interesse-publico>. Acesso em 20 out. 2017.

sistema normativo. A partir disso, avaliar-se-á se há coerência e unidade sistêmica nesse conjunto legislativo, bem como o impacto de uma eventual ausência de coerência na consecução de acordos de leniência e na efetividade dos princípios de integridade e moralidade administrativa.

Será dada especial ênfase à necessidade de desenvolvimento do princípio do *ne bis in idem,* discutindo-se a possibilidade de uma solução mais adequada que possibilite maior articulação, coerência e consolidação desse sistema legal e, desse modo, contribua para o combate à corrupção, para a efetividade dos princípios da integridade e moralidade na Administração Pública e traga maior segurança jurídica para as partes, em especial na celebração de acordos de leniência.

2 Breve diagnóstico: ausência de unidade e de coerência normativa no sistema de defesa da integridade administrativa

A infinidade de normas existentes em um ordenamento jurídico e a dificuldade de, muitas vezes, rastreá-las ou de apenas saber qual delas se aplica ao caso derivam de um problema de falta de unidade normativa, isto é, do fato de essas normas, regulando o mesmo bem jurídico, não derivarem da mesma fonte (BOBBIO, 1995, p. 37). Ainda que as normas aplicáveis derivem apenas da fonte direta (a lei), ainda assim o problema da ausência de unidade pode se apresentar, quando há diversas leis envolvidas em um mesmo domínio normativo.

Já a coerência é, bem verdade, uma característica intrínseca à própria ideia de sistema jurídico. Isso porque se entende como sistema normativo uma totalidade ordenada de normas que possuem uma relação não contraditória e harmônica entre si, de tal forma que não coexista normas incompatíveis em um sistema (BOBBIO, 1995, p. 71-72). Nesse mesmo sentido, Wintgens traz quatro níveis de coerência normativa: a sincrônica, a diacrônica, a sistêmica e a intrínseca. A coerência sincrônica de um sistema ocorre quando não há contrariedade entre as normas em si mesmas, de tal forma que, tanto do ponto de vista semântico quanto sintático, elas são compatíveis entre si (KAITEL, 2016, p. 41). Em sequência, a diacrônica é aquela que garante, além do cumprimento ao nível de coerência anterior, que a aplicação simultânea das normas não gera contradições. Já a coerência sistêmica traz a noção de que as normas do sistema não anulam os efeitos umas das outras. Por fim, o último nível de coerência, que pressupõe o cumprimento de todos os outros, dispõe que haja uma justificativa racional e teórica para a limitação à liberdade trazida pela lei (KAITEL, 2016, p. 41-42 *apud* WINTGENS, 2012,

p. 256-257). Desse modo, um sistema coerente em todos os níveis é aquele no qual i) não há contrariedade entre os enunciados normativos; ii) a aplicação simultânea dos dispositivos normativos não é contraditória; iii) não há anulação de efeitos normativos; iv) a existência da norma é justificada racionalmente, ou seja, ela não é desnecessária.

A questão da incompatibilidade entre normas (antinomias jurídicas) também surge quando se está diante de um sistema com excesso de normas diversas regulando um mesmo bem jurídico; e é este justamente o caso do sistema de defesa da integridade administrativa, composto por, pelo menos, cinco diplomas legais diferentes, a potencializar os problemas de ausência de unidade e coerência normativa.

O quadro comparativo a seguir, meramente exemplificativo, mostra esse contexto de sobreposição (ainda que parcial) de diversas esferas punitivas, uma vez que contrapõe e compara as infrações trazidas pela Lei Anticorrupção Empresarial, pela Lei de Improbidade, de Ação Civil Pública e de Ação Popular, pela Lei Geral de Licitações e, por fim, por leis penais. A análise das relações entre essas normas permite conclusões sobre o cumprimento dos níveis de coerência necessários a um sistema.

	Lei Anticorrupção	Lei de Improbidade/ACP/AP	Legislação de Licitações	Infrações à ordem econômica (Lei nº 12.529/2011)	Leis penais (inclusive aspectos penais da leg. Licitações)
Infrações					
Corrupção ativa	**Art. 5º, I** – prometer, oferecer ou dar, direta ou indiretamente, vantagem indevida a agente público, ou a terceira pessoa a ele relacionada.	**Art. 2º, Lei de Ação Popular** – São nulos os atos lesivos ao patrimônio das entidades mencionadas no artigo anterior, nos casos de: e) desvio de finalidade. c) ilegalidade do objeto;			**Art. 333 – Código Penal** oferecer ou prometer vantagem indevida a funcionário público, para determiná-lo a praticar, omitir ou retardar ato de ofício **Art. 337-B** Prometer, oferecer ou dar, direta ou indiretamente, vantagem indevida a funcionário público estrangeiro, ou a terceira pessoa, para determiná-lo a praticar, omitir ou retardar ato de ofício relacionado à transação comercial internacional.
Financiamento/ custeio ou patrocínio de atos de corrupção, improbidade (sentido amplo)	**Art. 5º, II** – comprovadamente, financiar, custear, patrocinar ou de qualquer modo subvencionar a prática dos atos ilícitos previstos nesta Lei.	**Art. 11, I, Lei de Improbidade** – I – praticar ato visando fim proibido em lei ou regulamento ou diverso daquele previsto, na regra de competência. **Art. 10, XII, Lei de Improbidade** – XII – permitir, facilitar ou concorrer para que terceiro se enriqueça ilicitamente; **Art. 2º, Lei de Ação Popular** – São nulos os atos lesivos ao patrimônio das entidades mencionadas no artigo anterior, nos casos de: c) ilegalidade do objeto; §único, c – a ilegalidade do objeto ocorre quando o resultado do ato importa em violação de lei, regulamento ou outro ato normativo;			

(continua)

Infrações	Lei Anticorrupção	Lei de Improbidade/ACP/AP	Legislação de Licitações	Infrações à ordem econômica (Lei nº 12.529/2011)	Leis penais (inclusive aspectos penais da leg. Licitações)
Concurso de pessoas para praticar atos de corrupção (sentido amplo)	**Art. 5º, III** – comprovadamente, utilizar-se de interposta pessoa física ou jurídica para ocultar ou dissimular seus reais interesses ou a identidade dos beneficiários dos atos praticados.	**Art. 10, I, Lei de Improbidade** – facilitar ou concorrer por qualquer forma para a incorporação ao patrimônio particular, de pessoa física ou jurídica, de bens, rendas, verbas ou valores integrantes do acervo patrimonial das entidades mencionadas no art. 1º desta lei.			**Art. 1º, Lei 9.613/98** – Ocultar ou dissimular a natureza, origem, localização, disposição, movimentação ou propriedade de bens, direitos ou valores provenientes, direta ou indiretamente, de infração penal Art. 29 – Quem, de qualquer modo, concorre para o crime incide nas penas a este cominadas, na medida de sua culpabilidade. §1º – Se a participação for de menor importância, a pena pode ser diminuída de um sexto a um terço. §2º – Se algum dos concorrentes quis participar de crime menos grave, ser-lhe-á aplicada a pena deste; essa pena será aumentada até metade, na hipótese de ter sido previsível o resultado mais grave.

(continua)

	Lei Anticorrupção	Lei de Improbidade/ACP/AP	Legislação de Licitações	Infrações à ordem econômica (Lei nº 12.529/2011)	Leis penais (inclusive aspectos penais da leg. Licitações)
Infrações					
Frustação ou fraude ao caráter competitivo das licitações	**Art. 5º, IV, a** – frustrar ou fraudar, mediante ajuste, combinação ou qualquer outro expediente, o caráter competitivo de procedimento licitatório público;	**Art. 4º, III, b e c, Lei de Ação Popular** – São também nulos os seguintes atos ou contratos, praticados ou celebrados por quaisquer das pessoas ou entidades referidas no art. 1º: III – A empreitada, a tarefa e a concessão do serviço público, quando: b) no edital de concorrência forem incluídas cláusulas ou condições, que comprometam o seu caráter competitivo; c) a concorrência administrativa for processada em condições que impliquem na limitação das possibilidades normais de competição. **Art. 10, VIII, Lei de Improbidade** – frustrar a licitude de processo licitatório ou de processo seletivo para celebração de parcerias com entidades sem fins lucrativos, ou dispensá-los indevidamente.	**Art. 88, Lei nº 8.666/93** – As sanções previstas nos incisos III e IV do artigo anterior poderão também ser aplicadas às empresas ou aos profissionais que, em razão dos contratos regidos por esta Lei: II – tenham praticado atos ilícitos visando a frustrar os objetivos da licitação; **Art. 84, Lei nº 13.303/16** – As sanções previstas no inciso III do art. 83 poderão também ser aplicadas às empresas ou aos profissionais que, em razão dos contratos regidos por esta Lei: I – tenham sofrido condenação definitiva por praticarem, por meios dolosos, fraude fiscal no recolhimento de quaisquer tributos; II – tenham praticado atos ilícitos visando a frustrar os objetivos da licitação;		**Art. 90 – Lei 8666/93** – Frustrar ou fraudar, mediante ajuste, combinação ou qualquer outro expediente, o caráter competitivo do procedimento licitatório, com o intuito de obter, para si ou para outrem, vantagem decorrente da adjudicação do objeto da licitação.

(continua)

Infrações	Lei Anticorrupção	Lei de Improbidade/ACP/AP	Legislação de Licitações	Infrações à ordem econômica (Lei nº 12.529/2011)	Leis penais (inclusive aspectos penais da leg. Licitações)
Impedimento, perturbação ou fraude a licitação pública.	**Art. 5º, IV, b** – impedir, perturbar ou fraudar a realização de qualquer ato de procedimento licitatório público.	**Art. 10, VIII, Lei de Improbidade** – frustrar a licitude de processo licitatório ou de processo seletivo para celebração de parcerias com entidades sem fins lucrativos, ou dispensá-los indevidamente			**Art. 93, Lei nº 8.666/93** – Impedir, perturbar ou fraudar a realização de qualquer ato de procedimento licitatório
Fraude para afastamento de licitante.	**Art. 5º, IV, c** – afastar ou procurar afastar licitante, por meio de fraude ou oferecimento de vantagem de qualquer tipo.			**Art. 36.** Constituem infração da ordem econômica, independentemente de culpa, os atos sob qualquer forma manifestados, que tenham por objeto ou possam produzir os seguintes efeitos, ainda que não sejam alcançados §3o As seguintes condutas, além de outras, na medida em que configurem hipótese prevista no caput deste artigo e seus incisos, caracterizam infração da ordem econômica: I – acordar, combinar, manipular ou ajustar com concorrente, sob qualquer forma: d) preços, condições, vantagens ou abstenção em licitação pública;	**Art. 95, Lei nº 8.666/93** – Afastar ou procurar afastar licitante, por meio de violência, grave ameaça, fraude ou oferecimento de vantagem de qualquer tipo. Parágrafo único. Incorre na mesma pena quem se abstém ou desiste de licitar, em razão da vantagem oferecida.

(continua)

Infrações	Lei Anticorrupção	Lei de Improbidade/ACP/AP	Legislação de Licitações	Infrações à ordem econômica (Lei nº 12.529/2011)	Leis penais (inclusive aspectos penais da leg. Licitações)
Fraude a licitação ou contrato público.	**Art. 5º, IV, d** – fraudar licitação pública ou contrato dela decorrente	**Art. 10º – Lei de Improbidade** – VIII – frustrar a licitude de processo licitatório ou de processo seletivo para celebração de parcerias com entidades sem fins lucrativos, ou dispensá-los indevidamente;	**Art. 7º, Lei 10.520/02** – Quem, convocado dentro do prazo de validade da sua proposta, não celebrar o contrato, deixar de entregar ou apresentar documentação falsa exigida para o certame, ensejar o retardamento da execução de seu objeto, não mantiver a proposta, falhar ou fraudar na execução do contrato, comportar-se de modo inidôneo ou cometer fraude fiscal, ficará impedido de licitar e contratar com a União, Estados, Distrito Federal ou Municípios e, será descredenciado no Sicaf, ou nos sistemas de cadastramento de fornecedores a que se refere o inciso XIV do art. 4º desta Lei, pelo prazo de até 5 (cinco) anos, sem prejuízo das multas previstas em edital e no contrato e das demais cominações legais **Art. 47, Lei nº 12.463/11** – Ficará impedido de licitar e contratar com a União, Estados, Distrito Federal ou Municípios, pelo prazo de até 5 (cinco) anos, sem prejuízo das multas previstas no instrumento convocatório e no contrato, bem como das demais cominações legais, o licitante que:V – fraudar a licitação ou praticar atos fraudulentos na execução do contrato;	**Art. 36.** Constituem infração da ordem econômica, independentemente de culpa, os atos sob qualquer forma manifestados, que tenham por objeto ou possam produzir os seguintes efeitos, ainda que não sejam alcançados §3º As seguintes condutas, além de outras, na medida em que configurem hipótese prevista no caput deste artigo e seus incisos, caracterizam infração da ordem econômica: I – acordar, combinar, manipular ou ajustar com concorrente, sob qualquer forma: d) preços, condições, vantagens ou abstenção em licitação pública;	**Art. 96, Lei n º8.666/93** – Fraudar, em prejuízo da Fazenda Pública, licitação instaurada para aquisição ou venda de bens ou mercadorias, ou contrato dela decorrente: I – elevando arbitrariamente os preços; II – vendendo, como verdadeira ou perfeita, mercadoria falsificada ou deteriorada; III – entregando uma mercadoria por outra; IV – alterando substância, qualidade ou quantidade da mercadoria fornecida; V – tornando, por qualquer modo, injustamente, mais onerosa a proposta ou a execução do contrato.

(continua)

Infrações	Lei Anticorrupção	Lei de Improbidade/ACP/AP	Legislação de Licitações	Infrações à ordem econômica (Lei nº 12.529/2011)	Leis penais (inclusive aspectos penais da leg. Licitações)
Criação irregular de pessoa jurídica.	**Art. 5º, IV, e** – criar, de modo fraudulento ou irregular, pessoa jurídica para participar de licitação pública ou celebrar contrato administrativo		**Art. 88, Lei nº 8.666/93** – As sanções previstas nos incisos III e IV do artigo anterior poderão também ser aplicadas às empresas ou aos profissionais que, em razão dos contratos regidos por esta Lei: III – demonstrem não possuir idoneidade para contratar com a Administração em virtude de atos ilícitos praticados **Art. 84, Lei nº 13.303/16** – As sanções previstas no inciso III do art. 83 poderão também ser aplicadas às empresas ou aos profissionais que, em razão dos contratos regidos por esta Lei: III – demonstrem não possuir idoneidade para contratar com a empresa pública ou a sociedade de economia mista em virtude de atos ilícitos praticados..		

(continua)

Infrações	Lei Anticorrupção	Lei de Improbidade/ACP/AP	Legislação de Licitações	Infrações à ordem econômica (Lei nº 12.529/2011)	Leis penais (inclusive aspectos penais da leg. Licitações)
Obtenção de vantagem ou benefício indevido de modificações ou cações de contratos públicos.	**Art. 5º, IV, f** – obter vantagem ou benefício indevido, de modo fraudulento, de modificações ou prorrogações de contratos celebrados com a Administração Pública, sem autorização em lei, no ato convocatório da licitação pública ou nos respectivos instrumentos contratuais.	**Art. 10, XIV, Lei de Improbidade** – celebrar contrato ou outro instrumento que tenha por objeto a prestação de serviços públicos por meio da gestão associada sem observar as formalidades previstas na lei XX – liberar recursos de parcerias firmadas pela Administração Pública com entidades privadas sem a estrita observância das normas pertinentes ou influir de qualquer forma para a sua aplicação irregular. **Art. 4º, IV, Lei de Ação Popular** – Art. 4º São também nulos os seguintes atos ou contratos, praticados ou celebrados por quaisquer das pessoas ou entidades referidas no art. 1º: IV – As modificações ou vantagens, inclusive prorrogações que forem admitidas, em favor do adjudicatário, durante a execução dos contratos de empreitada, tarefa e concessão de serviço público, sem que estejam previstas em lei ou nos respectivos instrumentos.			**Art. 92 – Lei nº 8.666/93** Admitir, possibilitar ou dar causa a qualquer modificação ou vantagem, inclusive prorrogação contratual, em favor do adjudicatário, durante a execução dos contratos celebrados com o Poder Público, sem autorização em lei, no ato convocatório da licitação ou nos respectivos instrumentos contratuais, ou, ainda, pagar fatura com preterição da ordem cronológica de sua exigibilidade, observado o disposto no art. 121 desta Lei. Parágrafo único. Incide na mesma pena o contratado que, tendo comprovadamente concorrido para a consumação da ilegalidade, obtém vantagem indevida ou se beneficia, injustamente, das modificações ou prorrogações contratuais.

(conclusão)

Infrações	Lei Anticorrupção	Lei de Improbidade/ACP/AP	Legislação de Licitações	Infrações à ordem econômica (Lei nº 12.529/2011)	Leis penais (inclusive aspectos penais da leg. Licitações)
Manipulação ou fraude ao equilíbrio econômico-financeiro dos contratos públicos.	**Art. 5º, IV, g** – manipular ou fraudar o equilíbrio econômico-financeiro dos contratos celebrados com a Administração Pública.	**Art. 10, VI, Lei de Improbidade** – realizar operação financeira sem observância das normas legais e regulamentares ou aceitar garantia insuficiente ou inidônea; XX – liberar recursos de parcerias firmadas pela Administração Pública com entidades privadas sem a estrita observância das normas pertinentes ou influir de qualquer forma para a sua aplicação irregular.			
Intervenção em investigação ou fiscalização de órgãos, entidades ou agentes públicos, ou intervir em sua atuação, inclusive no âmbito das agências reguladoras e dos órgãos de fiscalização do sistema financeiro nacional.	**Art. 5º, V** – dificultar atividade de investigação ou fiscalização de órgãos, entidades ou agentes públicos, ou intervir em sua atuação, inclusive no âmbito das agências reguladoras e dos órgãos de fiscalização do sistema financeiro nacional.	**Art. 10, XIX, Lei de Improbidade** – agir negligentemente na celebração, fiscalização e análise das prestações de contas de parcerias firmadas pela Administração Pública com entidades privadas; **Art. 11, VIII, Lei de Improbidade** – descumprir as normas relativas à celebração, fiscalização e aprovação de contas de parcerias firmadas pela Administração Pública com entidades privadas. **Art. 10 da Ação Civil Pública** – Constitui crime, punido com pena de reclusão de 1 (um) a 3 (três) anos, mais multa de 10 (dez) a 1.000 (mil) Obrigações Reajustáveis do Tesouro Nacional – ORTN, a recusa, o retardamento ou a omissão de dados técnicos indispensáveis à propositura da ação civil, quando requisitados pelo Ministério Público.			**Art. 1º, Lei nº 9.613/98 (Lavagem de Dinheiro)** – Ocultar ou dissimular a natureza, origem, localização, disposição, movimentação ou propriedade de bens, direitos ou valores provenientes, direta ou indiretamente, de infração penal.

Do quadro anterior, nota-se a ausência de harmonização entre esferas punitivas: há sobreposição da tipificação dos denominados atos de corrupção na esfera administrativa, penal e cível.

Ainda, percebe-se que, em geral, os tipos infracionais da nova Lei Anticorrupção são, em regra, mais abertos e abrangentes do que os disciplinados pelas demais leis. Toma-se como exemplo as condutas descritas no art. 5º, I; art. 5º, II, e art. 5º, IV, "d", da Lei nº 12.846/13: essas são mais abrangentes que, respectivamente, o art. 333 do Código Penal; art. 11, I, da Lei de Improbidade e art. 10, VIII, da Lei de Improbidade, c/c art. 96 da Lei de Licitações. O art. 5º, I, da Lei nº 12.846/13 faz alusão aos verbos oferecer e prometer, bem como à conduta de dar a vantagem indevida a agente público ou a terceira pessoa a ele relacionada. Essa previsão é mais abrangente do que aquela trazida pelo Código Penal no art. 333, uma vez que o tipo penal só prevê os verbos oferecer e prometer, sem referência ao verbo dar (que tem um sentido bem mais amplo) e também na medida em que não se refere a terceira pessoa relacionada a agente público, mas tão somente ao próprio funcionário público. Em sequência, o art. 5º, II, traz no seu núcleo quatro verbos (financiar, custear, patrocinar ou subvencionar a prática), ao passo que o art. 11, I, da Lei de Improbidade prevê apenas a ação de praticar.

Observem-se ainda situações em que o conteúdo de alguns tipos previstos na Lei Anticorrupção coincidem quase inteiramente com aqueles trazidos pelas demais leis do quadro comparativo, o que significaria a penalização de uma mesma conduta por mais de uma lei. É o caso do art. 5º, IV, "a", da Lei nº 12.846/13, que prevê a conduta de frustrar ou fraudar o caráter competitivo das licitações. Essa previsão é quase idêntica àquela trazida pelo art. 4º, III, "b" e "c", da Lei de Ação Popular, pelo art. 10, "b", da Lei de Improbidade, bem como pelos art. 88, II, e art. 90 da Lei nº 8.666/93.

Essa repetição do conteúdo normativo desobedece a coerência intrínseca tal como teorizada por Wintgens, pois não há justificativa racional para a duplicidade de normas atestada. Disso deriva problema mais grave: a proliferação de normas semelhantes pode possibilitar penalização múltipla por uma mesma conduta, o que fere o princípio do *ne bis in idem* tal como será desenvolvido adiante.

Outra dificuldade de harmonização das diversas normas do sistema normativo de defesa da integridade deriva da diversidade de natureza e da extensão dos tipos responsabilização previstos: enquanto os diplomas normativos anteriores à Lei nº 12.529/13 trazem o elemento subjetivo como componente dos seus respectivos tipos (por exemplo, o art. 333 do Código Penal e o art. 90 da Lei de Licitações), o mesmo não ocorre nos dispositivos de condutas equivalentes previstas na Lei Anticorrupção, uma vez que ela consagra a responsabilidade objetiva. Essa diferença (presença ou não do elemento subjetivo) entre os tipos normativos do sistema pode fazer com que os efeitos de uma norma anulem os de outras, na medida em que uma conduta na qual não há dolo ou culpa não seria penalizada por uma lei (que exige a responsabilidade subjetiva), mas seria penalizada por outra (na qual basta a responsabilidade objetiva). Com isso, a norma que penaliza anula os efeitos da norma que não o faz, prevalecendo a punição, o que fere a coerência sistêmica, exposta anteriormente.

Essa constatação demonstra que a Lei Anticorrupção possui forte espírito penalizador, o que se agrava na medida em que esta desconsidera o elemento subjetivo (apesar de partir de tipificação indissociável do elemento volitivo) sem sequer estipular excludentes de responsabilidade de forma expressa.

É preciso ressaltar desde já que os comandos da Lei Anticorrupção atingem relações jurídicas de naturezas diversas, travadas junto à Administração Pública, é dizer, pode abarcar tanto as relações de sujeição geral quanto as chamadas relações de sujeição especial.[6] Em ambos os casos, as cominações da Lei Anticorrupção coexistem com outras normas punitivas (aplicadas a relações gerais e especiais), com as quais têm potencial identidade de sujeito, de fatos e de fundamentos

---

[6] A respeito da diferenciação de relações se sujeição geral e sujeição especial, Sirlene Arêdes sintetiza: a ordem jurídica, ao estabelecer direitos e obrigações vincula as pessoas por meio de relações jurídicas e o descumprimento dos deveres inseridos nessas relações pode ensejar a aplicação de penalidades. Defende-se que o Estado estabelece, com as pessoas submetidas a sua ordem jurídica, relações gerais e especiais. As relações gerais são relações anônimas, que as pessoas mantêm entre si e com o Estado. O Estado, ao estabelecer os direitos e deveres inerentes a essa relação, determina obrigações às pessoas, cujo descumprimento pode lesar direitos individuais de outras e gerar, na esfera civil, o dever de reparação, ou, de acordo com a norma que estabelece a obrigação, a imposição de sanção penal, judicial não penal ou administrativa geral. Nas relações especiais, as pessoas mantêm vínculo com o Estado do qual derivam direitos e deveres diferenciados daqueles garantidos e exigidos das pessoas em geral. Contudo, os poderes da Administração, nessas relações, não são ilimitados, pois a lei deve determinar o conteúdo jurídico da relação e os limites de disponibilidade de direitos das partes envolvidas. Não há, portanto, relações especiais, na ordem jurídica brasileira, na ausência de norma legal que a preveja; motivo pelo qual o regime jurídico dessas relações não tem as mesmas características que lhe foram outorgadas no passado. Caracterizam-se as relações especiais apenas se houver a previsão e determinação legal de sua existência e conteúdo, se seu conteúdo estiver relacionado à organização e gestão interna dos poderes públicos, ou delegação de atividades estatais, em relação aos quais a CRFB/88 garante discricionariedade administrativa, e se derivar ato jurídico que a institua entre determinada(s) pessoa(s) e a Administração. O descumprimento de obrigações estabelecidas em relações especiais desencadeia o poder punitivo disciplinar ou o político.

e, com isso, potencial risco de lesão ao princípio *ne bis in idem* – como será melhor desenvolvido no tópico a seguir.

Em resumo, observam-se tipificações que se repetem de forma bastante semelhante em diplomas legais diferentes, o que mostra a existência de regulamentações sobrepostas e excessivas. Configura-se, nesse contexto, ausência de coerência intrínseca ao sistema de defesa da integridade administrativa, optando-se de forma simplista pelo robustecimento da via legislativa em detrimento de mudanças institucionais e culturais.

Partindo desse diagnóstico, passa-se a propor caminhos para uma visão integrada das diversas esferas de responsabilidade que compõem o sistema de defesa da integridade administrativa.

3 A busca por unidade e coerência normativa na defesa da integridade: por uma visão integrada das esferas de responsabilização por atos de corrupção

Nesse cenário descrito, as preocupações centrais do presente estudo envolvem a busca por coerência e unidade do sistema legal de defesa da integridade administrativa. Em última instância, objetiva-se propor caminhos para conferir maior segurança jurídica aos sujeitos ativos e passivos que integram o sistema de defesa da integridade administrativa.

É incontestável que diante da existência de normas antinômicas válidas e, portanto, aplicáveis, não se consegue garantir a segurança jurídica e nem a justiça de um sistema normativo.

De um lado, a ideia de segurança jurídica envolve a possibilidade de o cidadão prever com exatidão as consequências jurídicas da sua conduta; quando há normas antinômicas igualmente válidas e aplicáveis, o cidadão não tem certeza de qual será a consequência jurídica imputada à sua conduta e, por isso, prevalece a insegurança jurídica. De outro, a noção de justiça envolve que idêntico tratamento seja conferido a todos cidadãos, sem discriminações ou privilégios. Caso se tenha um sistema com normas contraditórias, a justiça também não pode ser garantida, pois a um cidadão pode-se aplicar uma norma mais benéfica e a outro a mais punitiva, o que seria extremamente injusto. Por isso, um sistema normativo tem o dever de coerência, para que cumpra os ditames de segurança jurídica e de justiça (BOBBIO, 1995, p. 110).

Não se faz aqui defesa da impunidade, mas, antes, busca-se evidenciar que o excesso de punição por uma mesma conduta conduz a situações desproporcionais e desarrazoadas, o que não se admite em nosso sistema jurídico. Nesse sentido, em busca da coerência e integridade do sistema e como ferramenta para evitar tal excesso de punições, ações de harmonização entre as diferentes esferas de investigação e sancionamento devem ser buscadas.

A primeira ação de harmonização vislumbrada, antes mesmo da abordagem desse princípio, passa pela construção de uma perspectiva integrada das esferas de responsabilização por atos de corrupção, muito embora sejam previstos níveis de responsabilidade de naturezas diferentes (responsabilidade penal, civil e administrativa, podendo esta última ser prevista em diversas ordens, a incluir modalidade de responsabilização objetiva no caso das infrações previstas da Lei Anticorrupção). Entende-se que o caminho, nesses casos, passa por "reconhecer a unidade do poder punitivo e, consequentemente, afastar a possibilidade de o Estado emitir duas decisões contraditórias sobre os mesmos fatos" (ARAÚJO, 2012, p. 62), como já consignado por Florivaldo Araújo.

O desenvolvimento dessa tese no Brasil encontra resistência por parte da consolidada doutrina da autonomia e interdependência das esferas de responsabilização civil, administrativa e penal.[7] Assim, é usual a mera reprodução, de forma acrítica, do teor dos dispositivos legais que estabelecem tal autonomia.

A questão não é nova. O próprio estabelecimento constitucional das penalidades por improbidade e a respectiva regulamentação legal reforçam tal ideia de autonomia e independência:

> Em outras hipóteses, as normas legais preveem instâncias punitivas, às quais são legalmente atribuída autonomia em relação às esferas civil, penal e administrativa. Nesse sentido, dispôs o art. 12 da Lei 8.429/92 que, ao estabelecer penas aplicáveis aos agentes condenados por atos de improbidade, determina que suas sanções sejam aplicadas "independentemente das sanções penais, civis e administrativas". De forma que esse dispositivo parece criar nova instância punitiva, sem qualquer relação com as existentes, e impõe a reiteração punitiva sem que se possa fundamentar a natureza diversa desta nova esfera punitiva em relação às excluídas. (ARÊDES, 2013, p. 191)

---

[7] Sirlene Arêdes aponta que tal teoria de autonomia e independência entre as instâncias foi desenvolvida na França. Segundo a autora, mesmo nesse país, "a Corte Constitucional reconheceu princípios comuns à repressão estatal, que devem ser aplicados na esfera penal e na administrativa, tais como: legalidade, não retroatividade e retroatividade da norma mais benéfica, proporcionalidade, interdição de cumulação de várias sanções por uma mesma infração, independência e imparcialidade da autoridade repressiva e respeito aos direitos de defesa" (ARÊDES, 2013, p. 159).

Como consigna Sirlene Arêdes (2013, p. 186-187), além da remissão aos dispositivos legais, poucos argumentos são usados para corroborar a tese de autonomia entre instâncias punitivas, a incluir a separação entre poderes, a concepção de que a aplicação de sanções como atribuição inerente à função administrativa exercida pelo Poder Executivo e, eventualmente, a defesa de diferenciação ontológica entre sanções penais e administrativas, como se fosse possível distinguir, em termos materiais, as infrações ou sanções penais das administrativas. Nessa lógica de autonomia, a doutrina tradicional reconhece apenas os casos de comunicação de instâncias expressamente previstos em lei.[8]

Agrava o cenário a previsão de diversidade de instâncias punitivas na esfera administrativa, admitindo-se múltiplas punições com base na autonomia dessas novas instâncias:

> A criação de "novas instâncias" punitivas, caracterizadas por distintas autoridades, competentes para processar e punir fatos já objeto de fiscalização e de punição por outras instâncias, é sustentada por essa teoria. Admite-se, portanto, que o Poder Legislativo, ao atribuir competência punitiva a órgãos e poderes diversos, multiplique o exercício do poder punitivo estatal. (OSÓRIO, 2005, p. 348 *apud* ARÊDES, 2013, p. 188)

Contudo, já é possível destacar o progressivo desenvolvimento de doutrina que evidencia os efeitos perniciosos derivados da defesa irrestrita da autonomia e independência das instâncias punitivas descritas. A crescente resistência a total autonomia entre as instâncias parte da teoria da unidade do poder punitivo estatal. É notável, nesse ponto, a influência da doutrina e jurisprudência dos países europeus. Como bem sintetiza Sirlene Arêdes (2013, p. 158-159):

> Com base na teoria da unidade do poder punitivo estatal, doutrina e jurisprudência de países europeus abrandaram os efeitos da tradicional teoria da autonomia e independência entre instâncias, a fim de submeter

---

[8] Destacam-se os seguintes dispositivos:
"Art. 126. A responsabilidade administrativa do servidor será afastada no caso de absolvição criminal que negue a existência do fato ou sua autoria." (BRASIL, Lei 8.112, 1990).
Art. 935. A responsabilidade civil é independente da criminal, não se podendo questionar mais sobre a existência do fato, ou sobre quem seja o seu autor, quando estas questões se acharem decididas no juízo criminal." (BRASIL, Código Civil, 2002).
Art. 66. Não obstante a sentença absolutória no juízo criminal, a ação civil poderá ser proposta quando não tiver sido, categoricamente, reconhecida a inexistência material do fato." (BRASIL, Código de Processo Penal, 1941).
Art. 65. Faz coisa julgada no cível a sentença penal que reconhecer ter sido o ato praticado em estado de necessidade, em legítima defesa, em estrito cumprimento de dever legal ou no exercício regular de direito." (BRASIL, Código de Processo Penal, 1941).

o exercício do poder punitivo na esfera administrativa a princípios constitucionais tradicionalmente aplicados apenas na esfera penal.

Como já referido, em Portugal, o Decreto-lei 433, de 27/10/1982, que regula as contraordenações, garante, na esfera administrativa, a retroatividade da norma mais benéfica, a punição apenas por condutas dolosas ou culposas, a aplicação das teorias de erro de tipo e erro de proibição e interdependência entre a punição penal e a administrativa das mesmas pessoas, pelos mesmos fatos e fundamento.

Na Espanha, a CE/1978 garante, expressamente, a anterioridade das infrações administrativas. Contudo, o TCE, ao interpretar a Constituição, ampliou essa proteção e passou a exigir, na aplicação de sanções administrativas, a tipicidade, conduta dolosa ou culposa, previsão em lei dos limites da infração e das penas. O TCE também impôs a proibição de *bis in idem* em relação a condutas tipificadas como ilícito penal e administrativo (NIETO GARCÍA, 2005, p. 215). Conforme sua jurisprudência, aplicam-se, ao Direito Administrativo Sancionador, os princípios do Direito Penal com "modulações". (NIETO GARCÍA, 2005, p. 164 et seq.)[9]

Assim, desenvolve-se na doutrina brasileira progressivo questionamento ao dogma da absoluta autonomia entre as instâncias punitivas.

Fábio Medina Osório, em defesa da unidade do poder punitivo estatal, afirma que "a mais importante e fundamental consequência da suposta unidade de *ius puniendi* do Estado é a aplicação de princípios comuns ao Direito Penal e ao Direito Administrativo Sancionador, reforçando nesse passo as garantias individuais" (OSÓRIO, 2015, p. 120).

O desenvolvimento da teoria de unidade do poder punitivo estatal pode solidificar um caminho de harmonização e coerência das normas sancionadoras, sobretudo na medida em que permite a aplicação mais ampla do princípio do *ne bis in idem* – objeto central deste estudo.

A teorização do princípio de vedação à dupla punição e ao múltiplo processamento pelos mesmos fatos concentra-se, historicamente,

---

[9] No mesmo sentido, Moreira Neto e Garcia afirmam: "Desde os três últimos decênios do século XX, na doutrina e na jurisprudência europeias, e, mais recentemente, nas que foram desenvolvidas no âmbito comunitário, tem-se difundido o esclarecido entendimento de que as sanções administrativas, tradicionalmente entendidas como circunscritas ao campo de atividade administrativa de polícia, são, em verdade, uma manifestação específica de um ius puniendi genérico do Estado, destinado à tutela de quaisquer valores relevantes da sociedade, transcendendo o âmbito da função de polícia para se estender às demais funções administrativas, incluindo as regulatórias, próprias do ordenamento econômico e do ordenamento social.

Desse modo, tornou-se necessário dispensar um tratamento integrado à matéria, inclusive reconhecendo a aplicabilidade limitada de certos princípios da penologia criminal, no exercício de todas demais funções punitivas do Estado, tal como pioneiramente foi proposto pelo jurista espanhol Alejandro Nieto García, em sua obra Derecho Administrativo Sancionador, originalmente publicada em 1993". (MOREIRA NETO; GARCIA, 2011).

no âmbito do Direito Penal. O recrudescimento de normas punitivas em outras esferas sancionatórias, contudo, desperta a necessidade do estudo da aplicação do princípio do *ne bis in idem* de forma mais ampla. Esse caminho, contudo, não está imune a dificuldades.

Um primeiro obstáculo a efetivação do princípio *do ne bis in idem* reside na inexistência de sua previsão constitucional expressa.

Diante disso, alguns autores defendem que sua configuração deriva de outros direitos e garantias fundamentais. Outros imputam sua natureza de categoria geral do direito.[10] Há, portanto, grande controvérsia a respeito de seu conteúdo e âmbito de aplicabilidade.

Sirlene Arêdes, posicionando-se a respeito dessas controvérsias, defende o *status* de direito fundamental ao princípio do *ne bis in idem*, mas não apenas por sua relação com outras garantias expressas no texto constitucional. A autora reforça e aprofunda estudos doutrinários anteriores[11] ao defender que a vedação à dupla punição, tal como reconhecida em precedentes de direito internacional,[12] está albergada por acordos internacionais ratificados pelo Brasil, mormente pela Convenção Americana de Direitos Humanos – Pacto de São José da

---

[10] Roberto Coimbra Silva defende esta posição: "Muito embora seja por alguns qualificado como uma regra jurídica e por outros elevado ao status de direito fundamental, na atualidade a maior parte dos autores consideram o ne bis in idem como princípio geral do Direito. Por esse motivo, mais recentemente, reconheceu-se sua aplicação mais abrangente extensível a todos os ramos jurídicos em que se verifique o exercício de potestade sancionadora" (2007, p. 293 ss.).

[11] Arêdes aponta nesse sentido: "A caracterização do ne bis in idem como direito fundamental não expresso é defendida pela doutrina nacional e estrangeira, embora alguns autores o tenham como direito fundamental autônomo e outros o tenham como derivado de outros princípios constitucionais expressos no ordenamento jurídico brasileiro, o ne bis in idem é direito fundamental, não expresso, inserido no sistema com base no art. 5º, §2º, da CRFB/88 (2014, p. 204-205).

[12] Destaca-se em especial o desenvolvimento da doutrina e jurisprudência espanhola. Como síntese das ideias desenvolvidas no âmbito do direito espanhol, cite-se Cano Campos: "a submissão a um processo ou procedimento supõe, por si só, (sem necessidade de impor sanção algumas) uma carga ou gravame para o cidadão, de modo que sua reiteração por uma mesma conduta normalmente carecerá de justificativa e se traduzirá em um atentado aos princípios de proporcionalidade, proibição de arbitrariedade e segurança jurídica. A proibição de processar um mesmo feito mais de uma vez pelos mesmos fatos não só garante esses princípios, mas evita a possibilidade de uma dupla sanção e que haja decisões judiciais contraditórias" (CANO CAMPOS, 2001, p. 200 – tradução livre). Além disso, merece relevo a atuação do Tribunal Europeu de Direitos Humanos – sobretudo com o recente julgamento do caso "Grande Stevens – no qual considerou-se lesão ao princípio do *ne bis in idem* a condenação penal posterior a condenação administrativa no âmbito de autoridade reguladora do mercado de capitais italiano (Commissione Nazionale per le Società e la Borsa (CONSOB). Disponível em: <http://hudoc.echr.coe.int/eng?i=001-141370>. Acesso em: 22 jun. 2017.

Costa Rica[13] e pelo Pacto Internacional de Direitos Civis e Políticos.[14] Esses acordos têm redação ampla, a impedir a dupla punição nas esferas administrativa e penal.[15] Considerando que o art. 5º, §2º, da Constituição da República prevê que "os direitos e garantias expressos nesta Constituição não excluem outros decorrentes do regime e dos princípios por ela adotados, ou dos tratados internacionais em que a República Federativa do Brasil seja parte", Arêdes conclui o reconhecimento do princípio do *ne bis in idem* não carece de textos normativos além daqueles já existentes, especialmente dos tratados internacionais mencionados e dos quais a República Federativa do Brasil é signatária (ARÊDES, 2013, p. 211).

Na formulação proposta por Arêdes, o *ne bis in idem* aplica-se quando se pode reconhecer identidade de sujeitos, fatos e fundamentos (ARÊDES, 2013, p. 238-275), conforme a seguir sintetizado.

A identidade de sujeitos deve ser analisada no aspecto jurídico (e não físico), considerando, sobretudo, que existem situações

---

[13] BRASIL. Decreto 678, de 06 de novembro de 1992. Promulga a Convenção Americana sobre Direitos Humanos (Pacto de São José da Costa Rica), de 22 de novembro de 1969. Disponível em: <http://www.planalto.gov.br/ccivil_03/decreto/D0678.htm >. Acesso em 29 de setembro de 2016.

[14] BRASIL. Pacto Internacional sobre Direitos Civis e Políticos promulgado pelo Decreto 591, de 06/07/1992. Disponível em: <http://www.planalto.gov.br/ccivil_03/decreto/1990-1994/d0591.htm>. Acesso em: 29 set. 2016.

[15] Conforme explicita Arêdes: "A Convenção Americana de Direitos Humanos dispõe, em seu art. 8º, que "o acusado absolvido por sentença transitada em julgado não poderá ser submetido a novo processo pelos mesmos fatos" (BRASIL, Convenção Americana sobre Direitos Humanos promulgada pelo Decreto 678, de 06/11/1992). Já o Pacto Internacional sobre Direitos Civis e Políticos estabelece, na cláusula 7 de seu art. 14, que "ninguém poderá ser processado ou punido por um delito pelo qual já foi absolvido ou condenado por sentença passada em julgado, em conformidade com a lei e com os procedimentos penais de cada país" (BRASIL, Pacto Internacional sobre Direitos Civis e Políticos promulgado pelo Decreto 591, de 06/07/1992). A Convenção Americana de Direitos Humanos não tem sua aplicabilidade limitada à esfera penal, pois estende sua proteção aos "acusados", não a limita à absolvição por "crime", mas se refere a "fatos" e exige sentença transitada em julgado, sem se referir a sentença ou processo penal. O texto dessa Convenção, em sua literalidade, determina que o poder punitivo, identificado pela presença do "acusado", exercido por órgãos jurisdicionais, decorrente da exigência de sentença transitada em julgado, não seja reiterado em outras esferas punitivas. Portanto, o acusado absolvido, por sentença penal, não pode ser processado em outra esfera judicial ou administrativa pelos mesmos fatos. Da mesma forma, o acusado, absolvido por sentença transitada em julgado na esfera cível (ex.: por improbidade administrativa), não pode ser novamente processado pelos mesmos fatos na esfera penal. O trânsito em julgado da sentença judicial absolutória impede novo processo que vise à punição pelos mesmos fatos e essa garantia não se limita ao processo judicial, mas é aplicável também às instâncias administrativas. A literalidade do dispositivo demonstra que, diferentemente da leitura da teoria da independência das instâncias, aplicada pelo STF, o ordenamento jurídico pátrio garante, expressamente, a interdependência entre as esferas punitivas" (2014, p. 213).

de identidade subjetiva de ordem jurídica (exemplo da sub-rogação subjetiva) (ARÊDES, 2013, p. 241). Um dos problemas comumente levantados, e diretamente pertinentes à temática do sistema de proteção da probidade, envolve a imposição de sanções a pessoas naturais e jurídicas pelo mesmo fato. Nesse ponto, Arêdes defende que:

> Nas hipóteses em que a lei prevê a punição da pessoa natural e da pessoa jurídica pelos mesmos fatos, deve ser analisada com base no sujeito que, efetivamente, suporta a sanção. Caso a aplicação da pena às pessoas naturais e jurídicas sejam suportadas pela(s) mesma(s) pessoa(s) natural(is), haverá a proibição de dupla sanção, o que não ocorrerá se a sanção for suportada por pessoas diversas. (ARÊDES, 2013, p. 243)

A identidade ou unidade de fatos, por sua vez, enseja grandes dificuldades e contentas doutrinárias e jurisprudenciais. Arêdes defende que a unidade fática deve ser investigada em perspectiva jurídica:

> É a verificação das relações lógico-estruturais entre as normas ou da identidade de valorações jurídicas que recaem sobre uma conduta que possibilitam a identificação da unidade de fato. Essa identificação ocorre com a utilização dos critérios de especialidade, consunção, subsidiariedade a alternatividade entre as normas, que determinam a aplicação de apenas uma das normas concorrentes. Nesse sentido, a unidade de fato é resultado da aplicabilidade das regras que solucionam o concurso aparente de normas – e não seu pressuposto. (ARÊDES, 2013, p. 332)

Por fim, a autora estabelece que a unidade de fundamento é estabelecida de acordo com a relação jurídica que dá substrato à imposição da sanção (relação geral ou relação de especial sujeição).

Tal posição não exclui a aplicação do princípio do *ne bis in idem* às relações de especial sujeição:

> Ainda que seja possível a aplicação de uma sanção geral (penal, judicial não penal ou administrativa de polícia) e uma sanção disciplinar ou política ao mesmo sujeito pelo mesmo fato, não é possível aplicar mais de uma pena pelo descumprimento das mesmas obrigações estabelecidas em uma mesma relação jurídica. (ARÊDES, 2013, p. 333)

Veja-se, por exemplo, a situação daqueles que contratam com a administração: com a edição dos novos tipos infracionais previstos na Lei nº 12.846/2013, impõe-se a harmonização das esferas punitivas, não apenas pelo princípio do *ne bis in idem,* como também por força da segurança jurídica e do respeito à coisa julgada. Se assim não fosse, poderiam ocorrer dupla punição, ou pior, punição na esfera administrativa em contradição a absolvição em esfera judicial.

Por todo o exposto, ainda que se esteja longe de um consenso em torno de sua caracterização, faz-se necessário avançar na aplicação do princípio do *ne bis in idem* no direito brasileiro, ultrapassando o dogma da autonomia e independência absoluta entre as instâncias punitivas

A partir desse avanço, passar-se-ia ao desenvolvimento de técnicas para sua efetivação.

Como o princípio do *ne bis in idem* não fornece critérios para definição de qual será a norma prevalecente e qual ou quais seriam as normas a serem afastadas, Arêdes estabelece a aplicação de critérios compatíveis com a ordem jurídica brasileira:

> No caso de concurso aparente entre normas penais e administrativas, deve prevalecer a esfera penal em relação à administrativa. Essa solução pode ser afastada pelo Congresso Nacional, que tem competência para determinar outros critérios de solução do concurso aparente de normas, inclusive, com a prevalência da esfera administrativa.
>
> Ausente a previsão legal, é necessário que o critério adotado proporcione segurança jurídica na aplicação da norma, o que se entende que será alcançado com a prevalência da esfera penal. Os critérios existentes para solucionar o concurso aparente de normas penais, se aplicados na relação entre as esferas penal e administrativa, poderiam levar à usurpação da competência da União para legislar sobre direito penal e à aplicação do direito penal de forma não uniforme no País, situações não agasalhadas pela CRFB/88.
>
> O concurso aparente de normas administrativas pode derivar de normas administrativas de entes federados diversos ou de normas administrativas do mesmo ente federado. Nesses casos, além dos critérios da especialidade, consunção, subsidiariedade e alternatividade, utilizados para identificar o concurso aparente de normas, o critério cronológico também deve ser utilizado para solucioná-lo. (ARÊDES, 2013, p. 334-335)

Ainda, uma interessante possibilidades de efetivação do princípio do *ne bis in idem* pode ocorrer pela instauração de programas de leniência efetivos – embora esta não seja necessariamente uma das finalidades explícitas de sua instituição.

Os programas de leniência, alçados à condição de categoria jurídica, podem ser conceituados como "dispositivos legais que permitem que infratores evitem ou reduzam as punições que receberiam em troca de confissão e colaboração no processo de apuração conduzido pelas autoridades competentes" (LARA; LUZ, 2015, p. 178).

O surgimento dos programas de leniência é geralmente identificado pela literatura com o momento de implementação do Programa de Leniência Corporativa do Departamento de Justiça dos Estados Unidos, em 1978, de faceta antitruste. Essa primeira versão de programa de leniência não apresentou grande sucesso, tendo sido posteriormente alterada pelo Departamento de Justiça em 1993 e complementada pela instauração do Programa de Leniência para Indivíduos, em 1994 (WILS, 2006, p. 12-13).

As principais mudanças propostas nesse programa e tidas como decisivas no êxito de sua implementação são: i) garantia da imunidade ao colaborador antes do início das investigações, em substituição à persecução discricionária outrora conferida às autoridades competentes; ii) permissão de leniência mesmo após o início das investigações e iii) extensão dos efeitos da leniência corporativa aos empregados e diretores das empresas que decidem colaborar com a autoridade antitruste, é dizer, permissão do Programa de Leniência para Indivíduos (WILS, 2006, p. 12-13).

A partir do novo formato exposto, a incrementar a aderência dos agentes infratores, vários países que passaram a implementar seus próprios programas de leniência, observando em maior ou menor medida o modelo norte-americano.

A disseminação do uso desse instrumento conduz à necessidade de reflexão a respeito da sua finalidade, desenho e efetividade[16].

Considerando que a eficiência do modelo de leniência está diretamente relacionado, entre outros fatores, aos incentivos e riscos aos quais estão submetidos os eventuais infratores, é relevante considerar que tais programas devem ter abrangência sistêmica, uma mesma conduta pode acionar, a um só tempo, diversas esferas de responsabilidade, a princípio, autônomas. Nesse aspecto, o atual modelo de leniência anticorrupção recebeu severas críticas,[17] na medida em que "não protege o individuo que coopera da ação penal, sendo que este indivíduo é, em última instância o responsável pela decisão de reportar a conduta ilegal" (LUZ; SPAGNOLO, 2016, p. 15). Em semelhante sentido, Cristiana Fortini e Edmur de Faria apontam:

---

[16] É importante destacar que o acordo de leniência insere-se em panorama mais amplo, da consensualidade administrativa. Tal como destacam Rodolfo Carlos Barra e Rodrigo Pironti Aguirre "Es en ese contexto que surge la noción de derecho administrativo con una actuación consensual, es decir, que no dejará de hacer justicia y de guiarse de los principios constitucionales y aplicará la norma considerando el sistema en que está insertada, cuestionando su argumento y objetivo, para que pueda, en la mayoría de los casos, encontrar soluciones satisfactorias, eficientes y justas entre la Administración y los particulares inmerso" Administración pública consensual: un análisis entre el modelo burocrático y responsable ("gerencial"). *Revista Brasileira de Estudos Políticos*, Belo Horizonte, n. 114, p. 473-496, jan./jun. 2017.

[17] O programa de leniência passou por tentativa de reforma, via Medida Provisória nº 703/2015. O conturbado contexto político e as polêmicas inerentes ao tema impediram sua aprovação pelo legislativo, tendo tal MP caducado em 31/05/2016.

O acordo de leniência, portanto, não oferece a proteção completa que dele se esperaria, em contraposição à exposição a que se sujeita a pessoa jurídica. A blindagem existiria se o acordo de leniência fosse capaz de impedir ataques outros ou se vinculada a participação do Ministério Público e da Advocacia Pública. Porém, não nos parece possível afirmar que o Ministério Público e a Advocacia Pública estejam obrigados a aderir ao acordo. Basta que afirmem ausentes os pressupostos, que estará, na prática, obstaculizada qualquer discussão sobre a validade da recusa. Ainda que academicamente se queira admitir o oposto, dificilmente prosperaria a discussão judicial sobre a validade da recusa. No mundo real, o MP e Advocacia Pública celebrarão acordo se quiserem. A justificativa oferecida para a recusa pelos citados órgãos, ainda que mal construída do ponto de vista jurídico, não pavimentará efetivamente uma discussão. Conclusão contrária importaria ultrapassar a seguinte indagação: como efetivamente se obrigaria o MP e a Advocacia Pública a aderir ao pacto? (FORTINI; 2016, p. 55-56)

Nessa linha de pensamento, o incentivo à cooperação está diretamente ligado à extensão dos efeitos da leniência anticorrupção às outras esferas de responsabilidade: se não houver coordenação entre a leniência e outros ilícitos – em especial os de natureza penal e demais ilícitos de natureza administrativa, não haverá incentivo suficiente para que os agentes optem por firmar acordo de leniência (LUZ; SPAGNOLO, 2016, p. 26).

Como exemplo de harmonização, pode-se apontar a previsão de efeitos automáticos da leniência antitruste na esfera penal através da Lei nº 12.529, de 30 de novembro de 2011.

A celebração de Termo de Cessação de Conduta (TCC) com o CADE, nos termos do art. 85 da Lei nº 12.529/2011, c/c arts. 184 a 189 do RICADE, por sua vez, apresenta requisitos específicos, e diferencia-se da leniência em virtude da não comunicação automática de seus efeitos à seara penal.

Tal comunicabilidade, prevista para os acordos de leniência é ponto central: tendo em vista que as condutas colusivas podem ser penalizadas em diferentes esferas de responsabilidade (civil, penal e administrativa), é preciso realizar um mínimo alinhamento entre tais esferas, sob pena de tornar a leniência ineficiente ou pouco atrativa (LUZ; SPAGNOLO, p. 2).

Com isso, o art. 87 da Lei nº 12.529/2011 estabelece que a celebração do acordo de leniência determina a suspensão do curso do prazo prescricional e impede o oferecimento da denúncia com relação ao agente beneficiário da leniência nos crimes contra a ordem econômica (Lei nº 8.137/1990, e nos demais crimes diretamente relacionados à prática de cartel, tais como os tipificados pela Lei de Licitações e Contratos

(Lei nº 8.666/1993), e os tipificados no art. 288 do Código Penal. Caso o acordo seja cumprido, a punibilidade dos crimes acima mencionados será extinta (art. 87, parágrafo único). A disposição do art. 87 acima evidenciada poderia, à primeira vista, despertar discussões procedimentais e de competência institucional, tendo em vista a legitimidade ativa do Ministério Público para promover a ação penal e a consideração que tal atuação é de caráter compulsório (LUZ; SPAGNOLO, 2016, p. 12).

Contudo, partilha-se da posição de que o dispositivo em comento amolda-se perfeitamente ao desenho constitucional de atribuições do Ministério Público. O art. 129 da Constituição da República estabelece que a competência privativa do Ministério Público para promover a ação penal deve ser exercida na forma da lei, e o art. 87 é dispositivo legal que expressamente autoriza a comunicação de efeitos entre a esfera administrativa e a penal.

Além disso, há histórico de colaboração entre os órgãos ministeriais e a autoridade de defesa da Concorrência, como se demonstra pelo Memorando de Entendimento nº 1/2016 e coordenação institucional envolvendo termos de compromisso de cessação e acordos de colaboração em investigações de infrações contra a ordem econômica entre o CADE e o grupo de combate a cartéis da Procuradoria da República em São Paulo (PR/MPF/SP).

No referido Memorando de Entendimento, estabeleceu-se que:

> O Acordo de Leniência não altera, por si só, a autonomia das instâncias criminal e administrativa, tendo o Ministério Público competência constitucional para a perseguição dos delitos de ação penal pública, como o cartel, e haverá, pois, a partir de um Acordo de Leniência, a duplicidade de atuações em duas esferas independentes, sendo que a autonomia das instâncias não significa a inexistência de efeitos práticos mútuos ou a segregação absoluta das competências em matéria criminal e administrativa.

Percebe-se que o uso do instrumento no direito da concorrência encontra-se mais desenvolvido e consolidado. Contudo, os efeitos administrativos dessa leniência ainda são nebulosos.

De toda forma, tal experiência pode e deve ser objeto de estudo para aprimoramento da leniência anticorrupção.

Somado a isso, existem problemas derivados do arranjo e desenho institucional do país: sendo várias as ordens de responsabilização, surge uma miríade de interessados em punir eventuais condutas potencialmente corruptivas: Ministério Público, Tribunais de Contas, Advocacias Públicas, Defensoria Pública, Controladorias, Conselho Administrativo de Defesa Econômica, Chefes do Executivo e a depender do caso, qualquer cidadão (como no caso de ajuizamento de ação popular). A inexistência de competências claras, as brigas por protagonismo em questões relevantes, a ausência de previsibilidade, entre outros fatores, tornam a aplicação à leniência anticorrupção uma atividade de alto risco e, portanto, pouco incentivada.

Há, portanto, muito a avançar.

4 As contribuições da Legística para a coerência do sistema de defesa da integridade administrativa

A inflação legislativa diagnosticada nas seções anteriores como presente no sistema de defesa da integridade administrativa, que é composto seja por normas repetidas, ou, ainda, por normas não unificadas ou incoerentes entre si, poderia ser minorada mediante incorporação dos ensinamentos da Legística.

Isso porque a Legística é uma metodologia que "procura determinar as melhores modalidades de elaboração, de redação, de edição e de aplicação da norma" (CHEVALLIER, 1992, p. 15). A grave crise normativa e as experiências positivas de modelos de gestão legislativa em vários países demonstrou o papel estratégico de políticas de boa legislação e regulação na articulação de ações de melhoria do círculo normativo (HESPANHA, 2009, p. 31-32). Desse modo, as boas práticas legislativas têm sido um eficaz instrumento para resultar em impactos positivos na realidade social a ser regulada que, no caso aqui exposto, é o sistema de defesa da integridade administrativa.

Quanto ao problema detectado na seção 2 deste artigo, referente à ausência de unidade e coerência das normas que compõem o sistema legal de defesa da integridade administrativa, o instrumental da chamada Legística Material é o mais adequado. Nas palavras de Fabiana Menezes:

> A Legística Material reforça a facticidade (ou realizabilidade) e a efetividade da legislação, seu escopo é atuar no processo de construção e escolha da decisão sobre o conteúdo da nova legislação, em como o processo de regulação pode ser projetado, através da avaliação do seu possível impacto sobre o sistema jurídico, por meio da utilização de técnicas (como, por exemplo, *checklist*, modelização causal, reconstrução da cadeia de fontes) que permitam tanto realizar diagnósticos, prognósticos, mas também verificar o nível de concretude dos objetivos que justificam o impulso para legislar e dos resultados obtidos a partir da sua entrada em vigor. (SOARES, 2007, p. 125-126)

Assim, o instrumental da Legística Material permite que o processo de construção de uma nova lei se dê de modo mais racional, de tal forma que haja uma avaliação dos possíveis impactos de uma nova lei nas normas já existentes sobre o tema. Aplicando-se seus ensinamentos ao sistema legal de defesa da integridade administrativa, busca-se que essa normatização se torne mais coerente e mais sistematizada, na medida em que a aprovação de uma nova lei se daria apenas após essa avaliação racional dos efeitos que ela gerará na realidade a ser regulada.

A racionalização da produção jurídica propicia uma elaboração legislativa de maior qualidade, mediante uma abordagem metódica do processo de formação da norma, de tal forma que ela seja o produto de um cálculo lógico e que se garanta maior coerência à ordem jurídica (CHEVALLIER, 1992, p. 9-10). Na abordagem metódica da composição da lei deverá ser conciliada a eficácia técnica, a lógica interna e a coerência formal do sistema, com a eficácia social, relacionada ao grau de aceitabilidade da norma pelos destinatários (CHEVALLIER, 1992, p. 13). E este é o objeto da Legística Material: propor um procedimento metódico de elaboração legislativa para melhorar a eficácia da legislação (DELLEY, 2004, p. 101). Esses procedimentos aplicados ao emaranhado de leis abordadas nesse artigo poderá contribuir para o saneamento desse sistema, de tal forma que ele se torne mais coerente, bem como para uma legislação mais eficaz, que resulte em um efetivo combate à corrupção e na consecução dos princípios da integridade e moralidade na Administração Pública.

Demonstrada a aplicabilidade e as possíveis contribuições da Legística ao sistema normativo de defesa da integridade administrativa, passa-se à exposição do modo através do qual se desenvolve esse procedimento metódico – que poderá ser relevante para futuras alterações das normas já apontadas, ou ainda, pela edição de novos atos normativos.

Em conformidade com a metodologia Legística, o processo racional de elaboração das leis compatível com boas práticas legislativas e que resulta em legislação de qualidade deveria seguir as seguintes fases: a primeira delas é a definição do problema social que demanda a intervenção normativa; em sequência, a qualificação dos objetivos buscados pela criação daquela lei; o estabelecimento de cenários alternativos à intervenção legal; por fim, a escolha das soluções mais adequadas ao problema; a avaliação prospectiva da eventual mudança legislativa e a execução e a avaliação retrospectiva dos efeitos reais da lei na realidade social (DELLEY, 2004, p. 101-102). De início, destaca-se que tal processo não é linear, senão interativo e sucessivo: cada uma das fases para a construção da lei não pode ser considerada por si mesma e isolada das demais (DELLEY, 2004, p. 101-102).

Já na fase de definição do problema, constatam-se diversas deficiências nas legislações brasileiras em geral, que se repetem na nova Lei Anticorrupção. A Legística aponta que, na apreciação da realidade que justifica a regulamentação pública, o legislador deve relativizar o impulso motivador e apreciar o problema de forma autônoma, sem se limitar às demandas populares (DELLEY, 2004, p. 104). Esse processo geralmente não tem sido observado na elaboração legislativa brasileira; muitas vezes, as leis são aprovadas em razão de forte pressão popular por mudanças rápidas e efetivas. Foi exatamente nesse contexto que houve a aprovação da nova Lei Anticorrupção, em meio às manifestações de julho de 2013 que exigiam, dentre outras coisas, o fim da corrupção.

Outra fase geralmente problemática no contexto brasileiro diz respeito à avaliação dos impactos potenciais (prospectiva) e reais (retrospectiva) da lei (MADER, 1991, p. 45) sobre outras políticas públicas e sobre os destinatários diretos, para que se conclua se contribuíram para a solução do problema e para a consecução dos objetivos legais (MADER, 1991, p. 139). Contudo, essa avaliação legislativa é pouco praticada ou precária na realidade legislativa brasileira, o que resulta em falta de coerência do sistema normativo e, muitas vezes, na ocorrência de efeitos negativos inesperados da lei nova em domínios conexos.

Além da metodologia da Legística Material, a aplicação dos princípios da Legisprudência delineados como Wintgens também podem contribuir para a unidade e coerência do sistema de defesa da integridade normativa. Em tópico anterior, já foi retratado o princípio da coerência que pressupõe.

Em sequência, o princípio da alternatividade da lei traz a ideia de que a liberdade deve ser a regra e, por isso, limitações normativas devem ser a última solução para os conflitos sociais e, assim, também devem ser racionalmente justificadas (WINTGENS, 2012, p. 258). Com base nesse princípio, o legislador tem o dever de ponderar as alternativas disponíveis e de optar por aquela que soluciona o problema com o mínimo de intervenção na liberdade individual (KAITEL, 2016, p. 45). Assim, quando se está diante de um sistema repleto de normas com conteúdo idêntico, há um nítido desrespeito a esse princípio, na medida em que a via legislativa tem sido adotada como primeira solução, sem um exercício de ponderação.

Ainda, o princípio da temporalidade dispõe que as normas devem estar sujeitas à revisão e à atualização de seu conteúdo, para adequá-las às mudanças constantes da realidade social, revogando as normas obsoletas (KAITEL, 2016, p. 42). Foi constatado que o sistema de defesa da integridade administrativa é composto por diversas leis, oriundas de momentos históricos distintos, aprovadas em anos diferentes. Fica nítido que muitas dessas normas já se tornaram obsoletas e, portanto, é necessário o saneamento desse sistema normativo, para exclusão dessas normas. É importante que o legislador faça uma avaliação dos efeitos concretos da lei vigente para determinar sua obsolescência ou não.

Sequencialmente, o princípio da densidade normativa necessária prevê que é preciso uma justificativa, racional e distinta, para a imposição de uma sanção. Enquanto a alternatividade prevê a necessidade de justificativa para a intervenção normativa, o da densidade normativa necessária prevê uma justificativa distinta para a sanção, que deve ser a última opção a ser escolhida pelo legislador (KAITEL, 2016, p. 43). As normas com caráter mais punitivo trazem maior limitação à liberdade do sujeito (WINTGENS, 2012, p. 279) e, por isso, devem ser utilizadas apenas quando necessário, mediante justificativa própria, quando falharem as demais soluções. Nota-se que a nova Lei Anticorrupção afronta diretamente esse princípio, na medida em que opta pela via mais punitivista como regra, ao estabelecer, por exemplo, a responsabilidade objetiva, sem prever excludentes de responsabilidade.

Dessa forma, para que o atual sistema legal de defesa da integridade administrativa se torne mais coerente e efetivo, é imprescindível que, a partir dos parâmetros da Legística Material e mediante a aplicação dos quatro princípios da Legisprudência, sejam eliminados os dispositivos legais desnecessários, as normas obsoletas e, sobretudo, aquelas que acabam por se configurar como entraves à solução do problema social que demandou a intervenção normativa (combate à corrupção).

A Lei Anticorrupção, em sua configuração atual, não opta por dispositivos com menor densidade normativa, na medida em que não confere a devida ênfase aos mecanismos de prevenção à corrupção (mecanismos de integridade ou *compliance*), associando-os apenas à tímida redução de penas. O enfoque principal da lei é repressivo e punitivo, optando prioritariamente pela imposição de sanção, sem que haja, necessariamente, justificativa racional para isso. Ademais, a previsão de responsabilização objetiva das pessoas jurídicas alcançadas pela lei, sem o estabelecimento explícito de hipóteses excludentes, mesmo diante da comprovada efetividade dos mecanismos de integridade, pode gerar o efeito adverso e desestimular as práticas de autogovernança e de prevenção à corrupção.

O direito brasileiro, com especial destaque para o direito administrativo, tem se mostrado incapaz de conservar a sua coerência interna, tendo em vista a excessiva aprovação de novos diplomas legais sem que seja feita uma análise de compatibilidade com as leis já existentes. Especificamente o direito administrativo, por ser um ramo do direito em constante mutação e não sistematizado na forma de uma codificação, é ainda mais comum essa ausência de coerência entre as suas diversas leis esparsas.

Em regra, as normas administrativas são introduzidas uma a uma, por meio da aprovação de diferentes leis especiais, praticamente sem preocupação do legislador em conservar uma relação de coerência entre elas. Esse processo assistemático resulta em uma estrutura normativa desconexa ou, quando muito, consideravelmente composta por remendos legislativos[18] e explica exatamente o que aconteceu com o sistema de defesa da integridade administrativa: foram promulgadas diferentes leis especiais, uma a uma, em tempos distintos e em um contexto social específico, sem que houvesse a preocupação do legislador seguinte em garantir a coerência da lei posterior com a lei anterior, o que resultou em um sistema desconexo, incoerente e inflado.

A produção de avaliações de impacto legislativo tem o condão de amenizar essas mazelas detectadas no sistema de defesa da integridade administrativa. Isso porque avaliar os efeitos que, na prática, têm ocorrido em razão da dupla tipificação de condutas por diferentes leis ou até mesmo da contradição e do choque entre dispositivos legais irá possibilitar que se detecte quais previsões legais são problemáticas e devem ser eliminadas, bem como quais são desnecessárias e causam confusão e insegurança jurídica aos jurisdicionados.

5 Considerações finais

O hodierno sistema legal de defesa da integridade administrativa é composto por um conjunto de leis dispersas, estruturado em esferas autônomas de responsabilização e executado por uma série de órgãos independentes e, muitas vezes, sem canais institucionais de comunicação entre si. Nesse panorama, há elevada insegurança jurídica, incoerência entre as disposições normativas e, com isso, o combate à

---

[18] Delley e Fluckiger retratam esse problema quanto ao Direito Civil; aqui, utilizamos o mesmo argumento, aplicado analogicamente ao Direito administrativo, uma vez que é pertinente a mesma afirmação sobre as normas administrativas. Os próprios autores reconhecem isso quanto a normas de direito público em geral (DELLEY; FLUCKIGER, 2007, p. 46).

corrupção e a efetividade dos princípios da integridade e moralidade administrativas restam prejudicados.

Em virtude do exposto, conclui-se pela necessidade de estabelecimento de condições transparentes, previsíveis e institucionalmente alinhadas para aplicação de penalidades e para a celebração de acordos de leniências por atos lesivos à Administração Pública.

Tal objetivo poderia ser alcançado, conforme este trabalho pretende demonstrar, através da construção de um sistema integrado de esferas de responsabilização por atos corruptivos, que preze pela sua unidade e coerência normativa, através da aplicação da metodologia da Legística Material e dos quatro princípios da Legisprudência.

Referências

ARÊDES, Sirlene Nunes. *Limites constitucionais ao poder legislativo na tipificação de infrações administrativas de polícia e na determinação do regime jurídico de suas sanções.* Tese (Doutorado em Direito) – Belo Horizonte: Universidade Federal de Minas Gerais, 2013. Disponível em: <http://www.bibliotecadigital.ufmg.br/dspace/bitstream/handle/1843/BUOS-993GAV/tese_sirlene_nunes_ar_des.pdf?sequence=1>. Acesso em: 02 set. 2016.

ARAÚJO, Florivaldo Dutra. Reflexos da decisão judicial penal da esfera administrativo disciplinar: por uma perspectiva ampliativa da questão. *In:* BATISTA JUNIOR, Onofre Alves; CASTRO. *Tendências e perspectivas do direito administrativo*: uma visão da escola mineira. Belo Horizonte: Fórum, 2012.

BARRA, Rodolfo Carlos; AGUIRRE, Rodrigo Pironti. Administración pública consensual: un análisis entre el modelo burocrático y responsable ("gerencial"). *Revista Brasileira de Estudos Políticos*, Belo Horizonte, n. 114, p. 473-496, jan./jun. 2017.

BOBBIO, Norberto. *Teoria do ordenamento jurídico.* 6. ed. Brasília: Editora Universidade de Brasília, 1995.

BRASIL. Constituição da República Federativa do Brasil, de 5 de outubro 1988. Brasília, *Diário Oficial da União*, 1988. Disponível em: <http://www.planalto.gov.br/ccivil_03/Constituicao/Constituicao.htm>. Acesso em: 03 set. 2016.

BRASIL. Decreto-Lei nº 2.848, de 7 de dezembro de 1940. Código Penal. Brasília, *Diário Oficial da União*, 1940. Disponível em: <http://www.planalto.gov.br/ccivil_03/decreto-lei/Del2848compilado.htm>. Acesso em: 10 fev. 2016.

BRASIL. Decreto-Lei nº 3.689, de 3 de outubro de 1941. Código de Processo Penal. Brasília, *Diário Oficial da União*, 1941. Disponível em: <http://www.planalto.gov.br/ccivil_03/decreto-lei/Del3689.htm>. Acesso em: 15 ago. 2016.

BRASIL. Lei nº 4.717, de 29 de junho de 1965. Regula a ação popular. Brasília, *Diário Oficial da União*, 1965. Disponível em: <http://www.planalto.gov.br/ccivil_03/leis/L4717.htm>. Acesso em: 05 mar. 2016.

BRASIL. Lei nº 7.347, de 24 de julho de 1985. Disciplina a ação civil pública de responsabilidade por danos causados ao meio-ambiente, ao consumidor, a bens e direitos de valor artístico, estético, histórico, turístico e paisagístico (VETADO) e dá outras providências. Brasília, *Diário Oficial da União*. Disponível em: <http://www.planalto.gov.br/ccivil_03/leis/L7347Compilada.htm>. Acesso em: 25 abr. 2016.

BRASIL, Lei nº 8.112, de 11 de dezembro de 1990. Dispõe sobre o regime jurídico dos servidores públicos civis da União, das autarquias e das fundações públicas federais. Brasília, *Diário Oficial da União*, 1990. Disponível em: <http://www.planalto.gov.br/ccivil_03/leis/L8112cons.htm>. Acesso em: 28 ago. 2016.

BRASIL. Lei nº 8.137, de 27 de dezembro de 1990. Define crimes contra a ordem tributária, econômica e contra as relações de consumo, e dá outras providências. Brasília, *Diário Oficial da União*, 1990. Disponível em: <http://www.planalto.gov.br/ccivil_03/leis/L8137.htm>. Acesso em: 13 set. 2016.

BRASIL. Lei nº 8.429, de 2 de junho de 1992. Dispõe sobre as sanções aplicáveis aos agentes públicos nos casos de enriquecimento ilícito no exercício de mandato, cargo, emprego ou função na Administração Pública direta, indireta ou fundacional e dá outras providências. Brasília, *Diário Oficial da União*, 1992. Disponível em: <http://www.planalto.gov.br/ccivil_03/leis/L8429.htm>. Acesso em: 11 abr. 2016.

BRASIL, Decreto 591, de 06 de julho de 1992. Promulga o Pacto Internacional sobre Direitos Civis e Políticos <http://www.planalto.gov.br/ccivil_03/decreto/1990-1994/d0591.htm>. Acesso em: 29 set. 2016.

BRASIL, Decreto 678, de 06 de novembro de 1992. Promulga a Convenção Americana sobre Direitos Humanos (Pacto de São José da Costa Rica), de 22 de novembro de 1969. Disponível em: <http://www.planalto.gov.br/ccivil_03/decreto/D0678.htm>. Acesso em: 29 set. 2016.

BRASIL. Lei nº 8.666, de 21 de junho de 1993. Regulamenta o art. 37, inciso XXI, da Constituição Federal, institui normas para licitações e contratos da Administração Pública e dá outras providências. Brasília, *Diário Oficial da União*, 1993. Disponível em: <http://www.planalto.gov.br/ccivil_03/leis/L8666cons.htm>. Acesso em: 07 mar. 2016.

BRASIL. Lei nº 9.613, de 3 de março de 1998. Dispõe sobre os crimes de "lavagem" ou ocultação de bens, direitos e valores; a prevenção da utilização do sistema financeiro para os ilícitos previstos nesta Lei; cria o Conselho de Controle de Atividades Financeiras – COAF, e dá outras providências. Brasília, *Diário Oficial da União*, 1998. Disponível em: <http://www.planalto.gov.br/ccivil_03/leis/L9613.htm>. Acesso em: 10 abr. 2016.

BRASIL. Lei nº 10.406, de 10 de janeiro 2002. Institui o Código Civil. Brasília, *Diário Oficial da União*, 2002. Disponível em: <http://www.planalto.gov.br/ccivil_03/leis/2002/L10406.htm>. Acesso em: 10 set. 2016.

BRASIL. Lei nº 10.520 de 17 de julho de 2002. Institui, no âmbito da União, Estados, Distrito Federal e Municípios, nos termos do art. 37, inciso XXI, da Constituição Federal, modalidade de licitação denominada pregão, para aquisição de bens e serviços comuns, e dá outras providências. Disponível em: <http://www.planalto.gov.br/ccivil_03/leis/2002/L10520.htm>. Acesso em: 03 out. 2016.

BRASIL. Lei nº 12.529, de 30 de novembro de 2011. Estrutura o Sistema Brasileiro de Defesa da Concorrência; dispõe sobre a prevenção e repressão às infrações contra a ordem econômica; altera a Lei nº 8.137, de 27 de dezembro de 1990, o Decreto-Lei nº 3.689, de 3 de outubro de 1941 – Código de Processo Penal, e a Lei nº 7.347, de 24 de julho de 1985; revoga dispositivos da Lei nº 8.884, de 11 de junho de 1994, e a Lei nº 9.781, de 19 de janeiro de 1999; e dá outras providências. Brasília, *Diário Oficial da União*, 2011. Disponível em: <http://www.planalto.gov.br/ccivil_03/_ato2011.2014/2011/Lei/L12529.htm>. Acesso em: 23 ago. 2016.

BRASIL. Lei nº 12.846, de 1º de agosto de 2013. Dispõe sobre a responsabilização administrativa e civil de pessoas jurídicas pela prática de atos contra a Administração Pública, nacional ou estrangeira, e dá outras providências. Brasília, *Diário Oficial da União*, 2013. Disponível em: <http://www.planalto.gov.br/ccivil_03/_ato2011-2014/2013/lei/l12846. htm>. Acesso em: 05 fev. 2016.

BRASIL. Medida Provisória 703, de 18 de dezembro de 2015. Altera a Lei nº 12.846, de 1º de agosto de 2013, para dispor sobre acordos de leniência. Brasília, *Diário Oficial da União*, 2015 – Vigência encerrada. Disponível em: <http://www.planalto.gov.br/ccivil_03/_Ato2015.2018/2015/Mpv/mpv703.htm>. Acesso em: 08 set. 2016.

BRASIL, Lei nº 13.303 de 30 de junho de 2016. Dispõe sobre o estatuto jurídico da empresa pública, da sociedade de economia mista e de suas subsidiárias, no âmbito da União, dos Estados, do Distrito Federal e dos Municípios. Disponível em: <http://www.planalto.gov.br/ccivil_03/_Ato2015-2018/2016/Lei/L13303.htm>; Acesso em: 03 out. 2016.

CANO CAMPOS, Tomás. Non bis in idem, prevalencia de la vía penal y teoría de los concursos en el Derecho administrativo sancionador. *Revista de administración* pública, ISSN 0034-7639, n. 156, 2001, p. 191-250. Disponível em: <http://dialnet.unirioja.es/servlet/articulo?codigo=17556>. Acesso em: 02 nov. 2016.

CHEVALLIER, Jacques. A racionalização da produção jurídica. *Legislação – Cadernos de Ciência de Legislação*, n. 3, p. 9-23, 1992.

CUÉLLAR, Leila; PINHO, Clóvis Alberto Bertolini de. Reflexões sobre a Lei Federal nº 12.843/2013 (Lei Anticorrupção). *Revista de Direito Público da Economia – RDPE*, ano 12, n. 46, p. 131-170, 2014.

DAL POZZO, Antonio Araldo Ferraz; DAL POZZO, Augusto Neves; DAL POZZO, Beatriz Neves; FACCHINATTO, Renan Marcondes. *Lei Anticorrupção:* apontamentos sobre a Lei 12.846/2013. Fórum: Belo Horizonte, 2014.

DELLEY, Jean-Daniel. Pensar a lei: introdução a um procedimento metódico. *Cadernos da Escola do Legislativo*, v. 7, n. 12, p. 101-143, 2004.

DELLEY, Jean-Daniel; FLUCKIGER, Alexandre. A elaboração racional do Direito Privado: da codificação à Legística. *Cadernos da Escola do Legislativo*, v. 9, n. 14, p. 35-58, 2007.

FERRAZ, Luciano. Reflexões sobre a Lei no 12.846/2013 e seus impactos nas relações público-privadas – Lei de improbidade empresarial e não lei anticorrupção. *Revista Brasileira de Direito Público – RDBP*, ano 12, n. 47, p. 33-43, 2014.

GABARDO, Emerson; MORETTINI e CASTELLA, Gabriel. A nova lei anticorrupção e a importância do compliance para as empresas que se relacionam com a Administração Pública. *Revista de Direito Administrativo & Constitucional*, ano 15, n. 60, p. 129-147, 2015.

KAITEL, Cristiane. *A efetividade e a elaboração legislativa do direito à alimentação:* política pública, educação e gestão participativa. Tese (Doutorado em Direito) – Universidade Federal de Minas Gerais, 2016.

HESPANHA, António Manuel. Leis bem feitas e leis boas. *Legislação – Cadernos de Ciência de Legislação*, n. 50, p. 31-47, 2009.

FORTINI, Cristiana; FARIA, Edmur Ferreira. Os contornos do acordo de leniência após a medida provisória nº 703/15: promessa de sucesso ou cenário de incertezas. *Revista Duc In Altum Cadernos de Direito*, v. 8, n. 14, jan./abr. 2016.

FORTINI, Cristiana. Excesso de punição a atos de corrupção não favorece interesse público. Disponível em: <https://www.conjur.com.br/2017-ago-10/interesse-publico-excesso-punicao-atos-corrupcao-nao-favorece-interesse-publico>. Acesso em 20 out. 2017.

LARA, Fabiano Teodoro de Rezende. LUZ, Reinaldo Diogo. Programa de Leniência na Lei Anticorrupção. *In*: GARCIA, Marcos Leite; GORDILHO, Heron José de Santana; MUZZI FILHO, Carlos Victor. Esfera pública, legitimidade e controle. *Anais do XXIV Congresso Nacional do Conpendi* – UFMG/FUMEC/Dom Helder Câmara. Disponível em: <http://www.conpedi.org.br/publicacoes/66fsl345/nlxnt420/m550LKq3E1EY1ICx.pdf>. Acesso em: 15 maio 2016.

LEAL, Rogério Gesta. A nova Lei Anticorrupção Empresarial no Brasil: novo marco regulatório às responsabilidades das pessoas jurídicas por atos atentatórios aos bens públicos. *Interesse Público (IP)*, v. 16, n. 88, p. 25-54, 2014.

LUZ, Reinaldo; SPAGNOLO, Giancarlo. Leniency, Collusion, Corruption, and Whistleblowing. *Working Paper Series – Stockholm Institute of Transition Economics*, n. 36, 2016. Disponível em: <http://swopec.hhs.se/hasite/papers/hasite0036.pdf>. Acesso em: 10 jul. 2016.

MADER, Luzius. A avaliação legislativa: uma nova abordagem do direito. *Legislação – Cadernos de Ciência de Legislação*. Oeiras, INA, n. 1, p. 39-49, 1991.

MOREIRA NETO, Diogo de Figueiredo Moreira; GARCIA, Flávio Amaral. A Principiologia no Direito Administrativo sancionador. *Revista Eletrônica de Direito Administrativo Econômico – REDAE*, Instituto Brasileiro de Direito Público, n. 28, 2012. Disponível em: <http://www.direitodoestado.com/revista/REDAE-28-NOVEMBRO-2011-DIOGO-FIGUEIREDO-FLAVIO-GARCIA.pdf>. Acesso em: 20 out. 2015.

MOREIRA NETO, Diogo de Figueiredo; FREITAS, Rafael Verás de. A juridicidade da Lei Anticorrupção: reflexões e interpretações prospectivas. *Fórum Administrativo*, ano 14, n. 156, p. 9-20, 2014.

SOARES, Fabiana de Menezes. Legística e desenvolvimento: a qualidade da lei no quadro da otimização de uma melhor legislação. *Revista da Faculdade de Direito*, n. 50, p. 124-142, jan./jun. 2007.

WILS, Wouter P. J. Leniency in Antitrust Enforcement: Theory and Practice. *World Competition: Law and Economics Review*, v. 30, n. 1, 2007. Disponível em: <http://ssrn.com/abstract=939399>. Acesso em: 20 abr. 2016.

WINTGENS, Luc J. *Legisprudence*: Practical Reason in Legislation. Farnham: Ashgate Publishing Limited, 2012.

Informação bibliográfica deste texto, conforme a NBR 6023:2002 da Associação Brasileira de Normas Técnicas (ABNT):

MACIEL, Caroline Stéphanie Francis dos Santos; AVELAR, Mariana Magalhães. Atos lesivos à Administração Pública e o princípio *ne bis in idem*: uma análise do sistema legal de defesa da integridade administrativa. In: FORTINI, Cristiana (Coord.). *Corrupção e seus múltiplos enfoques jurídicos*. Belo Horizonte: Fórum, 2018. p. 83-117. ISBN: 978-85-450-0422-6.

ANÁLISE DO PROGRAMA DE LENIÊNCIA DA LEI ANTICORRUPÇÃO BRASILEIRA: CARACTERÍSTICAS E EFETIVIDADE[1]

REINALDO DIOGO LUZ

FABIANO TEODORO DE REZENDE LARA

1 Introdução

O propósito desse capítulo é estabelecer uma análise do programa de leniência previsto na Lei nº 12.846/13 na perspectiva comparativa e estratégica. Nosso objetivo é possibilitar a identificação das principais características do modelo de leniência adotado na Lei Anticorrupção brasileira, bem como possibilitar reflexões sobre potenciais ganhos teóricos de efetividade desse instrumento jurídico. Para tanto, além do exame do programa de leniência da Lei Anticorrupção, examinaremos outros modelos de programas de leniência nacionais e estrangeiros. Também serão explorados os fundamentos teóricos que justificam a existência desse programa, procedendo-se, em seguida, aos exames

---

[1] Este capítulo é uma adaptação de um artigo anteriormente publicado no XXIV Congresso Nacional do Conselho Nacional de Pesquisa e Pós-Graduação em Direito – CONPEDI (Esfera pública, legitimidade e controle [Recurso eletrônico on-line], organização CONPEDI/UFMG/FUMEC/Dom Helder Câmara; coordenadores: Marcos Leite Garcia, Heron José de Santana Gordilho, Carlos Victor Muzzi Filho – Florianópolis: CONPEDI, 2015).

de possibilidades técnicas de desenhos do instrumento jurídico da leniência e suas efetividades teóricas conforme estudos já desenvolvidos.

Programas ou políticas de leniência são estruturas normativas que permitem que infratores evitem ou reduzam as punições que receberiam em troca de confissão e colaboração no processo de apuração de ilícitos conduzido pelas autoridades competentes.

Conforme Fortini (2017, p. 234):

> Aposta-se no acordo de leniência, consoante se detecta ao analisar o conteúdo do art. 16, como instrumento capaz de alavancar as apurações estatais, por meio de cooperação de entidade alcançada pela Lei nº 12.846/13 com as investigações, incrementando-se o saber estatal e favorecendo novas investidas repressivas. Compensa-se o auxílio privado com a redução da pena de multa, conforme §2º, do art. 16.

Embora promessas de leniência, proteção e até mesmo recompensas em troca do fornecimento de informações a respeito de uma infração e de eventuais coinfratores existam desde a antiguidade e sejam bastante comuns atualmente em todo o mundo (SPAGNOLO, 2008, p. 262), programas de leniência formais têm sua origem nos Estados Unidos, com a instituição em 1978 do "Programa de Leniência Corporativa" pela Divisão Antitruste do Departamento de Justiça, desenvolvido para fomentar a desistência e dissuasão da formação de cartéis (BRISSET; THOMAS, 2004, p. 6).

No seu formato original, aquele programa de leniência não teve muito sucesso, com apenas uma aplicação por ano, em razão de a leniência não ser concedida automaticamente, mas de acordo com a discricionariedade da autoridade governamental, ainda que o candidato à leniência preenchesse todos os requisitos para se valer do benefício (PEREIRA, 2011, p. 27). Além disso, não era concedida leniência em casos que a investigação já tivesse sido aberta (SPAGNOLO, 2008, p. 266)

Essa política foi reformulada em 1993, constituindo o *Amnesty Corporate Program*, que estabelece que as sanções possam ser evitadas em dois casos: se um membro do cartel revela informações antes que uma investigação seja aberta, como no regime anterior, ou se a Divisão Antitruste não tiver sido capaz de provar a colusão no momento que a empresa decidir cooperar, bem como define critérios objetivos para a concessão de isenção de penalidades. Esse novo programa de leniência apresentou significativo sucesso nos seus primeiros anos, em termo da quantidade de casos abertos, e concluídos com sucesso, pela Autoridade Concorrencial (MOTTA; POLO, 2003 p. 348). Em termos estatísticos, o número de denúncias contra cartéis por parte de seus próprios participantes multiplicou-se para mais de 20 por ano naquele país e até o início da década passada as multas aplicadas já tinham ultrapassado cerca de US$1 bilhão (GABAN, 2007, p. 3).

O êxito do programa Americano levou à adoção de programas de leniência em um grande número de países, iniciando-se com a União Europeia, em 1996 (HARRINGTON JR.; CHAN, 2014, p. 2).[2] Além da formação de cartéis, outras formas de crime organizado em que múltiplos agentes atuam em coordenação, como corrupção, tráfico ilegal de entorpecentes e terrorismo, entre outras, também podem ser alvos de programas de leniência (SPAGNOLO, 2008, p. 260). Especificamente em relação à corrupção, o Brasil se juntou a outros países (EUA, Reino Unido e México, entre outros) ao promulgar sua própria Lei Anticorrupção (Lei nº 12.846, de 1º de agosto de 2013). A Lei nº 12.846/13 estabelece a responsabilidade objetiva, civil e administrativa, de pessoas jurídicas por atos lesivos à Administração Pública, tendo entrado em vigor em 29 de janeiro de 2014.

A Lei Anticorrupção brasileira segue as diretrizes de diversos organismos internacionais no combate à corrupção. Como mencionado na sua Exposição de Motivos (BRASIL, 2009, p. 2), a Lei nº 12.846/13 foi criada para atender aos compromissos assumidos em diversos acordos internacionais de que o Brasil é signatário, tais como a Convenção das Nações Unidas contra a Corrupção (adotada pela Assembleia Geral das Nações Unidas em 31 de outubro de 2003, e no Brasil pelo Decreto nº 5.687, de 31 de janeiro de 2006), a Convenção da Organização dos Estados Americanos contra a Corrupção (adotada pelos Estados-membros em 29 de março de 1996, e no Brasil pelo Decreto nº 4.410, de 7 de outubro de 2002), e a Convenção da Organização para a Cooperação Econômica e o Desenvolvimento sobre o Combate da Corrupção de Funcionários Públicos Estrangeiros em Transações Comerciais Internacionais (adotada na Conferência de 21 de novembro de 1997, e no Brasil pelo Decreto nº 3.678, de 31 de janeiro de 2000). E a

---

[2] No entanto, embora esteja claro que os programas de leniência conduziram a inúmeras delações, bem como que é possível apontar diversos casos em que o acordo de leniência foi responsável pela descoberta do cartel e fundamental para sua condenação, não é tão claro se o sucesso dos programas de leniência representaria uma redução no número de cartéis. O sucesso, ou seja, a efetividade, de um programa de leniência deveria ser medida em termos da redução do número de cartéis, não do número de aplicações para leniência (HARRINGTON, Jr.; CHANG, 2014, p. 2). Todavia, pela falta de informação sobre cartéis não detectados, torna-se difícil estabelecer empiricamente que o aumento nas multas aplicadas e nas condenações após a introdução de um programa de leniência é inequivocamente causado pela sua efetividade em evitar a formação de cartéis (dissuasão *ex ante*), pois poderia muito bem representar o contrário: mais cartéis são identificados e processados porque o número de cartéis está aumentando (MARVÃO; SPAGNOLO, 2014, p. 2; DIJKSTRA; HAAN; SCHOONBEEK, 2014, p. 2; HARRINGTON, Jr; CHANG, 2014, p. 2).

Lei brasileira Anticorrupção traz como uma de suas grandes inovações a possibilidade de acordos de leniência em casos de corrupção.

Deve-se comemorar a introdução de mais uma ferramenta na luta contra a corrupção, mal que assola o país e o mundo, e que, apesar de não ser fenômeno ou campo de pesquisa recente,[3] tem despertado a atenção da comunidade acadêmica e de organismos internacionais nas duas últimas décadas, pelos seus efeitos prejudiciais à economia de qualquer país. Estimativas do Fórum Econômico Mundial mostram que o custo da corrupção atinge mais de 5% do PIB mundial, encarecendo as transações comerciais em 10%, na média (OCDE, 2014a, p. 2). Estudos empíricos indicam que entre os principais efeitos da corrupção estão a distorção de incentivos e a alocação ineficaz de recursos (MAURO, 1998), bem como a redução da qualidade dos investimentos e serviços estatais (GUPTA; DAVOODI; TIONGSON, 2000). Ainda se deve considerar que há estudos que identificam que a corrupção está negativamente associada ao crescimento econômico (SVENSSON, 2005) e impacta a desigualdade de renda e o crescimento da renda dos mais pobres em um país (GUPTA; DAVOODI; ALONSO-TERME, 2002). Lado outro, sabe-se que a corrupção reduz a confiança da sociedade no governo e no Direito, ameaçando os valores democráticos e a legitimidade do Estado (BANERJEE; HANNA; MULLAINATHAN, 2012).

Tendo em vista que o combate à corrupção depende fortemente dos incentivos à confissão,[4] por razões que serão apresentadas posteriormente, é importante a utilização de instrumentos que proporcionem condições para a confissão espontânea dos agentes envolvidos, como o acordo de leniência, que será discutido no presente capítulo, e a delação/colaboração premiada.

Todavia, é preciso ter em mente que o desenho do programa de leniência é fundamental para que ele atinja de fato seus objetivos, que serão apresentados na próxima seção, sob pena de se tornar algo inócuo, ou, ainda pior, alcançar resultado oposto ao pretendido, facilitando a colusão e a coordenação entre os infratores.

O presente capítulo visa, assim, apresentar o programa de leniência anticorrupção brasileiro, comparando-o ao seu homólogo antitruste,

---

[3] Por exemplo, ver Becker e Stigler (1974) e Rose-Ackerman (1978).

[4] Os incentivos à confissão parecem ser, de fato, cruciais no combate à corrupção, em virtude das suas características similares à colusão, como será discutido na Seção 3. A OCDE verificou que réus confessaram voluntariamente seu envolvimento em 31% dos casos de corrupção internacional (totalizando 427 casos, de 1999 a 2014), o que foi considerado "uma indicação da disposição de parte das empresas de relatar suas atividades ilícitas em países cujo sistema jurídico permitam a confissão espontânea, especialmente quando tal conduta conduz a sanções reduzidas" (OCDE, 2014b, p. 16).

e avaliar algumas questões relativas à sua estruturação, sob a ótica de pesquisas realizadas no Brasil e no exterior e às práticas internacionais em outras jurisdições, de forma a verificar se ele estaria apto a atingir os resultados desejados de redução da ocorrência de infrações.

2 A Lei Anticorrupção e seu programa de leniência

Como já comentado, a Lei nº 12.846/13, conhecida como Lei Anticorrupção, foi aprovada pelo Congresso Brasileiro em 1º de agosto de 2013 e, após uma *vacatio legis* de 180 dias, entrou em vigor em 29 de janeiro de 2014.

Esta lei dispõe sobre a responsabilização objetiva administrativa e civil de pessoas jurídicas pela prática de atos contra a Administração Pública, nacional ou estrangeira, ainda que cometidos no exterior. Para os efeitos da lei, as organizações públicas internacionais equiparam-se à administração pública estrangeira.

De acordo com a lei, as pessoas jurídicas serão responsabilizadas objetivamente, nos âmbitos administrativo e civil, pelos atos lesivos previstos nessa lei, praticados em seu interesse ou benefício, exclusivo ou não.

No seu art. 5º, a lei estabelece como atos lesivos à Administração Pública, nacional ou estrangeira, todos aqueles "que atentem contra o patrimônio público nacional ou estrangeiro, contra princípios da administração pública ou contra os compromissos internacionais assumidos pelo Brasil", nomeadamente:

I – prometer, oferecer ou dar, direta ou indiretamente, vantagem indevida a agente público, ou a terceira pessoa a ele relacionada;

II – comprovadamente, financiar, custear, patrocinar ou de qualquer modo subvencionar a prática dos atos ilícitos previstos nesta Lei;

III – comprovadamente, utilizar-se de interposta pessoa física ou jurídica para ocultar ou dissimular seus reais interesses ou a identidade dos beneficiários dos atos praticados;

IV – no tocante a licitações e contratos:

a) frustrar ou fraudar, mediante ajuste, combinação ou qualquer outro expediente, o caráter competitivo de procedimento licitatório público;

b) impedir, perturbar ou fraudar a realização de qualquer ato de procedimento licitatório público;

c) afastar ou procurar afastar licitante, por meio de fraude ou oferecimento de vantagem de qualquer tipo;

d) fraudar licitação pública ou contrato dela decorrente;

e) criar, de modo fraudulento ou irregular, pessoa jurídica para participar de licitação pública ou celebrar contrato administrativo;

f) obter vantagem ou benefício indevido, de modo fraudulento, de modificações ou prorrogações de contratos celebrados com a administração pública, sem autorização em lei, no ato convocatório da licitação pública ou nos respectivos instrumentos contratuais; ou

g) manipular ou fraudar o equilíbrio econômico-financeiro dos contratos celebrados com a administração pública;

V – dificultar atividade de investigação ou fiscalização de órgãos, entidades ou agentes públicos, ou intervir em sua atuação, inclusive no âmbito das agências reguladoras e dos órgãos de fiscalização do sistema financeiro nacional.

Na esfera administrativa, independentemente da obrigação da reparação integral do dano causado, o art. 6º estabelece que pode ser aplicada multa, nunca inferior à vantagem auferida, quando for possível sua estimação, no valor de 0,1% (um décimo por cento) a 20% (vinte por cento) do faturamento bruto do último exercício anterior ao da instauração do processo administrativo, excluídos os tributos, ou, caso não seja possível estimar o valor do faturamento bruto da pessoa jurídica, a multa será entre R$6.000,00 (seis mil reais) e R$60.000.000,00 (sessenta milhões de reais). Enquanto a penalização em percentual do faturamento é idêntica à previsão da Lei de Defesa da Concorrência (LDC) (Lei nº 12.529, de 30 de novembro de 2011), os valores das multas quando não é possível utilizar o critério do faturamento bruto é bem inferior ao estabelecido no art. 37 da LDC (entre R$50.000,00 (cinquenta mil reais) e R$2.000.000.000,00 (dois bilhões de reais).

Em seu art. 7º, a Lei Anticorrupção elenca os fatores que devem ser levados em consideração pelas autoridades na aplicação das sanções, entre os quais se encontra a cooperação para a apuração das infrações.[5]

Nesse sentido, a lei traz como grande inovação a possibilidade de celebração de acordo de leniência[6] entre a autoridade competente

---

[5] O Decreto nº 8.420, de 18 de março de 2015, que regulamenta a lei, detalha no art. 18 a redução na multa em decorrência da cooperação: (i) de um por cento a um e meio por cento de acordo com o grau de colaboração da pessoa jurídica com a investigação ou a apuração do ato lesivo, independentemente do acordo de leniência; (ii) dois por cento no caso de comunicação espontânea pela pessoa jurídica antes da instauração do Processo Administrativo de Responsabilização – PAR acerca da ocorrência do ato lesivo.

[6] Outros países dispõem de diferentes instrumentos para oferecer leniência em troca de confissão e cooperação em casos de suborno e corrupção, tais como *plea bargains*, acordos de não acusação (*Non-prosecution Agreements* – NPAs) ou acordos de acusação diferida (*Deferred Prosecution Agreements* – DPAs) (SPAGNOLO, 2008, p. 262). É importante ressaltar, todavia, que, enquanto programas de leniência podem contribuir diretamente para a dissuasão de comportamentos ilícitos, pelo fato de permitir a detecção de infrações que de outra forma permaneceriam ocultos, estes outros instrumentos mencionados contribuem para a dissuasão de maneira indireta, pois têm como principal objetivo facilitar a persecução de infrações já identificadas (SPAGNOLO, 2008, p. 263).

e os infratores responsáveis pela prática dos atos lesivos previstos na lei, bem como pelos ilícitos previstos na Lei nº 8.666, de 21 de junho de 1993. Até onde se tem conhecimento, é o segundo programa de leniência contra corrupção formalmente[7] instituído no mundo, sendo o outro criado em 2012 pela *Ley Federal Anticorrupción en Contrataciones Públicas* (LFACP),[8] no México.

O programa de leniência anticorrupção brasileiro tem clara inspiração no seu equivalente antitruste, estabelecido nos arts. 86 e 87, da LDC, embora com algumas diferenças marcantes.

Enquanto em infrações concorrenciais, apenas o Conselho Administrativo de Defesa Econômica (CADE), por intermédio da Superintendência-Geral, pode assinar acordos de leniência, segundo a Lei Anticorrupção, a autoridade máxima de cada órgão ou entidade pública poderá celebrar o referido acordo com as pessoas jurídicas, o que gera graves preocupações quanto à consistência na aplicação das normas e, por conseguinte, quanto à efetividade do programa de leniência, uma vez que transparência e previsibilidade são fundamentais para que eles criem os incentivos desejados para que agentes infratores tomem a decisão de confessar e colaborar com as autoridades.[9]

Além da possibilidade de envolvimento de múltiplas autoridades pela previsão da Lei Anticorrupção, deve ser acrescentada, ainda, a participação do Ministério Público, responsável pela persecução penal dos indivíduos envolvidos nos crimes de corrupção, e, eventualmente, dos

---

[7] Entende-se como formal o programa de leniência que tem clara previsão legal, com pouco espaço para discricionariedade das autoridades concedentes.

[8] A LFACP foi introduzida em 2012 e estabelece a responsabilização e as sanções (multas) contra as pessoas físicas e jurídicas em decorrência de infrações relacionadas a contratos públicos federais e para as cometidas em transações comerciais internacionais (MÉXICO, 2012, art. 2º).

[9] Segundo Carvalhosa (2015, p. 390-391), haveria uma contradição entre o *caput* do art. 16, que outorga competência para firmar o acordo de leniência à "autoridade máxima de cada órgão ou entidade pública" e o §10º do mesmo artigo, que atribui esta competência no âmbito do Poder Executivo federal, bem como no caso de atos lesivos praticados contra a administração pública estrangeira, à Controladoria-Geral da União – CGU (agora Ministério da Transparência, Fiscalização e Controladoria-Geral da União), devendo ser desconsiderado em parte o *caput* do art. 16 também para os "planos estadual e municipal, bem como nos demais Poderes – Legislativo e Judiciário – nas três instâncias federativas". Como bem aponta o autor, a competência para instaurar procedimentos, julgar e firmar acordos de leniência deve ser "reservada aos órgãos correcionais e disciplinares dos entes implicados", uma vez que "somente esses órgãos correcionais e disciplinares na pessoa de seus titulares podem ser competentes para negociar e firmar pactos de leniência, na presunção legal de sua independência frente às 'autoridades máximas', por isso que investidos de específicas atribuições e funções investigativas e administrativamente judicantes". Caso esse entendimento prospere e se configure na prática, os problemas aqui apontados serão reduzidos, embora, obviamente, não totalmente eliminados.

tribunais de contas,[10] o que agrava uma situação já bastante complexa,[11] pois torna difícil garantir a confidencialidade das informações e faz com que os esforços de coordenação sejam ainda mais difíceis, pela necessidade de estreita colaboração entre diferentes órgãos, até mesmo de diferentes poderes,[12] sem qualquer previsão legal que defina os procedimentos a serem seguidos por um eventual proponente de acordo de leniência e reduza a incerteza jurídica.

Para que o acordo de leniência seja assinado junto à autoridade competente, de forma idêntica à leniência antitruste, os proponentes devem colaborar efetivamente com as investigações e com o processo administrativo, e desde que dessa colaboração resulte: (i) a identificação dos demais envolvidos na infração, quando couber; e (ii) a obtenção tempestiva de informações e documentos que comprovem o ilícito sob apuração (art. 16). Além disso, deverão ser preenchidos, cumulativamente, os seguintes requisitos (art. 16, §1º):[13]

---

[10] Através da Instrução Normativa TCU nº 74/2015, o Tribunal de Contas da União emitiu entendimento de que a celebração de acordos de leniência por órgãos e entidades da administração pública federal é ato administrativo sujeito à sua jurisdição quanto a sua legalidade, legitimidade e economicidade, nos termos do art. 70 da Constituição Federal.

[11] Essa situação poderia ter sido mitigada, caso a Medida Provisória nº 703, de 18 de dezembro de 2015, não tivesse sua vigência encerrada por decurso de prazo, conforme Ato Declaratório do Presidente da Mesa do Congresso Nacional nº 27, de 30 de maio de 2016 (BRASIL, 2016). A referida Medida Provisória restringia um pouco a competência de celebração de acordos de leniência, limitando-a aos órgãos de controle interno de cada ente estatal, bem como incluía a previsão de atuação em conjunto com o Ministério Público e a Advocacia Pública:
"Art. 16. A **União, os Estados, o Distrito Federal e os Municípios** poderão, no âmbito de suas competências, **por meio de seus órgãos de controle interno**, **de forma isolada ou em conjunto com o Ministério Público ou com a Advocacia Pública**, celebrar acordo de leniência com as pessoas jurídicas responsáveis pela prática dos atos e pelos fatos investigados e previstos nesta Lei que colaborem efetivamente com as investigações e com o processo administrativo, de forma que dessa colaboração resulte:" (grifos nossos).

[12] No Brasil, no âmbito da Operação Lava-Jato, primeiro grande caso em que a Lei Anticorrupção está sendo aplicada, têm surgido disputas entre a Controladoria-Geral da União (CGU) e o Ministério Público Federal (MPF) em relação aos acordos de leniência anticorrupção. Esse tipo de indefinição cria extrema insegurança jurídica para potenciais proponentes à leniência, em relação a possibilidade de obtenção de benefícios em razão da colaboração com as autoridades (ver <g1.globo.com/politica/operacao-lava-jato/noticia/2015/02/procuradores-da-lava-jato-tentam-barrar-acordo-de-leniencia-na-cgu.html>).

[13] Carvalhosa (2015, pp. 382-384) critica fortemente os requisitos estabelecidos pela Lei Anticorrupção para concessão de leniência, considerando que devem ser considerados não escritos, "face à sua inaplicabilidade à pactuação do acordo de leniência" anticorrupção. Em relação aos dois primeiros, a crítica se funda no fato de se tratarem, segundo o autor, transcrições literais do acordo de leniência antitruste. De fato, a redação legislativa foi infeliz, uma vez que as exigências de ser o "primeiro a se manifestar", bem como de admissão de "participação no ilícito" parecem ignorar que a corrupção ativa, em contraposição à formação de cartel, não exige concurso de pessoas, bem como que a cessação do "envolvimento na infração" exigida pode não ser possível, pois o ilícito pode ter sido

I – a pessoa jurídica seja a primeira a se manifestar sobre seu interesse em cooperar para a apuração do ato ilícito;

II – a pessoa jurídica cesse completamente seu envolvimento na infração investigada a partir da data de propositura do acordo;

III – a pessoa jurídica admita sua participação no ilícito e coopere plena e permanentemente com as investigações e o processo administrativo, comparecendo, sob suas expensas, sempre que solicitada, a todos os atos processuais, até seu encerramento.

Estranhamente, na Lei Anticorrupção não há previsão similar à da LDC (art. 86, §1º, III), que inclui, como requisito para concessão de leniência, que a autoridade competente no caso antitruste, a Superintendência-Geral, não disponha de provas suficientes para assegurar a condenação da proponente por ocasião da propositura do acordo.

Também de forma diferente da LDC, a Lei Anticorrupção não prevê a possibilidade de isenção da multa, mas apenas de redução em até 2/3 (dois terços) do valor aplicável, permanecendo a obrigação de reparar integralmente o dano causado.[14]

Após a conclusão do acordo de leniência, o prazo prescricional dos atos ilícitos fica interrompido, e, em caso de descumprimento dos termos do acordo, a pessoa jurídica ficará impedida de celebrar novo acordo pelo prazo de 3 (três) anos (art. 16, §§9º e 8º, respectivamente), previsões também existentes para a leniência antitruste (LDC, arts. 86, §12, e 87).

Por fim, embora atualize o ordenamento pátrio com relação aos compromissos assumidos em convenções internacionais, a Lei Anticorrupção tem uma grave lacuna ao deixar de abordar a responsabilidade das pessoas físicas. Ao contrário da LDC, a Lei Anticorrupção não oferece proteção contra persecução penal para indivíduos que colaborem com as autoridades, e são os indivíduos, em última instância, os responsáveis pela decisão de relatar o ato ilícito às autoridades. Na realidade, o art. 3º da lei expressamente afirma que a responsabilização da pessoa jurídica não impede a dos seus gerentes e diretores, ou de qualquer outra pessoa física que tenha envolvimento na conduta ilegal.

---

pontual. Todavia, entendemos que os requisitos devem ser observados na medida em que forem cabíveis em face do caso concreto (concurso de pessoas e delito continuado), especialmente o inciso I pelo seu impacto na efetividade da leniência, como se verá na próxima seção.

[14] A Medida Provisória nº 703/2015 incluía a previsão de imunidade total na Lei Anticorrupção (art. 16, §2º), no caso de a pessoa jurídica ser a primeira a firmar o acordo de leniência sobre os atos e fatos investigados, em moldes similares à LDC, todavia como já mencionado, teve sua vigência encerrada por decurso de prazo.

Além disso, considerando os mecanismos disponíveis para atribuição de leniência no Direito Penal brasileiro,[15] não existe qualquer garantia para um infrator que informe o ilícito às autoridades de que ele irá obter qualquer redução na pena depois de ter confessado a participação na infração, o que reduz substancialmente a sua motivação para expor a corrupção e a colaborar com as autoridades no processo.[16]

3 Fundamentos econômicos dos programas de leniência

A Teoria da Dissuasão[17] é a base teórica da aplicação de sanções jurídicas, e considera que um agente terá incentivos para cometer uma infração ou delito se a utilidade esperada, que leva em conta a probabilidade de ser punido, exceder a utilidade que o agente obteria aplicando seus recursos em outras atividades (BECKER, 1968, p. 176; POLINSKY; SHAVELL, 2000, p. 47). Assim, em outras palavras, os agentes comparam a utilidade (resultado ou *pay-off*) esperada da obediência às regras com a utilidade esperada da violação às regras (ODED, 2010, p. 273).

Conforme Fortini e Faria (2016, p. 57), "a efetividade do acordo de leniência está condicionada substancialmente ao seu poder de atração

---

[15] A leniência criminal para indivíduos no sistema jurídico penal brasileiro é possível por meio de uma redução da pena concedida pelo juiz, com base no Código Penal (arts. 65, III, "d", e 66 preveem como circunstâncias atenuantes a confissão espontânea do agente e outra circunstância relevante, anterior ou posterior ao crime, embora não prevista expressamente em lei, respectivamente), e através do instrumento da delação premiada, previsto em várias outras leis criminais especiais (Lei dos Crimes Hediondos – Lei nº 8.072, de 25 de julho de 1990; Lei dos Crimes contra a Ordem Econômica – Lei nº 8.137, de 27 de dezembro de 1990, alterada pela Lei nº 9.080, de 19 de julho de 1995; Lei dos Crimes contra o Sistema Financeiro Nacional – Lei nº 7.492, de 16 de junho de 1986, alterada pela Lei nº 9.080/1995; Código Penal, alterado pela Lei nº 9.269, de 2 de abril de 1996, para o crime de extorsão mediante sequestro; Lei contra a Lavagem de Dinheiro – Lei nº 9.613, de 3 de março de 1998); e Lei de Drogas (Lei nº 11.343, de 23 de agosto de 2006) e estendida a todos os demais crimes pela Lei de Proteção a Vítimas e Testemunhas (Lei nº 9.807, de 13 de julho de 1999). Contudo, essas disposições não são automáticas, mas ainda requerem a apreciação em juízo, ou seja, estão sujeitas à discricionariedade judicial, o que reduz o incentivo à confissão. A lei brasileira contra o crime organizado (Lei nº 12.850, de 2 de agosto de 2013) ao menos relaxa a obrigatoriedade de persecução penal e legalmente autoriza o Ministério Público a não apresentar as acusações contra criminosos que confessaram um crime, mas em vez disso permite lhes conceder uma redução na sanção, ou mesmo imunidade absoluta, baseadas na sua cooperação com a investigações e processos judiciais (a chamada colaboração premiada prevista no art. 4º da referida lei).

[16] Para uma análise detalhada da interação entre dispositivos relativos à leniência, nos direitos pátrio e estrangeiro, e uma possível solução para o problema de múltiplas autoridades, ver Luz e Spagnolo (2016).

[17] Para uma revisão mais aprofundada da Teoria da Dissuasão e sua aplicação ao Direito Penal, ver Shavell (2003).

junto às entidades privadas. Maior será o número de acordos quanto maior for a certeza de vantajosidade na sua celebração".

Sendo assim, o nível ótimo de dissuasão seria obtido ao se estipular a sanção em um nível que considere os custos totais para a sociedade decorrentes da infração, que incluiriam tanto os danos diretos quanto indiretos, como custos de policiamento, litígio, persecução judicial, etc., divididos pela probabilidade de detecção (ARLEN; KRAAKMAN, 1997, p. 692; BECKER, 1968, p. 192; POLINSKY; SHAVELL, 2000, p. 70; STIGLER, 1970, p. 533).

Contudo, como uma dissuasão "completa" é impossível, por implicar o dispêndio excessivo de recursos, o objetivo real foi descrito por Stigler (1970, p. 526-527) como a obtenção de "um nível de obediência à regra de comportamento estabelecida com que a sociedade acredita poder arcar".

Dessa forma, as autoridades deveriam buscar a maximização do bem-estar social pela escolha do nível de gastos com a aplicação da lei, que engloba a probabilidade de detecção, o nível e a forma de sanção e os padrões para responsabilização (POLINSKY; SHAVELL, 2000, p. 49).

Todavia, o crime organizado, *i.e.*, atividade ilegal envolvendo múltiplos agentes em coordenação, como cartéis, corrupção e tráfico, apresenta algumas propriedades que não são consideradas pelos modelos econômicos usuais, construídos a partir dos conceitos anteriormente descritos. Primeiramente, os coinfratores não podem depender de contratos explícitos e juridicamente válidos, de forma que surge uma questão de governança devido a risco moral, *hold-up* e *free riding*,[18] entre os membros do grupo. Em segundo lugar, de forma a superar esse problema de governança, atividades criminosas organizadas geralmente se apoiam em relacionamentos dinâmicos de longo prazo, que consideram fluxos de benefícios/prejuízos presentes e futuros (esperados), de maneira que a avaliação da reputação dos envolvidos e o estabelecimento de um contrato implícito funcionam como substitutos para instrumentos contratuais explícitos e, assim, dão suporte à cooperação. Por fim, como consequência das características anteriores (e um ponto crucial para os programas de leniência), os coinfratores inevitavelmente obtêm informação detalhada das condutas delituosas uns dos outros (SPAGNOLO, 2000, p. 2; SPAGNOLO, 2005, p. 3).

---

[18] Risco moral: possibilidade de um dos membros do grupo, após firmado o acordo, agir de forma diferente do combinado, sem que os demais possam observar. *Hold-up*: agente aguarda que os demais membros do grupo ajam segundo acordado, mas deixa de executar sua parte do acordo, obtendo maior poder de barganha por não ter se comprometido. *Free riding*: agente obtém benefício dos acordos, sem arcar com os respectivos custos.

A partir dessas considerações, fica claro que a colusão criminosa depende de certo grau de confiança entre os parceiros. Os programas de leniência visam enfraquecer essa confiança, oferecendo incentivos para que os infratores traiam seus cúmplices e cooperem com as autoridades, ou seja, colocando os membros do grupo em uma situação conhecida como Dilema do Prisioneiro (SPAGNOLO, 2005, p. 3; LESLIE, 2006, p. 456).

O Dilema do Prisioneiro[19] é um modelo de Teoria dos Jogos no qual duas partes agem de forma racional e egoísta, considerando apenas seus interesses individuais, mas terminam obtendo um resultado pior ao que obteriam se tivessem cooperado entre si (LESLIE, 2006, p. 455).

O Dilema do Prisioneiro clássico descreve uma situação em que os infratores já foram identificados e estão sendo investigados. Nesse cenário, o programa de leniência visa fazer com que um dos criminosos coopere com as autoridades, fornecendo provas que as autoridades teriam dificuldade em obter sozinhas. Entretanto, programas de leniência também são vistos como medidas dissuasórias, ao reduzir a ocorrência da colusão entre infratores, uma vez que alteram o custo-benefício da formação do grupo criminoso (SPAGNOLO, 2000, p. 3).

Com isso, podem-se elencar os objetivos dos programas de leniência: (i) evitar a formação do grupo criminoso, ao reduzir a confiança entre possíveis interessados em formar uma associação criminosa, por aumentar a probabilidade de que um infrator traia e denuncie os demais (dissuasão *ex ante*); (ii) identificar grupos criminosos existentes a partir

---

[19] No Dilema do Prisioneiro clássico, supõe-se que a polícia tenha sob custódia dois suspeitos de um crime mais grave e um menos grave. As autoridades possuem provas suficientes para obter a condenação de ambos pelo crime menos grave, mas não o bastante para conseguir a condenação deles pelo crime mais grave. Eles estão interrogando os suspeitos acerca do crime mais grave, mas nenhum deles confessou. A confissão de qualquer um dos dois seria suficiente para obter a condenação do outro pelo crime mais grave. A polícia, então, oferece a cada um deles o mesmo acordo: "se você confessar e nos der provas contra seu cúmplice, você não vai ser indiciado e ele será condenado a três anos de prisão. Por outro lado, se ele confessar e você, não, você ficará preso três anos e ele será libertado. Se vocês dois confessarem, seu testemunho não será necessário e os dois ficarão presos por dois anos, mas se nenhum dos dois confessar, os dois ficarão presos por um ano pelo crime menos grave. Esse mesmo acordo está sendo oferecido ao seu parceiro". Do ponto de vista de cada um dos suspeitos, se o outro confessar, a melhor alternativa para ele seria confessar (recebendo dois anos de prisão, contra três se não confessar), e se o outro não confessar, a melhor escolha para ele seria confessar, também (obtendo liberdade ao invés de pegar um ano de prisão, caso não confessasse). Assim, independentemente da escolha do parceiro, cada um dos suspeitos deveria confessar, ou seja, "confessar" é a estratégia dominante para cada suspeito. Contudo, se ambos confessam, os dois cumprem dois anos de prisão, contra um ano, caso os dois cooperassem entre si e não confessassem. Ao perseguirem suas estratégias dominantes, os suspeitos obtêm resultado pior, inferior ao ótimo de Pareto, que seria o alcançado não confessando e confiando no parceiro (LESLIE, 2006, p. 455-456).

de informações fornecidas por um de seus membros (desistência ou dissuasão *ex post*); e (iii) facilitar a persecução judicial/administrativa pela obtenção de informações em troca de leniência, após o grupo criminoso ter sido detectado através de outros meios (persecução) (SPAGNOLO, 2008, p. 263).

É claro que, embora o terceiro objetivo seja o mais comumente alcançado, o objetivo principal das autoridades deveria ser o primeiro, evitar a formação de grupos criminosos, uma vez que isso proporcionaria os maiores benefícios para a sociedade, tanto pela ausência de danos diretos causados pela atividade criminosa, quanto pela redução dos custos com monitoramento, investigação e litigância. Como aponta Azevedo (2012, p. 281-282), em relação à leniência no Direito Concorrencial:

> Ao alterar o valor relativo dos custos e benefícios da cartelização, a possibilidade de celebração de acordo de leniência reduz a probabilidade de *ocorrência de cartéis*, um efeito indireto mais importante do que o de aumentar a probabilidade de *detecção de cartéis*.

Considerando o amplo escopo e a grande importância dos programas de leniência no combate ao crime organizado, é fundamental compreender como suas características afetam sua efetividade. A seguir é realizada uma breve revisão dos fatores mais importantes no desenho da política de leniência, de acordo com a literatura, analisando o quanto o modelo de leniência adotado pela Lei Anticorrupção se aproxima das práticas internacionais e os potenciais problemas decorrentes de quando isso não ocorre. Embora os estudos apresentados tenham foco no direito concorrencial, ou seja, refiram-se a cartéis, as conclusões podem ser estendidas para outros contextos, como na Lei Anticorrupção, pelas razões apontadas anteriormente.

3.1 Leniência parcial x leniência total

Em um programa de leniência parcial, os membros do cartel que confessarem receberão apenas uma redução parcial no valor das multas que teriam que pagar por violar a Lei Antitruste. De acordo com Chen e Harrington (2007, p. 16), os programas de leniência parcial podem ter um efeito pró-colusivo. Segundo os autores, uma empresa que trai o cartel, por exemplo, reduzindo o seu preço durante um período, poderá aplicar para leniência apenas porque espera que outros membros do cartel venham a fazê-lo, em virtude de a sua traição motivar os demais à delação. Assim, a leniência parcial reduz a recompensa esperada em trair o cartel, aumentando sua estabilidade.

Motta e Polo (2003, p. 349) também indicaram a existência de efeitos anticompetitivos em programas de leniência parcial. A redução das multas representa uma redução no custo esperado da colusão, o que seria um incentivo à formação de cartéis. Para os autores, em virtude desse efeito, caso a autoridade antitruste tivesse recursos suficientes para impedir a colusão *ex ante*, um programa de leniência não deveria ser implantado. Todavia, considerando a mais realista limitação de recursos, os autores indicam a introdução do programa de leniência, seja parcial ou total, como meio de incentivar a colaboração das empresas e reduzir os custos e a duração das investigações.

Nos programas de leniência total, os membros do cartel que se denunciarem serão agraciados com o não pagamento de multas.

Considerando que as autoridades têm recursos orçamentários limitados, Motta e Polo (2003, p. 375) indicaram que a leniência total é preferível em relação à parcial. Uma vez que a delação acarreta uma redução nos ganhos futuros, que seriam recebidos caso o cartel não fosse descoberto, as empresas só iriam aderir ao programa quando a redução das multas fosse suficientemente grande para compensar esses ganhos. Dessa forma, a leniência total seria mais efetiva.

Spagnolo (2005, p. 5) também identificou que programas de leniência total podem ser utilizados para a redução efetiva do comportamento colusivo. A introdução de um programa de leniência total aumenta o risco de membros do cartel relatarem o comportamento colusivo, o que, por conseguinte, desestabiliza o cartel.

Percebe-se que os resultados de estudos que analisaram a leniência parcial são contraditórios, o que indica que ela não garantiria uma redução no comportamento ilícito, fazendo com que leniência total seja preferida pela literatura como método dissuasório.

No Brasil, enquanto a Lei de Defesa da Concorrência autoriza a concessão tanto da leniência total (com a extinção da ação punitiva) quanto da parcial (redução do valor da multa), a Lei Anticorrupção apenas permite a leniência parcial, o que tende a reduzir a atratividade de seu programa de leniência, como mencionado anteriormente.[20]

3.2 Único proponente *x* múltiplos proponentes

Outro fator que influencia a efetividade de um programa de leniência é a quantidade de empresas que pode pleitear a leniência para uma mesma infração.

---

[20] A Medida Provisória nº 703, de 18 de dezembro de 2015, iria corrigir este problema, para o caso de a pessoa jurídica ser a primeira a firmar o acordo de leniência sobre os atos e fatos investigados, mas teve sua vigência encerrada (ver nota 14 *supra*).

Na União Europeia, mesmo depois que a primeira empresa apresentar a denúncia, outras empresas que participaram daquele cartel podem apresentar inscrição para o programa de leniência e, se contribuírem significativamente, receberão descontos em suas penalidades. Já no sistema norte-americano, a leniência só é permitida ao primeiro denunciante do cartel.

A maior parte da literatura entende que essa extensão a outros proponentes reduz a efetividade dos programas de leniência. Segundo Motta e Pollo (2003, p. 349), quando a redução da multa se estende a todos os que denunciarem o mesmo cartel, o custo de participação no cartel se reduz, aumentando a atratividade do cartel (efeito pró-colusivo).

Segundo Spagnolo (2005, p. 18), um programa que proporciona leniência apenas para o primeiro a confessar a participação em cartel seria mais adequado, uma vez que evitaria que o programa fosse explorado estrategicamente pelas empresas infratoras. Permitir que todas as empresas obtenham leniência, mesmo que apenas parcial, incentiva as empresas a formar o cartel e sistematicamente relatar às autoridades. Todas, então, poderiam receber uma redução nas multas, aumentando o valor do cartel e diminuindo a capacidade dissuasória do programa de leniência. Ao permitir a leniência somente ao primeiro, a confiança entre os membros do cartel é prejudicada, uma vez que a delação se torna uma ameaça crível, e pode gerar o fenômeno denominado de "corrida aos tribunais". De acordo com o autor, quando mais empresas podem se beneficiar da leniência em relação a uma mesma conduta ilícita, elas podem passar a utilizar uma estratégia *"wait and see"*, só confessando após uma primeira se manifestar.

Da mesma forma, Vasconcelos e Ramos (2002, pp. 16-17) entendem que, considerando multas suficientemente altas, todas as empresas têm fortes incentivos para denunciar o cartel, pois as que não o fizerem serão duramente punidas caso outra o faça. Além disso, os autores também ressaltam que o efeito pró-colusivo da leniência seria reduzido, pois como apenas o primeiro infrator a delatar irá receber imunidade, o custo da conduta ilícita (multa) não se altera para os demais. Por fim, quando a legislação exige a apresentação de provas que consubstanciem a delação, a primeira empresa já terá fornecido todas as informações e evidências necessárias à condenação do grupo. Acordos subsequentes não traiam informações relevantes, mas seriam redundantes.

Os programas de leniência no Brasil aparentemente limitam o acesso à leniência aos proponentes que primeiro se apresentarem às autoridades. Estender a possibilidade de leniência a diversas empresas envolvidas no mesmo ilícito enfraquece o poder dissuasório do programa de leniência.[21]

3.3 Leniência *ex ante* x leniência *ex post*

Os programas *ex ante* de leniência permitem a adesão das empresas apenas antes de as autoridades terem iniciado uma investigação sobre as atividades do grupo criminoso, com foco na prevenção e detecção das condutas ilícitas, ou seja, nos objetivos de dissuasão *ex ante* e desistência. Já os programas *ex post* também contemplam o objetivo de facilitar a persecução, ao permitir a leniência mesmo após as autoridades antitruste terem começado a investigação sobre o comportamento ilícito, de forma a agilizar a investigação e reduzir os recursos gastos com a obtenção de evidências.

Segundo Motta e Polo (2011, p. 349), programas *ex post* teriam maior efetividade no combate à colusão. Uma vez que a probabilidade de detecção e persecução aumenta quando se inicia a investigação, os membros do cartel teriam maiores incentivos para se apresentarem, com ganhos em tempos de custo, bem como maior instabilidade para o cartel. Segundo os autores, a possibilidade de extensão da leniência para um período posterior à abertura da investigação seria uma das chaves para o sucesso do programa de leniência dos Estados Unidos após a sua revisão em 1993.

Spagnolo (2008, p. 294) adverte, contudo, que é necessário restringir a leniência total ao primeiro infrator que denuncie espontaneamente o ato ilícito antes do início de qualquer investigação, bem como impor multas muito maiores para quem aplicar a leniência subsequentemente, de forma a reduzir a atratividade da estratégia *wait and see*.

No Brasil, o pedido de acordo de leniência pode ser apresentado mesmo após o início de qualquer investigação, seja pelo CADE ou pelas autoridades estabelecidas na Lei Anticorrupção.

---

[21] A Medida Provisória nº 703/15 destinava-se a oficializar esta possibilidade de extensão, ao revogar o inciso I, do §1º, do art. 16 da Lei Anticorrupção. Entretanto, a mencionada norma que limita o acesso apenas ao que primeiro se apresentar, segue incólume. A prática, todavia, indica que será possível a assinatura de diferentes acordos de leniência em um mesmo caso, uma vez que a CGU tem negociado com diversas empresas envolvidas na Operação Lava-jato (ver <http://g1.globo.com/politica/noticia/2015/07/seis-empresas-buscam-acordo-de-leniencia-com-cgu-informa-ministro.html>) e há indicação de que assinará mais de um acordo (ver <http://www.valor.com.br/politica/4333650/cgu-vai-fechar-em-dezembro-acordo-de-leniencia-com-tres-empreiteiras>).

3.4 Possibilidade de leniência para o líder do grupo

Essa restrição à leniência do líder do grupo está presente no ordenamento antitruste de alguns países, como, por exemplo, os Estados Unidos, mas é bastante controversa.

Por um lado, o conhecimento de que há membros do cartel que não estão aptos a propor acordos de leniência provavelmente afeta o nível de confiança entre os membros. Os líderes serão considerados "parceiros no crime" confiáveis, uma vez que não têm muito a ganhar ao confessar. Assim, a possibilidade de leniência aos líderes proporciona maior desconfiança entre os membros, aumentando a dissuasão *ex ante*, aumentando a chance de uma "corrida aos tribunais", (BOS; WANDSCHNEIDER, 2011, p. 3; SPAGNOLO, 2008, p. 268).

Além disso, a exclusão do líder pode reduzir o interesse na aplicação à leniência, pois as empresas podem ter dúvidas quanto à possibilidade de serem consideradas líderes, ou seja, gera uma zona cinzenta que prejudica a efetividade do programa de leniência (SPAGNOLO, 2008, p. 268).

Por outro lado, a exclusão dos líderes aumentaria a penalidade esperada a ser aplicada a eles, reduzindo a atratividade da colusão, bem como induziria as empresas a acreditar que outras tomarão a iniciativa de propor o cartel, reduzindo a probabilidade de sua formação (BOS; WANDSCHNEIDER, 2011, p. 3), um efeito *free riding*.

Um experimento conduzido por Bigoni *et al.* (2012, p. 370) concluiu que a exclusão do líder não afetaria o efeito dissuasório da leniência. Outros experimentos, no entanto, identificaram um aumento da formação de cartéis com a exclusão do líder como possível beneficiário da leniência (HESCH, 2012; WANDSCHNEIDER, 2014; CLEMENS; RAU, 2014), indicando que não permitir a propositura de acordos de leniência para líderes de cartéis provavelmente leva a uma redução da efetividade dos programas de leniência. Contudo, as limitações nos desenhos desses estudos indicam a necessidade de pesquisas adicionais para apurar melhor a questão.

No programa de leniência antitruste brasileiro, originalmente, o §1º do art. 35-B da Lei nº 8.884/94 (antiga Lei de Defesa da Concorrência), incluído pela Lei nº 10.149/00, dispunha que a leniência não se aplicaria às empresas ou pessoas físicas que tivessem estado à frente da conduta tida como ilícita. Na atual LDC, essa restrição foi removida, a exemplo do modelo introduzido pela União Europeia – UE nas revisões de sua regulamentação antitruste de 2002 e de 2006. A Lei Anticorrupção brasileira também não traz restrições à aplicação pelo líder do grupo corruptor.

3.5 Possibilidade de recompensa positiva

A recompensa positiva em um programa de leniência seria o pagamento de um valor a empresas ou indivíduos que contribuíssem para a descoberta e a condenação de um cartel. Segundo a literatura, o oferecimento de recompensas aos indivíduos poderia aumentar a efetividade do combate à colusão (AUBERT; REY; KOVACIC, 2006, p. 35; VASCONCELOS; RAMOS, 2002, p. 17).

De acordo com o modelo de Brisset e Thomas (2004, p. 18), a isenção de pagamento de multas não seria um incentivo suficiente e a política de leniência ótima deveria contar com um sistema de recompensas financeiras para o delator que reportasse o cartel antes do início das investigações. Caso a denúncia fosse posterior, seria, então, mantido o sistema de redução de penalidades.

Spagnolo (2005, p. 5) propõe um sistema de recompensas bastante agressivo na leniência, em que o total das recompensas concedidas ao leniente poderia corresponder à soma das sanções aplicadas aos outros membros do cartel, de forma que o programa seria autossustentável. As recompensas e as multas precisam ser suficientemente altas para afetar as atividades do cartel.

Uma medida que pode ser entendida como uma forma de recompensa é a existência de um programa de leniência *plus* (WILS, 2007, p. 43).

Na leniência *plus*, a empresa que não consegue denunciar o cartel em primeiro lugar pode denunciar outro cartel em um mercado diverso, obtendo imunidade em relação à nova infração e recebendo com uma redução substancial da pena na primeira infração.

Dijkstra e Schoonbeek (2011, p. 33-34) compararam um programa de leniência tradicional, sem leniência *plus*, e outro com leniência *plus*, concluindo que os incentivos à formação de cartéis multimercados seriam maiores diante da leniência *plus*, devido à redução dos custos *ex ante* da formação do cartel, o que possibilitaria a estabilização conjunta de cartéis que não ocorreria com a leniência tradicional apenas. Os autores também detectaram efeitos pró-competitivos da utilização da leniência *plus*, entretanto o benefício da adoção da leniência *plus* dependerá da proporção da redução das multas proposta pelo programa, sendo estritamente pró-competitivos apenas no cenário em que a autoridade antitruste tem recursos bastante limitados e a possibilidade de detecção de cartéis de outra forma seja bastante baixa.

Embora a experiência americana tenha sido positiva, com metade das investigações sobre cartéis sendo iniciadas a partir de investigações iniciadas em um mercado diferente, ou seja, através da leniência *plus* (HAMMOND, 2005), Wils (2007, p. 44) aponta que isso não pode ser necessariamente decorrente da existência de um programa de leniência *plus*, mas que seria um fenômeno passível de ocorrer mesmo na ausência de tal programa.

Como desvantagens da leniência *plus* podem ser citadas, além da redução adicional nas multas, o fato de que ela pode incentivar uma empresa envolvida em um cartel a aderir a outros cartéis (WILS, 2007, p. 44).

Ao contrário do programa de leniência antitruste brasileiro, não há previsão de leniência *plus* na Lei Anticorrupção ou em seu decreto regulamentador.

4 Conclusão

A literatura e a experiência internacionais mostram que o programa de leniência é uma ferramenta importante no combate a condutas ilícitas no campo antitruste. Em virtude das similaridades entre as condutas ilícitas relacionadas à formação de cartéis e à corrupção, parece ser razoável supor que tenha também grande utilidade no combate à corrupção.

Contudo, como aponta Spagnolo (2008, p. 292), um programa de leniência mal concebido ou conduzido pode ter efeitos contraproducentes graves. Segundo o autor, para ser efetivo, o programa deve maximizar os incentivos à delação, ao mesmo tempo que limita, tanto quanto possível, a redução das multas impostas como um todo ao grupo infrator, o que seria feito aumentando-se os benefícios oferecidos ao delator, mas restringindo-os somente a ele, de forma a maximizar o conflito entre os incentivos individuais e coletivos.

Como visto, a Lei Anticorrupção parecer estar alinhada com esse modelo teórico, pois o texto legal expressamente menciona que o acordo de leniência somente poderá ser celebrado se preenchidos, cumulativamente, os requisitos listados no art. 16, §1º, dos quais logo o primeiro é que "a pessoa jurídica seja a primeira a se manifestar sobre seu interesse em cooperar para a apuração do ato ilícito".

O Poder Público brasileiro deve restringir o benefício da leniência apenas ao proponente que primeiro se manifeste, fornecendo evidências sólidas e suficientes para a condenação dos demais envolvidos, de maneira a evitar que a ameaça de delação se torne um instrumento para reforçar a colusão em vez de desestabilizá-la.

Quanto ao momento em que pode ocorrer a proposta de acordo de leniência, parece ser bastante claro que é interessante permitir que ocorra após a abertura de investigação pela autoridade competente, uma vez que isso pode representar uma economia de recursos públicos pelas informações e provas que o delator fornece e que, em geral, seriam de difícil obtenção, aumentando a efetividade e a rapidez do processo de responsabilização dos demais envolvidos. Todavia, a leniência *ex post* não pode ter peso igual à *ex ante*, muito mais benéfica para a sociedade, ao eliminar não só custos na persecução, mas também os próprios danos da conduta ilícita, ou estar-se-ia subvertendo a ordem de prioridade do combate à corrupção: a sociedade deseja que não haja corrupção, não apenas que ela seja mais facilmente punida.

Em primeira análise, pode-se afirmar que seria interessante, também, a introdução de uma forma de leniência *plus* e que fosse possível a concessão de imunidade total em relação às multas para quem firmar acordo de leniência antes da abertura de uma investigação, como ocorre no caso da leniência antitruste. Como visto, de acordo com a literatura, a imunidade parcial parece não ser incentivo suficiente para provocar a delação, pois além da perda dos ganhos futuros decorrentes da conduta ilícita, o delator ainda terá que arcar com as multas impostas pela autoridade responsável.

Ressalva fundamental em relação ao acordo de leniência diz respeito à qualidade das informações e evidências apresentadas em troca do acordo de leniência. As autoridades só devem assinar acordos com os infratores que apresentem informações e evidências suficientes para a comprovação do ilícito e a denúncia dos coinfratores, pois, de outro modo, o acordo de leniência pode ser explorado estrategicamente por infratores. Como afirma Carvalhosa (2015, p. 378):

> O pacto deve levar à produção de provas convincentes, capazes, portanto, de serem pesadas pela autoridade processante para indiciar as demais pessoas jurídicas pactuantes, como também para apontar outros agentes públicos integrantes do concurso corruptivo.

A legislação brasileira, tanto antitruste quanto anticorrupção, traz dispositivos voltados a essa questão, ao estabelecer que da cooperação do delator deve resultar: "a identificação dos demais envolvidos na infração administrativa" e "a obtenção célere de informações e documentos que comprovem a infração sob apuração", bem como que o acordo de leniência "estipulará as condições para assegurar a efetividade da colaboração e o resultado útil do processo". Todavia, mais do que disposições genéricas, é necessário que as autoridades tenham essa questão em vista ao analisarem os casos concretos, para evitarem a manipulação estratégica desses programas.

Por fim, é importante destacar a necessidade de transparência e previsibilidade dos programas de leniência para que eles criem os incentivos desejados. Todos os agentes devem ser capazes de avaliar quão interessante é para uma empresa participante em um ato ilícito trair seus cúmplices, causando-os prejuízo com as pesadas multas que decorrerão da delação e, assim, eliminando de pronto a confiança de que o grupo criminoso pode permanecer estável e obter lucros elevados (SPAGNOLO, 2008, p. 294). No caso da Lei Anticorrupção, a possibilidade de envolvimento de múltiplas autoridades, não só dos órgãos responsáveis de acordo com a lei, como de Ministério Público e Tribunais de Contas, torna os esforços de coordenação imprescindíveis.[22] Uma alternativa seria adotar o entendimento de que a competência para assinatura de acordos de leniência seria do titular do órgão de controle interno do respectivo Poder/esfera,[23] de forma a reduzir inconsistências na aplicação da lei e facilitar a cooperação entre as autoridades envolvidas.

Com relação ao *quantum* da multa, o Decreto nº 8.420/2015 trouxe uma série de regras para o cálculo do valor da sanção, o que traz previsibilidade em relação à sanção. Todavia, uma vez que a Lei Anticorrupção estabelece competência simultânea para inúmeras autoridades, surge a preocupação com inconsistências em termos de práticas, padrões de prova e decisões, que atuaria como um fator estabilizador do grupo criminoso ao criar insegurança jurídica acerca dos acordos de leniência, afugentando potenciais interessados. Esse efeito é agravado também pela indefinição em relação à atuação do Tribunal de Contas da União e do Ministério Público.[24]

Obviamente, trata-se de instrumento jurídico novo, sujeito à apreciação dos Tribunais Superiores no sentido de formação de entendimento firme que possa aumentar a segurança jurídica em relação às suas disposições, incluindo o acordo de leniência.

Contudo, não obstante seja um importante avanço, já é possível apontar questões que devem ser objeto de melhor reflexão estratégica,

---

[22] Na ausência de um mecanismo para garantir a leniência ao proponente, pessoa jurídica e indivíduos que a compõem, nas diferentes esferas (administrativa e criminal), prevê-se que o programa de leniência perderá atratividade (LUZ; SPAGNOLO, 2016, pp. 25-26), ficando restrito aos casos em que a detecção do ilícito tiver ocorrido e a seu objetivo de facilitar a persecução. A alternativa existente, já empregada pelo CADE, é a atuação em coordenação com o Ministério Público. Como aponta Mendroni (2015, p. 282) em relação à leniência antitruste, "a concordância do Ministério Público com assinatura conjunta do acordo de leniência fornece o suporte legal necessário à aplicação do acordo". Assim, em casos de corrupção a autoridade competente deve envolver o Ministério Público na negociação e assinatura do acordo, para evitar uma eventual decisão deste de mover ação penal contra os indivíduos envolvidos.

[23] Como constava da Medida Provisória nº 703/15 (ver nota 11 *supra*).

[24] Para uma discussão interessante a respeito das incertezas trazidas pelo atual desenho do acordo de leniência anticorrupção, ver Fortini e Faria (2016).

possibilitando o efetivo combate à corrupção, que é de enorme interesse para a sociedade.

Referências

ARLEN, Jennifer; KRAAKMAN, Reinier. Controlling Corporate Misconduct: An Analysis of Corporate Liability Regimes. *New York University Law Review*, v. 72, n. 1, 687-779, 1997.

AUBERT, Cécile; REY, Patrick; KOVACIC, William E. The impact of leniency and whistle-blowing programs on cartels. *International Journal of Industrial Organization*, v. 23, 1241-1266, 2006.

AZEVEDO, Paulo F. Análise Econômica da Concorrência. In: Timm, Luciano (Org.) *Direito e Economia no Brasil*. São Paulo: Atlas, 2012.

BANERJEE, Abhijit; HANNA, Rema; MULLAINATHAN, Sendhil. *Corruption*. HKS *Faculty Research Working Paper* Series RWP12-023, John F. Kennedy School of Government, Harvard University, 2012. Disponível em: <http://dash.harvard.edu/handle/1/8830779>. Acesso em: 29 maio 2014.

BECKER, Gary S. Crime and punishment: An economic approach. *The Journal of Political Economy*, v. 76, n. 2, 169-217, 1968.

BECKER, Gary S.; STIGLER, George J. Law Enforcement, Malfeasance, and the Compensation of Enforcers, *Journal of Legal Studies*, v. 3, 1-19, 1974.

BIGONI, Maria; FRIDOLFSSON, Sven-Olof; LE COQ, Chloe; SPAGNOLO, Giancarlo. Fines, Leniency, and Rewards in Antitrust, *RAND Journal of Economics*, v. 43, n. 2, 368-390, 2012.

BOS, Iwan; WANDSCHNEIDER, Frederick. Cartel Ringleaders and the Corporate Leniency Program. *CCP Working Paper* 11-13. 15 ago. 2011. Disponível em: <http://ssrn. com/abstract=1910000>. Acesso em: 29 maio 2014.

BRASIL. Ato Declaratório do Presidente da Mesa do Congresso Nacional nº 27, de 30 de maio de 2016. Disponível em: <http://www.planalto.gov.br/ccivil_03/_Ato2015-2018/2016/Congresso/adc-027-mpv703.htm>. Acesso em: 01 nov. 2016.

BRASIL. Exposição de Motivos nº 00011/2009–CGU/MG/AGU, de 23 de outubro de 2009. Disponível em: <http://www.planalto.gov.br/ccivil_03/projetos/EXPMOTIV/EMI/2010/11%20-%20CGU%20MJ%20AGU.htm>. Acesso em: 01 out. 2015.

BRISSET, Karine; THOMAS, Lionel. Leniency Program: A New Tool in Competition Policy to Deter Cartel Activity in Procurement Auctions. *European Journal of Law and Economics*, v. 17, p. 5-19, 2004.

CARVALHOSA, Modesto. *Considerações sobre a Lei Anticorrupção das pessoas jurídicas*: Lei 12.846/2013. São Paulo: Revista dos Tribunais, 2015.

CHEN, Joe; HARRINGTON, Joseph. E. The impact of the corporate leniency program on cartel formation and the cartel price path. *Working Papers*, The Johns Hopkins University, Department of Economics, n. 528, 2007. Disponível em: <http://hdl.handle.net/10419/72010>. Acesso em: 29 maio 2014.

CLEMENS, Georg; RAU, Holger A. Do Leniency Policies Facilitate Collusion? Experimental Evidence. 2015. Disponível em: <https://ssrn.com/abstract=2343915>. Acesso em: 23 fev. 2015

CUBAS, Mariana G. Conflito de atribuições inviabiliza acordos de leniência, dizem especialistas. *Revista Consultor Jurídico*, 11 de junho de 2015. Disponível em: <http://www.conjur.com.br/2015-jun-11/conflito-atribuicoes-inviabiliza-leniencia-dizem-especialistas>. Acesso em: 07 nov. 2015.

DIJKSTRA, Peter T.; HAAN, Marco A.; SCHOONBEEK, Lambert. Leniency Programs and the Design of Antitrust: Experimental Evidence with Unrestricted Communication, 2014. Disponível em: <http://www.rug.nl/staff/p.t.dijkstra/experiment_paper.pdf>. Acesso em: 29 maio 2014.

DIJKSTRA, Peter T; SCHOONBEEK, Lambert. Amnesty Plus and Multimarket Collusion, 2011. Disponível em: <https://editorialexpress.com/cgi-bin/conference/download.cgi?db_name=IIOC2011&paper_id=431>. Acesso em: 29 maio 2014.

FORTINI, Cristiana. Comentários ao art. 17. In: DI PIETRO, Maria Sylvia Zanella, MARRARA, Thiago (Coord.). *Lei Anticorrupção comentada*. Belo Horizonte: Fórum, 2017.

FORTINI, Cristiana; FARIA, Edmur Ferreira. Os contornos do acordo de leniência após a Medida Provisória nº 703/15: promessa de sucesso ou cenário de incertezas. *Revista Duc In Altum Cadernos de Direito*, v. 8, n. 14, jan.-abr. 2016. p. 35-60.

GABAN, Eduardo M. Acordos de Leniência no Brasil (Lei n. 8.884/94), 2007. Disponível em: <http://www.sampaioferraz.com.br/images/acordos_leniencia.pdf>. Acesso em: 29 maio 2014.

GUPTA, Sanjeev; DAVOODI, Hamid; ALONSO-TERME, Rosa. Does corruption affect income inequality and poverty? *Economics of Governance*, v. 3, 23-45, 2002.

GUPTA, Sanjeev; DAVOODI, Hamid; TIONGSON, Erwin. Corruption and the provision of health care and education services, *IMF Working Paper*, 2001. Disponível em: <http://www.imf.org/external/pubs/ft/wp/2000/wp00116.pdf>. Acesso em: 01 ago. 2015.

HAMMOND, Scott D. An overview of recent developments in the Antitrust Division's Criminal Enforcement Program. Jan. 2005. Disponível em: <http://www.justice.gov/atr/speech/overview-recent-developments-antitrust-divisions-criminal-enforcement-program>. Acesso em: 01 ago. 2015.

HARRINGTON, Jr, Joseph E. e CHANG, Myong-Hun. When Can We Expect a Corporate Leniency Program to Result in Fewer Cartels?, 2014. Disponível em: <http://assets.wharton.upenn.edu/~harrij/pdf/Leniency_08.11.14.pdf>. Acesso em: 29 maio 2014.

HESCH, Michael. The Effects of Ringleader Discrimination on Cartel Stability and Deterrence – Experimental Insights, *Journal of Advanced Research in Law and Economics*, v. 3, n. 1, 26-39, 2012.

LESLIE, Christopher R. Antitrust Amnesty, Game Theory, and Cartel Stability. *Journal of Corporation Law*, v. 31, 453-488, 2006.

LUZ, Reinaldo; SPAGNOLO, Giancarlo. Leniency, Collusion, Corruption, and Whistleblowing. *SITE Working Paper Series*, n. 36, 2016. Disponível em: <https://ssrn.com/abstract=2773671>. Acesso em: 01 maio 2016.

MARVÃO, Catarina Moura Pinto; SPAGNOLO, Giancarlo. What Do We Know About the Effectiveness of Leniency Policies? A Survey of the Empirical and Experimental Evidence, 2014. Disponível em: <http://ssrn.com/abstract=2511613>. Acesso em: 01 ago. 2015.

MENDRONI, Marcelo B. *Crime organizado*: aspectos gerais e mecanismos legais. 5. ed. São Paulo: Atlas, 2015.

MÉXICO. Ley Federal Anticorrupción en Contrataciones Públicas, DOF 11-06-2012. Disponível em <http://www.diputados.gob.mx/LeyesBiblio/ref/lfacp.htm>. Acesso em: 09 jun. 2014.

MOTTA, Massimo. POLO, Michele. Leniency programs and cartel prosecution. *International Journal of Industrial Organization*, v. 21, p. 347-379, 2003.

ODED, Sharon. Inducing corporate compliance: A compound corporate liability regime. *International Review of Law and Economics*, v. 31, n. 4, 272-283, 2011.

ORGANIZAÇÃO PARA A COOPERAÇÃO E O DESENVOLVIMENTO ECONÔMICO (OCDE). *The rationale for fighting corruption*. Background Brief (2014a). Disponível em: <http://www.oecd.org/cleangovbiz/49693613.pdf>. Acesso em: 01 ago. 2015.

ORGANIZAÇÃO PARA A COOPERAÇÃO E O DESENVOLVIMENTO ECONÔMICO (OCDE). OECD Foreign Bribery Report: An Analysis of the Crime of Bribery of Foreign Public Officials (2014b). Disponível em: <http://www.oecd-ilibrary.org/governance/oecd-foreign-bribery-report_9789264226616-em>. Acesso em: 01 ago. 2015.

PEREIRA, Guilherme Teixeira. *Política de combate a cartel no Brasil:* uma análise jurídica do acordo de leniência e do termo de compromisso de cessação de prática. 2011. 156 f. Dissertação (mestrado) – Escola de Direito de São Paulo.

POLINSKY, Mitchell; SHAVELL, Steven. The Economic Theory of Public Enforcement of Law. *Journal of Economic Literature*, 45-76, 2000.

ROSE-ACKERMAN, Susan. *Corruption*: A Study in Political Economy. Nova York: Academic Press, 1978.

SHAVELL, Steven. Economic Analysis of Public Law Enforcement and Criminal Law. *National Bureau of Economic Research, Working Paper* 9698, 2003. Available at <http://www.nber.org/papers/w9698>.

SPAGNOLO, Giancarlo. *Divide et impera*: optimal leniency programmes. *CEPR Discussion Paper* n. 4840, 2005. Disponível em <http://ssrn.com/abstract=716143>. Acesso em: 29 maio 2014.

SPAGNOLO, Giancarlo. Leniency and Whistleblowers in Antitrust. In: BUCCIROSSI, P. (Ed.). *Handbook of Antitrust Economics*. M.I.T. Press, 2008.

SPAGNOLO, Giancarlo. Optimal Leniency Programs. F.E.E.M. *Nota di Lavoro*, n. 42.00. Fondazione ENI Enrico Mattei, Milano, 2000. Disponível em: <http://ssrn.com/abstract=235092>. Acesso em: 29 maio 2014.

STIGLER, George J. The Optimum Enforcement of Laws. *Journal of Political Economy*, v. 78, n. 3, 526-536, 1970.

SVENSSON, Jakob. Eight Questions about Corruption. *The Journal of Economic Perspectives*, v. 19, n. 3, 19-42, 2005.

VASCONCELOS, Silvinha P.; RAMOS, Fernando de Souza. Leniency program and collusion prevention: Effectiveness, adhesion conditions and the divided initiative problem. In: *Anais do XXIV Encontro da Sociedade Brasileira de Econometria.* 2002. Disponível em: <http://www.sbe.org.br/dated/ebe24/131.pdf>. Acesso em: 01 ago. 2015.

WANDSCHNEIDER, Frederick. *Four Essays On Optimal Antitrust Enforcement.* 28 jan. 2014. 129 f. Tese (Doutorado) – University of East Anglia, Norwich, UK, 2014. Disponível em: <https://ueaeprints.uea.ac.uk/49483/1/Thesis_Wandschneider2014.pdf>. Acesso em: 07 nov. 2016.

WILS, Wouter P. J. Leniency in Antitrust Enforcement: Theory and Practice. *World Competition: Law and Economics Review*, v. 30, n. 1, 2007. Disponível em: <http://ssrn.com/abstract=939399>. Acesso em: 01 ago. 2015.

Informação bibliográfica deste texto, conforme a NBR 6023:2002 da Associação Brasileira de Normas Técnicas (ABNT):

LUZ, Reinaldo Diogo; LARA, Fabiano Teodoro de Rezende. Análise do programa de leniência da Lei Anticorrupção brasileira: características e efetividade. In: FORTINI, Cristiana (Coord.). *Corrupção e seus múltiplos enfoques jurídicos.* Belo Horizonte: Fórum, 2018. p. 119-143. ISBN: 978-85-450-0422-6.

COMPLIANCE ANTICORRUPÇÃO: FORMAS E FUNÇÕES NA LEGISLAÇÃO INTERNACIONAL, NA ESTRANGEIRA E NA LEI Nº 12.846/2013

MARCELO ANDRADE FÉRES

HENRIQUE CUNHA SOUZA LIMA

1 Considerações iniciais

O *compliance*, ou os chamados mecanismos de integridade, aparecem de forma reiterada nas legislações editadas com fins de combate à corrupção,[1] como forma de demonstrar a transparência e integridade das empresas. Pode ser considerado pelos órgãos reguladores a ponto de impedir a própria acusação formal por práticas corruptivas, o que evidencia a importância do estudo de seu conceito e das formas exigidas para que seja tido como adequado.[2] Afinal, qual o papel do *compliance* nas legislações anticorrupção?

---

[1] Nota-se que, em algumas legislações, em vez do termo "corruption" é utilizado o termo "bribery", os quais seriam traduzidos, respectivamente, como corrupção e propina. Sabe-se que, a princípio, os termos não são sinônimos, sendo a propina apenas uma *espécie* de corrupção. Entretanto, para efeitos didáticos, será aqui adotada sempre a expressão "corrupção", como gênero do qual faz parte a propina.

[2] "Anti-corruption *compliance* is a hot-button issue in developing countries where trans-national corporations are increasing presence." PATHAK, Harsh. Corruption and *compliance*: preventive legislations and policies in international business projects. *Juridical Tribune,*

No cenário internacional, o combate à corrupção praticada por entes privados teve por marco o *Foreign Corrupt Practices Act* (FCPA), em 1977, dos Estados Unidos,[3] legislação que levou à edição de normas anticorrupção em nível mundial.[4]

Assim, pretende-se investigar o papel e as formas do *compliance* historicamente, abarcando desde o direito estrangeiro, com estudo do FCPA norte-americano e do *UK Bribery Act*, de 2010; passando pelo cenário internacional, estudando-se a Convenção Interamericana contra a Corrupção, de 1996 (Convenção da OEA), promulgada pelo Decreto nº 4.410/2002; a Convenção sobre o Combate a Corrupção de Funcionários Públicos Estrangeiros em Transações Comerciais Internacionais, da Organização para a Cooperação e Desenvolvimento Econômico, de 1997 (Convenção da OCDE), promulgada pelo Decreto nº 3.678/2000; e a Convenção das Nações Unidas contra a Corrupção, de 2003 (Convenção da ONU), promulgada pelo Decreto nº 5.687/2006; até o direito brasileiro, no que toca à Lei nº 12.846/2013.

A lei brasileira representa fruto de um cenário internacional de luta contra a corrupção, que chegou até o país por clamor popular, com foco na responsabilização das pessoas jurídicas. Assim como nas demais legislações estudadas, ela se preocupa com a existência e aplicabilidade dos mecanismos de integridade, de modo que é objeto do presente texto estudar o que integra o *compliance* no direito comparado e no Brasil.

Após a enunciação dos possíveis parâmetros para o *compliance*, o trabalho abordará seu papel na legislação anticorrupção estrangeira, internacional e nacional, pontuando de que forma podem ser os mecanismos de integridade aproveitados pelas empresas sujeitas a investigações por práticas corruptivas.

---

v. 3, issue 2, (dez. 2013), p. 150. Disponível em: <http://www.tribunajuridica.eu/arhiva/An3v2/10%20Pathak.pdf>. Acesso em: 17 jun. 2016.

[3] "Corruption of public officials, in particular bribery, has long been recognized as a potentially serious problem in every polity. Large foreign corporations, based in developed jurisdictions, are identified as common culprits. The first legislation in the world to recognize and seek to curb the contribution of domestically based corporations to foreign corruption was the U.S. Foreign Corrupt Practices Act of 1977." KREVER, Tor. Curbing Corruption? The Efficacy of the Foreign Corrupt Practices Act. (July 14, 2007). *North Carolina Journal of International Law and Commercial Regulation*, v. 33, n. 1, 2007, p. 83. Disponível em: <http://ssrn.com/abstract=1761695>. Acesso em: 17 jun. 2016.

[4] "The FCPA later became the model for similar international initiatives, most notably the Organization for Economic Cooperation and Development ("OECD") Convention on Combating Bribery of Foreign Public Officials in International Business Transactions'". MCINERNEY, Thomas F. The Regulation of Bribery in the United States. *Revue Internationale de Droit Pénal*, v. 73, 2002, p. 82. Disponível em: <http://www.cairn.info/revue-internationale-de-droit-penal-2002-1-page-81.htm.#re5no5>. Acesso em: 17 jun. 2016.

O texto é composto por cinco tópicos, contando com essas considerações iniciais. No segundo tópico, será trabalhada a possiblidade de definição do *compliance*, para que, nos terceiro e quarto tópicos, sejam trabalhados os parâmetros para que ele seja considerado adequado, bem como o seu papel. O quinto tópico encerrará as conclusões obtidas, seguindo-se das referências efetivamente consultadas para a pesquisa.

2 O que é o *compliance*: possíveis definições

As múltiplas legislações, com o objetivo de combater práticas de corrupção, não obstante suas particularidades, convergem, em sua maioria, ao colocarem o *compliance* em evidência, no sentido que aqueles que praticam atos de corrupção podem auferir benefícios caso demonstrem observância a normas internas de *compliance*.

Contudo, antes mesmo da análise de tais benefícios, é importante perquirir o que é, efetivamente, o *compliance*. Nota-se que, tanto em âmbito nacional quanto estrangeiro e internacional, não há um conceito claro do termo. Advindo do verbo inglês *to comply*, ele pode ser entendido, em sentido amplo, como o ato ou processo de se comportar da forma como seria esperada, ou da maneira como foi determinada,[5] remetendo o intérprete à ideia de *obedecer*. Mas obedecer ao quê? De que maneira?

Compliance, no campo jurídico, pode ser definido como um sistema de políticas e controles adotados a fim de impedir violações à lei e assegurar às autoridades externas que todas as medidas no sentido de impedir tais violações estão sendo tomadas.[6] No que toca ao combate à corrupção, portanto, tem-se que o *compliance* deve abranger normas e procedimentos para impedir a realização de condutas corruptas.[7]

Nota-se, entretanto, que o esforço da doutrina em definir o que seria o *compliance* adequado evidencia que o termo, ontologicamente,

---

[5] "Simple Definition of *compliance*: the actor process of doing what you have been asked or ordered to do: the actor process of complying". Merrian-Webster Learner's Dictionary. Disponível em: <http://www.merriam-webster.com/dictionary/*compliance*>. Acesso em: 4 jun. 2016.

[6] "[C]ompliance is a system of policies and controls that organizations adopt to deter violations of law and to assure external authorities that they are taking steps to deter violations of law". BAER, Mirian Hechler. Governing Corporate *Compliance*. *Boston College Law Review*, v. 50, issue 4, n. 4. C. L. Rev., 2009, p. 958. Disponível em: <http://lawdigitalcommons.bc.edu/cgi/viewcontent.cgi?article=2423&context=bclr>. Acesso em: 4 jun. 2016.

[7] "*Compliance* standards have originally been developed in the financial sector to counter money laundering. Beyond such heavily regulated areas, there is no direct legal obligation to introduce a *compliance* programme. However, without a programme the legal risks are obviously far higher.

CRISTIANA FORTINI (COORD.)
CORRUPÇÃO E SEUS MÚLTIPLOS ENFOQUES JURÍDICOS

remonta a um conceito jurídico indeterminado, cuja conceptualização depende dos contornos do caso concreto.

Dessa forma, como os institutos normativos anticorrupção em nível nacional, estrangeiro e internacional demonstrarão, mais *importante que fixar um conceito restrito é destacar quais as formas adequadas para o compliance*, as quais servirão de parâmetro para a avaliação, pelas autoridades governamentais, quanto à adequação dos programas de *compliance* como meio de demonstração da boa-fé e do respeito à lei pelas pessoas investigadas por práticas corruptivas.

Seguindo o histórico de surgimento das legislações anticorrupção, nos próximos tópicos, serão abordadas as exigências para o *compliance* no direito estrangeiro, internacional e no brasileiro, bem como suas funções.

3 *Compliance* na legislação anticorrupção estrangeira e internacional: entre formas e funções

Até 1977, a discussão quanto à vedação de práticas corruptivas por entes privados era muito incipiente. O Direito norte-americano foi o primeiro a contemplar legislação para combate a esse tipo de corrupção, sendo editado pelo Congresso do país o *Foreing Corrupt Practices Act* (FCPA), em verdadeira resposta a escândalos, como Watergate, ocorrido na década de 1970.[8]

Buscando coibir a realização de pagamentos ilícitos para funcionários de governos estrangeiros, a fim de obter ou reter negócios,[9] as

---

Serious companies need *compliance* programmes for a variety of reasons. They are confronted within-house risks, such as workplace security or conflict of interest (e.g. self-contracting) and external risks, like antitrust violations, embargo circumvention, environmental hazards, money set of organizational norms, for procedures and for substantive standards address eigth especific risks named above. There is no need for a separate anticorruption *compliance* structure, if should be fitted into the wider *compliance* organization and programme of a company". PIETH, Mark. *Harmonization Anti-Corruption Compliance*: The OECD Good Practice Guidance 2010. Zurique: Dike, 2011, p. 45-46.

[8] "The FCPA was passed by the U.S. Congress in December 1977 as a response do the Watergate scandal and to a Securities and Exchange Comission (SEC) investigation that uncovered over $300 million of questionable payments by U.S. firms to foreign government officials". KREVER, Tor. Curbing Corruption? The Efficacy of the Foreign Corrupt Practices Act. (July 14, 2007). *North Carolina Journal of International Law and Commercial Regulation*, v. 33, n. 1, 2007, p. 87. Disponível em: <http://ssrn.com/abstract=1761695>. Acesso em: 29 maio 2016.

[9] "The Foreign Corrupt Practices Act of 1977, as amended, 15 U.S.C. §§ 78dd-1, et seq. ('FCPA'), was enacted for the purpose of making it unlawful for certain classes of persons and entities to make payments to foreign government officials to assist in obtaining or retaining business." Foreign Corrupt Practices Act: An Overview. Departamento de

chamadas propinas, a legislação foi paradigmática ao focar na prática de corrupção *por pessoas e empresas privadas*,[10] e não mais apenas na figura dos *agentes públicos* que recebem propina.

No cenário internacional, como já referido, a Organização dos Estados Americanos (OEA) adotou a *Convenção Interamericana contra a Corrupção* (Convenção Interamericana), em 1996, e, posteriormente, em 1997, foi assinada a Convenção sobre o Combate da Corrupção de Funcionários Públicos Estrangeiros em Transações Comerciais Internacionais (Convenção da OCDE), no âmbito da Organização para a Cooperação e Desenvolvimento Econômico (OCDE).[11] A Convenção das Nações Unidas contra a Corrupção (Convenção da ONU), por sua vez, foi o primeiro tratado em patamar verdadeiramente global anticorrupção, entrando em vigor em 2005.[12]

Em 2010, por sua vez, foi editado o UK Bribery Act, em resposta a todo esse contexto internacional de combate à corrupção,[13] que se afirma como a legislação mais completa e inovadora na matéria.

Contudo, apesar das diversas discussões que surgem na análise da legislação estrangeira e internacional, *não é o objetivo deste artigo aprofundar-se em todos os debates, mas apenas buscar, de forma objetiva, definir as formas do compliance – o que ele precisa para ser tido como adequado – e*

Justiça dos Estados Unidos. Disponível em: <https://www.justice.gov/criminal-fraud/foreign-corrupt-practices-act>. Acesso em: 29 maio 2016.

[10] "The FCPA applies to companies and persons based on either (a) the country in which the improper activity occurred (territorial-based jurisdiction) or (b) the origin of the party committing the act (nationality-based jurisdiction)". TILLIPMAN, Jessica. Foreign Corrupt Practices Act Fundamentals. *Briefing Papers*, n. 08-10, set. 2008; GWU Legal Studies Research Paper n. 585; GWU Law School Public Law Research Paper n. 585. Disponível em: <http://ssrn.com/abstract=1923190>. Acesso em: 29 maio 2016.

[11] "The OCDE anti-corruption efforts are significant for two main reasons. First, as indicated above, the OCDE was the driving force behind international anti-corruption tools. (...) Secondly, several of the largest players in international trade are OECD member states." CLOOTS, Sofie *et al.* The International Legal Framework Against Corruption: Achievements and Challenges. *Melbourne Journal of International Law*, v. 14, p. 23, 2013.

[12] "The UNCAC is the first truly global anti-corruption treaty, outlining a 'common language' for the anti-corruption movement. It was adopted by the UN General Assembly ('UNGA') on 31 October 2003 and was opened for signature in Merida, Mexico, on 9–11 December 2003. The UNCAC entered in to force two years later, on 14 December 2005." CLOOTS, Sofie *et al.* The International Legal Framework Against Corruption: Achievements and Challenges. *Melbourne Journal of International Law*, v. 14, 2013, p. 12.

[13] "The U.K. Bribery Act 2010, enacted after more than a decade of debate, delay, and deliberation by Parliament, is the culmination of the United Kingdom's (U.K.) effort to finally comply with the OECD Convention. Because the Act is a complete revision to all U.K. bribery-related statutes, it applies to both domestic and foreign bribery". BEAN, Bruce W.; MACGUIDWIN, Emma H. Expansive Reach – Useless Guidance: an Introduction to the U.K. Bribery Act 2010 (09 de abril de 2012). *ILSA Journal of International & Comparative Law*, Forthcoming; MSU Legal Studies Research Paper n. 10-07. Disponível em: <http://ssrn.com/abstract=2037200>. Acesso em: 20 jul. 2016, p. 02.

qual o seu papel na legislação anticorrupção. Assim como no estudo da definição e das formas do *compliance*, a análise do seu papel exige atenção quanto às principais legislações internacionais e estrangeiras para combate a práticas de corrupção, bem como quanto à função atribuída ao *compliance* em cada um desses marcos normativos.

3.1 As formas do *compliance* no direito estrangeiro: FCPA e o UK BriberyAct

Nos Estados Unidos, a aplicação do FCPA compete ao Departamento de Justiça (DOJ) e à Securities Exchange Comission (SEC – órgão análogo à Comissão de Valores Mobiliários brasileira).[14] Tais órgãos, por sua vez, utilizam-se basicamente de três fontes a fim de interpretar e aplicar o FCPA, cada qual fornecendo elementos próprios para caracterizar um programa de *compliance* efetivo.[15]

A primeira delas é o *United States Attorney's Manual* (U.S. Attorney's Manual), que contém guia geral para o trabalho do DOJ.[16] Referido manual abarca os chamados *Principles of Federal Prosecution of Business Organizations* (Principles) e, em sua seção 9-28.800, insere como fatores a serem considerados, a existência, abrangência e eficácia dos programas de *compliance*.[17]

Outra fonte para guiar os programas de *compliance* seriam as *United States Federal Sentencing Guidelines* (U.S. Guidelines), que, em

---

[14] *A Resource Guide to the U.S. Foreign Practices Act.* Criminal Division of the U.S. Department of Justice and the Enforcement Division of the U.S. Securities and Exchange Comission. 2012, p. 13-14. Disponível em: <http://www.sec.gov/spotlight/fcpa/fcpa-resource-guide.pdf>. Acesso em: 9 jun. 2016.

[15] CHURI, Salen *et al. Complying with the Foreign Corrupt Practices Act*: a Practical Primer. The University of Chicago Corporate Lab. Global Anti-Corruption Task Force. (jan. 2012), p. 25.

[16] United States Attorney's Manual. Disponível em: <https://www.justice.gov/usam/usam-1-1000-introduction>. Acesso em: 9 jun. 2016.

[17] "Does the corporation's *compliance* program work? In answering these questions, the prosecutor should consider the comprehensiveness of the *compliance* program; the extent and pervasiveness of the criminal misconduct; the number and level of the corporate employees involved; these seriousness, duration, and frequency of the misconduct; and any remedial actions taken by the corporation, including, for example, disciplinary action against past violators uncovered by the prior *compliance* program, and revisions to corporate *compliance* programs in light of lessons learned." United States Attorney's Manual, seção 9-28.800: Corporate *Compliance* Programs. Disponível em: <https://www.justice.gov/usam/usam-9-28000-principles-federal-prosecution-business-organizations#9-28.800>. Acesso em: 9 jun. 2016.

seu §8B2.1, apresenta requisitos mínimos para o programa ser considerado eficaz.[18] Por fim, o DOJ e a SEC levam também em consideração parâmetros estabelecidos pela Convenção da OECD e pelo *OECD's Good Practice Guidance on Internal Controls, Ethics, and Compliance* (OECD Guidance).[19] Não fossem tais fontes suficientes, há, ainda, o papel do DOJ, que possui função consultiva, de forma que suas recomendações, bem como eventuais critérios estabelecidos pelo *case-law* norte-americano, devem ser levadas em consideração quanto à eficácia e à adequação dos programas de *compliance*.

No que diz respeito ao UK Bribery Act, nota-se que os parâmetros quanto às possíveis formas para um *compliance* adequado são dados pelo *The Bribery Act 2010 Guidance*, guia emitido pelo Ministério da Justiça Britânico que prevê seis princípios a serem observados para se prevenir a corrupção.

Em suma, *(i)* os procedimentos adotados pelas organizações comerciais deveriam ser proporcionais aos riscos inerentes às atividades desenvolvidas e à complexidade da empresa; *(ii)* deveria haver um compromisso da alta administração, de forma a evidenciar verdadeira cultura de *compliance*; *(iii)* com análises de riscos periodicamente realizadas; *(iv)* aplicação de mecanismos de *due diligence* como forma de evitar e mitigar riscos de corrupção; *(v)* fomento de comunicação interna e externa, com treinamentos no âmbito das organizações comerciais; e, por fim, *(vi)* tais procedimentos deveriam ser monitorados de perto e revisados quando necessário.[20]

Ademais, a organização não governamental "Transparência Internacional" elaborou o chamado *The 2010 UK Bribery Act Adequate Procedures*, guia de boas práticas para combate à corrupção, que deve ser levado em consideração.[21] A ONG elaborou também um *checklist*

---

[18] United States Federal Sentencing Guidelines, §8B2.1: Effective *Compliance* and Ethics Program. Disponível em: <http://www.ussc.gov/guidelines/2015-guidelines-manual/archive/2014-chapter-8>. Acesso em: 9 jun. 2016.

[19] Good Practice Guidance on Internal Controls, Ethics, and *Compliance*. Conselho da OCDE. Adotado em 18 de fevereiro de 2010. Disponível em: <https://www.oecd.org/daf/anti-bribery/44884389.pdf>. Acesso em: 9 jun. 2016.

[20] Ministry of Justice. The Bribery Act 2010: Guidance. Disponível em: <https://www.justice.gov.uk/downloads/legislation/bribery-act-2010-guidance.pdf>. Acesso em: 20 jul. 2016, pp. 21-31.

[21] "This Guidance is based on the premise that a company's anti-bribery programme is more likely to be regarded as constituting 'adequate procedures' if it is based on good practice rather than an approach that solely uses *compliance* with laws to determine the structure of the programme". WILKINSON, Peter. The 2010 UK Bribery Act Adequate Procedures: Guidance on Good Practice Procedures for Corporate Anti-bribery Programmes. Transparency International UK, 2010. Disponível em: <http://www.transparency.org.uk/

para verificar, de forma mais objetiva, a adequação dos procedimentos adotados,[22] sendo relevante, de maneira análoga, o *UK Anti-Corruption Plan*, publicado pelo governo britânico em 2014.[23]

Em vista dessa multiplicidade de parâmetros – os quais não foram aqui descritos na íntegra, a fim de não alongar por demais este texto –, a Universidade de Chicago, por meio de seu *Corporate Lab*, realizou estudo analisando quais seriam, afinal, os critérios adequados para avaliar um programa de *compliance*.[24]

Com base nesse estudo, e diante da constatação antes realizada no sentido de que, melhor do que um *conceito* de *compliance*, é procurar definir suas *formas*, conclui-se que, via de regra, um programa de *compliance* deve observar as seguintes características:

a) política clara e escrita;

b) possuir parâmetros regulando despesas e pagamentos (incluindo presentes, doações políticas e de caridade), que alcancem todos os empregados e administradores;

c) avaliação de riscos, incluindo:

(i) localização geográfica dos países estrangeiros com quem a empresa efetua transações;

(ii) relações anteriores da empresa com oficiais do governo;

(iii) setor industrial/operacional;

(iv) envolvimento de *joint-ventures*;

(v) importância de licenças e permissões para a operação da empresa;

(vi) nível de inspeção governamental;

(vii) volume e relevância de bens e pessoal passando pela alfândega e pela imigração.

d) revisão anual das políticas de *compliance*;

e) responsabilização de executivos e diretores, com monitoração por órgãos independentes;

---

our-work/business-integrity/bribery-act/adequate-procedures-guidance/>. Acesso em: 20 jul. 2016, p. 05.

[22] WILKINSON, Peter. The 2010 UK Bribery Act Adequate Procedures: Guidance on Good Practice Procedures for Corporate Anti-bribery Programmes – Checklist. Transparency International UK, 2010. Disponível em: <http://www.transparency.org.uk/our-work/business-integrity/bribery-act/adequate-procedures-guidance/>. Acesso em: 20 jul. 2016.

[23] HM Government. *UK Anti-Corruption Plan*, 2014. Disponível em: <https://www.gov.uk/government/uploads/system/uploads/attachment_data/file/388894/UKantiCorruptionPlan.pdf>. Acesso em: 20 jul. 2016.

[24] O estudo foi concebido tendo por base o sistema norte-americano. Contudo, pode muito bem ser aproveitado como guia geral sobre o assunto. Vide CHURI, Salen *et al. Complying with the Foreign Corrupt Practices Act: a Practical Primer*. The University of Chicago Corporate Lab. Global Anti-Corruption Task Force. (jan. 2012).

f) procedimentos financeiros e contábeis a fim de prevenir pagamento de propinas;
g) comunicação do programa para todos os empregados, com treinamentos e certificação anual de cumprimento dos parâmetros de *compliance* estabelecidos;
h) possibilidade de denúncias voluntárias e anônimas por parte dos empregados, bem como de solicitação de consultas quanto à licitude de práticas a serem adotadas;
i) estabelecimento de procedimentos disciplinares internos;
j) *due diligence* para contratação de agentes e informação quanto a normas de *compliance*;
k) estabelecimento de cláusulas referentes ao *compliance* nos contratos celebrados pela empresa;
l) testes periódicos do programa de *compliance*;
m) estabelecimentos de um órgão ou administrador como responsável pelas políticas de *compliance*, com realização de auditorias periódicas.

Entretanto, é importante pontuar que, pela complexidade das relações societárias e pela pluralidade de ações humanas, seria pretensioso insinuar que o rol proposto é taxativo. Buscou-se apenas exemplificar, com base na doutrina e legislação estrangeira, parâmetros razoáveis para que um programa seja considerado adequado, sem olvidar que o caso concreto e o órgão regulador podem trazer configurações e exigências diversas das aqui colocadas.[25] De maneira análoga, em sociedades de porte pouco expressivo, com número reduzido de sócios e estrutura negocial menos complexa, a observância de todos os parâmetros anteriores pode mostrar-se despropositada – ou ao mesmo inviável – sendo essencial adaptar as formas à situação fática.

---

[25] "Although the DOJ has declined to define in great detail what it perceives as an 'effective *compliance* and ethics program', the mere presence ofan open-ended standard does not, by itself, transform the standard into a delegation of discretion or authority, particularly where the costs of failing to meet such a standard are catastrophic. Rather, it is at best an illusory form of delegation, whereby an open-ended and unreliable standard forces firms to adopt, out of a sense of over cautious risk aversion, *compliance* services that the government might otherwise have to justify if it promulgated rules explicitly requiring such services." BAER, Mirian Hechler. Governing Corporate *Compliance*. *Boston College Law Review*, v. 50, issue 4, n. 4. C. L. Rev., 2009, p. 1.009-1.010. Disponível em: <http://lawdigitalcommons. bc.edu/cgi/viewcontent.cgi?article=2423&context=bclr>. Acesso em: 10 jun. 2016.

3.2 As funções do compliance no direito estrangeiro: FCPA e o UK Bribery Act

Em primeiro lugar, quanto ao FCPA, a existência de uma "cultura de *compliance*" na empresa é condição para que o DOJ e a SEC ofereçam a possibilidade de celebração de acordos,[26] os chamados "*deferred prosecution agreements*" (DPA) e os "*non-prosecution agreements*" (NPA).

No âmbito dos DPAs, há apresentação de acusação formal, mas o julgamento efetivo é postergado, caso a empresa possua mecanismos de *compliance* e coopere com as autoridades, sendo as acusações retiradas após um prazo estipulado, salvo constatado descumprimento, pela empresa, de suas obrigações. Por outro lado, nos NPA, não há nem mesmo uma acusação formal perante o tribunal.[27]

Portanto, nota-se que a existência de uma política interna de *compliance*, somada à cooperação pela empresa com o DOJ e a SEC podem fazer com que as autoridades optem por impor sanções mais brandas, ou até mesmo por não processar.[28]

---

[26] "[W]hat does it take for the DOJ or SEC to be willing to offer firms a DPA or NPA in an FCPA case? (...) (1) whether a firm is willing to cooperate in the undrlying investigation and (2) whether the firm promoted a 'culture of *compliance*'". YOCKEY, Joseph W., FCPA Settlement, Internal Strife, and the 'Culture of *Compliance*'. Wisconsin Law Review, Forthcoming; *Iowa Legal Studies Research Paper* n. 12-08. Disponível em: <http://ssrn.com/abstract=2029241>. Acesso em: 29 maio 2016.

[27] "Specifically, under a DPA, the prosecution files a formal charging document with the court but defers actual prosecution if the defendant firm agrees to do things like pay a substantial fine, disgorge profits, implement corporate governance reforms, retain a monitor to oversee the firm's internal *compliance* program, and cooperate with any ongoing investigations arising out of the conduct that led to the DPA.32 If the firm fulfills its obligations under the agreement the prosecution agrees to dismiss the charges altogether after a period of time (generally between two and four years).33 NPAs are similar to DPAs but do not involve a formal court filing. Instead, regulators reserve the right to file charges under the NPA but refrain from doing so as long as the defendant firm maintains *compliance* with the same types of terms usually included in a DPA." YOCKEY, Joseph W., FCPA Settlement, Internal Strife, and the 'Culture of *Compliance*'. *Wisconsin Law Review*, Forthcoming; *Iowa Legal Studies Research Paper* n. 12-08, (mar. 2008). Disponível em: <http://ssrn.com/abstract=2029241>. Acesso em: 4 jun. 2016.

[28] [C]orporations that have effective *compliance* programs, self-report and cooperate may be eligible for a reduced fine. (...) This policy in effect subjects firms to na ex ante duty to adopt na effective *compliance* program, sel-report, and cooperate and reserves formal criminal sanctions for firms that violate all of theese duties. In practice, prosecutors appear to agree not to prosecute firms that agreed to fully cooperate, particular when conviction would impose serious colateral consequences". ARLEN, Jennifer; KAHAN, Marcel. *Corporate Governance Regulation Through Non-Prosecution*. New York University, School of Law. *Public Law Research Paper* No. 16-04. *NYU Law and Economics Research Paper* No. 16-06, fev. 2016. Disponível em: <http://ssrn.com/abstract=2731351>. Acesso em: 29 maio 2016.

No que toca às sanções mais brandas, as *U.S. Guidelines*, em sua seção §8C2.5(g),[29] estabelecem um critério de pontuação pelo qual a existência de um programa de *compliance* efetivo permite a redução do grau de culpabilidade das empresas e, com isso, a redução do montante da sanção a ser aplicada em até 95%.[30] [31] [32] De forma análoga, a seção 9-28.900[33] dos já mencionados *Principles of Federal Prosecution of Business Organizations*, parte do *U.S. Attorney's Manual*, também indica

---

[29] "§8C2.5. Culpability Score. (g) Self-Reporting, Cooperation, and Acceptance of Responsibility. If more than one applies, use the greatest:
(1) If the organization (A) prior to an imminent threat of disclosure or government investigation; and (B) within a reasonably prompt time after becoming aware of the offense, reported the offense to appropriate governmental authorities, fully cooperated in the investigation, and clearly demonstrated recognition and affirmative acceptance of responsibility for its criminal conduct, subtract 5 points; or
(2) If the organization fully cooperated in the investigation and clearly demonstrated recognition and affirmative acceptance of responsibility for its criminal conduct, subtract 2 points; or
(3) If the organization clearly demonstrated recognition and affirmative acceptance of responsibility for its criminal conduct, subtract 1 point."

[30] "To achieve the objectives, the Guidelines provide the following measures: (...)) an organization that proves it has developed an effective program for preventing offenses and has begun implementing the program prior to the offence is eligible to have its fines and punishments reduced by over 95% (the 'carrot' approach)." IZRAELI, Dove; SCHWARTZ, Mark S. What Can We Learn From the U.S. Federal Sentencing Guidelines for Organizational Ethics? Disponível em: <http://library.businessethicsworkshop.com/images/Library/Federal_Sentencing_Guidelines_and_Organizational_Ethics.pdf>. Acesso em: 16 jun. 2016.

[31] "[T]he United States Sentencing Commission adopted the Sentencing Guidelines for Organizations (Organizational Guidelines) that allows a corporation that has an effective *compliance* program and cooperates with the authorities to mitigate up to 95% of a potential criminal fine for a violation." HENNING, Peter. J. Be Careful What You Wish for: Thoughts on a *Compliance* Defense under the Foreign Corrupt Practices Act (2012). *Ohio State Law Journal*, v. 73, n. 883; *Wayne State University Law School Research Paper* No. 2013-03, p. 896. Disponível em: <http://ssrn.com/abstract=2218774>. Acesso em: 16 jun. 2016.

[32] "Having an effective *compliance* and ethics program may lead to a three-point reduction in an organization's culpability score under § 8C2.5, which affects the fine calculation under the Guidelines. Similarly, an organization's self-reporting, cooperation, and acceptance of responsibility may lead to fine reductions under § 8C2.5(g) by decreasing the culpability score." *A Resource Guide to the U.S. Foreign Practices Act*. Criminal Division of the U.S. Department of Justice and the Enforcement Division of the U.S. Securies and Exchange Comission. 2012, p. 54. Disponível em: <http://www.sec.gov/spotlight/fcpa/fcpa-resource-guide.pdf>. Acesso em: 4 jun. 2016.

[33] "Even in the absence of a formal program, prosecutors may consider a corporation's timely and voluntary disclosure, both as an independent factor and in evaluating the company's overall cooperation and the adequacy of the corporation's *compliance* program and its management's commitment to the *compliance* program. See USAM 9-28.700 and 9-28.800." <https://www.justice.gov/usam/usam-9-28000-principles-federal-prosecution-business-organizations#9-28.800>. Acesso em: 4 jun. 2016.

às autoridades a observância da cooperação e da adequação dos programas de *compliance* quando da fixação de eventuais sanções.[34]

Portanto, podem ser resumidas a três as funções da adoção de programas adequados de *compliance* no escopo do FCPA: *(i)* evitar o processamento da empresa pelo DOJ ou, ao menos, permitir um tratamento mais leniente pelo órgão estatal, inclusive com aplicação mais branda de sanções; *(ii)* mitigar os danos resultantes de uma violação ao FCPA; e, como consequência natural do respeito ao *compliance*, *(iii)* prevenir a ocorrência de violações, reduzindo a exposição da empresa à responsabilidade por práticas corruptivas.[35]

A seu turno, no UK Bribery Act, a realidade é diferente. De acordo com sua Seção 7, a falha na prevenção da corrupção é, por si só, considerada um crime na legislação britânica. Apesar de não falar expressamente em *compliance*, o instituto possui papel de verdadeira defesa, sendo essa a função que lhe concede a Seção 7(2), do UK Bribery Act. De acordo com ela, a existência de procedimentos adequados e designados à prevenção de condutas corruptivas pode ser alegado de forma a evitar a responsabilização penal nos casos de falha na prevenção da corrupção.[36] [37] Ademais, a partir de 2014, passam a ser imple-

---

[34] "Under the current USAM Principles, prosecutors are to consider a corporation's timely and voluntary self-disclosure, both as an independent factor and in evaluating the company's overall cooperation and the adequacy of the company's *compliance* program." *The Fraud Section's Foreign Corrupt Practices Act Enforcement Plan and Guidance*. U.S. Department of Justice: Fraud Section. Washington D.C. (abril, 2016), p. 4. Disponível em: <https://www.justice.gov/opa/file/838386/download>. Acesso em: 4 jun. 2016.

[35] "There are three primary benefits of FCPA *compliance* programs. First, there is independence value in a company maintaining a comprehensive – and practical – FCPA *compliance* policy. (...) [T]he sufficiency of a company's *compliance* policy may influence whether the DOJ decides to bring charges against a company. Furter, if the DOJ pursues charges, a company with na effective *compliance* program will be more likely to recieve leniente treatment from the DOJ, both informally and when the Government calculates sanction amounts. (...) Second, efectice *compliance* programs prevent FCPA violations, thus protecting companies from exposure to liability. (...) And third, effective *compliance* programs hep companies mitigate harm resulting from FCPA violations." CHURI, Salen *et al. Complying with the Foreign Corrupt Practices Act: a Practical Primer.* The University of Chicago Corporate Lab. Global Anti-Corruption Task Force. (jan. 2012), pp. 23-24

[36] "7. Failure of commercial organisations to prevent bribery:
(1) A relevant commercial organisation ("C") is guilty of an offence under this section if a person ("A") associated with C bribes another person intending—
(a) to obtain or retain business for C, or
(b) to obtain or retain an advantage in the conduct of business for C.
(2) But it is a defence for C to prove that C had in place adequate procedures designed toprevent persons associated with C from undertaking such conduct."

[37] "In an unsuccessful attempt to soften the blow that section 7 levels against businesses, Parliament spelled out in section 7(2) of the Act the sole possible defense to the imposition of wholesale corporate liability. The adequate procedures defense is as follows: 'But it is a defence for C to prove that C had in place adequate procedures designed to

mentados DPA, assim como acontece nos Estados Unidos, e, dentre as condições para a celebração de acordos, pode estar a implementação de programas adequados de *compliance*.[38]

3.3 As formas e as funções do *compliance* nos tratados internacionais anticorrupção

No que toca ao âmbito internacional, três convenções são objeto do presente estudo: *(i)* a Convenção da OEA, *(ii)* a Convenção da OCDE, e *(iii)* a Convenção da ONU.

Nota-se que, na medida em que diretamente voltadas para a regulação da conduta de Estados, e não propriamente para o trato com pessoas de direito privado, o *compliance* é trazido principalmente como um objetivo a ser perseguido, requerendo-se dos Estados-partes que incentivem mecanismos de integridade e cooperação.

Na Convenção Interamericana, a ideia do *compliance* não aparece de forma tão explícita, mas é necessário observar que a convenção exige medidas preventivas para "o desempenho correto, honrado e adequado das funções públicas" e, quanto ao setor privado,

> [M]ecanismos para garantir que as sociedades mercantis e outros tipos de associações mantenham registros que, com razoável nível de detalhe, reflitam com exatidão a aquisição e alienação de ativos e mantenham controles contábeis internos que permitam aos funcionários da empresa detectarem a ocorrência de atos de corrupção.[39] [40]

---

prevent persons associated with C from undertaking such conduct.'" BEAN, Bruce W.; MACGUIDWIN, Emma H. Expansive Reach – Useless Guidance: An Introduction to the U.K. Bribery Act 2010 (09 de abril de 2012). *ILSA Journal of International & Comparative Law*, Forthcoming; *MSU Legal Studies Research Paper* n. 10-07. Disponível em: <http://ssrn.com/abstract=2037200>. Acesso em: 20 jul. 2016, p. 22.

[38] "DPAs may include a range of conditions such as disgorgement of profits, financial penalties, compensation to victims, implementation of *compliance* programmes and the appointment of monitors to supervise the application of these measures to ensure future anti-bribery *compliance*." HM Government. UK Anti-Corruption Plan, 2014. Disponível em: <https://www.gov.uk/government/uploads/system/uploads/attachment_data/file/388894/UKantiCorruptionPlan.pdf>. Acesso em: 20 jul. 2016, p.40.

[39] Convenção Interamericana Contra a Corrupção. Artigo III, item 10. Promulgada no Brasil pelo Decreto nº 4.410, de 07 de outubro de 2002. Disponível em: <http://www.planalto.gov.br/ccivil_03/decreto/2002/D4410.htm>. Acesso em: 9 jun. 2016.

[40] "Quanto às empresas, além de se absterem de oferecer pagamentos ilícitos a funcionários públicos, também é necessário que incorporem práticas administrativas adequadas". RAMINA, Larissa. A Convenção Interamericana Contra a Corrupção: uma breve análise. *Revista Direitos Fundamentais & Democracia*, Paraná, UniBrasil, v. 6, p. 09, 2009.

No âmbito da Convenção da OCDE, o conteúdo do *compliance* é guiado pelo *OECD Guidance*,[41] guia também utilizado como parâmetro, como visto, nos Estados Unidos. A Convenção da ONU, por sua vez, dedica seu artigo 12 para discriminar medidas que considera relevantes para prevenir a corrupção no setor privado.[42]

---

[41] Good Practice Guidance on Internal Controls, Ethics, and *Compliance*. Conselho da OCDE. Adotado em 18 de fevereiro de 2010. Disponível em: <https://www.oecd.org/daf/anti-bribery/44884389.pdf>. Acesso em: 9 jun. 2016.

[42] Convenção das Nações Unidas contra a Corrupção. Promulgada pelo Brasil pelo Decreto nº 5.687, de 31 de janeiro de 2006. Disponível em: <http://www.planalto.gov.br/ccivil_03/_Ato2004-2006/2006/Decreto/D5687.htm>. Acesso em: 9 jun. 2016.
"Artigo 12 – Setor Privado.
1. Cada Estado Parte, em conformidade com os princípios fundamentais de sua legislação interna, adotará medidas para prevenir a corrupção e melhorar as normas contábeis e de auditoria no setor privado, assim como, quando proceder, prever sanções civis, administrativas ou penais eficazes, proporcionadas e dissuasivas em caso de não cumprimento dessas medidas.
2. As medidas que se adotem para alcançar esses fins poderão consistir, entre outras coisas, em:
a) Promover a cooperação entre os organismos encarregados de fazer cumprir a lei e as entidades privadas pertinentes;
b) Promover a formulação de normas e procedimentos com o objetivo de salvaguardar a integridade das entidades privadas pertinentes, incluídos códigos de conduta para o correto, honroso e devido exercício das atividades comerciais e de todas as profissões pertinentes e para a prevenção de conflitos de interesses, assim como para a promoção do uso de boas práticas comerciais entre as empresas e as relações contratuais das empresas com o Estado;
c) Promover a transparência entre entidades privadas, incluídas, quando proceder, medidas relativas à identificação das pessoas jurídicas e físicas envolvidas no estabelecimento e na gestão de empresas;
d) Prevenir a utilização indevida dos procedimentos que regulam as entidades privadas, incluindo os procedimentos relativos à concessão de subsídios e licenças pelas autoridades públicas para atividades comerciais;
e) Prevenir os conflitos de interesse impondo restrições apropriadas, durante um período razoável, às atividades profissionais de ex-funcionários públicos ou à contratação de funcionários públicos pelo setor privado depois de sua renúncia ou aposentadoria quando essas atividades ou essa contratação estejam diretamente relacionadas com as funções desempenhadas ou supervisionadas por esses funcionários públicos durante sua permanência no cargo;
f) Velar para que as empresas privadas, tendo em conta sua estrutura e tamanho, disponham de suficientes controles contábeis internos para ajudar a prevenir e detectar os atos de corrupção e para que as contas e os estados financeiros requeridos dessas empresas privadas estejam sujeitos a procedimentos apropriados de auditoria e certificação;
3. A fim de prevenir a corrupção, cada estado parte adotará as medidas que sejam necessárias, em conformidade com suas leis e regulamentos internos relativos à manutenção de livros e registros, à divulgação de estados financeiros e às normas de contabilidade e auditoria, para proibir os seguintes atos realizados com o fim de cometer quaisquer dos delitos qualificados de acordo com a presente Convenção:
a) O estabelecimento de contas não registradas em livros;
b) A realização de operações não registradas em livros ou mal especificadas;
c) O registro de gastos inexistentes;
d) O juízo de gastos nos livros de contabilidade com indicação incorreta de seu objetivo;

No que toca às funções do *compliance,* vale lembrar que, na Convenção Interamericana, como já mencionado, o *compliance* é trabalhado de maneira indireta, de forma que não lhe é concedido um papel específico, como ocorre no FCPA.

O *compliance* também não é abordado diretamente no texto da Convenção da OCDE. Entretanto, dentre as Recomendações do Conselho para Combate à Corrupção de Funcionários Públicos Estrangeiros em Transações Comerciais Internacionais,[43] encontra-se, expressamente, a recomendação no sentido de que os Estados encorajem as empresas a criarem e obedecerem a controles de ética e programas de *compliance.* A existência de tais programas, inclusive, deve ser considerada pelos governos na concessão de vantagens quando da contratação dessas empresas com entes públicos, quando da emissão de licenças e da concessão de créditos para exportação.[44] A importância do *compliance* surge, também e a todo momento, no mencionado *OECD Guidance.*

Por fim, a situação do *compliance* da Convenção da ONU assemelha-se às anteriores, sendo ele tratado mais como um objetivo a ser buscado pelos Estados-partes, do que especificando, diretamente, quais seriam suas funções.[45]

---

e) A utilização de documentos falsos; e
f) A destruição deliberada de documentos de contabilidade antes do prazo previsto em lei.
4. Cada Estado Parte ditará a dedução tributária relativa aos gastos que venham a constituir suborno, que é um dos elementos constitutivos dos delitos qualificados de acordo com os Artigos 15 e 16 da presente Convenção e, quando proceder, relativa a outros gastos que tenham tido por objetivo promover um comportamento corrupto."

[43] As "Recommendation of the Council for Further Combating Bribery of Foreign Public Officials in International Business Transactions" foram adotadas em 26 de novembro de 2009, e são aplicadas a todos os Estados-membros da OCDE, bem como àqueles Estados-partes da Convenção da OCDE. Disponível em: <https://www.oecd.org/daf/anti-bribery/ ConvCombatBribery_ENG.pdf>. Acesso em: 15 jun. 2016.

[44] Vide, entre outras, as Recomendações VI, ii ("Criminalisation of Bribery of Foreign Public Officials"), X ("Accounting Requirements, External Audit, and Internal Controls, Ethics and *Compliance*").

[45] A observância do *compliance* deveria ser buscada inclusive mediante a aplicação de sanções àqueles que não o observassem, conforme o art. 12, item 2, f, da Convenção da ONU: "Artigo 12 – Setor Privado.
1. Cada Estado Parte, em conformidade com os princípios fundamentais de sua legislação interna, adotará medidas para prevenir a corrupção e melhorar as normas contábeis e de auditoria no setor privado, assim como, quando proceder, prever sanções civis, administrativas ou penais eficazes, proporcionadas e dissuasivas em caso de não cumprimento dessas medidas.
2. As medidas que se adotem para alcançar esses fins poderão consistir, entre outras coisas, em: (...)
f) Velar para que as empresas privadas, tendo em conta sua estrutura e tamanho, disponham de suficientes controles contábeis internos para ajudar a prevenir e detectar os atos de corrupção e para que as contas e os estados financeiros requeridos dessas empresas privadas estejam sujeitos a procedimentos apropriados de auditoria e certificação;"

4 O *compliance* na lei brasileira anticorrupção

No Brasil, a Lei nº 12.846, de 1º de agosto de 2013 (Lei Brasileira Anticorrupção), que "[d]ispõe sobre a responsabilização administrativa e civil de pessoas jurídicas pela prática de atos contra a administração pública, nacional ou estrangeira, e dá outras providências", é a primeira legislação nacional anticorrupção, não obstante a incorporação da Convenção da OEA pelo Decreto nº 4.410, de 07 de outubro de 2002, e da Convenção da ONU, pelo Decreto nº 5.687, de 31 de janeiro de 2006.[46]

De início, cumpre anotar que a Lei Brasileira Anticorrupção, apesar de receber essa nomenclatura, em momento algum utiliza expressamente os termos "anticorrupção" ou "corrupção".[47] Isso, contudo, não impede a adoção dessa terminologia, pois o combate a práticas corruptivas é exatamente o que busca a lei.

Tampouco empregou ela o termo "*compliance*" em sua redação. Entretanto, prevê consequências positivas quanto à "existência de mecanismos e procedimentos internos de integridade, auditoria e incentivo à denúncia de irregularidades e a aplicação efetiva de códigos de ética e de conduta no âmbito da pessoa jurídica".[48]

4.1 As formas do *compliance* na Lei Brasileira Anticorrupção

Assim como nas legislações estrangeiras e internacionais, não há, na Lei Brasileira Anticorrupção, uma definição quanto ao que seriam os mecanismos de integridade. Isso motivou a doutrina nacional a buscar descrever suas *formas*, assim como ocorreu fora do país.[49 50 51 52]

---

[46] Não se olvida também que outras legislações brasileiras precedentes já abordavam, de alguma forma, a responsabilidade administrativa de pessoas jurídicas inidôneas, como a Lei nº 8.666/1993.

[47] Em verdade, há, no art. 9º, utilização do termo "corrupção", mas apenas como forma de se referir à "Convenção sobre o Combate da Corrupção de Funcionários Públicos Estrangeiros em Transações Comerciais Internacionais", aqui tratada como Convenção da OCDE.

[48] Lei nº 12.846/2013, art. 7º, VIII.

[49] "Em definição simplificada, *compliance* anticorrupção vem a ser o conjunto de mecanismos e medidas, organizados sob a forma de um programa, que buscam alinhar as organizações com as melhores práticas para prevenir a corrupção, reduzindo riscos e criando ambientes de integridade e ética sadios". FREITAS, Pedro Aguiar de. A Lei Anticorrupção e as empresas: *compliance* e modulação de sanções. *Revista do Advogado*, ano XXXIV, n. 125. Associação dos Advogados de São Paulo, (dez. 2014), p. 98.

O Ministério da Justiça, por sua vez, também já listou o que considera essencial para um programa de *compliance*, mas no que toca à prevenção de infrações à Ordem Econômica.[53] Todavia, ao que tudo indica, as formas consideradas adequadas para o *compliance* no direito estrangeiro e internacional se adaptam à realidade brasileira, de maneira que o rol exemplificativo descrito no item III.1 *pode ser aqui aproveitado sem prejuízos*, valendo, naturalmente, a ressalva quanto à importância da análise pormenorizada do caso concreto.

Não obstante, importante também pontuar que o Decreto nº 8.420, de 18 de março de 2015, que regulamenta a Lei Brasileira Anticorrupção

---

[50] "Os principais elementos caracterizadores de um programa de *compliance* efetivo são: 'Comprometimento e suporte da alta administração da empresa; Área de *Compliance* deve ser independente, com funcionários e condições materiais suficientes e deve ter acesso direto à alta administração da empresa (Conselho de Administração); Mapeamento e análise dos riscos; Estabelecimento de controles e procedimentos; Criação de meios de comunicação internos e treinamentos; Existência de mecanismos que possibilitem o recebimento de denúncias (hotlines) de empregados e de terceiros, mantendo-se a confidencialidade e impedindo retaliações; Existência de políticas escritas sobre anticorrupção; brindes e presentes, doações; hospedagens; viagens e entretenimento.'" BLOK, Marcella. A nova Lei Anticorrupção e o *Compliance*. *Revista de Direito Bancário e do Mercado de Capitais*, v. 65, p. 263-318, jul./set. 2014.

[51] "[O] regime de conformidade (*compliance*) auto-instituído na pessoa jurídica deve, em primeiro lugar, comprometer, envolver e vincular os dirigentes da pessoa jurídica e os seus quadros funcionais.
Deve, para tanto, estabelecer, como referido, um regime de auditoria interna encarregada não apenas da verificação das contas, mas, sobretudo, da legitimidade dos negócios jurídicos que as originaram. Deve, outrossim, a auditoria interna manter um sistema de análise de risco no que concerne às atividades e aos negócios próprios da pessoa jurídica nas suas relações internas, privadas e públicas.
Daí resulta a necessidade de se estabelecer um serviço permanente de *duediligence* para análise dos termos de cada negócio jurídico realizado (...).
Deve mais essa auditoria interna, que é o órgão executivo do regime de conformidade (*compliance*) manter um serviço permanente de recebimento de denúncias que podem ser de fontes internas como externas (...).
Deve ainda manter a auditoria interna um serviço de monitoramento permanente (serviços de inteligência) para o levantamento de indícios de práticas de corrupção interna, privada ou pública. (...)
Outro elemento indispensável do regime de conformidade é o treinamento permanente dos quadros da pessoa jurídica, abrangendo os dirigentes e os funcionários. (...)"CARVALHOSA, Modesto. *Considerações sobre a Lei Anticorrupção das Pessoas Jurídicas:* Lei 12.846/2013. São Paulo: Revista dos Tribunais, 2015, p. 328-330.

[52] Vide, também, AYRES, Carlos Henrique da Silva. Programas de *compliance* no âmbito da Lei nº 12.846/2013: importância e principais elementos. *Revista do Advogado*, ano XXXIV, n. 125, dez. 2014. Associação dos Advogados de São Paulo.

[53] Vide Portaria nº 14, de 09 de março de 2004, que "define diretrizes gerais para elaboração de Programas de Prevenção de Infrações à Ordem Econômica (PPI) e estabelece requisitos e condições para a emissão, pela Secretaria de Direito Econômico (SDE), de seu Certificado de Depósito". Ministério da Justiça. Secretaria de Direito Econômico. Disponível em: <http://s.conjur.com.br/dl/portaria-14-2004-sde.pdf>. Acesso em: 16 jun. 2016.

em âmbito federal, elenca parâmetros de avaliação para os chamados mecanismos de integridade,[54] [55] bem como o fez a Controladoria-Geral da União, ao confeccionar o guia *Programa de Integridade: Diretrizes para Empresas Privadas*,[56] ambos cuja observância é recomendada.[57]

4.2 As funções do *compliance* na Lei Brasileira Anticorrupção

Até aqui, buscou-se tecer um panorama geral acerca do que é o *compliance*, quais as suas formas, e como ele é aplicado no direito comparado. O presente tópico trabalhará com a aplicação do *compliance* no âmbito da Lei Brasileira Anticorrupção.

Como visto, a lei não emprega a expressão "programas de *compliance*", referindo-se apenas a "mecanismos e procedimentos internos de integridade", as quais, para efeitos práticos, podem ser consideradas sinônimas. Tais programas, por sua vez, relacionam-se diretamente com os padrões de governança corporativa, impactando significativamente na forma como o mercado percebe e avalia as empresas.[58]

---

[54] Vide art. 41 e 42, do Decreto nº 8.420, de 18 de março de 2015. Disponível em: <http://www.planalto.gov.br/ccivil_03/_Ato2015-2018/2015/Decreto/D8420.htm>. Acesso em: 16 jun. 2016.

[55] O Município de São Paulo havia buscado essa enumeração por meio do art. 24 do Decreto Municipal nº 55.107, de 13 de maio de 2014. Contudo, referido rol foi superado com a edição do Decreto nº 8.420.

[56] Controladoria Geral da União. *Programa de integridade: diretrizes para empresas privadas.* Brasília, set./2015. Disponível em: <http://www.cgu.gov.br/Publicacoes/etica-e-integridade/arquivos/programa-de-integridade-diretrizes-para-empresas-privadas.pdf>. Acesso em: 17 jun. 2016.

[57] "No entanto, importante destacar que o advento de programas de *compliance* não é obrigatório no Brasil. Além disso, ainda que as empresas optem pela sua adoção, não estão obrigadas a fazê-lo nos moldes sugeridos pelas leis vigentes. Contudo, constata-se em nível global que as empresas estão tendo que promover uma junção entre moralidade, publicidade, legalidade, eficiência, impessoalidade, proporcionalidade e responsabilidade objetiva, o que pressupõe a uniformização dos critérios de avaliação dos mecanismos de integridade." CASTELLA, Gabriel Morettini; GABARDO, Emerson. A nova Lei Anticorrupção e a importância do *compliance* para as empresas que se relacionam com a Administração Pública. *A&C – Revista de Direito Administrativo & Constitucional*, Belo Horizonte, ano 15, n. 60, p. 129-147, abr./jun. 2015, p. 144.

[58] Conforme estudo sobre a maturidade do *compliance* no Brasil, "[a] KPMG tem identificado que, cada vez mais, o tema *compliance* tem sido pauta das reuniões do Conselho de Administração, Comitê de Auditoria, Conselho Fiscal e das Diretorias Executivas, e que as expectativas e as cobranças dos *shareholders* e dos *stakeholders* por uma governança corporativa mais clara e transparente têm sido extremamente requisitadas (...) Os riscos do *compliance* desafiam as empresas a criarem um modelo inovador para atingirem um novo patamar de governança corporativa". Pesquisa: maturidade do *compliance* no Brasil: desafio das empresas no processo de estruturação da função e programa de *compliance* na prevenção, na detenção e no monitoramento de riscos. KPMG. Disponível em: <https://

Em suma, a Lei Brasileira Anticorrupção prevê dois tipos de responsabilidade para aqueles que praticam os atos lesivos previstos em seu art. 5º: a *administrativa*, nos termos do art. 6º e seguintes, e a *judicial*, prevista no art. 18 e seguintes.[59]

Cada uma delas, por sua vez, prevê sanções específicas e que podem ser aplicadas cumulativamente ou não. No âmbito da responsabilização administrativa, são previstas as sanções de multa e de publicação extraordinária da decisão condenatória.[60] Já no âmbito judicial, têm-se as seguintes sanções, elencadas no art. 19:

I – perdimento dos bens, direitos ou valores que representem vantagem ou proveito direta ou indiretamente obtidos da infração, ressalvado o direito do lesado ou de terceiro de boa-fé;

II – suspensão ou interdição parcial de suas atividades;

III – dissolução compulsória da pessoa jurídica;

IV – proibição de receber incentivos, subsídios, subvenções, doações ou empréstimos de órgãos ou entidades públicas e de instituições financeiras públicas ou controladas pelo poder público, pelo prazo mínimo de 1 (um) e máximo de 5 (cinco) anos.

Na esfera judicial, ainda pode surgir o dever de reparação integral dos danos causados pelo ilícito,[61] sejam eles materiais ou imateriais.[62]

---

www.kpmg.com/BR/PT/Estudos_Analises/artigosepublicacoes/Documents/Advisory/pesquisa-*compliance*-no-brasil.pdf>. Acesso em: 17 jun. 2016.

[59] Não se olvida que parcela da doutrina considera existir um caráter penal na Lei nº 12.846/13. Contudo, não obstante não ser essa discussão objeto do presente artigo, adianta-se a discordância quanto a esse entendimento. Para estudo da corrente que entende pelo caráter penal, vide BOTTINI, Pierpaolo Cruz. *A Lei Anticorrupção como lei penal encoberta*. Disponível em: <http://www.conjur.com.br/2014-jul-08/direito-defesa-lei-anticorrupcao-lei-penal-encoberta#author>. Acesso em: 16 jun. 2016; CARVALHOSA, Modesto. *Considerações sobre a Lei Anticorrupção das Pessoas Jurídicas:* Lei 12.846/2013. São Paulo: Revista dos Tribunais, 2015; e KUYVEN, Fernando. Aplicação ultraterritorial da Lei Anticorrupção. *Revista de Direito Empresarial*, v. 4, p. 263, jul. 2014.

[60] "Art. 6º Na esfera administrativa, serão aplicadas às pessoas jurídicas consideradas responsáveis pelos atos lesivos previstos nesta Lei as seguintes sanções:
I – multa, no valor de 0,1% (um décimo por cento) a 20% (vinte por cento) do faturamento bruto do último exercício anterior ao da instauração do processo administrativo, excluídos os tributos, a qual nunca será inferior à vantagem auferida, quando for possível sua estimação; e
II – publicação extraordinária da decisão condenatória."

[61] "Art. 21. Nas ações de responsabilização judicial, será adotado o rito previsto na Lei no 7.347, de 24 jul. 1985.
Parágrafo único. A condenação torna certa a obrigação de reparar, integralmente, o dano causado pelo ilícito, cujo valor será apurado em posterior liquidação, se não constar expressamente da sentença.

[62] Aqui, opta-se por adotar a ideia de dano imaterial, e não dano moral, quanto aos danos causados, por exemplo, à imagem do Estado e à integridade de suas instituições."

No que toca aos chamados mecanismos de integridade, nota-se que a Lei Brasileira Anticorrupção somente lhes faz menção expressa em uma oportunidade, ao explicitar, no art. 7º, VIII, que será levado em conta, na aplicação das sanções, "a existência de mecanismos e procedimentos internos de integridade, auditoria e incentivo à denúncia de irregularidades e a aplicação efetiva de códigos de ética e de conduta no âmbito da pessoa jurídica".

Percebe-se, assim, que, a princípio, a existência de um programa adequado de *compliance* somente produziria efeitos quando da responsabilização administrativa, na medida em que referido artigo 7º, VIII, consta do capítulo referente a ela. Entretanto, como se passa a demonstrar, o *compliance* possui relevância tanto na responsabilização administrativa, quanto na judicial, bem assim na celebração de acordos de leniência.

a) O *compliance* e a responsabilização administrativa

Como informado, a Lei Brasileira Anticorrupção torna o papel do *compliance* expresso apenas no que toca à responsabilização administrativa. Na medida em que as sanções administrativas resumem-se à multa e à publicação da decisão condenatória, fica evidente que a existência de mecanismos de integridade efetivos pode produzir dois efeitos: *(i)* atenuar o valor da multa pecuniária e *(ii)* evitar que a Administração Pública determine a publicação da decisão condenatória, impactando negativamente a imagem da pessoa jurídica no mercado.

Conforme o art. 8º da lei, a apuração da responsabilidade de pessoa jurídica infratora dá-se mediante instauração e julgamento de processo administrativo de responsabilização (PAR), de competência da autoridade máxima de cada órgão ou entidade dos Poderes Executivo, Legislativo e Judiciário.

Atribuir ao *compliance* papel de atenuante, portanto, deve ser visto com bons olhos, na medida em que, como leciona Jorge Hage Sobrinho,

> [u]m dos efeitos mais importantes esperados desta lei, por parte da CGU, reside exatamente no estímulo à adoção de boas práticas corporativas, capazes de aperfeiçoar o ambiente de negócios no país. Isso inclui, necessariamente, programas de *compliance* adequados ao porte e à natureza da empresa. Tal estímulo se dá pela previsão legal de que um bom e efetivo programa de integridade corporativa funcionará como forte atenuante

na hipótese de, a despeito de tê-lo, a empresa ver-se envolvida em algum dos ilícitos elencados no art. 5º.[63]

Em que pese o benefício representado por essa disposição, nota-se que *a Lei Brasileira Anticorrupção não estabelece parâmetros objetivos quanto à forma como a atenuação deve acontecer.* Ao que parece, em atenção à autonomia dos entes federativos, buscou o legislador deixar ao encargo de cada ente a edição de normas para regulamentar como essa mensuração se dará.

Entretanto, no plano federal, há um instrumento nesse sentido. Foi editado o Decreto nº 8.420/2015.[64]

Consoante observado, a Lei Brasileira Anticorrupção, em seu art. 6º, II, prevê uma multa administrativa "no valor de 0,1% (um décimo por cento) a 20% (vinte por cento) do faturamento bruto do último exercício anterior ao da instauração do processo administrativo, excluídos os tributos, a qual nunca será inferior à vantagem auferida, quando for possível sua estimação".

O art. 17 do decreto, por sua vez, prevê como o cálculo dessa porcentagem (de 0,1% a 20%, prevista no art. 6º) deve ser feito. Ele se inicia com a *soma* dos valores correspondentes aos percentuais do faturamento bruto da pessoa jurídica no último exercício anterior ao da instauração do PAR, previstos nos incisos do art. 17. Assim, por exemplo, caso haja continuidade de atos lesivos no tempo, é somado de 1 a 2,5% (art. 17, I); se há tolerância ou ciência de pessoas do corpo diretivo ou gerencial da pessoa jurídica, somam-se também de 1 a 2,5% (art. 17, II); caso haja interrupção no fornecimento de serviço público ou na execução de obra contratada, somam-se mais 1 a 4% (art. 17, III), e assim sucessivamente.

Do resultado da soma desses fatores, preveem os incisos do art. 18 uma série de hipóteses em que deve haver a *subtração* dos valores

---

[63] SOBRINHO, Jorge Hage. Lei 12.846/2013: Lei da empresa limpa. *Revista dos Tribunais*, v. 947, set 2014, p. 09.S

[64] "Caso se entenda, como parece ser a posição dominante até aqui, que a disciplina do Executivo federal concernente ao conteúdo e à avaliação dos programas de *compliance* estaria restrita a essa esfera de governo, restaria a Estados e municípios editarem suas próprias regulamentações.

Ressalta-se que a LAC possui tanto natureza de norma civil quanto administrativa.

Portanto, há que se perseguir o equilíbrio entre a competência privativa da União para legislar sobre matéria de Direito Civil e a preservação da autonomia administrativa dos Estados e municípios.

Em realidade, a melhor composição possível, inclusive do ponto de vista da sua racionalidade, seria que Estados e municípios, por meio de normas próprias, fizessem a remissão à regulamentação federal". FREITAS, Pedro Aguiar de. A Lei Anticorrupção e as empresas: *compliance* e modulação de sanções. *Revista do Advogado*, ano XXXIV, n. 125, dez. 2014, p. 99.

correspondentes a percentuais do faturamento bruto da pessoa jurídica no último exercício anterior ao da instauração do PAR. Logo, caso não haja a consumação da infração, deve ser reduzido 1% (art. 18, I); se a pessoa jurídica comprovar o ressarcimento dos danos a que tenha dado causa, reduz-se entre 1% e 1,5% (art. 18, II), e assim por diante. Na comprovação da existência e aplicação de um programa de *compliance* adequado, prevê o art. 18, V, a redução na multa de 1 a 4% do faturamento bruto da pessoa jurídica.

A multa será, assim, o *resultado* dessas operações matemáticas. Em um exemplo prático, caso o ato de corrupção seja feito com continuidade no tempo, com ciência dos administradores e tenha resultado na interrupção do serviço público, prevê o art. 17 que a multa será entre 3 e 9% do faturamento bruto. Caso essa mesma empresa, contudo, possua um código de *compliance* adequado, essa multa seria reduzida, observando os percentuais do art. 18, V.

Nesse mesmo exemplo, portanto, se a soma dos percentuais do art. 17 resultasse em 9% do faturamento bruto, e os mecanismos de integridade da pessoa jurídica observassem todos os elementos trabalhados neste texto, poderia a multa final ser de 5% do faturamento bruto (9%-4%). Vale pontuar, contudo, que, no caso concreto, *essas operações podem ter os mais diversos resultados*, prevendo os art. 19 e seguintes os demais critérios a serem levados em consideração pelo órgão de controle, os quais não serão aqui pormenorizados, sob pena de enfadar desnecessariamente o leitor. Basta pontuar que, sendo o resultado dessas operações igual ou menor a zero, o valor da multa poderá corresponder a 0,1% do faturamento bruto ou a R$6.000,00 (art. 19).

O que importa perceber, afinal, é que a existência de um programa de *compliance* efetivo *pode ser uma atenuante considerável* (imagine que, no exemplo anterior, a soma dos percentuais do art. 17 fosse de 5%, mas fossem reduzidos 4% pelo art. 18, V, com multa final fixada em 1% do faturamento bruto), *mas também pode não o ser*.

Nos Estados Unidos, como visto, as *U.S. Sentencing Guidelines* preveem um mecanismo de pontuação para a dosimetria das sanções a serem aplicadas e, caso observados todos os critérios de pontuação no que toca à existência de um programa de *compliance* efetivo, torna-se possível a redução da sanção em até 95%. Acredita-se, portanto, que a redução proporcionada pelo *compliance* no Brasil *deve ser sempre a maior possível, de modo a ser economicamente interessante às empresas adotarem mecanismos de integridade adequados e, com isso, seja o compliance cada vez mais efetivo.*[65] [66]

b) O *compliance* e os acordos de leniência

Nos termos dos art. 16 e seguintes da Lei Brasileira Anticorrupção, é possível, às autoridades máximas de cada órgão ou entidade pública, a celebração de acordos de leniência com as empresas responsáveis por práticas corruptivas. De natureza eminentemente administrativa, os acordos de leniência permitem a isenção das sanções previstas nos art. 6º, II, e 19, IV, bem como a redução da multa do art. 6º, I, em até 2/3 (dois terços).[67] [68]

O *compliance*, no período compreendido entre 21 de dezembro de 2015 e 29 de maio de 2016,[69] possuía papel de expresso destaque no que toca à leniência. Em virtude da redação do art. 16 da Lei Brasileira Anticorrupção, alterada pela Medida provisória nº 703/2015, "o comprometimento da pessoa jurídica na implementação ou na melhoria de mecanismos internos de integridade" seria verdadeiro requisito para que o órgão de controle celebrasse o acordo.

---

[65] "Pelo que se tem observado até aqui, nesses meses, é possível arriscar uma estimativa a respeito dos temas que prometem constituir a agenda dos próximos meses nessa matéria: 1) **A necessidade, para as empresas, de se prepararem em termos de suas estruturas ou programas de** *compliance*, ai incluídas as análises de riscos e a due diligence quanto a seus fornecedores, terceirizados em geral, procuradores, representantes, incorporados e consorciados, **de modo a evitar incidir em quais quer das hipóteses de enquadramento (por responsabilidade objetiva, repise-se) nos tipos de ilícitos da nova lei.** Importa registrar que já é possível identificar uma clara movimentação do empresariado brasileiro nessa direção." SOBRINHO, Jorge Hage. Lei 12.846/2013: lei da empresa limpa. *Revista dos Tribunais*, v. 947, set 2014, p. 10 (grifos nossos).

[66] "Evidentemente, por melhor que seja um programa de *compliance*, ainda assim atos lesivos poderão ocorrer. Como demonstrado anteriormente, a implementação de um programa de *compliance* demanda um esforço significativo das pessoas jurídicas, devendo ser reconhecido." AYRES, Carlos Henrique da Silva. Programas de *compliance* no âmbito da Lei nº 12.846/2013: importância e principais elementos. *Revista do Advogado*, ano XXXIV, n. 125, dez. 2014, p. 49. Associação dos Advogados de São Paulo.

[67] Para aprofundamento quanto aos acordos de leniência, vide LARA, Fabiano Teodoro de Rezende; LUZ, Reinaldo Diogo. Programa de leniência na Lei Anticorrupção. Disponível em: <http://www.conpedi.org.br/publicacoes/66fsl345/nlxnt420/m550LKq3E1EY1ICx. pdf>. Acesso em: 17 jun. 2016.

[68] Vide também SILVEIRA, Renato de Mello Jorge Silveira. O acordo de leniência na Lei Anticorrupção. *Revista dos Tribunais*, v. 947, set. 2014, p. 157.

[69] Período compreendido entre a data de publicação da Medida provisória nº 703/2015 e o encerramento de sua vigência. Vide <http://www.planalto.gov.br/ccivil_03/_Ato2015-2018/2016/Congresso/adc-027-mpv703.htm>. Acesso em: 17 jun. 2016.

CRISTIANA FORTINI (COORD.)
CORRUPÇÃO E SEUS MÚLTIPLOS ENFOQUES JURÍDICOS

Todavia, referida medida provisória caducou, retornando o art. 16 à sua redação original, sem o *compliance* como requisito expresso para celebração da leniência.

O retorno ao texto original enseja críticas ao, aparentemente, distanciar-se do objetivo de estabelecimento de uma cultura de *compliance*. Enquanto no âmbito do FCPA a existência de mecanismos de integridade adequados é condição para que o DOJ e a SEC ofereçam a possibilidade de celebração dos DPA e NPA,[70] estaria o Brasil na contramão dessa dinâmica.

Contudo, apesar de não mais constar expressamente do texto da Lei Brasileira Anticorrupção, acredita-se que, na prática, *o compliance deve ser levado em consideração na celebração de acordos de leniência*. E é nesse sentido que se posiciona a Controladoria Geral da União (CGU), ao fixar, por meio da Portaria nº 910, de 07 de abril de 2015, a necessidade de "proceder à avaliação do programa de integridade, caso existente, nos termos de regulamento específico da CGU".[71] Não foi outro o entendimento do órgão ao editar guia sobre o assunto:

> [a] avaliação do Programa de Integridade da empresa poderá ser utilizada tanto para aplicação das sanções – como fator de redução da multa – quanto para a celebração de acordo de leniência. Nesse último caso, o compromisso de adotar, aplicar ou aperfeiçoar o Programa de Integridade será de adoção obrigatória pela empresa para suas operações futuras.[72]

Não bastasse isso, mas o Decreto nº 8.420 também faz alusão ao papel do *compliance* na leniência, na medida em que estabelece que os acordos devem versar sobre "a adoção, aplicação ou aperfeiçoamento de programa de integridade".[73] Isso denota que a existência de tais mecanismos é valorizada, sendo sua adoção, afinal, verdadeiro pressuposto para que os acordos de leniência sejam celebrados.

---

[70] Estudados no tópico 3.1.

[71] Art. 30, IV, Portaria nº 910, de 7 de abril de 2015. Disponível em: <http://www.cgu.gov.br/sobre/legislacao/arquivos/portarias/portaria_cgu_910_2015.pdf>. Acesso em: 17 jun. 2016.

[72] Controladoria Geral da União. Programa de integridade: Diretrizes para empresas privadas. Brasília, set. 2015, p. 25. Disponível em: <http://www.cgu.gov.br/Publicacoes/etica-e-integridade/arquivos/programa-de-integridade-diretrizes-para-empresas-privadas.pdf>. Acesso em: 17 jun. 2016.

[73] "Art. 37. O acordo de leniência conterá, entre outras disposições, cláusulas que versem sobre: (...)IV – a adoção, aplicação ou aperfeiçoamento de programa de integridade, conforme os parâmetros estabelecidos no Capítulo IV."

c) O *compliance* e a responsabilização judicial

Além da responsabilização administrativa por meio do processo administrativo de responsabilização – PAR, a pessoa jurídica, que pratica os atos lesivos à administração, pode sofrer responsabilização judicial. Nos termos do art. 19 da Lei Anticorrupção, no processo judicial, podem ser aplicadas, isolada ou cumulativamente, as seguintes sanções:

> I – perdimento dos bens, direitos ou valores que representem vantagem ou proveito direta ou indiretamente obtidos da infração, ressalvado o direito do lesado ou de terceiro de boa-fé; II – suspensão ou interdição parcial de suas atividades; III – dissolução compulsória da pessoa jurídica; e IV – proibição de receber incentivos, subsídios, subvenções, doações ou empréstimos de órgãos ou entidades públicas e de instituições financeiras públicas ou controladas pelo poder público, pelo prazo mínimo de 1 (um) e máximo de 5 (cinco) anos.

A ação pode ser proposta pela União, Estados, Distrito Federal e Municípios, por meio das respectivas advocacias públicas ou órgãos de representação judicial, ou equivalentes, e pelo Ministério Público, e seguirá o rito da ação civil pública, previsto na Lei nº 7.347/85.

Nesse contexto, cumpre averiguar quais seriam os efeitos do *compliance* na seara da responsabilização judicial. Seria ele um meio de defesa, idôneo a afastar a responsabilidade do ente coletivo?

A resposta a esta pergunta é negativa. A existência de mecanismos de integridade na pessoa jurídica não impede a incidência das sanções previstas no referido art. 19.

A propósito, registre-se que o §2º do art. 19,[74] que condicionava a responsabilização judicial à comprovação de culpa ou dolo, *foi vetado pela Presidente da República*, não ganhando eficácia. Se tal dispositivo houvesse sido sancionado, o *compliance* funcionaria como uma excludente de responsabilidade quando de condutas culposas. Na hipótese em que perquirida a culpa da pessoa jurídica pela prática dos atos lesivos à administração, ela seria elidida pela existência de um *compliance* efetivo.

Todavia, não é isso o que emerge da legislação sancionada. A responsabilização da pessoa coletiva, seja no campo administrativo, seja no judicial, é objetiva e, assim, o *compliance* não é o *quantum satis* à exclusão da reponsabilidade.

---

[74] Confira-se a redação aprovada pelo Congresso: "§2º Dependerá da comprovação de culpa ou dolo a aplicação das sanções previstas nos incisos II a IV do caput deste artigo."

Na verdade, na hipótese de aplicação das sanções do art. 19, o *compliance* deve ser alegado pela pessoa jurídica em sua defesa e terá o papel de orientar o julgador na escolha da sanção *in concreto*.

Se o ente legal comprova a existência de efetivos mecanismos de integridade, demonstra que adotou medidas para obstar a ocorrência de ilícitos e, portanto, sua sanção deve ser mais branda do que a de outros, que se mostram indiferentes ao *compliance*.

Portanto, na responsabilização judicial, o *compliance* também funciona, em certa medida, como atenuante, porém para o fim de se eleger uma sanção mais branda, entre aquelas constantes do art. 19.

Na ação civil pública, também cabe a busca da reparação do dano experimentado pela administração. Lembre-se de que, nem as sanções administrativas, nem aquelas arroladas no art. 19 da Lei Anticorrupção, afastam a necessidade de integral reparação do dano, conforme disposto no art. 21, *parágrafo único*, da lei.[75]

Em princípio, o *compliance* não pode ser invocado para afastar a obrigação de reparação total do dano. Este há de ser ressarcido em toda a sua extensão, não servindo os mecanismos de integridade como hipótese de abrandamento da condenação.

Nos casos de danos de ordem imaterial, cuja mensuração exata não é possível, corre-se o risco de que os julgadores fixem valores elevados a título de reparação, tendo em conta a doutrina da *punitive damages*. Nessas situações, todavia, alegando-se o *compliance* em defesa, deverá ele operar efeito de atenuante, ou mesmo servir para o afastamento da *punitive demages*, pois, como já afirmado, a pessoa jurídica estará demonstrando o seu engajamento no combate à prática da corrupção.

Imagine-se, como exemplo, uma grande sociedade empresária, com efetivo programa de *compliance,* e que tem um empregado flagrado fazendo uma oferta de suborno a um servidor público, nos termos do art. 5º, I, da Lei Brasileira Anticorrupção, para o fim específico de liberação aduaneira de mercadorias por ela importadas. O empregado agiu à revelia da alta administração da sociedade e dos preceitos éticos estatuídos no respectivo código de conduta. Apesar de o empregado não ter logrado êxito em sua empreitada, a pessoa jurídica veio a ser ré numa ação civil pública, em que o *Parquet* busca a reparação integral do dano. Tratando-se de dano imaterial, no caso, não deve o juiz penalizar a pessoa jurídica excessivamente, evitando, assim, a carga da *punitive*

---

[75] "Art. 21. Nas ações de responsabilização judicial, será adotado o rito previsto na Lei no 7.347, de 24 jul. 1985.

Parágrafo único. A condenação torna certa a obrigação de reparar, integralmente, o dano causado pelo ilícito, cujo valor será apurado em posterior liquidação, se não constar expressamente da sentença."

demages. Isso, porque, consoante apontado, ela revela compromisso com os padrões éticos por meio de seus efetivos mecanismos de integridade. Não se trata de isenção de responsabilidade pelo dano imaterial causado à administração, mas sim de uma correta e justa fixação do *quantum* indenizatório, dadas as circunstâncias dos fatos.

Ainda nos termos do art. 20 da Lei nº 12.846/2013, o Ministério Público pode promover a ação com o objetivo de serem aplicadas as sanções do art. 6º (multa e publicação da decisão da autoridade), em caso de omissão das autoridades competentes, relativamente à responsabilização administrativa.

Nessa hipótese, em que a ação civil pública objetiva a aplicação de sanções próprias da responsabilização administrativa, não resta dúvida de que o *compliance* opera, igual à sua natureza naquela esfera, como atenuante.

Comporta questionar, no ponto, se o órgão judicial estaria adstrito aos termos do Decreto nº 8.420/2015.

Com efeito, o decreto, segundo seu art. 1º,[76] regulamenta a responsabilidade administrativa das pessoas jurídicas praticantes de atos lesivos à Administração, e não a judicial. A sistemática regulamentar destina-se a orientar a atuação das autoridades administrativas na aplicação – administrativa, insista-se – da Lei Brasileira Anticorrupção.

Logo, o Poder Judiciário, não sendo esfera de responsabilização administrativa, embora com intuito, na hipótese vertente, de julgar e aplicar sanções originariamente administrativas, pode emprestar maior significação ao *compliance* como atenuante da eventual multa aplicada.

Por tudo já mencionado, é conveniente que o Judiciário possa mesmo ultrapassar o limite no art. 18, V, do Decreto nº 8.420/2015, para que se crie e se valorize a cultura do *compliance*. Somente com o estabelecimento de um real e significativo papel dos mecanismos de integridade no âmbito do direito em matéria anticorrupção, o empresariado se sentirá estimulado a desenvolvê-los efetivamente. E, certamente, a jurisprudência tem uma função primordial nesse sentido.

5 Conclusões

Como observado, o *compliance* ocupa papel de destaque no cenário mundial anticorrupção, e são múltiplas as tentativas de defini-lo. Em virtude da complexidade da própria natureza das relações jurídicas

---

[76] Confira-se a disposição regulamentar: "Art. 1º Este Decreto regulamenta a responsabilização objetiva administrativa de pessoas jurídicas pela prática de atos contra a administração pública, nacional ou estrangeira, de que trata a Lei n. 12.846, de 1º de agosto de 2013."

e humanas, contudo, descrever suas formas e os parâmetros a serem seguidos para um resultado positivo parece ser mais interessante que buscar um conceito restrito, em apego desmedido à semântica do termo.

São as construções doutrinárias e jurisprudenciais as responsáveis por dar concretude a expressões abrangentes como *compliance*, dimensionando-as e estabelecendo as circunstâncias de sua verificação.[77]

Para além dessa definição, notou-se que o *compliance* possui diversos papéis, seja como atenuante de sanções, baliza para a investigação pelo órgão de controle ou até mesmo para a celebração de acordos de leniência. Não bastasse isso, mas a percepção do *compliance* como padrão de governança corporativa é tendência inegável, de forma que, cada vez mais, deve ser a integridade levada em consideração pelo empresariado, seja para auferir benefícios no trato com a Administração Pública, seja para melhorar sua percepção perante o mercado.

O caminho para o combate à corrupção certamente ainda é longo e tortuoso, e não será ela erradicada pela simples edição normativa. Somente com a "aquisição de uma consciência democrática e de uma lenta e paulatina participação popular"[78] será atenuada a corrupção e, "pouco a pouco, depurará as ideias daqueles que pretendem ascender ao poder".[79]

Referências

ARLEN, Jennifer; KAHAN, Marcel. Corporate Governance Regulation Through Non-Prosecution. New York University, School of Law. *Public Law Research Paper* No. 16-04. NYU Law and Economics Research Paper No. 16-06, (fev. 2016). Disponível em: <SSRN: <http://ssrn.com/abstract=2731351>. Acesso em: 29 maio 2016.

AYRES, Carlos Henrique da Silva. Programas de *compliance* no âmbito da Lei nº 12.846/2013: importância e principais elementos. *Revista do Advogado*, ano XXXIV, n. 125. Associação dos Advogados de São Paulo, (dez. 2014),

BAER, Mirian Hechler. Governing Corporate Compliance. *Boston College Law Review*, v. 50, issue 4, n. 4. C. L. Rev., 2009, p. 958. Disponível em: <http://lawdigitalcommons.bc.edu/cgi/viewcontent.cgi?article=2423&context=bclr>. Acesso em: 4 jun. 2016.

---

[77] Vide, de forma análoga, no que toca ao conceito de justa causa: VIGLIAR, Jose Marcelo Menezes. Uniformização de jurisprudência: segurança jurídica e dever de uniformizar. São Paulo: Atlas, 2003, p. 68 *apud* SANTANA, Guilherme Silva. *Falta de concretude da expressão justa causa no TJDFT e a segurança jurídica*. 2011. 54f. Monografia (Graduação em Direito) – Centro Universitário de Brasília, Brasília, 2011, p. 34.

[78] BLOK, Marcella. A nova Lei Anticorrupção e o *compliance*. *Revista de Direito Bancário e do Mercado de Capitais*, v. 65, p. 263-318, jul./set. 2014, p. 42.

[79] BLOK, Marcella. A nova Lei Anticorrupção e o *compliance*. *Revista de Direito Bancário e do Mercado de Capitais*, v. 65, p. 263-318, jul./set. 2014, p. 42.

BEAN, Bruce W.; MACGUIDWIN, Emma H. Expansive Reach – Useless Guidance: An Introduction to the U.K. Bribery Act 2010 (09 de abril de 2012). *ILSA Journal of International & Comparative Law*, Forthcoming; MSU Legal Studies Research Paper nº. 10-07. Disponível em: <SSRN: http://ssrn.com/abstract=2037200>. Acesso em: 20 jul. 2016.

BLOK, Marcella. A nova Lei Anticorrupção e o *compliance*. *Revista de Direito Bancário e do Mercado de Capitais*, v. 65/2014. p. 263-318. DTR\2014\15162. jul./set. 2014.

BOTTINI, Pierpaolo Cruz. A Lei Anticorrupção como lei penal encoberta. Disponível em: <http://www.conjur.com.br/2014-jul-08/direito-defesa-lei-anticorrupcao-lei-penal-encoberta#author>. Acesso em: 16 jun. 2016.

CARVALHOSA, Modesto. *Considerações sobre a Lei Anticorrupção das Pessoas Jurídicas:* Lei 12.846/2013. São Paulo: Revista dos Tribunais, 2015.

CASTELLA, Gabriel Morettini; GABARDO, Emerson. A nova Lei Anticorrupção e a importância do *compliance* para as empresas que se relacionam com a Administração Pública. *A&C – Revista de Direito Administrativo & Constitucional*, Belo Horizonte, ano 15, n. 60, p. 129-147, abr./jun. 2015.

CHURI, Salen *et al*. *Complying with the Foreign Corrupt Practices Act: a Practical Primer*. The University of Chicago Corporate Lab. Global Anti-Corruption Task Force. (jan. 2012).

CLOOTS, Sofie *et al*. The International Legal Framework Against Corruption: Achievements and Challenges. *Melbourne Journal of International Law*, v. 14, 2013.

FREITAS, Pedro Aguiar de. A Lei Anticorrupção e as empresas: *compliance* e modulação de sanções. *Revista do Advogado*, Associação dos Advogados de São Paulo, ano XXXIV, n. 125, (dez. 2014).

HENNING, Peter. J. Be Careful What You Wish for: Thoughts on a *Compliance* Defense under the Foreign Corrupt Practices Act (2012). *Ohio State Law Journal*, v. 73, n. 883; Wayne State University Law School Research Paper No. 2013-03. Disponível em: <http://ssrn.com/abstract=2218774>. Acesso em: 16 jun. 2016.

IZRAELI, Dove; SCHWARTZ, Mark S. What Can We Learn From the U.S. Federal Sentencing Guidelines for Organizational Ethics?. Disponível em: <http://library.businessethicsworkshop.com/images/Library/Federal_Sentencing_Guidelines_and_Organizational_Ethics.pdf>. Acesso em: 16 jun. 2016.

KREVER, Tor. Curbing Corruption? The Efficacy of the Foreign Corrupt Practices Act. (July 14, 2007). *North Carolina Journal of International Law and Commercial Regulation*, v. 33, n. 1, 2007, p. 87. Disponível em: <SSRN: http://ssrn.com/abstract=1761695>. Acesso em: 29 maio 2016.

KUYVEN, Fernando. Aplicação Ultraterritorial da Lei Anticorrupção. *Revista de Direito Empresarial*, v. 4, p. 263, jul. 2014, DTR\2014\9340.

LARA, Fabiano Teodoro de Rezende; LUZ, Reinaldo Diogo. Programa de Leniência na Lei Anticorrupção. Disponível em: <http://www.conpedi.org.br/publicacoes/66fsl345/nlxnt420/m550LKq3E1EY1ICx.pdf>. Acesso em: 17 jun. 2016.

MCINERNEY, Thoas F. The Regulation of Bribery in the United States. *Revue Internationale de Droit Pénal*, v. 73, 2002. Disponível em: <http://www.cairn.info/revue-internationale-de-droit-penal-2002-1-page-81.htm.#re5no5>. Acesso em: 17 jun. 2016.

PATHAK, Harsh. Corruption and compliance: preventive legislations and policies in international business projects. *Juridical Tribune*, v. 3, issue 2, (dez. 2013). Disponível em: <http://www.tribunajuridica.eu/arhiva/An3v2/10%20Pathak.pdf>. Acesso em: 17 jun. 2016.

PIETH, Mark. *Harmonization Anti-Corruption Compliance*: The OECD Good Practice Guidance 2010. Zurique: Dike, 2011.

RAMINA, Larissa. A Convenção Interamericana Contra a Corrupção: uma breve análise. *Revista Direitos Fundamentais & Democracia*, Paraná, UniBrasil, v. 6, 2009.

SILVEIRA, Renato de Mello Jorge Silveira. O acordo de leniência na Lei Anticorrupção. *Revista dos Tribunais*, v. 947/2014, p. 157-177, set. 2014, DTR\2014\9948.

SOBRINHO, Jorge Hage. Lei 12.846/2013: lei da empresa limpa. *Revista dos Tribunais*, v. 947, set. 2014, DTR\2014\9960.

TILLIPMAN, Jessica. Foreign Corrupt Practices Act Fundamentals. *Briefing Papers*, n. 08-10, set. 2008; GWU Legal Studies Research Paper n. 585; GWU Law School Public Law Research Paper .. 585. Disponível em: <SSRN: http://ssrn.com/abstract=1923190>. Acesso em: 29 de maio de 2016.

VIGLIAR, José Marcelo Menezes. *Uniformização de jurisprudência*: segurança jurídica e dever de uniformizar. São Paulo: Atlas, 2003, p. 68 apud SANTANA, Guilherme Silva. *Falta de concretude da expressão justa causa no TJDFT e a segurança jurídica*. 2011. 54f. Monografia (Graduação em Direito) – Centro Universitário de Brasília, Brasília, 2011.

YOCKEY, Joseph W. FCPA Settlement, Internal Strife, and the 'Culture of *Compliance*'. *Wisconsin Law Review*, Forthcoming; *U Iowa Legal Studies Research Paper* n. 12-08. Disponível em: <SSRN: http://ssrn.com/abstract=2029241>. Acesso em: 29 de maio 2016.

Informação bibliográfica deste texto, conforme a NBR 6023:2002 da Associação Brasileira de Normas Técnicas (ABNT):

FÉRES, Marcelo Andrade; LIMA, Henrique Cunha Souza. *Compliance* anticorrupção: formas e funções na legislação internacional, na estrangeira e na Lei nº 12.846/2013. In: FORTINI, Cristiana (Coord.). *Corrupção e seus múltiplos enfoques jurídicos*. Belo Horizonte: Fórum, 2018. p. 145-174. ISBN: 978-85-450-0422-6.

USANDO MULTIPLICIDADE INSTITUCIONAL PARA ENFRENTAR A CORRUPÇÃO COMO UM PROBLEMA DE AÇÃO COLETIVA: LIÇÕES DO CASO BRASILEIRO

LINDSEY D. CARSON

MARIANA MOTA PRADO

Reconhecimento

Este capítulo é resultado de um projeto financiado pelo Departamento do Reino Unido para o Desenvolvimento Internacional (DFID) para o benefício dos países em desenvolvimento. No entanto, as opiniões expressas e as informações nele contidas não são necessariamente as do DFID ou endossadas pelo mesmo, que não pode aceitar qualquer responsabilidade por tais visões ou informações ou por qualquer confiança depositada nelas.

1 Introdução

Iniciativas para combater a corrupção geralmente se concentram em indivíduos, seja na mudança de seus papéis, decisões ou incentivos. A maioria dos programas de combate à corrupção segue os marcos teóricos adotados pelos regimes convencionais de dissuasão criminal e punição que buscam prevenir e compensar os danos sociais causados pela atividade criminosa focando na conduta de agentes individuais.

Especificamente, baseando-se nos modelos de tomada de decisão do agente racional e do Principal-Agente, as táticas geralmente se concentram em aumentar os custos da violação da lei, ao mesmo tempo em que reduzem as oportunidades para que os indivíduos se envolvam em tais atividades ilícitas (BECKER, 1962; COOTER; ULEN, 2012; GAROUPA, 2003).

Em contraste, um movimento crescente na literatura conceitua a corrupção como um problema de ação coletiva (MUNGIU-PIPPIDI, 2011; PERSSON *ET AL*., 2013; SANCHEZ, 2015). Como tal, um indivíduo pode racionalmente optar por se envolver em comportamento corrupto em um contexto em que um número significativo de outros indivíduos também estão agindo de forma corrupta. Embora essa literatura tenha lançado uma grande luz sobre o fenômeno, especialmente em contextos onde a corrupção é sistêmica, ela ainda permanece subdesenvolvida no que diz respeito a estratégias para combater a corrupção de forma eficaz. Na tentativa de preencher essa lacuna, este artigo sugere que a multiplicidade institucional em um sistema de responsabilização pode ser uma estratégia eficaz para lidar com a corrupção como um problema de ação coletiva.

A seção 2 do artigo começa apresentando a visão teórica dominante através da qual a corrupção tem sido convencionalmente vista – o modelo de Principal-Agente e suas limitações. A seção 3 apresenta uma literatura mais recente sugerindo que o modelo de ação coletiva pode fornecer uma explicação mais precisa para as formas como a corrupção surge e persiste dentro das organizações e sociedades e analisa o (limitado) investimento no desempenho de projetos e políticas anticorrupção. A seção 4 apropria o conceito de multiplicidade institucional de outras áreas de pesquisa e sugere que ela poderia servir como um mecanismo para combater a corrupção, pois trata tanto dos fatores coletivos como individuais que podem encorajar (ou, pelo menos, não impedir) atos individuais de corrupção. A seção 5 foca nos estudos desenvolvidos mais recentemente sobre os esforços de combate a corrupção no Brasil para ilustrar a potencial efetividade da multiplicidade institucional na luta contra esse fenômeno pernicioso, enquanto a seção 6 conclui.

2 Corrupção como um problema de Principal-Agente

Durante décadas, o modelo de Principal-Agente (PA) forneceu as bases teóricas para grande parte da pesquisa acadêmica sobre a corrupção, e influenciou a concepção e a implementação da maioria das iniciativas contemporâneas de combate a corrupção (ANDVIG; FJELDSTAD, 2001; LAWSON, 2009; ROTHSTEIN, 2011). Em 2011, uma "meta-análise" de 115 estudos examinando os impactos da corrupção sobre o crescimento econômico, Ugur e Dasgupta descobriram que todos os estudos "explicitamente declararam sua aderência a uma abordagem de agente principal para a corrupção" ou estavam "intimamente relacionado a essa abordagem" (2011, p. 43).

2.1 A corrupção segundo o modelo de Principal-Agente

Conforme descrito na literatura geral de economia e ciência política, um problema de agente principal surge quando um Principal (P) requer os serviços de um Agente (A), mas não possui as informações necessárias para supervisionar o desempenho de A de forma eficaz. Estreitamente associada ao trabalho de Rose-Ackerman (1978) e KLITGAARD (1988), o modelo da P-A explica a corrupção como resultado quando P é incapaz de monitorar A adequadamente e A explora essa assimetria de informação para trair os interesses de P em benefício próprio (ANDVIG; FJELDSTAD, 2001, DFID, 2015). Por exemplo, em uma situação envolvendo o desvio de fundos públicos por um funcionário eleito, o funcionário representaria o corrupto A, enquanto o cidadão seria o vitimado e mal informado P. A Tabela 1 fornece exemplos de outras possíveis relações P-A:

TABELA 1
Exemplos de relações entre Principal-Agente

Mandante	Agente
Eleitorado	Oficiais eleitos
Oficiais eleitos	Burocratas de alto escalão
Burocratas de alto escalão	Burocratas de baixo escalão, subordinados
Acionistas Corporativos	Diretores corporativos, executivos
Diretores Corporativos	Gerentes corporativos
Gerentes corporativos	Funcionários subordinados

Fonte: Compilado pelos autores.

No entanto, o modelo P-A de corrupção baseia-se em vários pressupostos básicos, que podem não se aplicar a uma variedade de contextos. Em primeiro lugar, o modelo pressupõe uma divergência nas motivações e objetivos de P e A, inferindo P ter "princípios", princípios benevolentes, enquanto A é um agente autointeressado (KLITGAARD, 1988). Dada a definição comum de corrupção como "uso indevido do poder concedido para benefício privado" (TRANSPARÊNCIA INTERNACIONAL, 2015, OCDE, 2008), em situações em que a corrupção ocorreu, a inferência de que algum ator (como A) abusou de sua posição para fins pessoais pode geralmente não ser contestada, mas a suposição de que P possui princípios merece um exame mais aprofundado. Particularmente em ambientes nos quais a corrupção se tornou endêmica, pode haver uma notável falta de tais mandantes benevolentes (BOOTH; CAMMOCK, 2013; PERSSON *et al.*, 2013). Por exemplo, nas burocracias governamentais dominadas por redes de nepotismo, as elites políticas que são capazes de obter benefícios dos comportamentos corruptos de seus subordinados podem ter fracos incentivos para expor ou punir a má conduta desses subordinados e podem, na verdade, se esforçar ativamente para manter e proteger o sistema de corrupção (JOHNSON, 2005).

Em segundo lugar e de forma semelhante, a suposição de que para Ps controlarem As basta que estes possuíssem informações adequadas sobre as atividades desses agentes também não foi confirmada consistentemente por evidências empíricas ou indícios. Por exemplo, o modelo P-A prevê que os cidadãos em uma democracia tirariam do poder, através do voto, políticos cujos comportamentos corruptos foram publicamente expostos. Na realidade, no entanto, "existem numerosos exemplos de como os eleitores não substituem seus políticos corruptos e, em alguns países, isso parece ser a regra e não a exceção", particularmente em países caracterizados por sistemas democráticos fracos ou clientelistas (SØREIDE, 2014, p. 38). Preocupações políticas além da corrupção (MANZETTI; WILSON, 2006, MELO; PEREIRA, 2015, RUNDQUIST *et al.*, 1977), a falta de alternativas não corruptas (CASELLI; MORELLI, 2004; KURER, 2001; MESSNER; POLBORN, 2004) ou mesmo as regras e a estrutura do próprio sistema eleitoral (KUNICOVA; ROSE-ACKERMAN, 2005, MYERSON, 1993, PERSSON *et al.*, 2003) podem explicar essa relutância aparentemente irracional dos eleitores em punir políticos corruptos nas urnas.

Finalmente, mesmo que a teoria P-A descreva com precisão o modo como a corrupção funciona em um determinado ambiente – isto é, Ps possuem princípios e controlariam os As corruptos se possuíssem informação suficiente –, persiste o problema das assimetrias de informação e os desequilíbrios de poder que essas estruturas criam. Mesmo se os sistemas pudessem ser desenhados para aumentar a habilidade de Ps para monitorar e supervisionar os comportamentos de seus As, essa informação nunca será perfeita devido às reconhecidas limitações cognitivas humanas relacionadas à coleta, processamento e retenção de informações (BOBONIS *et al.*; JOLLS *et al.*, 1998; SIMON, 1955).

2.2 As limitações de iniciativas convencionais de combate à corrupção

Refletindo o predomínio do modelo P-A na pesquisa acadêmica sobre corrupção, as reformas de anticorrupção convencionais têm tipicamente se concentrado em mudar os incentivos enfrentados por atores potencialmente corruptos e em melhor alinhar os interesses dos agentes com seus mandantes. Essas políticas e intervenções incluem, muitas das vezes, a criação ou o fortalecimento de mecanismos que permitam aos Ps monitorarem e sancionarem seus As, aumentando a transparência organizacional geral e reduzindo o nível de discricionariedade exercido por burocratas e funcionários em posições mais baixas (ANDVIG; FJEDSTAD, 2001; MARQUETTE; PEIFFER, 2015, PNUD, 2004).

Embora a crescente proeminência da corrupção na agenda global de desenvolvimento ao longo das últimas décadas tenha resultado na adoção generalizada dessas estratégias de reforma em países ao redor do mundo, até o momento, as evidências sobre o impacto e o sucesso dessas iniciativas têm sido bem desapontadoras (DOIG *et al.*, 2007, FJELDSTAD; ISAKSEN, 2008, MUNGIU-PIPPIDI *et al.*, 2011). Na verdade, as "meta-análises" de estudos sobre várias iniciativas de combate a corrupção indicam que a evidência de sua eficácia é geralmente fraca ou, na melhor das hipóteses, mediana, com evidências de eficácia média a forte encontradas apenas em reformas na gestão das finanças públicas, como no sistema de rastreamento das despesas públicas ("Public Expenditure Tracking Systems" or PETS) (DFID, 2015, p. 84, JOHNSØN *et al.*, 2012, p. 41).

Os resultados decepcionantes das iniciativas de combate à corrupção baseadas no modelo de incentivos do P-A parecem ser, em alguns casos, associados aos pressupostos frequentemente não acurados do modelo, descritos na seção anterior. Por exemplo, em muitos países, pode haver uma escassez de atores com "princípios" e dispostos a implementar e aplicar políticas públicas e leis eficazes de divulgação, monitoramento, investigação e sanção (AMUNDSEN, 2006; BOOTH; CAMMOCK, 2013; PERSSON *et al.*, 2013). Embora os líderes políticos possam endossar publicamente as reformas, a verdadeira vontade política de combater a corrupção em muitos países é parcial, inexistente ou inconsistente (HATCHARD, 2014, p. 28-33; WILLIAMS; DOIG, 2007). Ainda mais preocupante, em alguns países, políticas e programas de combate à corrupção têm sido utilizados para eliminar ou desencorajar rivais políticos ou econômicos para consolidar e manter os sistemas de poder e favorecimento existentes e perpetuar a corrupção, especialmente nos níveis altos ou das elites (LAWSON, 2009, HUTHER; SHAH, 2000).

Embora alguns indivíduos ativamente boicotem as reformas, um desafio mais recorrente parece ser a passividade geral de líderes e cidadãos em muitos países completamente corruptos de tomar medidas para mudar os sistemas e dinâmicas existentes. Por exemplo, enquanto os protestos públicos contra governos abusivos e desonestos têm aumentado em países de todo o mundo nos últimos anos, pesquisas de opinião indicam que, no curso de suas vidas diárias, muitos indivíduos são cúmplices na manutenção e perpetuação da corrupção em seus países (PERSSON *et al.*, 2013, SMITH, 2008). Numa enquete realizada em 2013 com cidadãos de 107 países, um terço dos entrevistados admitiu ter subornado um funcionário público, enquanto mais de 30% declararam que não estariam dispostos a denunciar um caso de corrupção às autoridades, à sociedade civil ou à mídia. (TRANSPARENCY INTERNATIONAL, 2013). Demonstrada em muitos países, a disposição dos eleitores para reeleger os políticos que foram citados publicamente nos escândalos de corrupção confirma mais uma vez que as iniciativas de transparência que meramente aumentam a quantidade de informação que Ps tem sobre as atividades de seus As podem ser insuficientes para mudar os comportamentos reais dos atores envolvidos (MELO; PEREIRA, 2015, RUNDQUIST *et al.*, 1977).

Apesar de esta seção examinar as limitações teóricas e empíricas do modelo principal-agente de corrupção, não conclui que a teoria e as iniciativas influenciadas pelo modelo devem ser abandonadas sumariamente. Na realidade, a corrupção manifesta-se frequentemente tanto como principal-agente e, como discutiremos na próxima seção, como um problema de ação coletiva. Assim, cada modelo teórico pode fornecer ideias úteis e aplicáveis sobre como o fenômeno surge e resiste dentro de um determinado ambiente. Como tal, "a questão não é escolher uma ou outra interpretação conceitual da corrupção, mas sim identificar os contextos/configurações em que cada uma dessas perspectivas provavelmente será analiticamente mais útil em relação à análise da corrupção" (DFID, 2015, p. 14, citando MARQUETTE; PEIFFER, 2014).[1]

---

[1] "the question is not about choosing one or the other conceptual interpretations of corruption, but rather about identifying the contexts/settings where each of these

3 Corrupção como um problema de ação coletiva

3.1 Corrupção segundo o modelo da ação coletiva

Dadas as limitações do modelo P-A e seus pressupostos imperfeitos em relação aos incentivos e motivos (e comportamentos finais) dos atores relevantes, uma leva emergente de pesquisa acadêmica propôs uma mudança na forma como concebemos corrupção e explicamos sua emergência e persistência dentro e através das sociedades. Essa literatura argumenta que, especialmente em ambientes completamente corruptos, a corrupção se assemelha mais a um problema de ação coletiva do que a um problema de principal-agente (MUNGIU-PIPPIDI, 2011; PERSSON et al., 2013; SANCHEZ, 2015).

Um problema de ação coletiva surge em um grupo quando uma estratégia que é individualmente racional produz um resultado coletivamente inferior. Por exemplo, enquanto a sociedade como um todo se beneficiaria se todos cooperassem adotando um comportamento honesto, um indivíduo pode se beneficiar pessoalmente ao deserdar e se envolver em corrupção.

Embora em algumas situações, como o "dilema dos prisioneiros" ou "free rider", a estratégia individual ideal será sempre voltada à deserção ao invés da cooperação, em outros, as maneiras pelas quais os atores interessados buscam maximizar seus interesses individuais são baseadas em expectativas compartilhadas sobre os comportamentos dos outros (OSTROM, 1998; MEDINA, 2007). A corrupção geralmente surge como um problema de ação coletiva deste último tipo, e a prevalência perceptível de corrupção dentro de um determinado ambiente pode ter um efeito determinante nas decisões dos indivíduos sobre seu próprio comportamento. Especificamente, se você espera que outros em sua comunidade ajam corruptamente, você será incentivado a agir da mesma forma porque os custos individuais de se engajar em comportamentos baseados em princípios superam os benefícios individuais. Até um indivíduo que prefere agir honestamente pode não ver outra escolha a não ser comportar-se de forma corrupta quando estiver agindo em um ambiente completamente corrupto. Sob tais condições, os custos de comportamentos baseados em princípios podem incluir o ostracismo, a ridicularização, a estigmatização ou a vingança (por exemplo, a perda de emprego ou até mesmo a vida) a pedido de ou por outros membros da comunidade.

---

perspectives is likely to be analytically most useful in relation to exploring corruption" (DFID, 2015, p. 14, citing MARQUETTE; PEIFFER, 2014).

Além disso, embora os custos de se abster de práticas corruptas em ambientes de corrupção sistêmica possam ser altos, os benefícios provavelmente serão baixos, especialmente se esses dissidentes não estiverem em número suficiente ou tiverem influência para criar mudanças sistêmicas significativas através de seus comportamentos honestos (ROTHSTEIN, 2011: 99). Confrontados com tais desincentivos, até mesmo os indivíduos intrinsecamente honestos são suscetíveis de serem dissuadidos a não desviar do *modus operandi* institucional dominante – e corrupto (BOOTH, 2012; DFID, 2015). O modelo da ação coletiva ajuda assim a explicar como as sociedades podem ficar presas em equilíbrios subótimos e autorreforçados nos quais os indivíduos se envolvem na corrupção porque esperam que todos sejam corruptos, e esses comportamentos, então, alimentam as expectativas coletivas negativas (BARDHAN, 1997). Significativamente, esses padrões de crenças e comportamentos podem se manter mesmo em situações em que a grande maioria das pessoas condena a corrupção e percebe que um resultado menos corrupto seria melhor para a sociedade em geral (PERSSON *et al.*, 2013).

Além disso, mesmo em contextos em que todas as partes se beneficiariam do estabelecimento de regras ou instituições que mudariam a sociedade para um equilíbrio menos corrupto, os participantes provavelmente discordarão da forma e do conteúdo dessas reformas. Como tal, a introdução de iniciativas anticorrupção pode apresentar um dilema de ação coletiva de "segunda ordem" (OSTROM, 1998; ROTHSTEIN, 2011). O âmbito da ação coletiva ajuda, assim, a elucidar por que tantos países têm lutado para estabelecer e manter instituições fortes e legítimas de responsabilização (*accountability*) – "construir tais instituições é em si um problema de ação coletiva que não é provável que seja resolvido dentro de uma sociedade dominada por agentes corruptos" (ROTHSTEIN, 2011, p. 105).[2] Esses problemas de ação coletiva de "segunda ordem" também revelam como regras e iniciativas destinadas a alterar a dinâmica do sistema poderiam ser manipuladas. Por exemplo, as elites políticas (incluindo os diretores tradicionais, tais como funcionários eleitos, burocratas de alto nível e supervisores), muitas vezes, são os que mais ganham benefícios associados à corrupção e, portanto, têm incentivos mínimos para mudar o sistema. Assim, quando confrontados com estratégias de reforma potencialmente promissoras, as partes interessadas podem mobilizar-se de forma ativa e persuasiva contra eles.

---

[2] "constructing such institutions is in itself a problem of collective action that is not likely to be solved within a society dominated by corrupt agents" (ROTHSTEIN, 2011, p. 105).

3.2 Incorporar o modelo de ação coletiva à agenda anticorrupção

Embora a estrutura de ação coletiva contribua para explicar por que tão poucas iniciativas de combate à corrupção baseadas no modelo de P-A têm demonstrado sucesso, até o momento, a literatura sobre como o modelo de ação coletiva pode e deve ser incorporado na concepção e implementação de reformas mais eficazes para combater a corrupção é limitada. O modelo sugere que as iniciativas anticorrupção devem centrar-se na alteração das regras e normas informais. É improvável que as pessoas aceitem a reforma, enquanto ainda acreditarem que o caráter fundamental de sua sociedade ("as regras do jogo") permanece inalterado. Assim, para deslocar uma sociedade altamente corrupta para um equilíbrio com pouca corrupção, os mecanismos formais de monitoramento e punição devem ser complementados por iniciativas que ajudem a construir expectativas entre os cidadãos e líderes de que valores como confiança, reciprocidade, honestidade e responsabilidade são coletivamente compartilhados e apoiados (OSTROM, 1990, 1998, PERSSON *et al.*, 2013, USLANER, 2008).

No entanto, os desafios em mudar regras e normas informais, intencionalmente e propositalmente, estão bem documentados (NORTH, 2005; LICHT *et al.*, 2007). Os indícios dos poucos países que conseguiram transitar de níveis elevados de corrupção para sistemas menos corruptos (por exemplo, Hong Kong e Cingapura) sugerem que uma estratégia potencialmente promissora pode residir em encontrar ou cultivar líderes dispostos a lutar contra a corrupção através de sua ação própria e honesta, não meramente retórica (RECANATINI, 2011; ROTHSTEIN, 2011: 204). No entanto, o reconhecimento de que mudanças culturais significativas podem, em alguns casos, ser efetuadas a partir do topo, não fornece orientação sobre como incentivar os líderes a assumir posições firmes e pessoais contra a corrupção em suas sociedades. Além disso, sem o apoio de grupos mais amplos e decentralizados de atores para implementar e facilitar suas reformas, os "campeões" individuais da elite podem não conseguir mudanças institucionais ou normativas tão profundas (ANDREWS, 2013).

O modelo de ação coletiva também reconhece que mudanças nas regras e normas informais relacionadas com a corrupção podem exigir reformas amplas e abrangentes em vez de pequenas iniciativas fragmentadas (SANCHEZ, 2015). Citando as experiências históricas da Suécia, da Dinamarca e dos Estados Unidos, por exemplo, Rothstein (2011) argumenta que as reformas menores provavelmente não fomentarão a mudança radical nas expectativas que podem ser necessárias para mover uma sociedade de uma cultura de particularismo e favorecimento para uma de universalismo e imparcialidade. Em vez disso, ele defende uma "abordagem indireta do *big bang*" para a mudança institucional, a fim de mover um país para e além de um ponto de inflexão crítico, em que um equilíbrio com pouca corrupção pode ser alcançado e sustentado (*Ibid*, p. 118-119). No entanto, embora tais reformas radicais possam ser desejáveis em teoria, na realidade, os mecanismos de autorreforço geralmente frustram grandes mudanças, gerando uma significativa resistência das partes interessadas, impondo custos de mudança que "bloqueiam" arranjos institucionais. Devido à dependência do caminho (*path dependence*), é improvável que reformas abrangentes em grande escala sejam viáveis durante períodos normais e só podem surgir como opções realistas para reformadores durante períodos raros e imprevisíveis conhecidos como "junções críticas" (PIERSON, 2000; PRADO; TREBILCOCK, 2009).

Dado os altos riscos e custos enfrentados pelos "primeiros impulsionadores" que se opõem à corrupção, diante de interesses arraigados e corruptos e de apatia ou cumplicidade popular, as coalizões da reforma têm sido endossadas como uma promissora estratégia de mudança (JOHNSTON; KPUNDEH, 2004: 3-4; KLITGAARD; BASER, 1998, CHENE, 2010). As coalizões de reforma reúnem tipicamente diversos grupos de atores frequentemente da elite dentro e fora do Estado, a fim de tomarem ações coordenadas e multifacetadas para avançar com objetivos compartilhados, como o controle da corrupção (MARQUETTE; PEIFFER, 2015). Embora as coligações possam ser úteis para lançar rapidamente movimentos de reforma visíveis e críveis e mobilizar recursos, não é claro que eles estão imunes aos problemas de encontrar "líderes e campeões", que são muitas vezes essenciais nas fases iniciais do processo de construção da coalizão (JOHNSTON; KPUNDEH, 2004: 15-16). Além disso, a resistência de tais grupos coordenados pode revelar-se desafiadora, especialmente quando os constituintes mais bem posicionados para apoiar iniciativas de combate à corrupção estão geograficamente dispersos ou representam identidades políticas, econômicas ou sociais diferentes ou até conflitantes, como ilustrado pelos casos de coalizão anticorrupção de Gana, e a "Bangalore Agenda Task Force" no Estado de Karnataka na Índia (JOHNSTON; KPUNDEH, 2004).

As teorias de ação coletiva e da dependência do caminho (*path dependence*) também ajudam a explicar as firmes resistências encontradas por reformas que visam a melhorar o desempenho das autoridades anticorrupção existentes (ACAs). As reformas que afetam a autoridade, os recursos, a estrutura ou outras características de um ACA não são promulgadas em uma tabula rasa institucional e, embora os benefícios de tais mudanças possam ser amplos e dispersos, os interesses que ameaçam, como a atual liderança organizacional ou partidos externos que se beneficiam de regulação subótima de corrupção, provavelmente serão concentrados e intensos.

Em conclusão, embora a abordagem da ação coletiva ofereça informações valiosas sobre como os fatores sociais afetam as decisões e os comportamentos dos indivíduos, bem como por que as reformas anticorrupção convencionais produziram resultados pouco impressionantes, as recomendações de políticas baseadas nesse modelo são geralmente vagas e muitas vezes inviáveis.

4 Multiplicidade institucional – Uma abordagem promissora para enfrentar a corrupção como uma ação coletiva

4.1 Definindo a multiplicidade institucional

A multiplicidade institucional é um conceito que há muito tem sido usado na teoria organizacional para explorar a existência de mais de um arranjo ou opção institucional dentro de um determinado campo institucional (SCOTT, 1994). Nessa literatura, o conceito tem sido frequentemente associado a arranjos que podem facilitar a mudança de escolhas, comportamentos e até mesmo outras mudanças institucionais (CLEMENS; COOK, 1999: 446; SEO; CREED, 2002).

No entanto, não há certeza sobre como essas múltiplas instituições irão interagir entre si (WEIJER, 2013). Na governança global, por exemplo, a multiplicidade institucional tem gerado um debate feroz sobre se a proliferação de instituições internacionais gerou sobreposição produtiva e competição positiva ou se é apenas a causa de conflitos dispendiosos e de duplicação desnecessária de funções (IVANOVA; ROY, 2007). No caso de estados falidos, a multiplicidade institucional opera como um obstáculo aos esforços de construção do Estado, pois cria "uma situação na qual diferentes conjuntos de regras do jogo, muitas vezes contraditórias, coexistem no mesmo território, colocando cidadãos e agentes econômicos em situações complexas, muitas vezes insolúveis, mas ao mesmo tempo oferecendo-lhes a possibilidade de mudar estrategicamente de um universo institucional para outro" (DI JOHN 2008: 33-34).

Apenas recentemente a multiplicidade institucional tem sido proposta como um conceito útil na literatura sobre corrupção (PRADO; CARSON, 2016, PRADO, CARSON; CORREA, no prelo). O processo de responsabilização envolve três etapas principais: (1) supervisão/monitoramento para identificar potenciais riscos de corrupção, (2) investigação de suspeita de corrupção e (3) punição nos casos em que há evidência suficiente de que a corrupção ocorreu (POWER; TAYLOR, 2011). Neste contexto, a multiplicidade institucional descreve a diversificação de instituições que desempenham uma função específica, como a existência simultânea de múltiplas formas de punição e diferentes sanções que se reforçam mutuamente. Por exemplo, em casos envolvendo corrupção política, os criminosos podem enfrentar uma série de penalidades que se sobrepõem, incluindo sanções eleitorais do público nas urnas, sanções políticas como censura ou remoção administrativa do cargo, e danos à reputação por cobertura midiática negativa, em adição às sanções legais formais tais como sentenças criminais ou civis. A suposição é que a sobreposição das funções institucionais pode melhorar a eficácia global da "teia" de instituições de prestação de contas, evitando mecanismos de autorreforço ou corruptas culturas institucionais. Enquanto não há garantia de um resultado particular, multiplicidade pode ajudar a combater a corrupção, fomentando a compensação, colaboração, complementaridade e competição institucional (PRADO; CARSON, 2016).

Um exemplo de multiplicidade institucional pode ser encontrado na Lei Anticorrupção do Brasil (Lei nº 12.846 /13), promulgada em agosto de 2013 e vigente desde janeiro de 2014. A lei estabelece, pela primeira vez, a responsabilidade corporativa por corrupção e outros "atos contra a administração pública, nacional ou estrangeira" (Art. 1º) e cria um sistema paralelo de processos de responsabilização que podem culminar em sanções administrativas para entidades jurídicas diferentes e independentes das sanções impostas pelos tribunais (PRADO, CARSON, CORREA, no prelo). As potenciais sanções administrativas para as violações da lei Anticorrupção incluem multas que variam de 0,1% a 20% da receita bruta da empresa violadora (Art. 6), bem como a publicação da decisão sancionatória. Em contrapartida, as sanções civis que o Judiciário pode impor incluem o desmantelamento dos benefícios procurados ou obtidos pelo ato ilegal, suspensão ou interrupção parcial das atividades da empresa, exclusão do financiamento e assistência do governo (por exemplo, subsídios, doações, empréstimos, doações) por um a cinco anos e, em casos extremos, a dissolução da entidade legal (artigo 19º). Assim, as penas administrativas previstas na lei coexistem com sanções civis ou outras sanções impostas judicialmente, criando multiplicidade institucional na punição da corrupção no Brasil.

Embora a aplicação desse conceito à análise de medidas anticorrupção tenha sido proposta na literatura, os mecanismos que permitem que a multiplicidade institucional seja um instrumento eficaz no combate à corrupção ainda não foram articulados.

4.2 A multiplicidade institucional como estratégia para enfrentar os problemas de ação coletiva

Conforme descrito na seção 3, o modelo de ação coletiva indica que um dos principais desafios no combate à corrupção é superar o problema de ação coletiva de segunda ordem, ou seja, o fato de que aqueles em posições de poder que se beneficiam do *status quo* geralmente têm pouco ou nenhum incentivo para mudar as regras do jogo, podendo até mesmo ativamente impedir tais reformas. O conceito de multiplicidade institucional oferece uma possível estratégia para ultrapassar essas barreiras arraigadas à mudança institucional porque não se baseia em deslocamentos institucionais abruptos – a substituição de uma instituição por uma nova. Em curto prazo, a multiplicidade institucional deixa intactas as instituições existentes e apenas fornece caminhos alternativos para atingir os mesmos objetivos ou objetivos semelhantes.

Ao mesmo tempo que pode evitar gerar uma intensa resistência política das partes interessadas investidas nas instituições existentes, a multiplicidade institucional baseia-se num pressuposto central, a saber, de que existe pelo menos um indivíduo na sociedade interessado em reduzir a corrupção e capaz de mudar as regras do jogo. Não está claro onde esses atores podem ser encontrados ou como eles podem ser produzidos, mas, ao contrário do modelo "anticorrupção" orientado para o "campeão", os potenciais reformadores não se limitam a líderes proeminentes ou outras elites particularmente influentes e poderosas. Em vez disso, a multiplicidade institucional oferece um mecanismo através do qual qualquer indivíduo orientado para a reforma que seja capaz de afetar o conteúdo, a administração ou a aplicação das regras existentes, em qualquer nível, pode escapar do seu ambiente institucional atual para um mais receptivo à reforma. Assim, a estrutura não depende da capacidade desse indivíduo para convencer os outros, efetuar mudanças sociais significativas ou influenciar grandes grupos, como exigido pela maioria dos mecanismos sugeridos no modelo de ação coletiva. Além disso, enquanto depende da existência de tal ator, a multiplicidade institucional não presume nada sobre suas motivações. Seja benevolente ou autointeressado, o ator deve simplesmente estar disposto a trabalhar pela mudança.

A multiplicidade institucional evita muitos dos desafios que enfrentam outras recomendações de políticas públicas informadas pelo modelo da ação coletiva. Primeiro, ataca o problema de regras e normas formais e informais. Enquanto a própria multiplicidade institucional representa uma mudança estrutural formal, a criação ou a existência de caminhos institucionais alternativos também podem gerar contradições externas que, por sua vez, desestabilizam as regularidades de ação existentes. Assim, pode levar a mudanças significativas nas expectativas coletivas. Por exemplo, as regularidades comportamentais aceitas observadas em uma instituição podem ser desafiadas por padrões comportamentais contraditórios observados em outra instituição (CLEMENS; COOK, 1999, p. 446, SEO; CREED, 2002, ZILBER, 2011).

Em segundo lugar, a multiplicidade institucional não requer nem uma abordagem de *big bang*, nem pequenas mudanças-"chave" (mas não especificadas). De fato, a multiplicidade institucional pode ser criada por uma variedade de circunstâncias. Em alguns casos, a multiplicidade é gerada sem intenção, como resultado de processos de variabilidade entre sistemas independentes, alinhamento de sistemas subordinados (mas ainda autônomos) dentro de ordens superiores, ou resíduos para instituições que foram eliminadas, mas deixaram uma marca no sistema (ZILBER, 2011, p. 1540). Em qualquer um desses casos, a criação da multiplicidade pode ser intencional, já que os reformadores podem querer explorar a possibilidade de estabelecer jurisdições institucionais concorrentes. Em qualquer desses casos, a simples presença de múltiplos referentes institucionais "amplia a caixa de ferramentas a partir da qual os reformadores podem desenhar na elaboração de novas soluções, facilitando uma mudança mais profunda" (ANDREWS 2013, p. 182, citando OSTROM, 2008).[3] A multiplicidade institucional também permite aos reformadores observar essas múltiplas opções em ação para avaliar sua efetividade relativa.

Em terceiro lugar, a multiplicidade institucional pode ajudar as coalizões a favor de reformas contra a corrupção se coalescerem e unificarem. Embora os "campeões" e defensores das políticas anticorrupção possam estar inicialmente dispersos entre setores e níveis de governo, a criação de novas instituições permite que os proponentes de mudança identifiquem aliados e também facilita sua organização em alianças que possam mobilizar-se para reformas adicionais.

Em suma, a multiplicidade institucional não só aborda o problema da ação coletiva de segunda ordem da corrupção, mas também evita muitas das deficiências que caracterizam as propostas de reforma existentes baseadas no modelo de ação coletiva.

---

[3] "enlarges the toolbox from which reformers can draw in crafting new solutions, facilitating deeper change" (ANDREWS, 2013, p.182, citing OSTROM, 2008).

4.3 Tipos de multiplicidade institucional

A multiplicidade institucional pode combater a corrupção limitando as oportunidades de corrupção (multiplicidade institucional proativa) ou aumentando a probabilidade de capturar e punir comportamentos corruptos (multiplicidade institucional reativa).

Exemplos de multiplicidade institucional proativa para reduzir oportunidades de corrupção incluem a eliminação de monopólios na prestação de serviços. Por exemplo, Rose-Ackerman (1978) argumenta que vários funcionários devem ter a autoridade para emitir uma determinada licença ou fornecer outro serviço, para que uma parte privada que é solicitada por um suborno por um agente possa simplesmente recorrer a outra para garantir o serviço honestamente. Embora intuitivamente atraente, essa estratégia assume que os funcionários públicos são corruptos, enquanto aqueles que exigem serviços do governo são honestos. No entanto, se as suposições forem invertidas, a competição institucional pode, na verdade, criar mais oportunidades para a corrupção: se eu quiser obter uma licença para a qual não sou qualificado, ter vários funcionários para abordar com um suborno, em vez de um, pode aumentar a chance de eu ser bem-sucedido em meu esforço desonesto (BARDHAN, 1997).

A multiplicidade institucional também está sujeita a várias outras ressalvas. Em primeiro lugar, há um risco de consequências não intencionais: enquanto jurisdições concorrentes podem diminuir subornos, pode aumentar a quantidade de roubo total do governo (SHLEIFER; VISHNY, 1993). Em segundo lugar, a implementação de um sistema eficaz de multiplicidade institucional depende da possibilidade de estabelecer jurisdições concorrentes, o que pode não ser possível devido a recursos limitados ou dependendo do tipo de serviço prestado. Terceiro, se a multiplicidade institucional apenas facilitar o ócio por parte de um ou mais empregados ou agências, ao invés de criar incentivos para melhorar o desempenho, será ineficaz para ajudar a reduzir a corrupção e pode simplesmente desperdiçar recursos (BARDHAN, 1997).

A multiplicidade institucional como ferramenta reativa para combater a corrupção, por sua vez, envolve a geração de caminhos alternativos através dos quais as autoridades podem monitorar, investigar e punir a corrupção. A capacidade de várias instituições para monitorar, investigar e formular acusações administrativas, civis e criminais baseadas em suspeitas ou irregularidades detectadas aumenta a probabilidade de que os envolvidos em corrupção sejam responsabilizados.

5 Brasil – Um estudo de caso de multiplicidade institucional reativa

O Brasil oferece um exemplo interessante de corrupção sistêmica como um problema de ação coletiva. Há altos níveis de desconfiança social no país e fortes percepções de que as elites são corruptas (CARSON; PRADO, 2014). Muitos dos escândalos de corrupção, mais notórios no Brasil nas últimas décadas, envolveram funcionários de alto nível ou outros políticos usando fundos públicos para obter apoio partidário (o escândalo de compra de voto de Cardoso, Mensalão, Petrobras) e/ou recebendo pagamentos ilegais do setor privado ou de cidadãos em troca de um tratamento favorável diferenciado (O caso Collor, os Anões do Orçamento, Operação Anaconda, Operação Sangue Suga, Operação Lava Jato) (*Ibid.*). Na primeira categoria de casos, os líderes políticos existentes (e futuros) têm interesse em manter o *status quo*, enquanto na segunda, tanto os funcionários subornados quanto as empresas e indivíduos envolvidos com suborno são incentivados a resistir à mudança. Esses numerosos escândalos não apenas confirmam a percepção popular de que a corrupção é endêmica nos níveis mais altos do setor empresarial e do sistema político do país, mas também reforçam a expectativa coletiva de que os esforços contra a corrupção não terão êxito e que indivíduos e empresas, especialmente aqueles em posição de prestígio e poder, continuarão a se envolver em atividades corruptas com impunidade.

Detalhes de dois dos escândalos mais recentes revelam como esses laços de *feedback* negativo entre comportamentos de elite e expectativas coletivas enraizaram a corrupção no Brasil. Embora os observadores possam ter esperado que os membros da oposição PSDB denunciassem os responsáveis do Partido dos Trabalhadores a serem responsabilizados política e legalmente pelos seus comportamentos corruptos no escândalo Mensalão (MICHENER, 2012, THE ECONOMIST, 2013), o envolvimento de seus próprios colegas do PSDB em um esquema similar ("mensalão mineiro") reduziu consideravelmente seus incentivos para combater as transgressões e pode se considerar até que, inesperadamente, possa ter isso alinhado os interesses das duas partes para moderar suas condenações e protestos públicos contra os indivíduos eleitos e partidos alegadamente envolvidos (BRESCIANI, 2013).

O recente escândalo da Petrobras envolve supostos atos ilegais por empresas, bem como por elites políticas. A evidência sugere que a coalizão governamental recebeu centenas de milhões (se não bilhões) de dólares em propinas por contratos superfaturados concedidos pela empresa estatal de petróleo, em um elaborado esquema ilegal de financiamento de campanhas. Muitos dos diretores que administraram os processos de licitação através dos quais esses contratos inflados foram concedidos foram eles próprios nomeados para as suas posições pelos partidos na coligação governante, sugerindo que esses indivíduos podem ter sido nomeados com base em sua vontade de participar ou pelo menos tacitamente aceitar o esquema. Muitas das empresas beneficiárias do esquema não poderiam sobreviver (ou manter operações consideráveis no Brasil), se não fosse pelos contratos com a Petrobras. Em suma, a operação corrupta perdurou porque nenhuma das pessoas ou empresas envolvidas via uma vantagem em desmantelar o esquema (COSTAS, 2014).

Focando nas respostas dos cidadãos brasileiros a esses escândalos, a questão implícita é se, de acordo com a estrutura principal-agente, o eleitorado responsabilizará os políticos corruptos ao votar para a saída deles dos seus cargos. A evidência, entretanto, não é muito reconfortante. Tanto os experimentos hipotéticos quanto os experimentos de campo mostram que é improvável que os eleitores brasileiros mudem sua escolha de candidato, mesmo depois de receberem informações sobre o envolvimento do candidato em esquemas de corrupção (FIGUEIREDO, HIDALGO; KASAHARA 2011). Em contraste, Ferraz e Finan (2011) mostram que os resultados de auditoria revelaram provas potenciais do impacto negativo gerado por revelações de potenciais corrupções nas chances de reeleição para os governos municipais, com os resultados mais fortes nos municípios com mídia independente. No entanto, as repercussões negativas para os potenciais funcionários corruptos são menos acentuadas nos municípios que recebem uma quantidade significativa de transferências federais (BROLLO, NANNICINI, PEROTTI; TABELLINI, 2013). Em suma, a evidência não indica que os eleitores brasileiros efetivamente punem políticos corruptos na cabine de votação.

Embora esses dois exemplos demonstrem como a corrupção no Brasil pode se assemelhar a um problema de ação coletiva, o fato de esses dois esquemas (junto com muitos outros) terem sido descobertos e de que os funcionários responsáveis, pela aplicação da lei, tenham movido ações contra as partes envolvidas sugere que algo está funcionando no sistema brasileiro de combate à corrupção. Não muito tempo atrás, os pesquisadores estavam tentando fornecer explicações para a falta de aplicação das leis anticorrupção brasileiras (TAYLOR; BURANELLI 2007) e, mais recentemente, alguns desses mesmos pesquisadores estão buscando explicações para o sucesso do país (PRAÇA; TAYLOR, 2014). Essa evolução não pode ser atribuída a um único fator, mas a algumas variáveis que parecem ter contribuído para esses resultados positivos. Em primeiro lugar, houve uma melhoria significativa, embora incremental, de pessoas e recursos alocados a várias instituições-chave, como a Polícia Federal Brasileira (POWER; TAYLOR, 2011). Em segundo lugar, essas mudanças incrementais podem ter passado despercebidas para o cidadão comum, já que as mudanças eram tão pequenas e discretas que não foram noticiadas nos jornais. Mas um conjunto cumulativo de pequenas mudanças incrementais durante um período de tempo considerável gerou um resultado final significativo (PRAÇA; TAYLOR, 2014). Em terceiro lugar, algumas dessas mudanças incrementais, embora criadas independentemente, criaram mecanismos de autorreforço. Isso, por sua vez, gerou ondas de *feedback* positivos que reforçaram um ciclo virtuoso (*Ibid.*)

Sem questionar as valiosas contribuições que esses diversos fatores podem ter feito para os recentes esforços anticorrupção do Brasil, acreditamos que há ainda outra variável nessa combinação: a multiplicidade institucional. O Brasil tem simultaneamente concedido a várias instituições poder para monitorar, investigar e punir corrupção. Em vez de ser o produto de uma estratégia meticulosa e coerente concebida por um único arquiteto, essa abordagem multifacetada parece ter sido o resultado de esforços independentes e descoordenados de diferentes atores que estavam separadamente tentando melhorar o sistema de responsabilização de diferentes formas. No entanto, o resultado é um sistema de multiplicidade institucional reativa que parece ter conseguido algum sucesso em lidar com o problema de ação coletiva da corrupção no país.

Considerando primeiramente a fiscalização, o Tribunal de Contas da União (TCU) funciona como a principal instituição de auditoria do governo do Brasil e, anualmente, sua estrutura de 2.400 funcionários inspeciona cerca de 3.000 relatórios financeiros anuais de vários escritórios governamentais e é responsável pelo processo de vários dos milhares de casos envolvendo o emprego e a aposentadoria de servidores públicos (SPECK, 2011). No entanto, após vários escândalos na década de 1990 (por exemplo, Caso Collor e o Tribunal Regional do Trabalho de São Paulo) chamarem atenção para as inúmeras deficiências processuais e institucionais no TCU, o Presidente Cardoso criou uma divisão de assuntos internos no Poder Executivo em 2001, o que hoje corresponde ao dever da Controladoria-Geral da União (CGU). Responsável pela prestação de contas internas no âmbito do Poder Executivo, a CGU reforçou o seu papel no monitoramento das despesas públicas através do seu Programa de Fiscalização a partir de Sorteios Públicos, que utiliza uma loteria para selecionar aleatoriamente os municípios cujos registros fiscais serão auditados para inspecionar o uso de transferências federais.

Notadamente, o estabelecimento da CGU não afetou formalmente a autoridade do TCU ou suas atividades, limitando-se à criação de uma outra via institucional para monitorar a gestão dos fundos públicos. No entanto, o desempenho dessas duas instituições sugere que a multiplicidade institucional pode ter gerado melhorias. Especificamente, desde que a CGU foi criada em 2001 e reforçada em 2006, o TCU tornou-se notavelmente mais ativo. O Mecanismo de Acompanhamento da Implementação da Comissão Interamericana contra a Corrupção (MESICIC) (2012, p. 20) observa que, entre 2006 e 2010, o número total de processos iniciados e prosseguidos pelo TCU (incluindo auditorias, inspeções, consultas e reclamações) passou de 6.135 para 8.019.

Sem estabelecer uma relação causal direta entre esses dois eventos, sua proximidade temporal sugere que a multiplicidade institucional e os mecanismos pelos quais ela pode afetar o funcionamento das instituições de prestação de contas (*accountability*) merecem uma investigação mais aprofundada. Além disso, mesmo que uma ligação causal entre a multiplicidade institucional e melhor desempenho pudesse ser estabelecida, o que exatamente induziu ambas as instituições a melhorarem seu desempenho não está claro. Por exemplo, a competição interinstitucional pode ter melhorado a eficiência institucional (HELLER, 2003), ou a multiplicidade, pode simplesmente ter gerado uma cooperação frutífera ou maior complementaridade entre a CGU e TCU. Isto também merece ser investigado.

Na última década, o Brasil também incorporou a multiplicidade institucional para investigar suspeitas de corrupção. Durante muitos anos, a responsabilidade pela investigação e processo das infracções relacionadas com corrupção ficava a cargo do Ministério Público Federal (MPF). Dúvidas sobre a capacidade de investigação da polícia levaram o governo brasileiro, em 1992, a atribuir responsabilidade aos casos de corrupção aos promotores públicos, que supostamente deveriam investigar e trazer ações civis para o Judiciário. Enquanto o MPF era muito ativo em investigar e trazer ações civis, o Judiciário (especialmente tribunais estaduais) mostrou-se lento (ou relutante) a impor sanções. No entanto, em meio a esforços concertados realizados no final do governo Cardoso (1995-2002) e fortalecidos pelo governo Lula (2003-10) para melhorar os recursos, o profissionalismo e o desempenho da Polícia Federal (DPF), o DPF começou a considerar que seu mandato incluía a luta contra a corrupção e o crime organizado (ARANTES, 2011). Enquanto o MPF retém a autoridade exclusiva sobre a investigação de ações civis de corrupção, em ações criminais, o DPF geralmente assume a liderança, embora, como discutido adiante, muitas vezes com valiosa assistência de promotores públicos. Com um aumento de orçamento, mais funcionários, um novo enfoque em corrupção e o uso de nomes marcantes para as operações para ganhar publicidade fácil, a polícia federal tem se tornado uma força cada vez mais poderosa na luta contra a corrupção no Brasil.

Embora o empoderamento do MPF e o subsequente fortalecimento do DPF possam sugerir um foco em uma determinada instituição (mandante) em diferentes momentos, o resultado final dessas medidas são duas instituições fortes, que desempenham funções de investigação. É é notável que o aumento das investigações criminais e operações no DFP entre 2005 e 2009 foi seguido por um aumento das investigações civis iniciadas pelo MPF sobre corrupção e impropriedade administrativa entre 2007 e 2011 (MESICIC 2012, p. 27-36).

Embora não possamos provar uma conexão causal, nossa hipótese é que o fortalecimento do DPF pode ter tido um impacto positivo no desempenho do MPF e vice-versa. A participação do DPF em investigações criminais aumenta claramente os recursos humanos e financeiros dedicados à luta contra a corrupção, mas, além disso, o DPF e o MPF parecem ter conseguido colaborar e complementar o trabalho um do outro, aumentando ainda mais a qualidade e a quantidade de investigações à corrupção. Em particular, as contribuições do MPF têm-se revelado indispensáveis em numerosas investigações criminais, incluindo o caso Mensalão, que resultou na condenação sem precedentes de políticos de alto nível. Na verdade, de acordo com o Procurador-Geral da República, não seria possível processar e condenar os envolvidos no caso do Mensalão sem a investigação conduzida pelo Ministério Público (Terra, 2013).

Os avanços significativos associados aos sistemas de supervisão e investigação do Brasil (SPECK, 2011; ARANTES, 2011) nos últimos anos não foram replicados em sua punição de atores corruptos (AVRITZER, 2011, FILGUEIRAS; TAYLOR, 2009). Prado e Carson (2016) sugerem que essa péssima performance pode ser atribuída a uma falta de multiplicidade institucional: uma instituição única e de baixo desempenho – o Judiciário – tem exercido autoridade monopolista na punição de comportamentos corruptos.

Se a nossa hipótese sobre a multiplicidade institucional estiver correta, no entanto, parece haver razões para acreditar que isso está prestes a mudar. Para contornar os limites associados aos tribunais brasileiros, o governo está cada vez mais recorrendo a sanções administrativas para casos de corrupção. Especificamente, a Lei Anticorrupção, promulgada em agosto de 2013 para responsabilizar pessoas jurídicas por corrupção estrangeira e doméstica, permite a interposição de processos administrativos e ações civis, proporcionando um mecanismo através do qual os funcionários podem contornar os conhecidos problemas que afligem o judiciário brasileiro (PRADO; CARSON; CORREA, no prelo). No entanto, ainda não sabemos se essa estratégia será eficaz. Se nossa hipótese sobre a multiplicidade institucional em monitoramento e investigação estiver correta, existem fortes razões para acreditar que a Lei Anticorrupção está movendo a punição na direção certa. A lei também cria incentivos de delação para as partes com conhecimento de esquemas de corrupção em troca de penas reduzidas. De fato, no caso da Petrobras, várias pessoas que trabalham para empresas de construção ou para própria Petrobras que estavam envolvidas no esquema de contratos superfaturados concordaram em comparecer e colaborar com a investigação em troca de penas reduzidas. Para além da assistência que a cooperação de partes com conhecimento direto ou envolvimento em esquemas de corrupção pode oferecer a polícia e promotores públicos em suas investigações, tais cláusulas de redução de pena também levantam a ameaça de potencial deserção e denúncia entre os participantes em tais operações ilícitas. Assim, a lei aborda o problema da ação coletiva de primeira ordem, oferecendo vantagens aos "primeiros impulsionadores" que se opõem à corrupção, ao mesmo tempo que abordam a questão da segunda ordem, criando meios alternativos para responsabilizar os atores corruptos sem ameaçar a autoridade da atual instituição sancionadora, o Judiciário.

Ao oferecer essa hipótese de multiplicidade institucional para explicar o sucesso recente do Brasil, não estamos descartando outros arranjos institucionais potenciais que possam ter contribuído para essa mudança. As chamadas "camadas" institucionais descrevem um processo de gradual mudança institucional que ocorre como resultado da introdução de novas regras ou da criação de novas organizações sem eliminar as existentes (MAHONEY; THELEN, 2010; STREECK; THELEN, 2005). Mais especificamente, compreende "uma renegociação parcial de elementos de um dado conjunto de instituições, deixando os outros como antes" (THELEN, 2002, p. 225).

As recentes reformas no Brasil da administração e do tratamento de casos de lavagem de dinheiro fornecem um exemplo de estratificação no contexto da corrupção. A partir de 2003, os tribunais federais tiveram a opção de criar "varas especializadas" para avaliar os casos de suspeita de lavagem de dinheiro (CJF Resoluções 314/03, 517/06). Depois de obter resultados significativos, esses tribunais especializados tornaram-se obrigatórios para os Tribunais de Regionais Federais em 2013 (CJF Resolução 273/13). A criação desses bancos judiciários especializados representa um caso de estratificação porque, embora as reformas tenham adicionado um novo elemento ao sistema, os promotores ainda não podem escolher o foro em que seus casos serão ouvidos.

6 Conclusão

A corrupção é uma atividade complexa e secreta. Dessa forma, apresenta desafios exclusivos às instituições de prestação de contas (*accountability*). Como tal, a sobreposição funcional pode ser o melhor mecanismo para garantir que a corrupção, seja ela arraigada ou oportunista, seja finalmente descoberta e punida. A multiplicidade institucional poderia reduzir o risco de falhas em cada etapa do processo de responsabilização da corrupção, aumentar os recursos disponíveis e/ou melhorar o desempenho institucional.

A multiplicidade institucional reativa oferece uma solução para combater a corrupção que está em sintonia com a maioria dos pressupostos e preocupações do modelo de ação coletiva. Em relação ao problema de ação coletiva de primeira ordem, cria instituições separadas que poderiam potencialmente reduzir os custos para aqueles que estão mais inclinados a se comportar honestamente para fugirem do padrão de comportamento corrupto que prevalece na sociedade. Quanto aos problemas de ação coletiva de segunda ordem, a multiplicidade institucional permite a criação de novas instituições sem desmantelar as existentes. Portanto, é menos provável que enfrente resistência política. Além disso, como a multiplicidade institucional não altera o funcionamento das instituições existentes, permite uma série de reformas simultâneas e experimentais, que poderiam ser semelhantes a um esforço multifacetado. Não obstante, a multiplicidade institucional dispersa a responsabilidade pela luta contra a corrupção, diminuindo a probabilidade de que uma única instituição possa ser alvo de reação política (em contraste com as autoridades anticorrupção autônomas e centralizadas). Por último, mas não menos importante, a criação de multiplicidade institucional pode ajudar a promover uma coalizão de reforma, uma vez que cria um refúgio seguro para aqueles que estão dispostos a lutar contra a corrupção ou a agir de acordo com "princípios".

A experiência brasileira parece fornece algumas evidências para apoiar essas afirmações, e a Lei Anticorrupção recentemente promulgada pode ser mais um exemplo dos benefícios potenciais da multiplicidade institucional.

Enquanto a multiplicidade institucional reativa pode oferecer benefícios, ela também tem uma série de potenciais problemas. Em primeiro lugar, uma vez que a sobreposição institucional implica duplicação, às vezes pode estar associada a uma alocação ineficiente de recursos, especialmente a curto prazo. Essa preocupação é particularmente relevante em países em desenvolvimento de baixa renda com escassos recursos fiscais que lutam para prover cobertura adequada para outras necessidades sociais, tais como educação e saúde. Em segundo lugar, em alguns contextos, a multiplicidade institucional pode gerar competição destrutiva e encorajar os indivíduos de uma instituição a agir de forma a prejudicar os esforços de suas contrapartes em outra instituição (SHARKEY, 2013). Em terceiro lugar, na medida em que a multiplicidade institucional aumenta o número de funcionários com o poder de investigar e punir a corrupção, pode haver uma maior incidência de corrupção nos processos de responsabilização dos indivíduos por corrupção. Por exemplo, a multiplicidade institucional pode aumentar o número de autoridades de várias instituições de investigação (corruptas) que são capazes de extrair subornos ameaçando cidadãos inocentes com acusações falsas. Por último, mas não menos importante, há preocupações de que processos administrativos mais informais, especialmente aqueles que envolvem a fusão de funções de investigação e punição (como parece ser o caso das delações premiadas na aplicação estadunidense da FCPA), podem violar princípios fundamentais de um Estado de direito (KOEHLER, 2014).

Como Winters (2015) argumenta, ao confiar na multiplicidade institucional, a Lei Brasileira Anticorrupção (Lei nº 12.846/2013) pode enfrentar todos esses problemas. Reconhecemos esses riscos, mas pelas razões apresentadas acima acreditamos que, no caso brasileiro, investir na multiplicidade institucional é a melhor estratégia. Isso não quer dizer que todos os países que enfrentam corrupção endêmica devem adotar essa estratégia. A multiplicidade institucional deve ser considerada numa análise cuidadosa de custo-benefício caso a caso, levando em consideração os recursos, as capacidades e as necessidades de políticas dentro de cada país ou sociedade. Como tal, uma estratégia de multiplicidade institucional deve ser adotada somente após uma cuidadosa consideração dos benefícios e desvantagens potenciais, com base no contexto específico. A experiência brasileira no futuro próximo deve fornecer informações relevantes para testar a hipótese desenvolvida aqui e mais pesquisas devem ajudar os reformadores a decidir como e quando melhor usar essa estratégia no futuro.

Em suma, uma pesquisa mais aprofundada sobre as condições sob as quais a multiplicidade institucional pode gerar mais benefícios do que os custos ajudaria muito os reformadores no Brasil e em outros países a usarem esse programa de ação no futuro.

Referências

AMUNDSEN, I. (2006). *Political Corruption and the Role of Donors (in Uganda). Chr. Michelsen Institute Commissioned Report*. Kampala: Royal Norwegian Embassy. <http://www.cmi.no/publications/file/2687-political-corruption-and-the-role-of-donors-in.pdf>. Accessed June, 2016.

ANDREWS, M. (2013). *The Limits of Institutional Reform in Development:* Changing Rules for Realistic Solutions (1st ed.). New York: Cambridge University Press.

ANDVIG, J.C.; FJELDSTAD, O-H.; AMUNDSEN, I., SISSENER, T.; SØREIDE, T. (2001). Corruption: A Review of Contemporary Research, Report R 2001: 7. Bergen: Development Studies and Human Rights, Chr. Michelsen Institute. <http://www.cmi.no/publications/2001/rep/r2001-7.pdf>. Accessed June, 2016.

ARANTES, R. (2011). The Federal Police and the Ministério Público. In T.J. POWER; M.M. TAYLOR (Eds.), *Corruption and democracy in Brazil: the struggle for accountability*. Notre Dame: University of Notre Dame Press, (Chapter 8).

BARDHAN, P. (1997). Corruption and development: a review of issues. *Journal of Economic Literature, 35*(3), 1320-46.

BECKER, G. S. (1962). Irrational Behavior and Economic Theory. *Journal of Political Economy, 70*. 1-13.

BOBONIS, G. J., Cámara Fuertes, L. R.; Schwabe, R. (2015). Monitoring Corruptible Politicians. (Unpublished forthcoming article). *American Economic Review*. <http://homes.chass.utoronto.ca/~bobonis/BCS_PRAudit_15-12.pdf>. Accessed June, 2016.

BOOTH, D. (2012). *Development as a Collective Action Problem: Addressing the Real Challenges of African Governance. Synthesis Report of the Africa POWER and Politics Programme*. London: ODI.

BOOTH, D.; CAMMACK, D. (2013). *Governance for Development in Africa: Solving Collective Action Problems*. New York: Zed Books.

BRESCIANI, E. (2013, January 6). Protagonista do Mensalão Mineiro Constrange PSDB. *Estadão Newspaper*. <http://politica.estadao.com.br/noticias/geral,protagonista-do-mensalao-mineiro-constrange-psdb,981227>. Accessed June, 2016.

BROLLO, F., TOMMASO NANNICINI, R. P.; TABELLINI, G. (2013). The Political Resource Curse. *American Economic Review, 103*(5), 1759-96.

BUTT, S. (2009). Indonesia's Anti-Corruption Drive and the Constitutional Court. *Comparative Law Journal, 4*(2), 186-204.

BUTT, S.; SCHUTTE, S. (2013). The Indonesian Court for Corruption Crimes: Circumventing judicial impropriety? *U4 Brief, 5*, 1-4.

CHENE, M. (2010). Mobilising broad anti-corruption coalitions. *U4 Expert Answer, 262*, 1-9.

CLEMENS, E. S.; COOK, J. M. (1999). Politics and Institutionalism: Explaining Durability and Change. *Annual Review of Sociology, 25*, 441.

COOTER, R.; ULEN, T. (2012). *Law and Economics* (6th ed.). Pearson Series in Economics..

COSTAS, R. (2014, November 21). Petrobras scandal: Brazil's energy giant under pressure. *BBC*. <http://www.bbc.com/news/business-30129184>. Accessed June, 2016.

DEPARTMENT FOR INTERNATIONAL DEVELOPMENT (DFID) (2015). *Why Corruption Matters: Understanding Causes, Effects, and How to Address Them. Evidence Paper on Corruption*. London: DFID, UKaid. <https://www.gov.uk/government/uploads/system/uploads/attachment_data/file/406346/corruption-evidence-paper-why-corruption-matters.pdf>. Accessed June, 2016.

DI JOHN, J. (2008). Conceptualising the Causes and Consequences of Failed States: A Critical Review of the Literature Crisis States Working Paper 25, DESTIN, Development Studies Institute, London School of Economics. <http://www.lse.ac.uk/internationalDevelopment/research/crisisStates/download/wp/wpSeries2/wp252.pdf>. Accessed June, 2016.

DOIG, A., WATT, D.; WILLIAMS, R. (2007). Why Do Developing Country Anti-Corruption Commissions Fail to Deal with Corruption? Understanding the Three Dilemmas of Organisational Development, Performance Expectations, and Donor and Government Cycles. *Public Administration; Development, 27*, 251-259.

FERRAZ, C.; FINAN, F. (2011). Electoral Accountability and Corruption: Evidence from the Audits of Local Governments. *American Economic Review, 101*(4), 1274-1311.

FIGUEIREDO, M. D., HIDALGO, D.; KASAHARA, Y. (2011). When do voters punish corrupt politicians? Experimental evidence from Brazil. (Unpublished manuscript) University of California: California.

FJELDSTAD, O-H.; ISAKSEN, J. (2008). Anti-Corruption Reforms: Challenges, Effects, and Limits of World Bank Support. Independent Evaluation Group Working Paper 7,World Bank.

GAROUPA, N. (2003). Behavioral Economic Analysis of Crime: A Critical Review. *European Journal of Law; Economics, 15*, 5-15.

HATCHARD, J. (2014). *Combating Corruption:* Legal Approaches to Supporting Good Governance and Integrity in Africa. NORTHampton, MA: Edward Elgar Publishing, Inc.

HUTHER, J.; ANWAR, S. (2000). Anti-Corruption Policies and Programs: A Framework for Evaluation. Policy Research Working Paper 2501, Operations Evaluation Department, World Bank.

IVANOV, K. (2007). The Limits of a Global Campaign against Corruption. In S. Bracking (Ed.), *Corruption and Development. The Anti-Corruption Campaigns* (pp. 28-45). Basingstoke Hampshire: Palgrave Macmillan.

IVANOVA, M.; ROY, J. (2007). The Architecture of Global Environmental Governance: Pros and Cons of Multiplicity. In L. Swart; E. Perry (Eds.), *Global Environmental Governance: Perspectives on the Current Debate* (pp. 48-66). New York: Center for UN Reform Education.

JOHNSON, J., TAXELL, N.; ZAUM, D. (2012). Mapping evidence gaps in anti-corruption: Assessing the state of the operationally relevant evidence on donors' actions and approaches to reducing corruption. *U4 Issue, 7*, 1-68. <http://www.u4.no/publications/mapping-evidence-gaps-in-anti-corruption-assessing-the-state-of-the-operationally-relevant-evidence-on-donors-actions-and-approaches-to-reducing-corruption/>. Accessed June, 2016.

JOHNSTON, M. (2005). *Syndromes of Corruption: Wealth, POWER, and Democracy.* Cambridge: Cambridge University Press.

JOHNSTON, M.; KPUNDEH, S. J. (2004). Building a Clean Machine: Anti-Corruption Coalitions and Sustainable Reform. Policy Research Working Paper 3466, World Bank.

JOLLS, C., SUNSTEIN, C.; THALER, R. (1998). A Behavioral Approach to Law and Economics. *Stanford Law Review*, *50*, 1471-1550.

KLITGAARD, R. (1988). *Controlling Corruption*. (1st ed.). California: University of California Press.

KLITGAARD, R.; BASER, H. (1998). *Working together to fight corruption: state, society and the private sector in partnership*. Santa Monica: RAND Corporation.

KOEHLER, M. (2014). A Foreign Corrupt Practices Act Narrative. *Michigan State International Law Review*, *22*(3), 962-1094.

KUNICOVA, J.; ROSE-ACKERMAN, S. (2005). Electoral Rules and Constitutional Structures as Constraints on Corruption. *British Journal of Political Science*, *35*, 573-606.

KURER, O. (2001). Why Do Voters Support Corrupt Politicians?. In A. K. Jain (Ed.), *The Political Economy of Corruption* (pp. 63-86). New York: Routledge.

LAWSON, L. (2009). The Politics of Anti-Corruption Reform in Africa. *Journal of Modern African Studies*, *47*(1), 73–100.

LICHT, A.N., GOLDSCHMIDT, C.; SCHWARTZ, S.H. (2007). Culture Rules: The Foundations of the Rule of Law and Other Norms of Governance. *Journal of Comparative Economics*, *35*, 659-688.

MAHONEY, J.; THELEN, K. (2010). A Theory of Gradual Institutional Change. In J. MAHONEY; K. THELEN (Eds.), *Explaining Institutional Change: Ambiguity, Agency, and POWER* (pp. 1-37). New York: Cambridge University Press.

MANZETTI, L.; WILSON, C. J. (2006). Corruption, Economic Satisfaction, and Confidence in Government: Evidence from Argentina. *The Latin Americanist*, *49*, 131–39.

MARQUETTE, H.; PEIFFER, C. (2015). Corruption and Collective Action: Shifting the Equilibrium?. Developmental Leadership Program Research Paper 32, University of Birmingham.

MEDINA, L. (2007). *A Unified Theory of Collective Action and Social Change*. Ann Arbor: University of Michigan Press.

MESICIC. (2012). *Mechanism for Follow-Up on the Implementation of the Inter-American Convention against Corruption. Federative Republic of Brazil Final Report*. Washington, DC: Organization of the American States. <www.oas.org/juridico/PDFs/mesicic4_bra_en.pdf>. Accessed June, 2016.

MESSNER, M.; POLBORN, M. (2004). Paying Politicians. *Journal of Public Economics*, *88*, 2423-45.

MiCHENER, G. (2012, August 16). Brazil's 'trial of the century'. *Al Jazeera* <http://www.aljazeera.com/indepth/opinion/2012/08/201281510245048115.html>. Accessed June, 2016.

MUNGIU-PIPPIDI, A. (2011). *Contextual Choices in Fighting Corruption: Lessons Learned. Report No. 4/2011*. Oslo: Norad. <http://www.oecd.org/countries/zambia/48912957.pdf>. Accessed June, 2016.

MYERSON, R. B. (1993). Effectiveness of Electoral Systems for Reducing Government Corruption: A Game-Theoretic Analysis. *Games and Economic Behavior*, *5*(1), 118-32.

NORTH, D. C. (2005). *Understanding the Process of Economic Change*. Princeton University Press.

OECD (2008). *Corruption: A Glossary of International Standards in Criminal Law*. Paris: OECD Publishing.

OSTROM, E. (1990). *Governing the Commons: The Evolution of Institutions for Collective Action*. New York: Cambridge University Press.

OSTROM, E. (1998). A Behavioral Approach to the Rational Choice Theory of Collective Action. *American Political Science Review, 92*(1), 1-22.

OSTROM, E. (2008). Design Principles of Robust Property-Rights Institutions: What Have We Learned?. In K.G. Ingram; Y.-H. Hong (Eds.), *Property Rights and Land Policies* (pp. 25-51). Cambridge: Lincoln Institute of Land Policy..

PEREIRA, C.; MELO, M. A. (2015). Reelecting Corrupt Incumbents in Exchange for Public Goods: Rouba mas faz in Brazil. *Latin American Research Review, 50*(4), 88-115.

PERSSON, A., ROTHSTEIN, B.; TEORELL, J. (2013). Why Anticorruption Reforms Fail – Systemic Corruption as a Collective Action Problem. *Governance: An International Journal of Policy, Administration, and Institutions, 26*(3), 449-71.

PERSSON, T., Tabellini, G.; Trebbi, F. (2003). Electoral Rules and Corruption. *Journal of the European Economic Association, 1*, 958-89.

PIERSON, P. (2000). Increasing Returns, Path Dependence, and the Study of Politics. *The American Political Science Review, 94*(2), 251-267.

POWER, T. J.; TAYLOR, M. M. (2011) Introduction: Accountability Institutions and Political Corruption in Brazil. In T. J. POWER; M. M. TAYLOR (Eds.), *Corruption and Democracy in Brazil: The Struggle for Accountability* (pp. 1-28). Notre Dame: University of Notre Dame Press.

PRADO, M. M., (2011). Institutional Bypass: An Alternative for Development Reform. (Unpublished article) <http://ssrn.com/abstract=1815442>. Accessed June, 2016.

PRADO, M. M.; CARSON, L. D. (2016). Brazilian Anti-Corruption Legislation and Its Enforcement: Potential Lessons for Institutional Design. *Journal of Self-Governance and Management Economics, 4*(1), 34–71.

PRADO, M. M.; TREBILCOCK, M. (2009). Path Dependence, Development, and the Dynamics of Institutional Reform. *University of Toronto Law Journal, 59*(3), 341.

PRADO, M. M., CARSON L. D.; CORREA, I. (2016). The Brazilian Clean Company Act: Using Institutional Multiplicity for Effective Punishment. Osgoode Legal Studies Research Paper Series 119, Osgoode Hall Law School.

RECANTINI, F. (2011). Anti-Corruption Authorities: An Effective Tool to Curb Corruption?. In S. Rose-Ackerman; T. Søreide (Eds.), *International Handbook on the Economics of Corruption (Vol. 2)* (pp. 528-569). NORTHampton: Edward Elgar Publishing Limited.

ROSE-ACKERMAN, S. (1978). *Corruption: A Study in Political Economy*. New York: Academic Press.

ROTHSTEIN, B. (2011). *The Quality of Government: Corruption, Social Trust, and Inequality in International Perspective*. Chicago: University of Chicago Press.

RUNDQUIST, B. S., STROM, G. S.; PETERS, J. G. (1977). Corrupt Politicians and Their Electoral Support: Some Experimental Observations. *American Political Science Review, 71*(3), 954-63.

SÁNCHEZ, F. J. (2015). A armadilha política: a corrupção como problema de ação de coletiva. (A. Ghizzo Neto, Trans.). *Revista do Conselho Nacional do Ministério Público: improbidade administrative, 5*, 11-30. <http://www.cnmp.mp.br/portal/images/stories/Destaques/Publicacoes/revista_cnmp_versaoweb-5edicao.pdf>. Accessed June, 2016.

SCHICKLER, E. (2001). Disjointed Pluralism: Institutional Innovation and the Development of the U.S. Congress. Princeton: Princeton University Press, (Chapter 6).

SCHUTTE, S. A. (2012). Against the Odds: Anti-Corruption Reform in Indonesia. *Public Administration; Development, 32*, 38-48.

SCOTT, W. R. (1994). Institutions and organizations: Toward a theoretical synthesis. In W. R. Scott; J. W. Meyer (Eds.), *Institutional Environments and Organizations: Structural Complexity and Individualism* (pp. 55-80). California: Sage Publications Inc.

SEGAL, D. (2015, August 7). Petrobras Oil Scandal Leaves Brazilians Lamenting a Lost Dream. *New York Times*. <http://www.nytimes.com/2015/08/09/business/international/effects-of-petrobras-scandal-leave-brazilians-lamenting-a-lost-dream.html?_r=0>. Accessed June, 2016.

SEO, M.; CREED, W. E. D. (2002). Institutional contradictions, praxis, and institutional change: A dialectical perspective. *The Academy of the Management* Review, *7*(2), 222-247.

SHLEIFER, A.; VISHNY, R.W. (1993). Corruption. *Quarterly Journal of Economics, 108*, 599-617.

SIMON, H. A. (1955). A Behavioral Model of Rational Choice. *The Quarterly Journal of Economics, 69*(1), 99-118.

SMITH, D. J. (2008). *A Culture of Corruption: Everyday Deception and Popular Discontent in Nigeria*. Princeton: Princeton University Press.

SØREIDE, T. (2014). *Drivers of Corruption:* A Brief Review. Washington, DC: World Bank Study, World Bank.

SPECK, B.W. (2011). Auditing institutions. In T. J. POWER; M. M. TAYLOR (Eds.) *Corruption and democracy in Brazil:* the struggle for accountability (Chapter 6). Notre Dame: University of Notre Dame Press.

STREECK, W.; THELEN, K. (2005). Introduction: Institutional Change in Advanced Political Economies. In: W. STREECK; K. Thelan (Eds.). *Beyond Continuity: Institutional Change in Advanced Political Economies* (pp. 1-39). Oxford: Oxford University Press.

THE ECONOMIST (2013, November 18). What is Brazil's 'Mensalão'?. *The Economist*. <http://www.economist.com/blogs/economist-explains/2013/11/economist-explains-14>. Accessed June, 2016.

THELEN, K. (2002). The Political Economy of Business and Labor in the Developed Democracies: Agency and Structure in Historical Institutional Perspective. In: I. Katznelson; H. Milner (Eds.). *Political Science: The State of the Discipline* (p. 225). New York; Washington, D.C.:W.W. Norton and American Political Science Association.

TRANSPARENCY INTERNATIONAL (2013). *Global Corruption Barometer*. UK: Transparency International.

TRANSPARENCY INTERNATIONAL (2015). *What Is Corruption?*. <http://www.transparency.org/what-is-corruption/>. Accessed June, 2016.

TREBILCOCK, M.J. (2014). *Dealing with Losers: The Political Economy of Policy Transitions*. Oxford University Press.

UGUR, M.; DASGUPTA, N. (2011). *Evidence of the Economic Growth Impacts of Corruption in Low-Income Countries and Beyond: A Systematic Review*. London: EPPI-Centre, Social Science Research Unit, Institute of Education, University of London. <https://eppi. ioe.ac.uk/cms/LinkClick.aspx?fileticket=wrCtuggn-IQ%3D&tabid=3108&mid=5787>. Accessed June, 2016.

UNDP. (2004). *Anti-Corruption Practice Note*. New York: United Nations Development Programne. <http://www.u4.no/recommended-reading/anti-corruption-practice-note/>. Accessed June, 2016.

USLANER, E. M. (2008). *Corruption, Inequality, and the Rule of Law*. (1st Ed.). New York: Cambridge University Press.

WEIJER, F. D. (2013, November 04). A context of multiple institutions: Engaging in Fragile Settings. *The Broker Online*. <http://www.thebrokeronline.eu/Articles/A-context-of-multiple-institutions>. Accessed June, 2016.

WILLIAMS, R.; DOIG, A. (2007). Achieving Success and Avoiding Failures in Anti-Corruption Commissions: Developing the Roles of Donors. *U4 Brief, 1*, 1-4. <http:// www.cmi.no/publications/file/2749-achieving-success-and-avoiding-failure-in-anti. pdf>. Accessed June, 2016.

WILLIS, G. D.; PRADO, M. M. (2014). Process and Pattern in Institutional Reforms: The Police Pacifying Units in Brazil as an Institutional Bypass. *World Development, 64*, 235.

WINTERS, M. A. (2015). Too Many COOKs in the Kitchen: Battling Corporate Corruption in Brazil and the Problems with a Decentralized Enforcement Model. *Richmond Journal of Global Law and Business, 13*(4), 651-700.

ZILBER, T. B. (2011). Institutional Multiplicity in Practice: A Tale of Two High-Tech Conferences in Israel. *Organization Science, 22*(6),15

Informação bibliográfica deste texto, conforme a NBR 6023:2002 da Associação Brasileira de Normas Técnicas (ABNT):

CARSON, Lindsey D.; PRADO, Mariana Mota. Usando multiplicidade institucional para enfrentar a corrupção como um problema de ação coletiva: lições do caso brasileiro. In: FORTINI, Cristiana (Coord.). *Corrupção e seus múltiplos enfoques jurídicos*. Belo Horizonte: Fórum, 2018. p. 175-203. ISBN: 978-85-450-0422-6.

A NECESSIDADE DE HARMONIZAÇÃO DAS ESFERAS DO PODER PUNITIVO ESTATAL (ADMINISTRATIVA E PENAL) NO COMBATE À CORRUPÇÃO

BRUNO MARTINS TORCHIA

MARIA TEREZA FONSECA DIAS

1 Introdução

O Estado, ao utilizar o *ius puniendi*, na via administrativa ou judicial, deve assegurar ao acusado o contraditório e a ampla defesa. Além disso, a punição, se aplicada, deve se enquadrar dentro de certos parâmetros, de acordo com os princípios da culpabilidade, proporcionalidade, razoabilidade, entre outros, todos eles delineados a partir do surgimento do Estado de Direito e em processo de transformação ao longo do tempo.[1]

A definição e a conceituação do *ius puniendi* é controversa no ordenamento jurídico brasileiro. Há aqueles que entendem que a punição administrativa e penal decorre do mesmo poder, ao passo que outros

---

[1] Luiz Alberto Blanchet e Emerson Gabardo dissertam que a individualização da pena, prevista no art. 5º, inciso XLVI, da Constituição, não afasta a proposição de que existe um Direito Constitucional Penal ou um Direito Constitucional Sancionatório, mas que existe um núcleo comum, que destaca a existência de elementos que ultrapassam as áreas didaticamente estabelecidas a partir da derivação direta do Direito Constitucional (BLANCHET; GABARDO, 2012, p. 131-132).

entendem tratar-se de atividade distinta, cada qual com princípios e particularidades próprias.[2]

Quando a punição aplicada tiver natureza administrativa, diz-se que ela é regulada pelo Direito Administrativo Sancionador, o qual, segundo Francisco Zardo, é um "segmento específico do Direito Administrativo" que "[...] dedica-se ao estudo dos princípios e regras incidentes sobre a infração, a sanção administrativa e o respectivo processo apuratório" (ZARDO, 2014, p. 38). E quando a violação for de normas penais, haverá atuação do Direito Penal (ou Direito Penal Econômico),[3] este reconhecido por ser instrumento severo, que afeta a dignidade da pessoa e pode colocar o sujeito apenado em situação de estigmatização perante a sociedade, notadamente diante da possibilidade de aplicação da pena privativa de liberdade.

Todas essas considerações são relevantes na medida em que se ingressa no tema-problema deste trabalho, qual seja, discutir a sujeição do particular às sanções penais e administrativas quando praticar ato lesivo disciplinado pela Lei Anticorrupção, porque, consequentemente, esse ato constituirá, concomitantemente, conduta tipificada no Código Penal (CP) ou na Lei Geral de Licitações e Contratos (LGL).

A Lei nº 12.846, de 1º de agosto de 2013, denominada Lei Anticorrupção (LAC), inaugurou, no ordenamento jurídico brasileiro, nova hipótese de responsabilidade administrativa, qual seja, a responsabilização objetiva de pessoas jurídicas pela prática de atos contra a administração pública, nacional ou estrangeira, que ela considera como lesivos, disposto em rol exaustivo, consoante se observa no seu art. 5º.

A propósito, José Roberto Pimenta Oliveira afirma que "[...] qualquer responsabilidade de pessoa jurídica é objetiva, porque criada

---

[2]   Rafael Munhoz de Mello diz que há grande aceitabilidade a existência de um poder punitivo estatal uno (MELLO, 2007, p. 45). Já Fábio Medina Osório, em sentido contrário, diz que isso é uma profunda incoerência, já que não há unidade de princípios jurídicos de um direito público estatal ou constitucional na regulação das formas de expressão do *ius puniendi* (OSÓRIO, 2015, p. 121).

[3]   De acordo com Luiz Régis Prado, "[...] o Direito Penal Econômico visa à proteção da atividade econômica presente e desenvolvida na economia de livre mercado. Integra o Direito Penal como um todo, não tendo nenhuma autonomia científica, mas tão somente metodológica ou didático-pedagógica, em razão da especificidade de seu objeto de tutela e da natureza da intervenção penal. [...] A específica problemática derivada da matéria objeto deste estudo lógico-sistemático vai desde os delitos contra a ordem econômica (Leis 8.137/90 e 8.176/91), perpassando os delitos contra as relações de consumo (Leis 8.078/90 e 8.137/90), contra o sistema financeiro nacional, sigilo das operações de instituições financeiras e contra as finanças públicas (Lei 7.492/86, Lei Complementar 105/2001 e Código Penal), contra a ordem tributária, e de contrabando e descaminho (Lei 8.137/90 e Código Penal), até, finalmente, terminar com o exame dos delitos contra o sistema previdenciário (Código Penal)" (PRADO, 2016).

e explicada por norma de atribuição (enquanto fator objetivador) e não pela realidade fenomênica, no sentido de que a conduta humana ilícita exsurge de ação ou omissão de seres humanos" (OLIVEIRA, 2017, p. 27). A partir da edição desta lei, o particular estará sujeito a mais uma esfera de responsabilidade caso cometa ato lesivo à Administração Pública, e isso trará grave problema interpretativo com relação ao âmbito punitivo do Estado. Grande parte dos atos lesivos será punida mesmo que não praticada com dolo ou culpa. Além disso, as condutas estão tipificadas no Código Penal e na Lei de Geral de Licitações e Contratos (LGL),[4] legislações que exigem dolo ou culpa para a configuração da antijuridicidade.[5]

É por esse motivo que Nucci (2015) afirma que a LAC é norma cível-administrativa travestida de conteúdo nitidamente penal,[6] pelo que não poderia sancionar por responsabilização objetiva.

Fabio Medina Osório defende que a configuração do Direito Administrativo Sancionador exige aprofundamento no complexo universo do Direito Penal, porque ali estará o Estado, regulando, condicionando, limitando o exercício de direitos e liberdades, valendo-se dos instrumentos das sanções, além das medidas coercitivas cautelares ou persuasivas (OSORIO, 2015, p. 43).[7]

---

[4] Ressalta-se que a aplicação das sanções previstas na Lei nº 8.666/1993 poderão dar lugar às previstas na Lei nº 12.462, de 4 de agosto de 2011, quando houver contratação pelo denominado Regime Diferenciado de Contratações.

[5] José Roberto Pimenta Oliveira afirma que a responsabilização das pessoas naturais que não se apresentam como agente público pode ser feita pelo sistema de responsabilidade civil (Lei nº 10.406/2002 – Código Civil, Lei nº 8.429/92 – Lei de Improbidade Administrativa, Lei nº 4.717/1965 – Lei da Ação Popular e art. 37, §6º, da Constituição, quando houver direito de regresso); sistema de responsabilidade penal (Decreto-Lei nº 2.848/1940 – Código Penal; Decreto-Lei nº 201/1967 – Crimes de Prefeitos, Lei nº 8.666/1993 – Lei de Licitações, Lei nº 8.137/1990 e Lei 12.529/2011 – Crimes contra a Ordem Tributária e Econômica) e Lei nº 9.613/1998 – Lei da Lavagem de Dinheiro; sistema de responsabilidade de improbidade administrativa (Lei nº 8.429/1992 – Lei de Improbidade Administrativa com propositura de ação civil pública de improbidade administrativa; sistema por irregularidade de contas (art. 70, parágrafo único, e art. 71, inciso II, da Constituição, quando as práticas corruptivas da pessoa jurídica lesarem o erário); sistema de responsabilidade administrativa (Lei nº 8.666/1993, Lei nº 10.520/2002, Lei nº 12.462/2011 e 13.303/2016 – Infração da Lei de Licitações, Lei 12.529/2011 – Infração à Ordem Econômica, Lei nº 5.172/1966 – Infração tributária do Código Tributário), Lei 6.385/1976 – Infração da Lei de Comissão de Valores Imobiliários, Lei nº 9.613/1998 – Infração na Lei da Lavagem de Dinheiro, Lei nº 4.595/64 – Infração punida pelo Banco Central do Brasil).

[6] Como afirma Nucci "Esta Lei Anticorrupção pode disfarçar-se de lei administrativa ou civil (ou *sui generis*), mas a sua natureza jurídica é eminentemente penal" (NUCCI, 2015, p. 94).

[7] Essa é, também, a orientação do Superior Tribunal de Justiça no RMS 24559/PR: "À atividade sancionatória ou disciplinar da Administração Pública se aplicam os princípios, garantias e normas que regem o processo penal comum, em respeito aos valores de proteção e defesa das liberdades individuais e da dignidade da pessoa humana, que se plasmaram no campo daquela disciplina" (BRASIL, 2010).

O problema enfrentado neste trabalho consiste em propor a harmonização dessas esferas de responsabilização do particular, uma vez que a sanção penal, para ser aplicada, exige a aferição de dolo ou culpa, enquanto a sanção administrativa da Lei Anticorrupção é de natureza objetiva, desprezando o elemento subjetivo.

Como forma de preservar os direitos e garantias fundamentais dos cidadãos, propõe-se que se observem, no Direito Administrativo Sancionador, sempre que possível, as garantias estabelecidas para o processo penal, uma vez que não há diploma sistematizado apto a reger a atividade punitiva administrativa estatal, ainda mais considerando que a competência administrativa conferida pela Constituição para legislar sobre Direito Administrativo, em regra, é comum, e poucas matérias são reservadas de forma privativa à União.[8]

A metodologia utilizada, no âmbito da vertente dogmático-jurídica, partiu do estudo da bibliografia, legislação e jurisprudência, quando aplicável.

Visando propor a harmonização das esferas de responsabilização diante desse múltiplo e complexo regime de responsabilização, com o fim de se evitar sobreposição de sanções e respeitar o ordenamento jurídico vigente, este trabalho tem por objetivos específicos: a) discorrer sobre o fenômeno da corrupção; b) analisar o poder punitivo estatal, com especial enfoque no âmbito de incidência do Direito Administrativo Sancionador; c) apresentar de forma crítica as principais características da LAC e a responsabilização por ela disciplinada.

2 Atos de corrupção

Corrupção é palavra polissêmica e fenômeno complexo de difícil conceituação, seja por ser um termo que está sofrendo mutações diárias, por ser globalizado ou por depender da contribuição de outras ciências na sua construção. Uma observação é certa: nenhuma lei se presta a fazê-lo, e nem poderia.

Fábio André Guaragni (2016, p. 4) ensina que a corrupção era uma barreira que um agente público colocava para alguém participar de atividade econômica, uma espécie de "imposto" que não mereceria qualquer reprovação. Hoje, porém, a corrupção é alimentada pelo corruptor, pois assim ele possui garantia que irá ganhar mais do que realmente

---

[8] Extrai-se tal entendimento da inteligência dos artigos 21, 22, 23 e 24, da Constituição (BRASIL, 2017a), que estabelece competência privativa à União para legislar sobre poucas matérias de Direito Administrativo, o que, por óbvio, municia de competência legislativa os demais entes federativos.

ganharia. A corrupção é uma "coisa a dois", surgindo o que se chama de "corrupção privada". É por isso que Guilherme de Souza Nucci ensina que a corrupção não se limita às fronteiras da Administração Pública, correndo às soltas no ambiente privado (NUCCI, 2015, p. 3). A dificuldade de identificar a corrupção advém do fato de que o termo *corrupção* pode abrigar inúmeras condutas, algumas tipificadas em lei, outras não. Todas elas, porém, possuem traço comum: a clandestinidade.

A globalização, em razão de proporcionar a ampliação do comércio internacional, a evolução dos meios tecnológicos e a conexão do sistema financeiro em escala global, fez também com que a corrupção adquirisse transcendência internacional, ganhando *status* de problema global, seja porque integrada à economia globalizada ou por ser potencializada por grandes corporações transnacionais (DEMATTÉ, 2015, p. 24).

No Brasil, os crimes de corrupção estão tipificados, regra geral, nos artigos 317, 333, 337-B do Código Penal (Decreto-Lei nº 2.848, de 7 de dezembro de 1940). Ocorre, porém, que há muitos outros atos ilícitos tipificados como crime que poderiam estar facilmente incluídos dentro do conceito de corrupção, tais como peculato, concussão, prevaricação, fraude às licitações, etc. (art. 312, 316, 319 e 319-A), bem como os crimes contra as licitações (art. 89 a 98 da Lei nº 8.666/1993). Por isso, diz-se que a corrupção abriga inúmeras condutas, muitas delas sequer tipificadas em lei.

O conceito de corrupção, segundo Felipe Eduardo Hideo Hayashi, deflui do que se chama de *regime transnacional de combate* à *corrupção*, que é o conjunto de atos internacionais multilaterais em matéria de corrupção ratificados e vigentes no Brasil.[9] Porém, esses tratados não

---

[9] Citam-se as seguintes convenções internacionais ratificadas pelo Brasil em matéria de corrupção: 1) Convenção Interamericana contra a Corrupção (CICC), da Organização dos Estados Americanos (OEA), de 29 de março de 1996, assinada em Caracas, Venezuela. Sua integração ao ordenamento jurídico brasileiro se deu após aprovação do Decreto Legislativo nº 152, de 25 de junho de 2002 e do Decreto nº 4.410, de 7 de outubro de 2002; 2) Convenção sobre o Combate a Corrupção de Funcionários Públicos Estrangeiros em Transações Comerciais Internacionais, pela OCDE (Organização para a Cooperação e Desenvolvimento Econômico). Concluída em Paris, em 17 de dezembro de 1997, foi incorporada no ordenamento jurídico por meio do Decreto Legislativo nº 125, de 14 de junho de 2000 e do Decreto nº 3.678, de 30 de novembro de 2000; 3) Convenção das Nações Unidas contra o Crime Organizado Transnacional, adotada em Nova York, em 15 de novembro de 2000, denominada Convenção de Palermo, que teve seu texto aprovado, no Brasil, pelo Decreto Legislativo nº 231, de 29 de maio de 2003 e promulgada pelo Decreto Presidencial nº 5.015, de 12 março de 2004; 4) Convenção das Nações Unidas contra a Corrupção (UNCAC), em 31 de outubro de 2003, ratificada pelo Decreto Legislativo nº 348, de 18 de maio de 2005 e promulgada pelo Decreto nº 5.687, de 31 de janeiro de 2006.

apresentam um conceito *fechado* de corrupção, e sim uma variedade de condutas que devem ser assim compreendidas. O critério, dessa feita, é de Direito Internacional Público (HAYASHI, 2015, p. 19-20).

Felipe Eduardo Hideo Hayashi, citando Ernesto Garzón Valdés, explica que um ato corrupto possui seis características: "(i) um sistema normativo relevante; (ii) poder de decisão; (iii) deveres 'institucionais' ou 'posicionais'; (iv) participação de outra(s) pessoa(s); (v) a obtenção de benefícios 'extraposicionais'; (vi) a figura do agente duplo (clandestinidade)" (HAYASHI, 2015, p. 22).

3 Multiplicidade das esferas do poder punitivo estatal

O saudoso Diogo de Figueiredo Moreira Neto – em trabalho desenvolvido com Flávio Amaral Garcia – ensinou que o *ius puniendi* se funda sobre um conjunto de princípios e regras garantidoras de direitos dos administrados e dos cidadãos e que a inobservância de tais normas conduziria esta atividade punitiva, inexoravelmente, à ilegitimidade e arbitrariedade (MOREIRA NETO; GARCIA, 2012, p. 1).

Há certa convergência quanto à unidade do *ius puniendi*, pois Flávio Henrique Unes Pereira ensina que a tese da existência de um poder punitivo estatal uno é aceita na doutrina, porquanto os princípios irradiam tanto no ordenamento penal quanto no ordenamento administrativo (PEREIRA, 2007, p. 56). Já Fabrício Motta e Spiridon Nicofotis Anyfantis pregam a impossibilidade de distinguir ontologicamente entre delitos e penas, de um lado, e infrações e sanções administrativas, de outro (MOTTA; ANYFANTIS, 2017, p. 83).

Diogo de Figueiredo Moreira Neto e Flávio Amaral Garcia ensinam que há princípios que devem reger e orientar toda e qualquer expressão de poder estatal sancionador, sob pena de se regredir às indesejáveis práticas do arbítrio que antecederam o próprio Estado Democrático de Direito, notadamente quando os autores ensinam sobre a Lei Anticorrupção. Afirmam os autores que:

> [...] não se admite a existência de crime sem lei anterior que o defina, nem pena sem prévia cominação legal (princípio da legalidade – art. 5º, XXXIX); estabelece-se a previsão de que a lei penal não retroagirá, salvo para beneficiar o réu (princípio da irretroatividade – art. 5º, XL); prevê-se a vedação de que a pena não passará da pessoa do condenado (princípio da intranscendência da pena – art. 5º, XLV) e de que qualquer indivíduo seja privado da liberdade ou dos seus bens sem o devido processo (princípio do devido processo legal – art. 5º, LIV) e se afirma o direito, assegurado a todo e qualquer litigante, em processo judicial ou administrativo, de

ampla defesa (princípio da ampla defesa e do contraditório – art. 5º, LV). (MOREIRA NETO; GARCIA, 2012, p. 3-4)

Jorge Munhós de Souza, no mesmo sentido, afirma que o Constitucionalismo Democrático persegue o objetivo de equilibrar as legítimas pretensões punitivas estatais com os direitos e garantias fundamentais dos acusados em geral, os quais estão previstos não apenas nas normas nacionais, mas também em tratados internacionais e nas constituições em forma de princípios, tais como a legalidade, tipicidade, irretroatividade, contraditório, ampla defesa, vedação do *bis in idem*, duplo grau de jurisdição, entre outros (SOUZA, 2016, p. 190). É dentro dessa perspectiva que o Direito Administrativo Sancionador deve ser visto. Por ser responsável por reger e aplicar as penalidades aplicadas, deve possuir tratamento similar ao do Direito Penal quando se trata de garantias aos cidadãos, obedecendo-se, além dos princípios acima mencionados, o da razoabilidade, proporcionalidade, segurança jurídica, tipicidade, entre outros.

Embora haja pontos de convergência entre sanções e infrações penais e administrativas, certo é que as últimas possuem, se comparadas com as primeiras, maior abrangência e flexibilização, porquanto o Direito Administrativo não é como o Direito Penal, que deve atuar apenas em último caso, ou em situações pós-fato, possuindo um catálogo extremamente mais amplo. As sanções administrativas se prestam a atuar pedagogicamente e repressivamente a um sem número de casos, nos quais não é possível estabelecer normas prévias com estrita delimitação.

Flávio Unes Pereira, com esteio nos ensinamentos de Romeu Bacellar Filho, disserta que há inegável autonomia do Direito Administrativo Sancionatório em face do Direito Penal, tanto é que o art. 52, parágrafo único, da Constituição, comina prática de crime de responsabilidade, *sem prejuízo das demais sanções judiciais cabíveis*. Os princípios originariamente compreendidos no Direito Penal não são aplicados ao Direito Administrativo Sancionador de modo *mecânico*, mas com *matizes*, eis que nem a legalidade, reserva legal, tipicidade e culpabilidade possuem alcances idênticos (PEREIRA, 2007, p. 56).

Não está a dizer que se devesse conceder mais garantias em um processo baseado em normas administrativas do que num processo penal, ou vice e versa. Trata-se de, inicialmente, delimitar que a violação de normas de Direito Administrativo demandará a atuação do Direito Administrativo Sancionador, enquanto a violação de normas penais demandará atuação do Direito Penal.

É muito difícil distinguir a natureza jurídica de algumas normas, tais como a da LAC (Lei nº 12.846/2013), que, embora seja de natureza civil-administrativa (ao menos é o que se extrai de sua interpretação literal), é de conteúdo nitidamente penal, já que suas condutas são tipificadas no CP (Decreto-Lei nº 2.848/1940) ou na LGL (Lei nº 8.666/1993). E o mesmo se diga com relação à LIA (Lei nº 8.429/92), apesar de ser de natureza civil-administrativa (ou civil-política), possui sanções tão severas quanto às normas de cunho penal.

Independentemente da esfera de responsabilização (administrativa ou criminal), o elemento subjetivo da conduta é relevante no âmbito do combate à corrupção, notadamente quando se está a falar de punição, para a qual a culpa é circunstância imperativa, conforme se expõe a seguir.

3.1 A importância do elemento subjetivo das condutas nas diferentes esferas do poder punitivo estatal

Sirlene Arêdes disserta que a evolução da sociedade tornou a teoria da responsabilidade subjetiva incapaz de resolver problemas com equidade, dada a dificuldade de se comprovar culpa *lato sensu*. Assim, sem abandonar o princípio da culpabilidade para a reparação do dano, consagrou-se a presunção de culpa, que inverte o ônus probatório (ARÊDES, 2012, p. 29). Porém, após novamente algum tempo, a responsabilidade civil deixou a culpa e passou a conhecer o risco, deslocando-se a preocupação jurídica do lesante para a vítima. Esse sistema, conhecido como responsabilidade objetiva, que dispensa o ato ilícito para configuração da responsabilidade civil, não prescinde de uma conduta voluntária, pois o exercício da atividade-dano é fruto de uma escolha livre do homem que assume os riscos (ARÊDES, 2012, p. 29-30).

Assim, como a responsabilidade civil tem por finalidade a reparação dos danos, a sanção é aplicada em função do efetivo prejuízo ou dano sofrido pela vítima, já que a responsabilidade não se constitui em meio apto para punir os agentes (ARÊDES, 2012, p. 31). A punição, portanto, no Direito brasileiro, é feita por normas de cunho administrativo e criminal, as quais possuem os pressupostos de responsabilidade diferentes das normas que tratam de responsabilidade civil.

Sirlene Arêdes prossegue e atesta que as punições, na esfera administrativa, não são passíveis de dispensar a culpa no seu exame (exigibilidade de comportamento diverso, que servirá para determinar tanto a existência da infração como a penalidade a ser aplicada), além é claro de outras características próprias do seu regime, tais como anterioridade (prévia determinação de uma conduta, como probidade), legalidade (tipicidade jurídica é a previsão normativa da conduta proibida), individualização da pena (um dos objetivos da pena é a prevenção, e a punição de quem atuou conforme o direito não se mostra adequada, o que veda a responsabilidade solidária e subsidiária em matéria punitiva) e a proibição do *bis in idem* (impossibilidade de dupla punição por um mesmo fato, embora alguém possa ser responsabilizado por esferas de responsabilidade diversas e autônomas) (ARÊDES, 2012, p. 33-57), o que vai totalmente contra a previsão da responsabilidade objetiva da LAC, conforme será discutido adiante, neste trabalho.

Nucci apresenta uma situação bem interessante. Imagine que um corruptor, pessoa física, tenha sido absolvido na esfera criminal por ausência de prova. A pessoa jurídica poderia ser condenada na esfera extrapenal com base no mesmo fato, considerando que a esfera penal detém prevalência sobre o processo civil ou administrativo, os quais deveriam ficar suspensos até seu julgamento. E se o corruptor é condenado, a pessoa jurídica poderia ser absolvida? Prossegue o autor, para concluir, que a responsabilidade objetiva facilita o trabalho das autoridades, mas pode acarretar muitas injustiças (NUCCI, 2015, p. 88-90).

De acordo com a previsão do art. 935 do Código Civil,[10] a depender do julgamento na esfera penal, poderá ou não haver responsabilização contra o infrator na esfera cível.

Sirlene Arêdes ensina que haverá comunicabilidade entre as esferas nos casos de absolvição criminal por negativa de autoria ou inexistência do fato, a qual decorre dos pressupostos da sanção punitiva, que é a necessária existência de uma conduta cuja punição deve recair no seu autor (ARÊDES, 2012, p. 65).

Ainda com relação a esse aspecto (integração de normas de Direito Administrativo Sancionador e de Direito Penal), Vicente Greco Filho diz que todas as condutas previstas como corrupção privada praticadas pela pessoa jurídica apresentam um paralelo com outras normas penais e demais regras administrativas, sendo possível pensar na modulação de regras de processo penal para a condução dos processos investigatórios administrativos. E, tratando-se de condutas idênticas praticadas pela pessoa jurídica e pelas pessoas físicas contra os mesmos bens jurídicos, seria razoável pensar na uniformização, ainda que superficial, das regras para aplicação de sanções a dois grupos diferentes de autores: a pessoa física e jurídica (GRECO FILHO, 2015, p. 114-115).

A celeuma sobre a natureza jurídica de sanções penais e administrativas é extremamente relevante no combate à corrupção porque há

---

[10] "Art. 935. A responsabilidade civil é independente da criminal, não se podendo questionar mais sobre a existência do fato, ou sobre quem seja o seu autor, quando estas questões se acharem decididas no juízo criminal" (BRASIL, 2017f).

um cenário de sobreposição, no qual há transferência, senão um reforço, da conduta descrita como tipo penal para o Direito Administrativo Sancionador. Outrossim, na compreensão de Ana Carolina Carlos de Oliveira (2011, p. 91), há incorporação de proibições administrativas ao catálogo de sanções penais, conforme descrito a seguir.

3.2 Aspectos penais do combate à corrupção e da responsabilização das pessoas jurídicas

O Direito Penal é chamado a reforçar e apoiar o Direito Administrativo Sancionador, prevendo uma série de crimes com a intenção de proteger as atividades administrativas mais do que propriamente outros bens jurídicos, ou seja, revelam uma face da *administrativização* do Direito Penal.

Essa circunstância, para Fábio André Guaragni, promove uma ruptura do clássico princípio da intervenção mínima, pois o Direito Penal deixa de ser a *ultima ratio*.[11] Guaragni cita, como exemplo, a Lei de Crimes Ambientais, que reprime várias condutas de um ou outro comportamento do particular que funciona sem autorização estatal, regulamento etc., a ponto de se questionar se realmente está a proteger o meio ambiente ou a administração estatal (GUARAGNI, 2016, p. 7).

Felipe Eduardo Hideo Hayashi, por sua vez, defende que os atos de corrupção, tal qual entendidos pelas Convenções internacionais, devem ser criminalizados, caso estejam disciplinados como medidas de prevenção e repressão à corrupção nessas normas (HAYASHI, 2015, p. 19). É nesse contexto que o Brasil, em razão dos compromissos internacionais assumidos, promoveu diversas mudanças no seu ordenamento jurídico, pois começou a ser *compelido* a produzir normas de natureza cível, administrativa e criminal para combater a corrupção, seja reprimindo novas condutas, criando estruturas de inteligência ou modificando institutos jurídicos.

O eixo de normas penais de combate à corrupção no Brasil, portanto voltado às pessoas físicas, estaria constituído por quatro leis principais, quais sejam: a) Código Penal, que dedica um título aos crimes praticados contra a Administração Pública, entre os quais peculato (artigo 312), desvio de verbas públicas (artigo 315), concussão (artigo 316), corrupção passiva (artigo 317), prevaricação (artigo 319),

---

[11] Carla Rahal Benedetti defende que o uso excessivo de legislação penal é equivocado, e que hoje não é incomum o Direito Penal atuando como *prima ratio, sola ratio* ou, ainda, como *nulla ratio*, sob argumento de critérios de necessidade e eficiência (BENEDETTI, 2014, p. 21-22).

advocacia administrativa (artigo 321), corrupção ativa (artigo 333), corrupção ativa em transação comercial internacional (artigo 337-B) e tráfico de influência em transação comercial internacional (artigo 337-C); b) Lei de Licitações, cujos artigos 89 a 99 tipificam crimes atinentes às fraudes às licitações ou aos contratos administrativos, tais como dispensa indevida de licitação (artigo 89), fraude ao caráter competitivo das licitações (artigo 90), bem como afastar licitante por meio de violência ou fraude (artigo 91); c) Lei de Lavagem de Dinheiro, Lei nº 9.613/1998, que foi reformulada pela Lei nº 12.683/2012, a qual tipifica como crime o ato de "ocultar ou dissimular a natureza, origem, localização, disposição, movimentação ou propriedade de bens, direitos ou valores provenientes, direta ou indiretamente, de infração penal"; d) Lei nº 12.850/2013, denominada Lei das Organizações Criminosas, que prevê aspectos tanto materiais e processuais acerca desse fenômeno, inovando no ordenamento jurídico ao prever novos meios de obtenção de provas (em especial a colaboração premiada) e infiltração de agentes, além de penas mais severas.

A possibilidade de responsabilidade penal da pessoa jurídica é, por sua vez, questão controvertida não só em termos dogmáticos, como também no campo político, já que é matéria afeta à política criminal desenvolvida por cada país. E a controvérsia se dá por fatores ligados à incapacidade de ação, da culpabilidade, da pessoalidade da pena e das espécies ou natureza das penas aplicadas (BITENCOURT, 2012).

Duas correntes debatem essa possibilidade, de modo que, em geral, nos países filiados ao sistema romano-germânico considera-se inadmissível, enquanto nos países filiados ao *common law* a responsabilização penal é admitida (BITENCOURT, 2012).

Flávio Rezende Dematté afirma, por exemplo, que enquanto Brasil, Itália e Alemanha permanecem não admitindo a responsabilidade criminal da pessoa jurídica, a Espanha, a partir de 2010, disciplinou tal responsabilização, mediante a inclusão do art. 31-bis no seu Código Penal (DEMATTÉ, 2015, p. 82).[12]

Para o autor, portanto, a responsabilização penal da pessoa jurídica no ordenamento jurídico brasileiro não está prevista nas supracitadas normas combate à corrupção, pois, consoante se extrai das

---

[12] O Projeto de Lei do Senado nº 236/2012, que trata da reforma do Código de Processo Penal brasileiro, possui disposição para admitir a responsabilização penal de pessoa jurídica, inclusive no caso de prática de crime contra a administração pública (DEMATTÉ, 2015, p. 82).

normas do art. 173, §5º,[13] e artigo 5º, inciso XLV,[14] da Constituição, a sanção penal irá recair apenas sobre os autores materiais do crime, ou seja, as pessoas físicas (DEMATTÉ, 2015, p. 82).

Guilherme de Souza Nucci, ao contrário, assevera que como a responsabilidade penal da pessoa jurídica é admitida pela Constituição no que se refere aos crimes ambientais e também aceita pelos Tribunais com relação aos crimes econômico-financeiros e contra a economia popular, deve ser estendida aos casos de corrupção, que constituem ofensa à ordem econômica e financeira do país, além de possuírem sanções compatíveis com a natureza das condutas (NUCCI, 2015, p. 88).

Nesse mesmo sentido, Cezar Roberto Bitencourt entende que a Constituição brasileira é permissiva quanto à possibilidade de penalização da pessoa jurídica, porque apesar de não a impor, também não a repele (BITENCOURT, 2012).

A Lei Anticorrupção brasileira foi editada num contexto em que, além de não haver clareza conceitual, dogmática e doutrinária acerca da responsabilização penal da pessoa jurídica, a lei apresenta dificuldades quanto à definição da real natureza de suas sanções, como será visto a seguir.

3.3 A responsabilidade objetiva da Lei Anticorrupção

3.3.1 Aspectos gerais da Lei Anticorrupção: fundamentos e natureza jurídica

Em 1º de agosto de 2013, foi promulgada a Lei Federal nº 12.846, denominada Lei Anticorrupção (LAC), também chamada de *Lei de Improbidade Empresarial, Lei da Empresa Limpa, Lei da Integridade das Pessoas Jurídicas* ou *Legislação de Compliance.*

Maurício Zockun afirma que as disposições dessa norma têm o propósito de preservar o patrimônio público nacional e estrangeiro de condutas que lhes esgarcem ilegitimamente, seja por atentar contra os princípios informadores da Administração Pública ou aos compromissos internacionais assumidos pelo Brasil (ZOCKUN, 2017, p. 15).

---

[13] "Art. 173. [...] §5º A lei, sem prejuízo da responsabilidade individual dos dirigentes da pessoa jurídica, estabelecerá a responsabilidade desta, sujeitando-a às punições compatíveis com sua natureza, nos atos praticados contra a ordem econômica e financeira e contra a economia popular" (BRASIL, 2017a).

[14] "Art. 5º [...] XLV – nenhuma pena passará da pessoa do condenado, podendo a obrigação de reparar o dano e a decretação do perdimento de bens ser, nos termos da lei, estendidas aos sucessores e contra eles executadas, até o limite do valor do patrimônio transferido" (BRASIL, 2017a).

Diogo de Figueiredo Moreira Neto e Rafael Véras de Freitas ensinam que esse novel diploma objetiva responsabilizar as corporações que financiam a corrupção, incorporando diretrizes de diplomas normativos internacionais, tais como o FCPA, *UK Bribery Act*, além de alguns dos compromissos internacionais, quais sejam: a Convenção Interamericana contra a Corrupção da Organização dos Estados Americanos (OEA) e a Convenção sobre Combate à Corrupção de Funcionários Públicos Estrangeiros em Transações Comerciais Internacionais da Organização para Cooperação e Desenvolvimento Econômico (OCDE) (MOREIRA NETO; FREITAS, 2017, p. 2).

Maurício Zockun ensina também que o objeto de tutela dessa norma é consideravelmente mais amplo do que o crime de corrupção. A norma se assemelha ao ilícito penal, mas possui traços próprios (ZOCKUN, 2017, p. 15).

José Roberto Pimenta Oliveira disserta que a LAC visa à plena efetividade de todas as esferas de responsabilização existentes e aplicáveis às pessoas físicas e jurídicas. Isso tendo em vista o fato de que, havendo ou não processo ou condenação da pessoa jurídica no âmbito da Lei nº 12.846/2013, estão preservados todos os mecanismos de atuação jurídicos de punição das pessoas naturais envolvidas na configuração fática dos atos lesivos (OLIVEIRA, 2017, p. 48).

A mencionada norma estaria fundamentada no princípio da moralidade administrativa, constante do art. 37 da Constituição Federal de 1988. A circunstância de a lei atingir diretamente pessoas que não são agentes públicos, e que, portanto, estariam fora da abrangência das normas do art. 37 da Constituição, devido à previsão do princípio da probidade. Para Diogo de Figueiredo Moreira Neto e Rafael Véras de Freitas, a probidade representa a *eficácia exógena* do princípio da moralidade administrativa, oponível também a particulares, além de umbilicalmente ligado ao princípio da juridicidade (MOREIRA NETO; FREITAS, 2017, p. 5).[15]

Jorge Munhós de Souza ensina que a LAC incorpora a tradicional divisão entre as esferas de responsabilização civil, administrativa

---

[15] Maurício Zockun esposa entendimento parecido com o de Diogo de Figueiredo Moreira Neto e Rafael Véras de Freitas, ao afirmar que "[...] a Lei Anticorrupção veicula uma forma qualificada de moralidade administrativa, a exemplo do que também se dá com a improbidade administrativa. Há, pois, um condomínio legislativo dos entes políticos para dispor sobre a moralidade e suas formas qualificadas. E, por esta razão, radica no art. 24, §1º, da Constituição da República, a competência da União para editar normas gerais sobre a *probidade administrativa empresarial*, sem embargo de isto não afetar a prerrogativa legislativa dos estados e municípios para editar normas especiais sobre este bem jurídico" (ZOCKUN, 2017, p. 21).

CRISTIANA FORTINI (COORD.)
CORRUPÇÃO E SEUS MÚLTIPLOS ENFOQUES JURÍDICOS

e penal, assim como o princípio da independência das instâncias, já consagrado na legislação e jurisprudência pátrias.[16] O estudo sobre a forma como se dá a responsabilização do particular no âmbito da Lei Anticorrupção só pode ser feito após uma (re) leitura crítica dos *tipos administrativos* e da responsabilidade objetiva prevista nessa lei.

José Roberto Pimenta Oliveira explica que muitos atos lesivos previstos na LAC, no tocante às pessoas jurídicas, já estavam previstos no ordenamento jurídico pátrio nas suas múltiplas esferas de responsabilização (civil; administrativa; por irregularidade de contas e pela prática de atos de improbidade administrativa), possibilitando a aplicação de sanções estabelecidas em cada diploma normativo.

A responsabilização da LAC, portanto, poderá ser civil (tal como a de ressarcir o erário dos valores quando há danos materiais)[17] ou administrativa (quando há violação de normas que essencialmente visam à proteção da Administração Pública)[18] (OLIVEIRA, 2017, p. 24). A responsabilidade civil, por sua vez, ganha novos contornos que a distinguem dos pressupostos clássicos e tradicionais da responsabilidade objetiva do Direito Civil.[19]

Os atos lesivos da Lei Anticorrupção estão todos dispostos no seu art. 5º.

Há quem entenda que o rol é *numerus clausulus,* como Marco Vinicio Petrelluzzi e Rubens Naman Rizek Júnior, quando destacam

---

[16] Os tribunais pátrios possuem entendimento consolidado de que as esferas administrativa, cível e criminal são independentes. Cf. o HC nº 53.622/PE, Rel. Min. LAURITA VAZ, *DJU* 24.09.07.

[17] Arts. 186 e 927 da Lei nº 10.406/2002; Art. 11 da Lei nº 4.717/1965; Art. 5º Lei nº 8.429/92; Art. 6º, §3º; 13 16, §3º e 21, parágrafo único da Lei nº 12.846/2013 (OLIVEIRA, 2017, p. 24).

[18] Infração a normas de licitações e contratos (Lei nº 8.666/93, nº 10.520/2002, nº 12.462/2011 e nº 13.303/2016); Infração a normas da ordem econômica (Lei nº 12.52/2011); Infração à ordem tributária (Lei nº 5.172/1966); Infração às normas do mercado de valores mobiliários (Lei nº 6.385/1976); Infração por lavagem de dinheiro (Lei n 9.613/98); Infração às normas do Banco Central do Brasil (Lei nº 4.595/1964); Infração às normas de exercício irregular de profissão, conforme lei federal; Infração por irregularidade de contas (art. 70 e 71, da Constituição) (OLIVEIRA, 2017, P. 25).

[19] Consoante Márcio Ribeiro, "Cumpre ainda salientar que a responsabilidade objetiva traçada no bojo da Lei Anticorrupção Empresarial possui contornos próprios que não devem ser confundidos com os pressupostos clássicos e tradicionais da responsabilidade objetiva definida no Direito Civilista. Consoante disposições do Código Civil, a imputação de responsabilidade objetiva dependa da demonstração da ação ou omissão, do dano potencial ou concreto e do nexo de causalidade que deve existir entre a conduta (ação ou omissão) e o dano. Diferentemente, sob a luz do novo diploma legal, o dano não se apresenta como elemento indispensável à configuração da responsabilização, uma vez que a ocorrência efetiva do dano se apresenta como mero exaurimento da infração administrativa, componente esse a ser avaliado quando da dosimetria da pena, nos termos dos incisos II, III e IV, do art. 7º, da Lei nº 12.846/2013" (RIBEIRO, 2017, p. 53-54).

a expressão *assim definidos* utilizada na LAC (PETRELLUZZI; RIZEK JUNIOR, 2014, p. 62).

Porém, há também entendimento de que o rol é exemplificativo, uma vez que, conforme leciona Jefferson Aparecido Dias e Pedro Antonio de Oliveira Machado, são utilizadas expressões *qualquer outro expediente* ou *vantagem de qualquer tipo*, etc. (DIAS; MACHADO, 2016, p. 87).

Mateus Bertoncini conceitua os atos lesivos do art. 5º da LAC como atos típicos (porque previamente previstos – princípio da legalidade), antijurídicos (porque corruptos, segundo decorre dos compromissos internacionais) e objetivamente imputáveis à pessoa jurídica (porque basta a demonstração do nexo de causalidade, ou seja, a configuração do comportamento tipificado na norma e o resultado material) (SANTOS *et al.*, 2015).

Juliano Heinen adverte que o rol de condutas lesivas da LAC respeita os princípios da legalidade e da especificação, porque os atos estão dispostos em lei e bem delimitados. Contudo, não atendem ao postulado da culpabilidade, já que a responsabilidade objetiva despreza existência de dolo ou culpa (HEINEN, 2015, p. 113).

Defende-se, entretanto, que o caráter, a princípio, restritivo, do rol dos atos lesivos do art. 5º da Lei nº 12.846/2013 não condiz com a generalidade das sanções ali estabelecidas. Isso porque se deve ter prudência com a previsão genérica de ilícitos, sob pena de violar o princípio da legalidade e tipicidade, principalmente em caso de não haver, por parte do aplicador, cautela na análise do eventual ilícito.

A grande inovação da LAC é também seu ponto mais controvertido, que é a previsão de responsabilidade objetiva, descrita a seguir.

3.3.2 Responsabilidade objetiva, legalidade e tipicidade das condutas descritas na LAC

Maurício Zockun esclarece que a responsabilidade objetiva já é contemplada no ordenamento jurídico (art. 37, §6º, da Constituição, e art. 931 do Código Civil) e que o limite para a sua aplicação na pessoa jurídica está relacionado à liberdade, uma vez que esta só pode ser tolhida na medida da culpabilidade dos agentes. Quanto ao direito de propriedade, a responsabilização é tolerada (ZOCKUN, 2017, p. 18-19).

José Roberto Pimenta Oliveira afirma que, para a configuração da responsabilização administrativa e judicial, devem ser preenchidas as seguintes condições:

a) sujeito de direito passível de responsabilização, à luz do art. 1º;

b) ato lesivo praticado no campo territorial ou extraterritorial do domínio punitivo;

c) configuração de condutas comissivas e/ou omissivas lesivas que se enquadrem na tipologia taxativa do art. 5º, e respectivo nexo de causalidade;

d) identificação das pessoas físicas, autores, coautores e partícipes – e respectiva conduta ilícita – na ocorrência do ato lesivo;

e) configuração do critério legal de imputação do ilícito à pessoa jurídica, conforme o critério estabelecido no art. 2º. (OLIVEIRA, 2017, p. 36)

Acerca da tipicidade, Francisco Zardo lembra que a tipificação é um dos assuntos mais controvertidos em matéria de infração administrativa. Conforme explicita o autor:

[...] o princípio da tipicidade derivaria do art. 37, caput, da CF, pelo qual a Administração Pública "obedecerá" ao princípio da legalidade, e, ainda, do art. 5.º, II, da mesma norma, que preceitua: "ninguém será obrigado a fazer ou deixar de fazer alguma coisa senão em virtude de lei". Com efeito, o princípio da legalidade se desenvolve, segundo o magistério de Alejandro Nieto, "em duas vertentes: uma formal, que geralmente se denomina exigência de reserva legal, e outra material conhecida de ordinário como mandato de tipificação legal". [...]

Aí reside a principal função do tipo: conferir ao cidadão a possibilidade de escolher entre o certo e o errado, bem como informá-lo sobre as consequências de suas opções. Assim, somente poderão ser consideradas infrações aqueles comportamentos anteriormente previstos na norma como tais. Trata-se da exigência de *lex previa*. Outra decorrência do princípio da tipicidade é a obrigação de *definir* ou descrever de forma satisfatória a conduta infracional e a sanção respectiva. Trata-se da exigência de *lex certa*, a qual, entretanto, não é observada integralmente pela Lei 8.666/1993. (ZARDO, 2014, p. 73-74)

É certo que não há como exigir que o legislador preveja todos os comportamentos humanos em lei, embora tal procedimento fosse o mais adequado, considerando que a lei é expressão da vontade do povo e apenas ela pode criar, modificar ou extinguir direitos e obrigações.

A tipificação está ligada ao princípio da reserva legal. Gustavo Binenbojm, ao lecionar sobre tal princípio, diferencia reserva absoluta de lei (quando a Constituição exige que a matéria seja tratada por lei, principalmente quando se referir à restrição de direitos e garantias fundamentais) e reserva relativa de lei (quando a Constituição contenta apenas com estabelecimento de parâmetros gerais pela lei e concede à Administração Pública margem de liberdade maior para aplicação do direito no caso concreto) (BINENBOJM, 2008, p. 150-151).

Porém, tratando de infrações administrativas, Francisco Zardo lembra que o Superior Tribunal de Justiça, no RESP nº 1.102.578/MG, considerou legal a aplicação de sanções com base em normas expedidas pelo Conmetro e Inmetro, ao fundamento de que tais penalidades estariam embasadas por lei (ZARDO, 2014, p. 84). Entre esses dois extremos, quais sejam, de um lado a impossibilidade de prever em minúcias todas as condutas na lei, sob pena de inutilidade, e de outra o perigo de se conceder ampla margem de discricionariedade ao administrador, adere-se ao ensinamento de Francisco Zardo, para quem o legislador não pode se desonerar de criar *standards* ou paradigmas, prevendo um conteúdo material mínimo que sirva de controle e orientação ao exercício do poder regulamentar (ZARDO, 2014, p. 85).

Carlos Ari Sundfeld e Jacintho Arruda defendem que o art. 37 da Constituição, que estabelece os princípios regentes da Administração Pública (notadamente a legalidade), não é suficiente para atender a previsão de *lei* ou ato regulamentar com um texto qualquer, um conteúdo qualquer. É preciso haver norma prévia, mas também completa, considerada esta como aquela que cumpre o dever de especificação, ou seja, capaz de antecipar, em abstrato, para os sujeitos envolvidos (regulados, usuários, interessados, reguladores) tanto a qualificação jurídica dos fatos futuros, quanto o conteúdo dos atos administrativos possíveis, atendendo aos requisitos da abrangência, profundidade e consciência (SUNDFELD; CÂMARA, 2000, p. 33-34).

3.3.3 Críticas à responsabilidade objetiva e as vicissitudes do Direito Administrativo Sancionador

Francisco Zardo observa que a responsabilidade objetiva é um mecanismo para se esquivar das garantias fundamentais asseguradas aos acusados, porque o Estado prefere o atalho da responsabilização administrativa – ignorando garantias para proporcionar respostas rápidas à sociedade, mesmo que em descompasso com os valores éticos –, punindo quem não concorreu para o ilícito, esvaziando a utilidade da sanção (ZARDO, 2014, p. 58). Entretanto, como demonstram Batista Júnior e Giannini, não se deve desconsiderar que "O Estado, indiscutivelmente, no mundo atual, ainda é a única organização, operando em larga escala, capaz de conter os interesses privados em limites socialmente razoáveis" (BATISTA JÚNIOR, 2008, p. 153).

Carlos Eduardo Gonçalves (2017, p. 172) ensina que o Direito Administrativo Sancionador não pode constituir instância repressiva e arcaica, que recorre desmedidamente a grosseiras técnicas de responsabilidade objetiva, a previsão de sanções que não estejam legalmente delimitadas, presunções e inversões ao ônus da prova.

Fabrício Motta e Spiridon Nicofotis Anyfantis avaliam que as normas da LAC se baseiam na teoria do risco, a qual considera que constitui infração a conduta que simplesmente coloca em risco os bens jurídicos protegidos. Esse critério despreza a culpabilidade para caracterização do ilícito, pois importa ao ordenamento jurídico o mero descumprimento de uma norma talhada para prevenção de perigo abstrato, independentemente do proveito ou do resultado alcançado (MOTTA; ANYFANTIS, 2017, p. 92).

Juliano Heinen ensina que sempre que o patrimônio público estiver exposto a uma mínima lesividade poderá existir violação da LAC, porque a lei utiliza as expressões *atentar*, *pôr em perigo* e *colocar em risco* o patrimônio público (HEINEN, 2015, p 114).

Os critérios, conforme destaca José Roberto Pimenta Oliveira, são dois: o objetivo-funcional, baseado no *interesse*, ou seja, o resultado objetivo (e não psicológico) e o critério objetivo-material, que leva em conta o *benefício*, ou seja, o efeito benéfico pretendido com a atuação ilícita enquadrada na lei. Nesse diapasão, a pessoa jurídica será responsabilizada se a atuação das pessoas naturais que configurarem ato lesivo se reverter em benefício para ela (OLIVEIRA, 2017, p. 31-32).

A pessoa jurídica, quando acusada de algum ato lesivo previsto na LAC, só conseguirá se eximir de penalidade se comprovar que não houve violação à ordem jurídica ou de que o evento não decorreu de conduta de seus colaborares. Caso se faça prova de que o ato foi praticado em benefício de seu funcionário, de que seja fora das suas funções laborais (MOREIRA NETO; FREITAS, 2017, p. 8).

Nesse cenário, convém mencionar que o Direito Penal contemporâneo tem admitido condenações por provas indiretas, diante da natureza e engenhosidade dos crimes praticados mediante corrupção. Na responsabilização administrativa da LAC não será diferente, pois dificilmente haverá a comprovação nítida da prática desses ajustes. E se na esfera penal o encargo probatório tem sido *relativizado*, com menor dificuldade acontecerá na esfera administrativa.

Há quem sustente que a irrestrita, senão *irresponsável* responsabilização objetiva na seara administrativa nem sempre guarda compatibilidade com os princípios constitucionais que regem o direito punitivo, notadamente devido ao processo legal, contraditório e ampla defesa, proporcionalidade, entre outros, respeitando aqueles que possuem posicionamento diverso.[20]

Ocorre que a responsabilização administrativa da LAC se utiliza de preceitos cominatórios amplos e de conceitos jurídicos indeterminados que permitem que um sem número de atos praticados pelo particular se enquadre como ilícito. O envolvimento de qualquer colaborador da pessoa jurídica, com ou sem o conhecimento desta, não a eximirá do ato ilícito.

Com base em tais teorias, pode-se concluir que cada vez mais se despreza elementos subjetivos para aferição de culpa, depositando na pessoa jurídica a total responsabilidade pelo cometimento do ilícito, a qual só irá se desincumbir se demonstrar que efetivamente possuía mecanismos íntegros e efetivos de controle, ou que não se beneficiou do ato ilícito.

Greco Filho demonstra preocupação não apenas com o respeito às garantias processuais, mas também com a eficiência das investigações e dos processos, pois seria possível, caso se realizasse ambos os procedimentos perante um juiz togado, que as medidas de investigação (busca e apreensão, interceptação telefônica, quebra de sigilo bancário) bem como institutos penais (regras de autoria e participação, consumação e tentativa, prescrição) fossem aplicados nos procedimentos investigatórios (GRECO FILHO, 2015, p. 115).

Na apuração administrativa dos ilícitos da LAC, haverá essa dificuldade, pois as advocacias públicas ou as Controladorias não terão competência para conduzir uma investigação, já que existem medidas investigativas com reserva de jurisdição.[21]

---

[20] Vicente Greco Filho defende que a escolha legislativa de incluir a responsabilidade da pessoa jurídica dentro do Direito Administrativo Sancionador foi extremamente proveitosa, uma vez que a previsão penal, nesse caso, traria resultados muito pouco diferentes do que alcançará o Direito Administrativo (GRECO FILHO, 2015, p. 103). Mesmo assim, o autor enfatiza a importância de debate entre as fronteiras do Direito Penal e do Direito Administrativo Sancionador, porque este último, no Brasil, possui uma insuficiente formulação teórica e prática.

[21] "Art. 8º A instauração e o julgamento de processo administrativo para apuração da responsabilidade de pessoa jurídica cabem à autoridade máxima de cada órgão ou entidade dos Poderes Executivo, Legislativo e Judiciário, que agirá de ofício ou mediante provocação, observados o contraditório e a ampla defesa. §1º A competência para a instauração e o julgamento do processo administrativo de apuração de responsabilidade da pessoa jurídica poderá ser delegada, vedada a subdelegação. §2º No âmbito do Poder Executivo federal, a Controladoria-Geral da União – CGU terá competência concorrente para instaurar processos administrativos de responsabilização de pessoas jurídicas ou para avocar os processos instaurados com fundamento nesta Lei, para exame de sua regularidade ou para corrigir-lhes o andamento. Art. 9º Competem à Controladoria-Geral da União – CGU a apuração, o processo e o julgamento dos atos ilícitos previstos nesta Lei, praticados contra a administração pública estrangeira, observado o disposto no Artigo 4 da Convenção sobre o

O cenário legal desenhado é preocupante. As pessoas jurídicas poderão ser responsabilizadas por atos isolados e não autorizados por parte de seus colaboradores, mesmo que adote muitas medidas para evitá-los. A LAC, utilizando-se de termos ampliativos – *qualquer outro expediente, qualquer ato de procedimento licitatório, dificultar atividade de investigação* –, permitirá avaliação subjetiva dos seus aplicadores, que poderão enquadrar muitas condutas, até mesmo condutas lícitas, como ato lesivo. À guisa de exemplo, veja-se o ato lesivo previsto no inciso V do art. 5º da LAC, que especifica a conduta de *dificultar atividade de investigação ou de fiscalização de* órgãos, *entidades, ou agentes públicos.* Ora, *dificultar* muitas vezes pode estar relacionado ao exercício do direito de defesa, tal como a interposição de recursos, pedidos de devolução de prazos, etc.

Dessa feita, a prática de atos lesivos da LAC poderá impor tanto a aplicação das sanções administrativas (art. 6º) ou judiciais (art. 19), sem prejuízo dos processos de responsabilização previstos na Lei de Improbidade Administrativa e Lei de Licitações (SOUZA, 2016, p. 187-188). Além das sanções administrativas, há possibilidade de se impor sanções penais pelos mesmos fatos, caso estes sejam tipificados. Porém, a responsabilização não recairá, em tese, sobre a pessoa jurídica, que no ordenamento jurídico brasileiro responde em casos excepcionais.

A natureza civil-administrativa[22] da punição não a torna mais branda, já que a pessoa jurídica, se condenada no PAR (Processo Administrativo de Responsabilização) movido pelo Poder Executivo, poderá ser apenada justamente em seu patrimônio moral. Ter seu nome inscrito em meios de comunicação de grande circulação trará enormes prejuízos e consequências negativas à corporação, de ordem financeira e moral.

Muitas dificuldades serão enfrentadas na aplicação conjunta dessas normas (LAC, LGL e CP), já que são regimes distintos visando punir condutas idênticas.[23]

Combate da Corrupção de Funcionários Públicos Estrangeiros em Transações Comerciais Internacionais, promulgada pelo Decreto nº 3.678, de 30 de novembro de 2000" (BRASIL, 2017b).

[22] Sobre a diferença de responsabilidade civil e administrativa José Roberto Pimenta Oliveira ensina: que âmbito civil no art. 2º, da Lei Anticorrupção diz respeito exclusivamente ao sistema de responsabilização civil, de caráter patrimonial e que âmbito administrativo tem relação com a responsabilização administrativa, prevista no art. 6º e 19, da Lei Anticorrupção, sendo passíveis de aplicação judicial (OLIVEIRA, 2017, p. 37).

[23] Vicente Greco Filho cita, a título de exemplo, um ato lesivo praticado por meio de um funcionário público, o qual possui conotação distinta na lei penal, ou seja, muito mais abrangente do que perante o Direito Administrativo (GRECO FILHO, 2015, p. 115).

Diante do exposto, pode-se concluir que o combate e enfrentamento à corrupção é realizado com edição de normas penais e administrativas, e que se deve tratar com severidade os atos corruptos, seja implementando novos mecanismos de investigação ou permitindo sua utilização na seara do Direito Administrativo Sancionador.

O cenário legal brasileiro, segundo se verifica pelas normas que foram editadas, notadamente a partir de 2012, é bem diferente de outrora. Há normas propiciando tratamento criminal e administrativo de vários atos corruptos albergados nos compromissos internacionais, tais como a lavagem de dinheiro e criminalidade organizada. Do ponto de vista do processo legislativo, deve-se buscar o aperfeiçoamento do processo decisório, para que as novas legislações sejam editadas de maneira mais harmônica e em consonância com o processo democrático e com as garantias fundamentais. Nas palavras de André Cyrino, o direito e a ciência política devem estar atentos "[...] às circunstâncias do mercado político, a fim de que se busquem meios para o aperfeiçoamento do processo decisório em instituições democráticas. As falhas não devem conduzir à indiferença, mas ao aperfeiçoamento das instituições" (CYRINO, 2016, p. 92).

O Direito Administrativo Sancionador, embora receba influências do Direito Penal no que tange às suas garantias e princípios, notadamente no combate à corrupção, deve se identificar como um regime próprio, com princípios e características próprias, que buscará seus próprios critérios no que tange à responsabilização de seus destinatários.[24]

4 Considerações finais

O Estado Democrático de Direito irradia seus efeitos em toda ordem jurídica, notadamente no campo punitivo. O Estado, detentor do *ius puniendi*, é incumbido de aplicar sanções sempre que houver descumprimento de uma norma que comine penalidade, mas em decorrência dos princípios e garantias individuais obtidas em processo evolutivo, deve observar as regras impostas, em especial os princípios do devido processo legal, razoabilidade, legalidade, tipicidade, entre outros.

---

[24] Essa é a lição de Fábio Medina Osório (OSÓRIO, 2015, p. 127), segundo o qual existe unidade do poder punitivo estatal, mas substanciais diferenças entre os regimes jurídicos do Direito Penal e do Direito Administrativo Sancionador, especialmente no que tange suas próprias estruturas internas, na qual os ilícitos recebem tratamentos normativos peculiares e substancialmente diversos, e de José Roberto Pimenta Oliveira (OLIVEIRA, 2017, p. 29), para quem o direito administrativo deve encontrar critérios próprios para articulação da responsabilização subjetiva e objetiva no seu próprio domínio normativo.

A aplicação das sanções administrativas e penais, embora decorram do mesmo poder, não são iguais, pois possuem regimes jurídicos distintos, embora se reconheça a integração dos princípios de Direito Penal ao Direito Administrativo Sancionador, com matizes, respeitando suas nuances.

Por isso, apesar se reconhecer a imprescindibilidade de vários princípios do Direito Penal no Direito Administrativo Sancionador, tais como o princípio do devido processo legal, contraditório, legalidade, tipicidade e culpabilidade, não são utilizados com a mesma intensidade, porque as sanções administrativas podem atingir pessoas físicas ou jurídicas, de forma objetiva, sem avaliar culpa ou dolo, o que não ocorre na seara penal em razão de previsão legal expressa.

O combate à corrupção utiliza-se de sanções tanto de natureza administrativa quanto criminal. A corrupção, por ser um fenômeno de escala global, que deteriora o patrimônio público, causa efeitos nefastos na ordem política, social, econômica e jurídica do país, demanda tratamento severo, notadamente porque as violações são em desfavor de bens difusos.

A responsabilização conjunta, no âmbito da corrupção, por esferas distintas, é tendência mundial. Porém, esse espírito punitivo pode trazer sérios riscos ao Estado Democrático de Direito, uma vez que o Direito Penal deixa de ser a *ultima ratio* e passa a ser utilizado de maneira indistinta, em conjunto com o Direito Administrativo Sancionador, gerando o processo de *administrativização* do Direito Penal.

Conclui-se, portanto, que a responsabilidade objetiva prevista na LAC desprezando a existência de aferição de dolo ou culpa para configuração da punição administrativa é medida que não se harmoniza com o direito punitivo, embora esteja dentro da faculdade do legislador optar por uma outra forma de responsabilização. A culpabilidade é pressuposto de pena e, em prol de uma efetividade, o ordenamento jurídico não deve relativizar garantias individuais, sob pena de configurar abusos e servir como instrumento de injustiça.

De outra parte, verifica-se que o sistema jurídico de combate à corrupção está fundamentado na teoria do risco, o qual passa a impor, cada vez, a adoção de mecanismos de integridade nas pessoas jurídicas. O Estado reconhece sua impossibilidade em enfrentar este mal e chama o particular para atuar junto com ele, ora concedendo benefícios ora lhe impondo temor com estes mecanismos de punição.

Assim, para que seja efetivo o combate à corrupção empresarial, necessária a harmonização das esferas do poder punitivo estatal (administrativa e penal).

Referências

ARÊDES, Sirlene. *Responsabilização do agente público*: individualização da sanção por ato de improbidade administrative. Belo Horizonte: Fórum, 2012.

BATISTA JÚNIOR, Onofre Alves. O estado democrático de direito pós-providência brasileiro em busca da eficiência pública e de uma administração pública mais democrática. *Revista Brasileira de Estudos Políticos*, Belo Horizonte, v. 8, n. 98, p. 119-158, jul./dez. 2008.

BENEDETTI, Carla Rahal. *Criminal compliance*: instrumento de prevenção criminal corporativa e transferência de responsabilidade penal. São Paulo: Quartier Latin, 2014.

BINENBOJM, Gustavo. *Uma teoria do Direito Administrativo*. Rio de Janeiro: Renovar, 2008.

BITENCOURT, Cézar Roberto. *Direito Penal das licitações*. São Paulo: Saraiva, 2012.

BLANCHET, Luiz Alberto; GABARDO, Emerson. A aplicação dos princípios de Direito Penal no Direito Administrativo: uma análise do princípio da insignificância econômica. *A&C – Revista de Direito Administrativo & Constitucional*, Belo Horizonte, ano 12, n. 47, p. 127-150, jan./mar. 2012.

BRASIL. Superior Tribunal de Justiça. RMS 24559/PR, Rel. Min. Napoleão Nunes Maia Filho, DJ. 01.02.2010. Fernando Furlanetto e Estado do Paraná. Data da publicação 01/02/2010. Disponível em: <javascript:inteiro_teor('/SCON/servlet/BuscaAcordaos?action=mostrar&num_registro=200701653771&dt_publicacao=01/02/2010')>. Acesso em: 27 jun. 2010.

BRASIL. Supremo Tribunal Federal. RE 736351 AgR, Relator(a): Min. Roberto Barroso, Primeira Turma. Carlos Jorge de Souza e Município de Florianópolis. Data da publicação 11/12/2013. Disponível em: <http://www.stf.jus.br/portal/processo/verProcessoTexto.asp?id=3440419&tipoApp=RTF>. Acesso em: 27 jun. 2013.

BRASIL. *Constituição da República Federativa do Brasil*, de 05 de outubro de 1988. Disponível em: <http://www.planalto.gov.br/ccivil_03/constituicao/constitui%C3%A7ao.htm>. Acesso em: 08 jan. 2017a.

BRASIL. Lei nº 12.486, de 01 de agosto de 2013. *Diário Oficial*. Disponível em <http://www.planalto.gov.br/ccivil_03/_ato2011-2014/2013/lei/l12846.htm>. Acesso em: 08 jan. 2017b.

BRASIL. Lei nº 8.666, de 21 de junho de 1993. *Lei de Licitações*. Disponível em <http://www.planalto.gov.br/ccivil_03/leis/L8666compilado.htm>. Acesso em: 08 jan. 2017c.

BRASIL. Decreto-Lei nº 2.848, de 7 de dezembro de 1940. *Código Penal*. Disponível em: <http://www.planalto.gov.br/ccivil_03/decreto-lei/Del2848compilado.htm>. Acesso em: 7 mar. 2017d.

BRASIL. Lei nº 8.429, de 2 de junho de 1992. Dispõe sobre as sanções aplicáveis aos agentes públicos nos casos de enriquecimento ilícito no exercício de mandato, cargo, emprego ou função na administração pública direta, indireta ou fundacional e dá outras providências. Disponível em <http://www.planalto.gov.br/CCivil_03/leis/L8429.htm>. Acesso em: 08 jan. 2017e.

BRASIL. Lei nº 10.406, de 10 de janeiro de 2002. Institui o Código Civil. Disponível em: <http://www.planalto.gov.br/ccivil_03/leis/2002/l10406.htm>. Acesso em: 07 de abr. 2017f.

CARLOS DE OLIVEIRA, Ana Carolina. *Direito de intervenção e direito administrativo sancionador*: o pensamento de Hassemer e o Direito penal brasileiro. São Paulo, 2012. (Dissertação) – Faculdade de Direito, Universidade de São Paulo, São Paulo, 2011.

CYRINO, André. Como se fazem as leis?: democracia, grupos de interesse e controle de constitucionalidade. *Revista Brasileira de Estudos Políticos*, Belo Horizonte, n. 113, p. 51-99, jul./dez. 2016.

DIAS, Jefferson Aparecido; MACHADO, Pedro Antonio de Oliveira. Atos de corrupção relacionados com licitações e contratos. *In:* SOUZA, Jorge Munhos; QUEIROZ, Ronaldo Pinheiro de (Org.). *Lei Anticorrupção e temas de* compliance. Salvador: Jus Podvim, 2016, p. 71-101.

DEMATTÉ, Flávio Rezende. *Responsabilização de pessoas jurídicas por corrupção*: a Lei nº 12.846/2013 segundo o direito de intervenção. Belo Horizonte: Fórum, 2015.

DI PIETRO, Maria Sylvia Zanella. *Direito Administrativo*. São Paulo: Atlas, 2014.

GUARAGNI, Fábio André. A lei de improbidade administrativa no contexto do controle da administração pública: semelhanças e distinções entre o Direito Administrativo e o Direito Penal. *In:* DINIZ, Cláudio Smirne; ROCHA, Mauro Sérgio; CASTRO, Renato de Lima (Org.). *Aspectos controvertidos da Lei de Improbidade Administrativa*: uma análise crítica a partir dos julgados dos tribunais superiores. Belo Horizonte: Del Rey, 2016.

GRECO FILHO, Vicente. *O combate à corrupção e comentários à Lei de Responsabilidade de Pessoas Jurídicas (Lei nº 12.846, de 1º de agosto de 2013):* atualizado de acordo com o Decreto nº 8.420, de 18 de março de 2015. São Paulo: Saraiva, 2015.

GONÇALVES, Carlos Eduardo. *Os crimes econômicos sob a* ótica *do Direito Penal constitucional.* Belo Horizonte. Editora D'Plácido, 2017.

HAYASHI, Felipe Eduardo Hideo. *Corrupção*: combate transnacional, *compliance* e investigação criminal. Rio de Janeiro: Lumen Juris, 2015.

HEINEN, Juliano. *Comentários à Lei Anticorrupção:* Lei nº 12.846/2013. Belo Horizonte: Fórum, 2015.

LOPES JR., Aury. *Direito processual penal*. São Paulo: Saraiva, 2014.

MELLO, Rafael Munhoz de. *Princípios constitucionais de direito administrativo sancionador.* São Paulo: Malheiros, 2007.

MOREIRA NETO, Diogo de Figueiredo; FREITAS, Rafael Véras de. A juridicidade da lei anticorrupção: reflexões e interpretações prospectivas. *Revista Forum Administrativo – FA.* Belo Horizonte, ano 17, n. 192, fev. 2017.

MOREIRA NETO, Diogo de Figueiredo; GARCIA, Flavio Amaral. A principiologia no Direito Administrativo Sancionador. *Revista Eletrônica de Direito Administrativo Econômico (REDAE)*, Salvador, Instituto Brasileiro de Direito Publico, no. 28, novembro/dezembro/janeiro, 2011/2012. Disponível em: <http://www.direitodoestado.com/revista/REDE-37-JAN-2014-FLAVIO-AMARAL-DIOGO-NETO.pdf>. Acesso em: 17 abr. 2017.

MOTTA, Fabrício; ANYFANTIS, Spiridon Nicofotis. Comentários ao art. 5º. *In:* DI PIETRO, Maria Sylvia Zanella; MARRARA, Thiago. *Lei Anticorrupção comentada.* Belo Horizonte: Fórum, 2017, p. 81-114.

NIEBUHR, Joel de Menezes. *Licitação pública e contrato administrativo.* Belo Horizonte: Fórum, 2015.

NUCCI, Guilherme de Souza. *Corrupção e anticorrupção.* Rio de Janeiro: Forense, 2015.

OLIVEIRA, José Roberto Pimenta. Comentários ao art. 2º. *In:* DI PIETRO, Maria Sylvia Zanella; MARRARA, Thiago (Org.). *Lei Anticorrupção comentada.* Belo Horizonte: Fórum, 2017.

OSÓRIO, Fábio Medina. *Direito Administrativo sancionador*. São Paulo: Revista dos Tribunais, 2015.

PRADO, Luiz Regis. *Direito Penal econômico* [livro eletrônico]. São Paulo: Revista dos Tribunais, 2016.

PEREIRA, Flávio Henrique Unes. *Sanções disciplinares*: o alcance do controle jurisdicional. Belo Horizonte: Fórum, 2007.

PETRELLUZZI, Marco Vinicio; RIZEK JUNIOR, Rubens Naman. *Lei Anticorrupção*: origens, comentários e análise da legislação correlata. São Paulo: Saraiva, 2014.

RIBEIRO, Márcio de Aguiar. *Responsabilização administrativa de pessoas jurídicas à luz da Lei Anticorrupção Empresarial*. Belo Horizonte: Fórum, 2017.

SANTOS, José Anacleto Abduch; BERTONCI, Mateus; COSTÓDIO FILHO, Ubirajara. *Comentários à Lei Anticorrupção*. 2 ed. rev. atual. e ampl. baseada em e-book. São Paulo: Editora Revista dos Tribunais, 2015.

SANTOS, Franklin Brasil; DE SOUZA, Kleberson Roberto. *Como combater a corrupção em licitações*: detecção e prevenção de fraudes. Belo Horizonte: Fórum, 2016.

SOUZA, Jorge Munhós de. Responsabilização administrativa na Lei Anticorrupção. *In*: SOUZA, Jorge Munhos; QUEIROZ, Ronaldo Pinheiro de. *Lei Anticorrupção e temas de compliance*. Salvador: JusPodvim, 2016, p. 187-241.

SUNDFELD, Carlos Ari; CÂMARA, Jacintho Arruda. Dever regulamentar nas sanções regulatórias. *Revista de Direito Público da Economia – RDPE*, ano 8, n. 31, p. 33-34, jul./ set. 2000.

ZARDO, Francisco. *Infrações e sanções em licitações e contratos administrativos*: com as alterações da Lei Anticorrupção (Lei nº 12.846/2013). São Paulo: Revista dos Tribunais, 2014.

ZOCKUN, Maurício. Comentários ao art. 1º. *In*: DI PIETRO, Maria Sylvia Zanella; MARRARA, Thiago. *Lei Anticorrupção comentada*. Belo Horizonte: Fórum, 2017, p. 15-20.

Informação bibliográfica deste texto, conforme a NBR 6023:2002 da Associação Brasileira de Normas Técnicas (ABNT):

TORCHIA, Bruno Martins; DIAS, Maria Tereza Fonseca. A necessidade de harmonização das esferas do poder punitivo estatal (administrativa e penal) no combate à corrupção. In: FORTINI, Cristiana (Coord.). *Corrupção e seus múltiplos enfoques jurídicos*. Belo Horizonte: Fórum, 2018. p. 205-229. ISBN: 978-85-450-0422-6.

O NOVO MARCO REGULATÓRIO DAS ORGANIZAÇÕES DO TERCEIRO SETOR COMO FERRAMENTA DE COMBATE À CORRUPÇÃO

RENATA RAMOS DE CASTRO

1 Breve introdução ao Terceiro Setor

O que chamamos de "Terceiro Setor" no ordenamento brasileiro encontra sua origem no Direito norte-americano, com o que se chamava de "*third sector*". Desde o nascimento, este setor conta com características próprias e singulares, o que marcou um caminho histórico pedregoso. Não é, entretanto, natural à criação da sociedade, porque não é essencial para o funcionamento ou desenvolvimento desta. Talvez por esse motivo, talvez pelo receio de afronta à soberania Estatal, somente ao fim do século XX que veio a receber a atenção devida por parte do Estado. O Terceiro Setor é fruto da evolução, lenta e gradual, das relações da Administração Pública com seus administrados. A crise do Estado Social foi o grande trampolim para o surgimento de entidades sem fins lucrativos organizadas, como veremos a seguir.

O debate acerca do papel do Estado permeia a atuação do Terceiro Setor. No Brasil, o modelo de desenvolvimento adotado desviou o Estado de suas funções precípuas para atuar com grande ênfase na esfera produtiva. Então, a presença do Estado na economia nacional fez da sua reforma um assunto urgente, já que deixou de ser capaz de atender com eficiência a sobrecarga de demandas a ele dirigidas, especialmente no que toca à área social.

O professor português, Doutor Licínio Lopes Martins, na palestra "Mudança no Paradigma de Relacionamento do Estado com as Instituições Particulares de Solidariedade Social", relatou parte da história desse setor. Em suas palavras, sinalizou uma situação inicial de pouca sensibilidade por parte do Estado (século XIX até meados do século XX). Nesse primeiro momento, o Estado chega a empreender tentativas de destruir as entidades paraestatais porque as considerava ameaças à soberania estatal. Não tendo logrado êxito, as incorporou ao próprio organismo, ganhando a possibilidade de dar ordens diretas e exonerar presidentes e dirigentes. Apenas em 1951, percebeu-se o início de mudança, com o instituto legal dessas instituições – o que lhes concedia maior autonomia.

Surge, nessa segunda metade do século XX, a chamada Teoria da Liberdade Assistida, em que o Estado assegura a liberdade de organização, mas ganha força na criação, funcionamento e fiscalização dessas entidades. Assim, evolui por duas décadas, quando, com a crise do Estado Social (1970), o Terceiro Setor aparece como uma alternativa à privatização proposta pela corrente neoliberal.

> Tratando-se de uma possível solução ao Estado-Social, sem inserir- se na proposta de privatização (orgânica) neoliberal, o Terceiro Setor surge como um instrumento de congregação da vontade coletiva, como espaço para o exercício da solidariedade social, que reabilita valores da participação e o da responsabilidade. Além disso, propicia a redução pela procura sobre o Estado.[1]

Assim, o Terceiro Setor é definido, no ordenamento brasileiro, em caráter definitivo, como o segmento da sociedade que não é Estado e tampouco é Mercado. Define-se, portanto, como pessoa jurídica de direito privado, sem fins lucrativos e sempre voltada à persecução de fins de interesse social.

O surgimento desse setor é marcado por um caráter de colaboração solidária da iniciativa privada com a Administração Pública, visto que se rege pelas regras do Direito Privado, enquanto busca fins de interesse social e coletivo, tais como: educação, pesquisa, saúde, assistência social .... Portanto, esses tipos de organizações atuam no campo das políticas públicas, enquanto operacionalizam projetos, programas

---

[1] NOGUEIRA, Juliana Guimarães. O Terceiro Setor e a Administração Pública em Portugal. *Revista Argumenta*, Jacarezinho – PR, n. 9, p. 215-242, fev. 2013.

e/ou serviços sociais direcionados ao atendimento das necessidades sociais que os justificam.

As deficiências na estrutura do Estado, aliada às carências financeiras, exigiram a realização de parcerias entre o poder público e entidades privadas sem fins lucrativos para viabilizar a concretude de importantes políticas e serviços, em áreas como educação, saúde, assistência social, cultura, proteção e preservação ambiental, entre outras.

O surgimento do Terceiro Setor como tal é o reconhecimento do Estado de suas deficiências estruturais e carências financeiras, que impedem a plena realização de políticas públicas em áreas como educação, saúde, assistência social, cultura, proteção e preservação ambiental. Assim, reconhece ser incapaz de prover todas as necessidades que a sociedade manifesta. Enxerga, portanto, nesse setor, uma eficiente estratégia para garantir a prestação de serviços que são de interesse social, sem que haja comprometimento da execução dos serviços essenciais.

No Brasil, em específico, a crise do Estado define-se como sendo crise fiscal (crescente perda do crédito por parte do Estado e pela poupança pública, que se torna negativa), pelo esgotamento da estratégia de estatização para intervenção do Estado (na forma do Estado de Bem-Estar Social, nos países desenvolvidos, na forma de substituição de importações, no terceiro mundo, e do estatismo nos países comunistas) e pela superação da forma de administrar o Estado (superação da burocracia, que engessa a Administração Pública).

A primeira reação a essa crise foi a de ignorá-la (no período seguinte à redemocratização do Estado), seguida pela resposta neoliberal, igualmente inadequada, do Estado mínimo. Assim, somente nos anos 90 surgiu a resposta compatível com a realidade e consistente com o desafio de superação da crise: a ideia da reforma ou reconstrução do Estado, de forma a resgatar a autonomia financeira e sua capacidade de implementar políticas públicas.

Uma das estratégias aplicadas e que tem de transformar-se em Política de Estado é a de publicização, em que se transfere para o setor público não estatal a produção dos serviços competitivos ou não exclusivos de Estado, estabelecendo-se um clima organizacional de parceria colaborativa entre Estado e sociedade, para seu financiamento e controle. Assim, natural é que seja necessário empreender alterações estruturais com o propósito de fortalecer as funções de regulação e coordenação do Estado, especialmente em nível federal e, ao mesmo tempo, promover a descentralização vertical progressiva para os níveis estadual e municipal, das funções executivas no campo da prestação de serviços sociais e de infraestrutura.

Os números que representam o crescimento desse setor e da mão de obra assalariada relacionada a ele tem apontado para o crescente (senão exponencial) aumento do tamanho deste. Uma pesquisa apresentada em 2010, que considerava 41 países, verificou que a média dos trabalhadores do Terceiro Setor é de 4,2% da população ativa, sendo que 59% desses são pagos pelos seus serviços.[2] O Brasil tem acompanhado esse movimento internacional, segundo dados apresentados em 2014 pelo Instituto de Pesquisa Econômica Aplicada (IPEA), no Mapa das Organizações da Sociedade Civil. Existiam, em 2014, 303 mil Organizações da Sociedade Civil (OSC),[3] com 2,2 milhões de vínculos trabalhistas formais e mobilizando mais de 7 mil parcerias.[4][5]

Essa breve apresentação feita é, contudo, um tanto quanto romântica, porque se afasta das experiências vividas na prática. Durante os primeiros anos do século XXI, no ano de 2001, foi instaurada pelo Senado Federal a primeira Comissão Parlamentar de Inquérito que tinha como objeto a apuração das denúncias veiculadas pela imprensa sobre a atuação da Associação Amazônia. Esse foi o primeiro momento diagnóstico da necessidade de revisão legislativa aos mecanismos de controle das atividades dessas organizações (quando subsidiadas por verbas públicas). Nos anos que se seguiram, denúncias de repasses de dinheiro para Organizações Não Governamentais (ONGs) ligadas ao governo federal e a partidos políticos foram feitas e culminaram na instalação da "CPI das ONGs", em 14 de março de 2007. Esse acontecimento foi suficiente para "sujar o nome" do Terceiro Setor junto à sociedade, que, em muitos casos, sequer sabia desse passado histórico marcado pelos sentimentos de responsabilidade comunitária sobre a prestação de serviços sociais.

A constatação que se alcançou ao final dessas duas CPIs foi a mesma: a omissão legislativa na instituição de mecanismos eficazes para seleção de entidade, fiscalização da execução do objeto e, finalmente, punição (no caso de utilização indevida das verbas repassadas).[6]

---

[2] SALAMON, L. M. Putting the Civil Society Sector on the Map of the World. *Annals of Public and Cooperative Economics*, v. 81, n. 2, p. 167-210. 2010.

[3] Atualmente, segundo o Mapa das OSC, existem no Brasil cerca de 394.904 OSC registradas formalmente. O crescimento de aproximadamente 30%

[4] Instituto de Pesquisa Econômica Aplicada (IPEA). Mapa das Organizações da Sociedade Civil – 2014, em <https://mapaosc.ipea.gov.br/>.

[5] TONDOLO, Rosana da R. P; TONDOLO, Vilmar A. G.; CAMARGO, Maria Emilia; SARQUIS, Aléssio Bessa. Transparência no Terceiro Setor: uma proposta de construto e mensuração. Espacios Públicos, v. 19, n. 47, sep./dez, p. 7-25. Universidad Autónoma del Estado de México. 2016

[6] Nesse sentido, recomenda-se a consulta às conclusões apresentadas pela forma do Relatório Final da "CPI das ONGs", fls. 1.370/1.405. Disponível em: <http://www2.senado. leg.br/bdsf/bitstream/handle/id/194594/CPIongs.pdf?sequence=6>.

Ao longo dos trabalhos desenvolvidos no âmbito da CPI, várias propostas de projetos de lei foram feitas e setores importantes do Estado (tais como o Ministério Público e a Controladoria-Geral da União) manifestaram-se apoiando a criação de um regime jurídico próprio para as parcerias que se estabeleceria entre as entidades privadas sem fins lucrativos e a Administração Pública, para a consecução de fins de interesse público.

Em 2011, foi criado o Projeto de Lei nº 649/2011, que deu origem, três anos depois, à Lei nº 13.019/2014 (publicada em 1º de agosto e com *vacatio legis* de 360 dias), que estabelecia o Marco Regulatório das Organizações da Sociedade Civil (MROSC). De pronto, foi considerado um importante instrumento de moralização e certificação do Terceiro Setor.

A Lei nº 13.019/14 foi, na realidade, um dos produtos derivados do esforço conjunto do Grupo de Trabalho (GT) instituído pelo Decreto Federal nº 7.568/11. Esse GT era composto paritariamente pelo Poder Público e pela sociedade civil e tinha a "finalidade de avaliar, rever e propor aperfeiçoamento na legislação federal relativa à execução de programas, projetos e atividades de interesse público e às transferências de recursos da União mediante convênios, contratos de repasse, termos de parceria ou instrumentos congêneres". Foram definidos três eixos de atuação pelo GT, quais sejam: contratualização, sustentabilidade econômica e certificação. A Lei nº 13.019 é um dos produtos relativos à contratualização.

Com papel muito maior do que meramente representar os aspectos dessa contratualização, o papel do Marco Regulatório das Organizações da Sociedade Civil (MROSC) é de afastar as imprecisões e insuficiências dos normativos até então existentes. O cenário de insegurança jurídica e institucional (tanto para os gestores públicos quanto para as organizações) que se criava é afastado na medida em que as regras aplicáveis a essas parcerias são estabelecidas.

A nova relação estabelecida entre as entidades do Terceiro Setor e o Estado tornou-se mais seguras e está amparada em regras consolidadas. Os pilares dessa relação são a transparência de informações (tanto quanto às parcerias quanto aos repasses de recursos públicos), o fortalecimento do controle da prestação de contas pelo gestor, pelo controle interno e pelo Tribunal de Contas competente.

O novo regramento em vigor busca aplicar um processo de parcerias com o Terceiro Setor mais transparente e democrático através da redução da discricionariedade do gestor, através de um rito procedimental que seja vinculado.

As demais legislações pertinentes ao Terceiro Setor permaneceram em vigor após a edição da Lei nº 13.019/14, especialmente porque as espécies de entidades são várias, bem como os serviços públicos são diversos e as formas de descentralização são distintas. Assim, as Leis nºs 9.637/98 (Lei das Organizações Sociais), 9.790/99 (Lei das Organizações da Sociedade Civil de Interesse Público) e 1.107/05 (Lei dos Consórcios Públicos) permanecem hígidas e em vigor, devendo ser aplicadas subsidiariamente ao MROSC.

2 As práticas de combate à corrupção no Terceiro Setor

O Terceiro Setor desperta muita atenção dos estudiosos devido às alterações que foram feitas nos últimos anos e da sociedade civil leiga em razão dos fatos que motivaram as mudanças no regime jurídico em si. Assim, muitos questionamentos relevantes são feitos e o receio em aplicar essas parcerias na realidade fática é justificável em razão ao passado histórico do setor. O que se busca demonstrar é que, com a edição do novo marco regulatório, a realidade das parcerias foi profundamente alterada e, portanto, é preciso que o setor seja visto como ferramenta para a otimização dos serviços prestados pela Administração Pública e como estratégia para incremento da eficiência das políticas públicas do Estado.

Após as denúncias de irregularidades e desvios de conduta que configuram corrupção em relação aos repasses feitos para ONGs, todo o Terceiro Setor sentiu o impacto da perda de sua credibilidade junto à sociedade. Assim, o esforço para reconstruir a confiança nas parcerias estabelecidas entre a Administração Pública e organizações sem fins lucrativos tem sido significativo. Para que seja possível recuperar a confiança e o sentimento de integridade, é necessário que se estimule fortemente o controle social nas ações que vierem a ser desempenhadas amparadas nesse dispositivo legal.[7]

O Marco Regulatório (MROSC) trouxe em si mesmo previsões que denotam essa preocupação com o combate à corrupção no setor. A lei traz, de forma clara e objetiva, o *princípio da transparência*, da *legitimidade*, da *moralidade*, da *publicidade* como diretrizes para

---

[7] "Art. 5º, IV - o direito à informação, à transparência e ao controle social das ações públicas;"

sua aplicação.[8] Todos esses princípios representam faces de um complexo prisma que permite a construção de ferramentas de combate à corrupção.

Outra face desse prisma é o fortalecimento institucional previsto como diretriz fundamental do regime de parceria.[9] No estudo da corrupção vemos que esta trata de um problema que pode tanto ser ético, quanto pode ser institucional. Quando da primeira hipótese, deve-se fomentar a cultura da ética. Quando da segunda hipótese, deve-se fortalecer as instituições, enquanto as enrijece e aumenta os procedimentos de controle. Então, o MROSC mostra-se alinhado à política de combate à corrupção quando propõe justamente o fortalecimento institucional.

Prevê, ainda, que práticas de gestão e governança sejam adotadas com o objetivo de coibir a obtenção, individual ou coletiva, de vantagens ou benefícios indevidos.[10] Ora, quando o MROSC se preocupa em trazer essa diretriz para todo o regime de parcerias, busca aumentar o sentimento de integridade existente no setor. Assim, quer afastar a cultura da corrupção e estimular a cultura da ética e da probidade. É mais um exemplo de como o MROSC nasce como importante ferramenta de combate às práticas corruptivas.

2.1 A impessoalidade

Um aspecto muito susceptível a críticas no Terceiro Setor sempre foi o procedimento de escolha das organizações que receberiam os repasses públicos em razão das parcerias firmadas com a Administração Pública. Os modelos trazidos pelas leis existentes até então (Lei nº 9.637/98 e Lei nº 9.790/99) restringiam-se à verificação de requisitos para qualificação como OS ou OSCIP. Uma enorme brecha de violação ao Princípio da Impessoalidade permanecia aberta com esses procedimentos, vez que a contratação se tornava exequível com qualquer OS ou OSCIP, assim qualificada. No cenário real, essa situação está longe de ser a ideal por possibilitar trocas de favores ou mesmo o repasse financeiro com interesses escusos.

---

[8] "Art. 5º O regime jurídico de que trata esta Lei tem como fundamentos a gestão pública democrática, a participação social, o fortalecimento da sociedade civil, a transparência na aplicação dos recursos públicos, os princípios da legalidade, da legitimidade, da impessoalidade, da moralidade, da publicidade, da economicidade, da eficiência e da eficácia, destinando-se a assegurar:"

[9] "Art. 6º, I - a promoção, o fortalecimento institucional, a capacitação e o incentivo à organização da sociedade civil para a cooperação com o poder público;"

[10] "Art. 6º, VIII - a adoção de práticas de gestão administrativa necessárias e suficientes para coibir a obtenção, individual ou coletiva, de benefícios ou vantagens indevidas;"

A Constituição Federal da República do Brasil, de 5 de outubro de 1988, ao dizer em seu art. 5º que "todos são iguais perante a lei", prevê a igualdade formal, ou seja: tratamento não discriminatório por quem distribua a justiça (seja esse quem for). Assim, deriva da igualdade formal o Princípio emanado pelo art. 37 (da mesma Carta Constitucional supramencionada) da impessoalidade. Ou seja, veda a concessão de privilégios ou a discriminação de pessoas, devendo agir sempre em nome do interesse público.

O Decreto nº 6.170/2007, que regula os convênios e contratos de repasse, trouxe uma concretização do Princípio Constitucional da Impessoalidade ao prever a figura do "Chamamento Público" prévio ao ajuste:

> Art. 4º A celebração de convênio ou contrato de repasse com entidades privadas sem fins lucrativos **será precedida de chamamento público** a ser realizado pelo órgão ou entidade concedente, **visando** à **seleção de projetos ou entidades que tornem mais eficaz o objeto do ajuste.**
>
> §1º Deverá ser dada **publicidade** ao chamamento público, inclusive ao seu resultado, especialmente por intermédio da divulgação na primeira página do sítio oficial do órgão ou entidade concedente, bem como no Portal dos Convênios. (Sem grifos no original)

A obrigatoriedade da ação impessoal da Administração Pública faz com que, em regra, seus atos sejam direcionados a todos, só podendo sofrer restrição quando houver expressa previsão legal (como os casos de dispensa e inexigibilidade).

Ademais, qualquer escolha de organização parceira sem processo seletivo que seja público e impessoal seria nula por vício de motivo. Afinal de contas, é válido lembrar que, no âmbito da Administração Federal, existe a obrigação legal de motivar-se os atos e negócios jurídicos. A ausência da motivação para a contratação anula a conduta administrativa.

Ainda que caiba à Administração Pública certa discricionariedade, isso deve ser feito dentro de parâmetros de legalidade. A inobservância desses pressupostos e a negligência com o atendimento dos princípios constitucionais corrói a política pública, que se objetiva desde sua base.

Por esse motivo, o MROSC estabelece a obrigatoriedade de realizar-se Procedimento de Chamamento Público prévio a qualquer celebração de termos de colaboração ou fomento. Determina, ainda, que esse chamamento público seja pautado em critérios objetivos e simplificados. A Lei nº 13.019/2014 traz requisitos tão específicos para o edital desse chamamento, que é possível vislumbrar o interesse da

Administração em garantir a eficiência da parceria. Estabelece, ainda, como será o procedimento objetivo de julgamento das propostas, respeitando novamente o corolário do art. 37, *caput* e XXI da Constituição Federal da República do Brasil.

O chamamento público assemelha-se em certos pontos ao procedimento estabelecido na Lei Geral de Licitações (Lei nº 8.666/93), embora apresente características singulares. Assim, sua natureza jurídica é de licitação. A grande diferença é que enquanto no procedimento licitatório a Administração Pública visa contratar bens, serviços ou obras, no procedimento de chamamento público visa estabelecer a cooperação mútua (art. 23, Lei nº 13.019/14).

Como critério de exceção, o MROSC lista, taxativamente, as hipóteses em que os procedimentos de concorrência do Chamamento Público serão dispensados ou inexigíveis. Ocorrerão tão somente quando não for possível a mais ampla e impessoal participação no certame e a seleção da entidade que possa executar o objeto de modo mais eficaz.

As razões para a dispensa e a inexigibilidade assemelham-se àquelas apresentadas pela Lei Geral de Licitações (Lei nº 8.666/1993). Sendo dispensável quando o procedimento é possível, mas por razões de interesse público, expressas e exaustivamente previstas em lei, remetem a decisão à autoridade administrativa. E, sendo inexigível, quando a contratação direta for a única conduta possível. Em ambos os casos, a Administração Pública deverá, ainda, justificar essa decisão e o extrato da justificativa deve ser publicado. Em caráter de incentivo à participação social, essa justificativa pode ser impugnada.

Na seara da impessoalidade, em 2015, com a Lei nº 13.204, houve um rol de alterações significativas no que toca à impessoalidade das contratações realizadas pela entidade já parceira. Antes da edição dessa lei, havia a previsão de que todas as contratações de bens e serviços pelas entidades parceiras da Administração Pública e que tivessem como objetivo o atendimento da execução do objeto da parceria, deveriam respeitar os princípios da legalidade, moralidade, boa fé, probidade, impessoalidade, economicidade, eficiência, isonomia, publicidade, razoabilidade, julgamento objetivo e busca permanente de qualidade e durabilidade. Não somente esses princípios deveriam ser observados, mas para a celebração do termo (fosse de colaboração ou fomento), deveria haver um regulamento de compras e contratações da própria entidade e que esse tivesse sido aprovado. Após a Lei nº 13.204/2015, entretanto, essa previsão foi suprimida do texto legal.

A motivação para a supressão dessa previsão veio da alegação de ingerência na liberdade de auto-organização das entidades privadas.

Então, substituiu-se a exigência de um regulamento pré-aprovado por outro que ficará a critério da própria Entidade. Determina, tão somente, que deverá observar os princípios constitucionais da moralidade, da impessoalidade, da economicidade e da isonomia em suas aquisições.

Permanece, no texto legal, tão somente a previsão da possibilidade de que as compras e contratações que envolvam recursos financeiros provenientes da parceria sejam feitas por meio de sistema eletrônico disponibilizado pela Administração Pública e que seja aberto ao público para que façam lances. Não restou nenhuma obrigação nesse sentido, ou no tocante às contratações de pessoal específicas para a persecução do objeto da parceria.

O Decreto nº 8.726/2016 estabelece que os procedimentos de compras e contratações de bens e serviços deverão obedecer ao rito adotado pelo setor privado, mas mantém aberta a faculdade de utilização do portal *web* destinado a compras da Administração Pública.

Uma ressalva importante que deve ser feita nesse ponto é que embora não seja necessária a submissão do regulamento de compras e contratações para aprovação da Administração Pública, as aquisições e contratações que forem realizadas utilizando recursos públicos deverão ser conduzidas de forma pública, objetiva, impessoal e com observância aos princípios do *caput* do art. 37 da Constituição Federal da República. Essas foram as locuções utilizadas pelo Supremo Tribunal Federal quando do julgamento da ADI nº 1.923 que examinava a constitucionalidade da Lei das Organizações Sociais (Lei nº 9.637/98).

Ficou claro que as entidades que integram o Terceiro Setor não fazem parte da Administração Pública e, por isso, não têm o dever de licitar quando contratam com terceiros. Entretanto, quando recebem recursos públicos (e, da mesma forma, bens e servidores públicos), o seu regime jurídico passa a ser afetado pelo núcleo essencial dos princípios da Administração Pública, com especial destaque ao princípio da impessoalidade, que requer que sejam fixadas regras objetivas e impessoais para o dispêndio dos recursos públicos. Ressalta que o afastamento do certame licitatório não exime o administrador público da observância dos princípios constitucionais e, por isso, tanto a objetividade, quanto a impessoalidade e a transparência devem orientar todos os procedimentos, permitindo o acesso de todo e qualquer interessado.

Outro aspecto sensível para a impessoalidade do procedimento toca à contratação de pessoal. Aqueles que trabalham em entidade do Terceiro Setor não são servidores públicos, mas sim empregados privados. Por mais que o recurso financeiro que arca com seus salários seja de origem pública, não os torna servidores públicos. Assim, não há para essas entidades a obrigação de realizarem concurso público no processo de seleção de recursos humanos. Entretanto, baseado nos mesmos fundamentos utilizados para justificar a necessidade de manter-se a impessoalidade, objetividade e transparência nos processos de compras e contratações da Entidade parceira, deverá haver procedimento objetivo e impessoal para a seleção de recursos humanos. A esse procedimento deverá, ainda, ser dada publicidade suficiente para que todos os interessados possam participar em condição de igualdade.

Nota-se que nesse ponto as alterações feitas ao texto original da lei tornaram-na um pouco menos atenta às práticas objetivas de combate à corrupção. Afinal de contas, é possível que a entidade parceira não busque no mercado preços tão interessantes ou fornecedores novos (que podem, inclusive, sere micro ou pequenas empresas) e acabe por contratar com pessoas indicadas, fornecedores antigos, amigos ou parentes. Beira a incoerência que a impessoalidade que tanto se preza ao longo do texto do MROSC seja abandonada na matéria de compras e contratações. Entretanto, esse afastamento foi feito somente até a medida em que não fira os princípios constitucionais da Administração Pública. Assim, é recomendado, enquanto boa prática, que ao elaborar um Edital de Chamamento Público, a Administração Pública publique, em forma de anexo, um guia prático de "Diretrizes de Compras e Contratações" e "Diretrizes de Contratação de Recursos Humanos" que deverão ser observadas pela entidade parceira durante a execução do objeto.

2.2 O monitoramento e avaliação

Ferramentas-chave para o combate à corrupção são as atividades de monitoramento[11] e avaliação.[12] O monitoramento recai sobre o cumprimento do objeto, enquanto a avaliação recai sobre os resultados alcançados. A responsabilidade da execução do monitoramento e da avaliação é integral da Administração Pública. A importância dessas atividades para o MROSC é percebida no momento em que há a previsão da criação de Comissão específica para o assunto, a Comissão de Monitoramento e Avaliação (CMA). Tamanha é sua importância

---

[11] Por monitoramento, entendemos a atividade de acompanhamento da realização de determinado projeto ou atividade. A finalidade é, portanto, a de observar a adequação do comportamento adotado na realidade em relação a um comportamento previamente estabelecido e definido como sendo suficiente para atingir os resultados pretendidos.

[12] Por avaliação, temos a atividade cognitiva de julgar a adequação dos meios escolhidos para o alcance dos resultados pretendidos. A finalidade é a confirmação do acerto na escolha dos meios e manutenção do curso da execução ou, mediante necessidade, readequar e reorientar a execução para resultados eficazes.

e seu papel nas atividades rotineiras que, em nome da eficiência, a Administração Pública pode instituir mais de uma CMA. Característica capaz de emanar todo o potencial de combate à corrupção de ambas atividades de monitoramento e avaliação, é o caráter saneador e preventivo delas. Objetiva-se evitar desvios durante a execução do objeto e, se necessário, reorientar para o caminho pretendido quando houver desvios.

Esses procedimentos de monitoramento e avaliação, por serem de responsabilidade da Administração Pública, deverão ser explicitados e constarem do instrumento de celebração da parceria. São ferramentas de monitoramento e avaliação, sem prejuízo de outras que possam ser estabelecidas: pesquisa de satisfação, visita técnica *in loco* e relatório técnico de monitoramento e avaliação.

2.3 *Accountability* (prestação de contas)

O dever de prestar contas (também chamado de *accountability*) advém da ideia de propriedade, pois quem se atribui do direito/dever de cuidar/usar/administrar coisa alheia recebe, em contrapartida, a obrigação de prestar contas ao dono da coisa. Onde há lida com a coisa alheia, há o inexorável dever de prestar contas.

A prestação de contas é um assunto complexo para as entidades que integram o Terceiro Setor, por envolver muitos *stakeholders* (pessoas interessadas) distintos (e, assim, com interesses, necessidades e procedimentos próprios e singulares), tais como: doações de instituições, doações individuais, beneficiários, órgãos governamentais e tantos outros. Entretanto, hodiernamente, a tecnologia tem estado ao lado dessas entidades, facilitando com que cumpram com esse importante dever de prestar contas.

Nas relações com a Administração Pública, a Prestação de Contas atua como forma de controle e, portanto, tem um papel protagonista no combate às práticas corruptivas. Por isso é que, nessas relações, com realce especial, a obrigação de prestar contas deve ser entendida e executada com alto grau de seriedade. Todas as relações com o que chamamos de "dinheiro público" estão submetidas a essa obrigação, como, por exemplo, nos convênios e demais contratos de repasses públicos em que o conveniente tem de prestar contas da aplicação dos recursos repassados pelo concedente na execução do objeto pactuado (art. 10 do Decreto nº 6.170/2007). No mesmo sentido, vem a Lei Geral das Parcerias (Lei nº 13.019/2014), quando ao possibilitar que haja a transferência de recursos públicos, determina a obrigação da prestação de contas da correta execução dos projetos/atividades objeto dos termos de formalização desta parceria. No âmbito da lei, são dispostos tão somente diretrizes, princípios, prazos e os critérios para a avaliação dessa prestação de contas. Entretanto, o Decreto nº 8.726/2016, que regulamenta a Lei Geral das Parcerias, disciplina procedimentalmente a prestação de contas.

Em linhas gerais, tendo em vista não ser o objeto deste trabalho a análise pormenorizada dos procedimentos de prestação de contas, o modelo criado pela conjugação da Lei nº 13.019/14 e do Decreto nº 8.726/16 tem cinco alicerces, quais sejam: (i) alcance das metas; (ii) impacto socioeconômico das ações desenvolvidas; (iii) sustentabilidade das ações desenvolvidas; (iv) grau de satisfação do público-alvo; (v) cumprimento do objeto.

O foco tido é no controle de resultados, como se percebe, tendo ênfase na verificação do atingimento e cumprimento das metas pactuadas e na completa execução do objeto. É um controle, intencionalmente, finalístico e que, por isso, somente se preocupará com especificidades financeiras e contábeis no caso de haver descumprimento das obrigações de resultado assumidas.

No parecer da Comissão Mista para a Medida Provisória nº 658/2014, que foi relatado pela Senadora Gleisi Hoffmann, houve expressa menção à filosofia do controle de resultados:

> Alguns problemas enfrentados na execução das parcerias foram gerados pelas analogias indevidas aplicadas nos últimos anos, e pelo excessivo controle nos processos, podendo estes ser solucionados se for aplicada outra visão com a implementação de uma política de resultados.
> O que se observa as emendas apresentadas à MP nº 658 é que a avaliação que deverá ser feita neste momento, é do que se pode corrigir para que a Lei nº 13.019/2014 seja melhor implementada pela sociedade, dando guarida a uma política de resultados. Não há pretensão em manter o foco do controle no processo em si, devendo-se direcionar o foco para o resultado das ações que são executadas.

Especialmente interessante é notar que a própria lei quando lista, em seu art. 63 as fontes jurídicas a serem consideradas na prestação de contas, ressalta a vinculação com o instrumento convocatório ao dizer "A prestação de contas deverá ser feita observando-se as regras previstas nesta Lei, além de prazos e normas de elaboração constantes do instrumento de parceria e plano de trabalho" e, assim, evidencia a natureza contratual da relação que emana da vontade bilateral das partes. Ou seja, ao mesmo tempo em que a Administração Pública exige que a entidade preste contas, também é vontade da própria entidade fazê-lo, por ser um direito seu.

Outro elemento interessante e peculiar nas fontes jurídicas da prestação de contas apresentadas pelo supramencionado artigo é a indicação de que a própria Administração Pública oferecerá manuais específicos às entidades. Essa previsão é de extrema modernidade e representa um estímulo às boas práticas governamentais em todas as unidades federativas brasileiras. Esse manual deverá apresentar procedimentos simplificados e razoáveis, permitindo a fácil compreensão por parte das entidades que firmarão essas parcerias com a Administração Pública.

Percebemos que o dever de prestar contas foi revestido de formalismo, ganhou procedimento próprio e, finalmente, teve o merecido reconhecimento de sua importância na prevenção de mau uso do dinheiro público. Assim, desponta como importante trunfo apresentado pela Lei Geral das Parcerias com o Terceiro Setor, também chamado de Marco Regulatório das Organizações da Sociedade Civil no combate à corrupção, afastando as nefastas memórias do passado enfrentado pelo setor.

2.4 *Disclosure* (transparência)

Com o intuito claro de fomentar o controle social e, assim, aumentar a confiança da sociedade no Terceiro Setor, estimulam-se a transparência e a publicidade em todas as medidas cabíveis. Como se não bastasse a edição da Lei nº 12.527/2011, a Lei de Acesso à Informação (que tem abrangência sobre as OSC que recebem recursos públicos para sua atividade), e a Lei Complementar nº 131/2009, que alterou a Lei de Responsabilidade Fiscal no que toca à transparência, o próprio MROSC também traz previsões no sentido de assegurar a transparência, como veremos.

Inicialmente, no art. 5º, IV, colocam-se como direitos protegidos os direitos à informação e à transparência para, em seguida, no inciso V, assegurar os mecanismos e instâncias de participação social. O MROSC chama, a todo tempo, a sociedade para informar-se e fiscalizar junto à Administração Pública as parcerias.

Ao abordar as diretrizes fundamentais do regime, novamente preocupa-se com a relação com a sociedade, ao incentivar o uso de recursos atualizados de comunicação. Não satisfeito, o MROSC continua nessa esteira, e no inciso V trata do estabelecimento de mecanismos que ampliem a gestão da informação, transparência dos atos e publicidade.

O MROSC é percebido como instrumento para uma governança democrática e participativa e, portanto, preza tanto pela transparência de seus atos. A divulgação das demonstrações contábeis e da prestação de contas (*accountability*) à comunidade, tem tido relevância no cenário, a partir do momento em que influenciam na quantidade de doações recebidas por *stakeholders* que não sejam o Estado. Nessa esteira, a transparência vem se calcando como um aspecto fundamental para as entidades que integram o Terceiro Setor.

Ao mesmo tempo, as previsões positivas do MROSC em nome da transparência podem figurar como resposta ao pedido da sociedade por transparência e prestação de contas nesse setor. As informações que são divulgadas, em que pese serem de natureza contábil, devem ser dotadas de compreensibilidade, relevância e confiabilidade.[13] A tecnologia, como na prestação de contas, tem tido um papel fundamental no exercício da transparência. As publicações e divulgações solicitadas pela legislação devem ser feitas, sempre, no espaço virtual das próprias entidades e da Administração Pública, sem prejuízo de outras previsões.

3 Conclusão

Considerando o importante papel desempenhado pelo Terceiro Setor dentro da perspectiva do Estado atual, é imprescindível que a legislação o contemple e afaste as nefastas memórias do passado. Assim, a Lei nº 13.019/2014 tem importante papel na reinserção do Terceiro Setor nas parcerias junto ao Estado por trazer consigo a perspectiva de controle, monitoramento, avaliação e, assim, o sentimento de confiança.

O combate à corrupção institucional requer o fortalecimento das instituições e o aumento do controle sobre estas. Então, a partir do momento em que o MROSC está em vigor e as parcerias são celebradas, dando início a uma nova geração da Gestão Pública Compartilhada, a Administração Pública torna-se responsável por implementar o controle e aplicar as diretrizes da cultura ética que quer fomentar. Sem prejuízo do controle externo realizado *a posteriori* pelo Tribunal de Contas responsável, cabe à Administração Pública manter-se atualizada e inteirada das práticas desenvolvidas, das atividades rotineiras e executar as medidas de monitoramento e avaliação previstas.

As ferramentas que a lei apresenta, como a legalidade (através do *compliance*), a impessoalidade (através de procedimentos de seleção objetivos), a transparência (através da previsão de que tudo deve ser tornado público), o dever de prestar contas (*accountability*), a adoção de medidas objetivas que visam à redução de práticas de desvio de

---

[13] FRANCO, L. M. G.; REZENDE, D. A.; FIGUEIREDO, F. C; NASCIMENTO, C. Transparência na Divulgação da Contabilidade Pública Municipal Paranaense no Ambiente da Internet. *In*: Encontro da Anpad – Enanpad, XXXVI, Rio de Janeiro. *Anais*, Rio de Janeiro: Anpad.

conduta com o objetivo de auferir vantagens indevidas, a responsabilização pela avaliação da prestação de contas, e tantas outras, respaldam o sentimento de que deve ser implementada à sua extensão máxima, para atuar no combate às práticas corruptivas desse setor.

Não podemos dizer que o sentimento de combate às brechas que podem dar espaço para os desvios de conduta é de plenitude, porque verificamos que nas compras e contratações (de bens, serviços e contratação de pessoal) para a execução do objeto da parceria com a Administração Pública ainda há a lacuna de procedimentos que prezem pela economicidade, eficiência e, principalmente, impessoalidade.

Entretanto, permanece o espaço para que o gestor das parcerias, ao elaborar os instrumentos convocatórios dos processos de Chamamento Público, publique como anexos as diretrizes básicas para esses assuntos e, assim, traga para a cena os princípios faltantes.

Assim, é com alegria que recebemos esse marco regulatório no ordenamento jurídico brasileiro, mas sem permitir que a alegria seja capaz de nos cegar para a realidade de falhas e brechas que ainda precisam ser estudadas e, possivelmente, alteradas para a efetiva e concreta implementação do MROSC como ferramenta de combate à corrupção no Terceiro Setor brasileiro.

Referências

ALBUQUERQUE, Maria do Carmo (Org.). *Participação popular em políticas públicas*: espaço de construção da democracia brasileira. São Paulo: Instituto Pólis. 2006.

ALMEIDA, Camila Parente. A Lei nº 13.019/2014: destaques, controle e perspectivas. *Revista Jurídica da Universidade de Cuiabá e Escola da Magistratura Mato-grossense*, v. 4, p. 37-61, jan./dez. 2016.

BENJAMIN, Lehn M. Account Space: how accountability requirements shape nonprofit. *Nonprofit and Voluntary Sector Quarterly*, v. 37, n. 2, p. 201-223. 2008.

BRASIL. Constituição Federal da República de 05 de outubro de 1988.

BRASIL. Decreto nº 6.170 de 25 de Julho de 2007. Dispõe sobre as normas relativas às transferências de recursos da União mediante convênios e contratos de repasse, e dá outras providências.

BRASIL. Decreto nº 8.726 de 27 de Abril de 2016. Regulamenta a Lei nº 13.019, de 31 de julho de 2014, para dispor sobre regras e procedimentos do regime jurídico das parcerias celebradas entre a administração pública federal e as organizações da sociedade civil.

BRASIL. Lei nº 8.666 de 21 de Junho de 1993. Regulamenta o art. 37, inciso XXI, da Constituição Federal, institui normas para licitações e contratos da Administração Pública e dá outras providências.

BRASIL. Lei nº 9.637 de 15 de Maio de 1998. Dispõe sobre a qualificação de entidades como organizações sociais, a criação do Programa Nacional de Publicização, a extinção dos órgãos e entidades que menciona e a absorção de suas atividades por organizações sociais, e dá outras providências.

BRASIL. Lei nº 9.790 de 23 de Março de 1999. Dispõe sobre a qualificação de pessoas jurídicas de direito privado, sem fins lucrativos, como Organizações da Sociedade Civil de Interesse Público, institui e disciplina o Termo de Parceria, e dá outras providências.

BRASIL. Lei nº 12.846 de 1º de Agosto de 2013. Dispõe sobre a responsabilização administrativa e civil de pessoas jurídicas pela prática de atos contra a administração pública, nacional ou estrangeira, e dá outras providências.

BRASIL. Lei nº 13.019 de 31 de Julho de 2014. Estabelece o regime jurídico das parcerias entre a administração pública e as organizações da sociedade civil, em regime de mútua cooperação, para a consecução de finalidades de interesse público e recíproco, mediante a execução de atividades ou de projetos previamente estabelecidos em planos de trabalho inseridos em termos de colaboração, em termos de fomento ou em acordos de cooperação; define diretrizes para a política de fomento, de colaboração e de cooperação com organizações da sociedade civil; e altera as Leis nᵒˢ 8.429, de 2 de junho de 1992, e 9.790, de 23 de março de 1999.

BRASIL. Lei nº 13.204 de 14 de Dezembro de 2015. Altera a Lei nº 13.019, de 31 de julho de 2014, "que estabelece o regime jurídico das parcerias voluntárias, envolvendo ou não transferências de recursos financeiros, entre a administração pública e as organizações da sociedade civil, em regime de mútua cooperação, para a consecução de finalidades de interesse público; define diretrizes para a política de fomento e de colaboração com organizações da sociedade civil; institui o termo de colaboração e o termo de fomento; e altera as Leis nᵒˢ 8.429, de 2 de junho de 1992, e 9.790, de 23 de março de 1999"; altera as Leis nᵒˢ 8.429, de 2 de junho de 1992, 9.790, de 23 de março de 1999, 9.249, de 26 de dezembro de 1995, 9.532, de 10 de dezembro de 1997, 12.101, de 27 de novembro de 2009, e 8.666, de 21 de junho de 1993; e revoga a Lei nº 91, de 28 de agosto de 1935.

CARNEIRO, A. F.; OLIVEIRA, D. L.; TORRES, L. C. Accountability e a prestação de contas das organizações do terceiro setor: uma abordagem à relevância da contabilidade. *In: Sociedade, Contabilidade e Gestão*, v. 6, n. 2, p. 90-105. 2011.

DUMOND, G. E. Nonprofit virtual accountability: An index and its application. *Nonprofit and Voluntary Sector Quarterly*, v. 42, n. 5, p. 1049-1067, 2013

FORTINI, Cristiana; CUNHA, Luana Magalhães de Araújo; PIRES, Priscila Giannetti Campos. O regime jurídico de parcerias voluntárias com as Organizações da Sociedade Civil: inovações da Lei nº 13.019/2014. In: MOTTA, Fabrício; MÂNICA, Fernando Borges; OLIVEIRA, Rafael Arruda (Coord.). *Parcerias com o terceiro setor*: as inovações da Lei nº 13.019/2014. Belo Horizonte: Fórum, 2017. p. 59-85.

FORTINI, Cristiana; SHERMAM, Ariane. Governança pública e combate à corrupção: novas perspectivas para o controle da Administração Pública brasileira. *Interesse Público – IP*, Belo Horizonte, ano 19, n. 102, p. 27-44, mar./abr. 2017.

FRANCO, L. M. G.; REZENDE, D. A.; FIGUEIREDO, F. C; NASCIMENTO, C. Transparência na Divulgação da Contabilidade Pública Muncipal Paranaense no Ambiente da Internet. In: Encontro da Anpad – Enanpad, XXXVI, Rio de Janeiro. *Anais*, Rio de Janeiro: Anpad.

HEINEN, Juliano. *Comentários à Lei Anticorrupção*: Lei nº 12.846/2013. Belo Horizonte: Fórum. 2015.

GANDIA, Juan L. Internet disclosure by nonprofit organizations: empirical evidence of nongovernmental organizations for development in Spain. *Nonprofit and Voluntary Sector Quarterly*, v. 40, n. 1, p. 57-78. 2011.

GIMENES, Eder Rodrigo. Transparência na Prestação de Contas por Organizações do Terceiro Setor. *Revista Urutágua – Acadêmica multidisciplinar* – DCS/UEM, n. 20, jan./abr., p. 130-140. 2010.

INSTITUTO DE PESQUISA ECONÔMICA APLICADA (IPEA). Mapa das Organizações da Sociedade Civil – 2014. Disponível em: <https://mapaosc.ipea.gov.br/>. Acesso em: ago. 2017.

LANDIM, L. Dening the Nonprofit Sector in Developing Societies – Brazil. *In*: Saloman, L. M.; Anheier, H. K., *Dening the Nonprofitt Sector*: a-cross national analysis. Manchester: Manchester University Press. 1997.

MENDES, Michelle Diniz (Coord.). *Marco Regulatório das Organizações da Sociedade Civil*. Belo Horizonte: Fórum. 2017.

NOGUEIRA, Juliana Guimarães. O Terceiro Setor e a Administração Pública em Portugal. *Revista Argumenta*, Jacarezinho – PR, n. 9, p. 215-242, fev. 2013.

SALAMON, Lester M. Putting the Civil Society Sector on the Map of the World. *In Annals of Public and Cooperative Economics*, v. 81, n. 2, p. 167-210, 2010.

TONDOLO, Rosana da R. P; TONDOLO, Vilmar A. G.; CAMARGO, Maria Emilia; SARQUIS, Aléssio Bessa. Transparência no Terceiro Setor: uma proposta de construto e mensuração. *Espacios Públicos*, v. 19, n. 47, sep./dez., pp. 7-25. Universidad Autónoma del Estado de México. 2016.

UNITED NATIONS, *Handbook on Non- Profit Institutions in the System of National Accounts*, New York: United Nations. 2003.

VALENCIA, Luiz Amira Rocha; QUEIRUGA, Dolores. GONZÁLEZ-BENITO, Javier. Relationship between transparency and eficiency in the allocation of funds in nongovernmental development organizations. *Voluntas*, v. 26, n. 6, p. 2517-2535, 2015.

Informação bibliográfica deste texto, conforme a NBR 6023:2002 da Associação Brasileira de Normas Técnicas (ABNT):

CASTRO, Renata Ramos de. O novo marco regulatório das organizações do terceiro setor como ferramenta de combate à corrupção. In: FORTINI, Cristiana (Coord.). *Corrupção e seus múltiplos enfoques jurídicos*. Belo Horizonte: Fórum, 2018. p. 231-248. ISBN: 978-85-450-0422-6.

PARTE II

COMBATE GLOBAL À CORRUPÇÃO: INSTRUMENTOS E EXPERIÊNCIAS

RECOMPENSAS PARA DENUNCIANTES NO COMBATE À CORRUPÇÃO?

THEO NYRERÖD

GIANCARLO SPAGNOLO

TRADUÇÃO: REINALDO DIOGO LUZ

1 Introdução

Leis que recompensam denunciantes (*whistleblowers*) ou "regimes de prêmios" (*bounty regimes*) são leis que oferecem incentivos financeiros, às vezes chamados prêmios (*bounties*), para particulares: testemunhas que relatam informações sobre uma violação, ajudando a autoridade a condenar e multar o culpado. Esses programas têm sido amplamente utilizados nos Estados Unidos da América (EUA) para limitar fraudes na contratação pública federal, através da Lei Civil contra Declarações Falsas (*False Claims Act* – FCA), e fraudes financeiras, no caso da Lei Dodd-Frank. A FCA, ou "Lei Lincoln" como também é conhecida, foi aprovada ainda em 1863, mas foi amplamente revisada e fortalecida em 1986.[1] Desde então, tem havido um contínuo crescimento no número de denúncias/pedidos de recompensa.[2] O Serviço da Receita

---

[1] As alterações incluem um maior prazo prescricional, ônus da prova reduzido e menor exigência de informações aos denunciantes (METZGER; GOLDBAUM, 1992, p. 685-686).

[2] Em 1987, foram recebidas 30 denúncias e, em 1992, 114 denúncias. Já entre 1997 e 2015, foram oferecidas mais de 300 denúncias por ano, sendo a média anual superior a 500 denúncias entre 2010 e 2015 (EUA, 2015a).

Federal Americano (*Internal Revenue Ser*vice – IRS) possui um programa de recompensas semelhante, alterado em 2006 para tornar não discricionária a concessão de recompensas aos denunciantes. Com isso, o IRS passou a receber anualmente uma quantidade significativamente maior de denúncias.[3] Alguns países possuem atualmente programas de recompensa com o propósito específico de detectar cartéis, entre os quais Reino Unido, Coreia do Sul e Hungria.[4]

Ao aumentar a probabilidade de que transações ilegais sejam descobertas e punidas, premiar denunciantes que relatem informações sobre transações irregulares tem o potencial de dissuadir diversos tipos de condutas ilícitas. Pesquisas recentes demonstraram que essas ferramentas poderiam, de fato, ser adaptadas para combater com sucesso a corrupção. Em particular, Spagnolo (2004) mostrou teoricamente que a utilização de imunidade em conjunto com recompensas financeiras para cúmplice-testemunhas que delatam seus parceiros às autoridades poderia ser uma poderosa ferramenta para dissuadir relações colusivas, incluindo a corrupção.[5] Estudos experimentais, como Bigoni *et al.* (2012), Wu e Abbink (2013), Schmolke e Utikal (2016), e Butler, Serra e Spagnolo (2017), permitem uma observação precisa do comportamento criminoso em um ambiente controlado e, em geral, confirmam que os esquemas de recompensas para denunciantes podem realmente ser extremamente eficazes, tanto na obtenção de informações de testemunhas quanto na redução das incidências de colusão e de corrupção.

Embora muitos profissionais elogiem recompensas a denunciantes nos Estados Unidos, dois exemplos dos quais são o Procurador-Geral Adjunto dos EUA, que afirmou que as leis da recompensa a denunciantes são "a ferramenta mais poderosa que o povo americano tem para proteger o governo de fraudes" (NWC, 2014, p. 2), e, em um testemunho

---

[3] Em 2006 o número de denúncias recebidas foi de 4.295, enquanto em 2007 foi de 2.751. Entre 2013 e 2015, o IRS recebeu mais de 10.000 denúncias/pedidos de recompensa por ano (EUA, 2008-2016).

[4] A Comissão do Comércio da Coreia do Sul (*Korean Fair Trade Commission* – KFTC) oferece um regime de recompensa restrito apenas a cartéis que remonta a 2002, embora até 2006 tenha sido utilizado apenas em oito oportunidades. O limite de prêmio era 20 milhões de wons (aproximadamente US$19.000), até que alterações realizadas em 2012 aumentaram a recompensa máxima possível para 3 bilhões de wons (em torno de US$2,8 milhões) (STEPHAN, 2014, p. 5-7). Devido a sua limitada aplicabilidade (apenas a cartéis), este regime é mencionado apenas de passagem. Sugere-se uma visita à versão em inglês do sítio eletrônico do KFTC (http://www.ftc.go.kr/eng/), que contém relatórios anuais do programa de recompensa. Para uma visão geral dos programas de recompensa no Reino Unido e Hungria, ver Sullivan, Ball e Klebolt (2011).

[5] Os incentivos devem ser robustos, porque oferecer apenas imunidade ou pequenas recompensas pode levar esses esquemas a serem manipulados e utilizados indevidamente. Sobre estes riscos, ver Buccirossi e Spagnolo (2006), e Spagnolo (2008).

perante a Câmara dos Deputados americana, o Presidente da Comissão de Valores Mobiliários (*Securities and Exchange Commission* – SEC), que relatou que seu programa de denúncias "resultou no recebimento pela equipe de investigação de um volume substancial de informações de alta qualidade" (NWC, 2014, p. 3), há atualmente divergências entre os dois lados do Atlântico no uso de recompensas para denunciantes, cada vez mais comum nos EUA, mas não (ainda?) bem-vindo na Europa. Esta divergência é acompanhada por um acalorado debate sobre os custos e benefícios relativos dos programas de recompensa. No Canadá, a Comissão de Valores de Ontário (*Ontario Securities Commission* – OSC) implementou um programa de recompensas em 2016, enquanto, no Reino Unido, a Autoridade de Regulação Prudencial (*Prudential Regulation Authority* – PRA) do Banco da Inglaterra e a Autoridade de Conduta Financeira (*Financial Conduct Authority* – FCA) se manifestaram fortemente contra recompensar denunciantes quando avaliaram conjuntamente os programas de recompensas existentes nos EUA para uma possível implementação no Reino Unido (embora não tenham apresentado quaisquer dados para apoiar essa sua avaliação).

Neste capítulo, é apresentada uma revisão do debate atual sobre a efetividade de programas de recompensa de denunciantes, focando em evidências em vez de em conjecturas, e discutindo, em particular, em que mudariam os argumentos se estes programas fossem estendidos ao combate à corrupção.

2 Em que a corrupção é diferente?

Antes de entrar no debate, deve-se começar analisando brevemente as possíveis mudanças que ocorreriam ao se deslocar esses regimes de incentivo do domínio da fraude (e da evasão fiscal), onde são principalmente utilizados, para o da corrupção.

Diferentemente da fraude, a corrupção envolve sempre, pelo menos, duas partes, uma corrompida, geralmente um funcionário do governo ou um político, e uma corruptora, que pode ser uma empresa ou um indivíduo. O fato de que pelo menos uma parte a mais está envolvida em relação ao caso padrão de fraude, do lado do governo, deveria tornar esses programas ainda mais interessantes: eles tendem a ser eficazes por aumentarem o medo de que um cúmplice ou uma testemunha informe as autoridades sobre a conduta ilícita, e aumentando-se o número de partes envolvidas aumenta-se este medo/risco substancialmente (SPAGNOLO, 2004; SPAGNOLO, 2008).

Se o corruptor for uma empresa e o suborno for pago para facilitar a fraude em um programa federal dos EUA, os funcionários da empresa que denunciem a corrupção poderão reivindicar uma compensação sob a FCA, caso em que as recompensas já estariam dificultando a corrupção. Em outras palavras, a FCA está concedendo recompensas a denunciantes em casos de fraude contra o governo dos EUA, e o típico denunciante sob a FCA é um empregado que relata a irregularidade da empresa em que trabalha. No entanto, às vezes, a fraude exige que funcionários do governo sejam subornados, quando, então, o programa de recompensas da FCA já estará sendo aplicado e contribuindo para a solução de casos de corrupção.

Quando o corruptor é um indivíduo, o uso desses programas pode apresentar problemas em relação ao financiamento das recompensas. Nos atuais regimes americanos, as recompensas para denunciantes são calculadas como fração da soma dos recursos recuperados graças ao denunciante e das multas pagas pelos culpados. No entanto, um único indivíduo e um funcionário do governo envolvidos em um ato de corrupção podem não ter bens suficientes para que as multas e os recursos recuperados constituam um incentivo suficientemente forte para a denúncia, dadas as várias formas de retaliação que os denunciantes normalmente estão sujeitos. No entanto, esse problema também é relevante no caso de fraude, quando o culpado é um indivíduo com poucos, ou bem escondidos, ativos.

Passa-se a seguir a se descrever o atual debate sobre os custos e benefícios das recompensas financeiras para denunciantes, buscando fornecer uma primeira avaliação sobre se existem razões para evitar a sua introdução na luta contra a corrupção, para além de situações de fraude e evasão fiscal.

3 Retaliação, compensação e a necessidade de recompensar denunciantes

As recompensas a denunciantes funcionam como uma forma de contrabalançar uma situação com incentivos já distorcidos. Atualmente, os denunciantes que relatam irregularidades são, sistematicamente, sujeitos a várias formas de retaliação e sofrem danos pessoais e profissionais significativos como resultado. O Centro de Recursos de Ética (*Ethics Resource Center* – ERC) relata que 21% dos denunciantes nos Estados Unidos, o país com a maior proteção para denunciantes, sofreram retaliação significativa como resultado da denúncia (ERC, 2014, p. 27). Considerem-se, ainda, as entrevistas feitas por Rothschild e Miethe (1999) sobre os tipos de danos que os denunciantes sofreram ao foram retaliados:

QUADRO 1
Danos sofridos pelos denunciantes

Danos profissionais		Danos pessoais	
Perdeu o emprego ou foi forçado a se aposentar	69%	Depressão ou ansiedade graves	84%
Recebeu avaliações de desempenho negativas	64%	Sentimento de isolamento ou impotência	84%
Monitorado mais de perto pelos supervisores	68%	Desconfiança dos outros	78%
Foi criticado ou evitado por colegas de trabalho	69%	Diminuição da saúde física	69%
Dificuldade para conseguir outro emprego no seu campo de atuação	64%	Perda financeira grave	66%
		Problemas familiares	53%

Fonte: ROTHSCHILD; MIETHE, 1999.

Além da retaliação e da ameaça de retaliação, também pode haver incentivos positivos, como aumento de salário, opções de ações, bônus, para que uma denúncia *não* seja feita. Por exemplo, Call, Kedia e Rajgopal, (2016, p. 2) verificaram em uma amostra de empresas que apresentaram informações errôneas ao governo que, durante os anos em que foram apresentadas as declarações errôneas, a concessão de opções de ações a dirigentes e empregados em geral foram significativamente maiores (2,49%), em relação aos anos anteriores às declarações (2,17%), e ainda maiores em relação ao período após as declarações errôneas terem terminado (1,67%). Esta é uma evidência sugestiva de que a amostra de empregadores estudada incentivava seus empregados a permanecer em silêncio, concedendo-lhes opções de ações durante o período de apresentação de declarações falsas. Incentivos semelhantes podem muito bem figurar no contexto da corrupção: pagamentos a secretários ou gerentes que teriam informações sobre irregularidades em troca de seu silêncio.

4 Características dos programas de recompensas existentes

De forma a entender como as recompensas funcionariam no contexto da corrupção, é necessário esclarecer alguns aspectos centrais dos atuais programas de recompensas. Os programas de recompensas implementados diferem em relação a várias dimensões cruciais, das quais apenas algumas foram selecionadas para serem abordadas aqui. Em primeiro lugar, os programas existentes diferem em relação ao percentual da multa que o denunciante pode receber. Nos programas americanos, o limite superior é 30% e a porcentagem exata que um denunciante recebe dependerá fortemente de quão vitais foram as informações por ele fornecidas para a detecção e a punição do delito.

Em segundo lugar, diferem quanto ao "limiar" de recompensa, ou seja, o montante mínimo necessário para que uma reivindicação seja considerada. No caso da Lei Dodd-Frank, por exemplo, a sanção monetária precisa exceder 1 milhão de dólares para o caso a ser considerado, enquanto sob a norma da Receita americana (*Internal Revenue Code* – IRC, seção 7623 (b)) o montante em disputa tem que exceder 2 milhões de dólares.

Terceiro, alguns programas limitam o valor absoluto dos prêmios, outros não. Atualmente, apenas a OSC apresenta esse limite.

Por último, os programas diferem consideravelmente em termos de grau de confidencialidade concedido ao denunciante.

QUADRO 2

Comparação entre os programas de recompensa analisados

	FCA	IRS	SEC	OSC
Recompensa	15-30%	15-30%	10-30%	5-15%
Limiar de recompensa	Nenhum	USD 2 milhões	USD 1 milhão	CAD 1 milhão
Limite de prêmio	Não	Não	Não	CAD 5 milhões
Confidencialidade	Não	Sim	Sim	Sim / Restrita

Por exemplo, a SEC permite o anonimato do denunciante através de representação legal, mas para receber a recompensa ao final de uma ação bem-sucedida exige-se que o denunciante compareça à SEC (EUA, 2011; ENGSTROM, 2016, p. 4), enquanto a FCA não concede anonimato aos seus denunciantes (ENGSTROM, 2016, p. 3). Já a OSC "fará todos os esforços razoáveis para proteger as identidades dos denunciantes", embora existam situações, tais como quando a identidade é "necessária para permitir que um respondente ou réu responda às alegações ou prepare sua defesa", ou quando a divulgação é exigida por lei, em que a identidade pode ser divulgada (CANADÁ, 2016a). Por fim, o IRS afirma que irá "proteger a identidade do denunciante na extensão máxima permitida pela lei" (EUA, 2016a). Quando a identidade do denunciante for necessária para o prosseguimento da investigação ou exame, o IRS informará o denunciante antes de decidir se irá ou não prosseguir (EUA, 2016a).

A elegibilidade, a cumplicidade ou a culpabilidade no delito não costumam desqualificar o denunciante para recebimento de uma recompensa em qualquer dos programas mencionados, a menos que o denunciante tenha dirigido, planejado ou iniciado o delito. A OSC e a SEC não concedem recompensas aos condenados por conduta criminal relacionada com o delito, conforme expresso no Programa de Recompensas a Denunciantes canadense, Seção 15(1)(l) (CANADÁ, 2016b), e na Lei Dodd-Frank americana, Seção 748, (c)(2)(B) (EUA, 2010), respectivamente. Em 1988, a FCA foi alterada para incluir a mesma restrição quanto à conduta criminal (VOGEL, 1992, p. 599-600). O IRS, contudo, já concedeu recompensas aos condenados por conduta criminal relacionada ao delito, como o banqueiro Brankley Brinkenfield, que recebeu 104 milhões de dólares, apesar de cumprir pena na prisão por sua parte no delito (PACELLA, 2015, p. 345).

5 O custo e o escopo dos programas de recompensa

Os programas de recompensas para denunciantes têm sido considerados uma legislação eficaz em uma época em que muitos países adotam políticas fiscais rigorosas e querem cortar seus gastos (ENGSTROM, 2014, p. 608; HOWSE; DANIELS, 1995, p. 525). Dar aos cidadãos a capacidade de apresentar denúncias ao governo ou a uma agência, o que às vezes é chamado de "aplicação social da lei" (*social enforcement*), pode muito bem ser mais barato que os métodos clássicos de "comando e controle". No entanto, existe a preocupação de que mesmo as recompensas a denunciantes podem exigir uma estrutura governamental dispendiosa,[6] principalmente em relação ao ônus administrativo de ter que apreciar cada alegação apresentada. Se um regime de recompensa não é adequadamente estruturado, argumenta-se que ele atrairá muitas denúncias sobre irregularidades de baixo valor em

---

[6] Segundo autoridades britânicas, "a introdução de incentivos foi acompanhada de uma complexa, e, por conseguinte dispendiosa, estrutura de governança" (REINO UNIDO, 2014, p. 2).

busca da chance de obtenção de um prêmio (EBERSOLE, 2010, p. 14). Para evitar esse problema, são frequentemente estabelecidos limiares mínimos sobre o valor das prováveis recuperações relativas à infração denunciada.

O IRS, por exemplo, tem duas seções diferentes de seu programa de recompensa. A seção 7623(b) trata de denúncias que têm o potencial de passar o limiar monetário de 2 milhões de dólares. Já a seção 7623(a) trata de informações que por algum motivo não atendem aos limiares da seção 7623(b), principalmente por não cumprir o limiar monetário, autorizando a concessão das recompensas de forma discricionária. O número de denúncias sob a seção 7623(a) supera amplamente as que se qualificam para a seção 7623(b). Por exemplo, o número de reclamações recebidas no ano fiscal de 2014 sob a seção 7623(a) era 12.083 enquanto o número de reivindicações sob a 7623(b) era de 2.282 (EUA, 2014, p. 14).

Além disso, mais de 35.000 denúncias apresentadas em 2015 no IRS ainda estão abertas, sendo que apenas 2% dos casos encerrados em 2015 resultaram na atribuição integral de um prêmio (EUA, 2015b, p. 17). O tempo médio entre a apresentação de uma denúncia e o pagamento da recompensa não foi inferior a quatro anos desde 2006.[7] Essa incerteza e os danos que os denunciantes sofrem neste intervalo podem também dissuadir a denúncia. Um grande aumento na quantidade de reivindicações juntamente com um baixo percentual de recompensas sendo pago sugerem que melhorias podem ser feitas nos programas (ENGSTROM, 2016, p. 7-8). Naturalmente, esses números podem ser temporários, no sentido de que um regime bem gerido, suficientemente poderoso e bem divulgado deveria ter efeitos dissuasórios que reduziriam o número de casos. Entretanto, isso pode levar tempo, e o risco de ser inundado por denúncias nessa fase temporária deve ser considerado.

No contexto da corrupção, também é importante pensar em qual tipo de delito os programas de recompensas para denunciantes poderiam combater melhor, o que poderia ser chamado de "escopo" do programa. Para evitar grandes quantidades de reivindicações de baixo valor, pode-se impor um limiar mínimo de valor monetário para que as reivindicações de prêmios sejam consideradas. Se a intenção é combater a corrupção de nível mais alto, sem ter que considerar pequenas reivindicações sobre o pagamento de propina para receber um passaporte, por exemplo, definir um limite monetário mais alto parece ser mais apropriado. Projetar um programa de recompensa, então, dependerá,

---

[7] Em 2015, o tempo médio para concessão de uma recompensa estava em seis anos. Este atraso é principalmente devido a se permitir que o contribuinte esgote todos os recursos antes do caso ser concluído e das recompensas serem pagas.

em parte, de fatores locais, tais como que tipo de corrupção é prevalente e o que as autoridades querem combater. Nesse sentido, não existe um programa de recompensa único que se ajuste a todos os casos. Para o IRS, pode ser vantajoso atrair um grande número de reivindicações devido à dificuldade de se detectar a evasão fiscal sem informações privilegiadas e porque os métodos tradicionais de investigação, tais como auditorias aleatórias, são comparativamente mais caros. Se o interesse é combater a corrupção em geral, pode ser recomendável ter um escopo mais amplo que atraia muitas reivindicações no curto prazo após a implementação, esperando que a punição pelas infrações em curso e pelas cometidas no passado, juntamente com efeitos de dissuasão futuros, reduza subsequentemente o número de pedidos recebidos. Um grande custo administrativo deve, então, ser previsto, temporariamente, para a fase inicial, pelo menos até que o programa se torne conhecido e seus possíveis efeitos dissuasórios surtam efeito.

Pode haver outras razões para restringir o escopo de leis de recompensa a casos maiores. Fornecer recompensas em dinheiro menores para uma infinidade de tipos diferentes de corrupção pode ter um efeito de "exclusão" (efeito *crowding out*) sobre a motivação intrínseca dos denunciantes. Feldman e Lobel (2010, p. 1155) verificaram que recompensar denunciantes pode afastar ou suprimir a motivação moral interna das pessoas. A preocupação é que "a mercantilização da denúncia por meio da provisão de recompensas pode tornar menos provável que possíveis denunciantes se disponham a se pronunciar, ao reduzir a aversão moral ao delito" (ENGSTROM ,2016, p. 11). Por outro lado, experimentos recentes, de Schmolke e Utikal (2016) e Butler, Serra e Spagnolo (2017), indicam não haver efeito de "exclusão" induzido por incentivos financeiros aos denunciantes, que surgem, assim, como uma poderosa ferramenta para obtenção de informações sobre irregularidades.

De um modo geral, programas de recompensa não parecem particularmente caros em comparação com outros métodos de fiscalização e detecção de irregularidades. Pelo contrário, as estimativas de benefício para custo da FCA sugerem que pelo menos no que diz respeito a declarações falsas contra o governo americano, os benefícios monetários em grande parte compensam os custos. Carson, Verdu e Wokutch (2008, p. 369), por exemplo, estimaram que a proporção de benefício para custo seja entre 14:1 e 52:1 para recuperações sob a FCA.

6 Preocupações morais e denunciantes oportunistas/mal-intencionados

Um aspecto a favor das recompensas no contexto da corrupção é a percepção pública da corrupção em oposição, por exemplo, à da evasão fiscal. O senador americano Harry Reid referiu-se uma vez ao programa de denúncias do IRS como o "Programa de Recompensas para Ratos" (HERMAN, 2002), uma expressão que ele provavelmente não teria conseguido utilizar no contexto da corrupção.

Pode-se também argumentar que os denunciantes são provavelmente vistos mais favoravelmente hoje do que há duas ou três décadas e que isso poderia ter afetado a aceitabilidade social da realização de denúncias, o que torna os funcionários mais dispostos a denunciar irregularidades (PACELLA, 2015, p. 346).[8]

Apesar disso, houve uma série de objeções contra programas de recompensa e a possibilidade de que os denunciantes oportunistas abusem deles. Talvez o comentário mais notável seja o apresentado pela Autoridade de Controle Prudencial do Banco da Inglaterra e pela Autoridade de Conduta Financeira em sua nota conjunta à comissão parlamentar britânica que avaliava a questão:

> Alguns participantes do mercado podem tentar 'armar' para outros, por exemplo, envolvendo-os em uma situação de abuso de informação privilegiada, a fim de denunciá-los e se beneficiarem financeiramente. (REINO UNIDO, 2014, p. 3)

Essa alegação parece, todavia, no mínimo exagerada, uma vez que existem maneiras simples de evitar esse problema potencial que, na realidade, não aparenta ter surgido na experiência dos Estados Unidos com seus vários programas.

A Lei de Declarações Falsas americana, por exemplo, afirma que quando o relator iniciou ou planejou a infração, os tribunais podem reduzir a recompensa abaixo de 15%, no montante que considerarem adequado (seção 3729(d)(3), da FCA) (EUA, 1996). O IRS tem restrições semelhantes que, nos casos em que o denunciante planejou e iniciou a evasão fiscal, podem reduzir consideravelmente a recompensa (seção 7623(b)(3), do IRC) (EUA, 1986). Se o denunciante é condenado por conduta criminal relacionada com a ação, então lhe é negada qualquer

---

[8] No entanto, deve ser observado que o ERC (2014) relata que os casos de retaliação nos EUA aumentaram de 12%, em 2007, para 15%, em 2009, e para 21%, em 2013. Butler, Serra e Spagnolo (2017) mostram que o julgamento público de denunciantes é positivo somente quando o efeito negativo do crime relatado é altamente marcante.

recompensa (seção 3729(d)(3), da FCA, e seção 7623(b)(3), do IRC) (EUA, 1996; EUA, 1986). No caso do IRS e da SEC, as informações são apresentadas sob pena de perjúrio (EUA, 2016b; TWEDT *et al.*, 2011). No caso da FCA, se a parte mente no tribunal, corre o risco de ser processada por perjúrio, punível com até cinco anos de prisão, e por outros crimes relacionados a mentir sob juramento.

Quanto às evidências, o Centro Nacional para Denunciante (*National Whistleblower Center* – NWC) não encontrou um único caso de "armação" em mais de 10.000 casos em que o planejador e iniciador do delito recebeu um prêmio (NWC, 2014, p. 18). Conclui-se, portanto, que este não é, no momento, um problema, a menos que os programas de recompensa sejam mal planejados e incompetentemente implementados, caso em que tudo pode acontecer. Permitir-se cair em uma "armadilha" em primeiro lugar é já indicativo de uma cultura empresarial já pobre. No contexto da corrupção, o medo de uma "armação" pode até mesmo ter um efeito dissuasório sobre a disposição do servidor público a ser corrompido.

Outra preocupação é o problema mais geral da possibilidade de denúncias estratégicas e mal-intencionadas. Segundo autoridades do Reino Unido:

> [I]ncentivos financeiros podem levar a mais abordagens de oportunistas e de partes desinformadas, relatando rumores ou informações públicas. A reputação de partes inocentes pode ser injustamente danificada como resultado. (REINO UNIDO, 2014, p. 3)[9]

Uma questão conexa é que os denunciantes oportunistas poderiam forçar:

> [A]s corporações a acordos financeiros a fim de evitar os efeitos prejudiciais sobre a reputação e aspectos a ela relacionados, causados por acusações amplamente divulgadas, embora mal fundamentadas. (HOWSE; DANIELS, 1995, p. 526-527)[10]

Novamente, essas questões parecem mais desculpas do que problemas reais ou potenciais. Primeiro, se a informação é de conhecimento público, então o dano à reputação já está feito, o que torna as afirmações das autoridades britânicas contraditórias. Em segundo lugar, o transmissor de rumores corre o risco de ser processado, e é improvável que ganhe qualquer tipo de recompensa se a agência competente

---

[9] Ver, ainda, VEGA 2012, p. 510.

[10] Os autores recomendam fortemente uma abordagem centrada em recompensas às autoridades canadenses.

investigar de forma adequada. Por fim, se o denunciante ganha apenas fazendo acordos extrajudiciais, então este argumento não é de forma alguma específico contra programas de recompensa, uma vez que mesmo setores sem este tipo de programa poderiam experimentar o mesmo problema.

Uma preocupação que também é levantada é que os empregados poderiam "fabricar denúncias de irregularidades para lucro pessoal" (HOWSE; DANIELS, 1995, p. 540).[11] Pelas razões acima mencionadas não se considera que esta é uma preocupação séria, e é, novamente, não exclusiva dos regimes de recompensa. Buccirossi *et al.* (2017) analisou essa preocupação dentro de um modelo econômico formal e mostrou que é totalmente irrelevante para países com sistemas judiciais suficientemente precisos/competentes, desde que fortes sanções contra perjúrio equilibrem os incentivos gerados por grandes recompensas. Quando o sistema judicial comete muitos erros, por outro lado, pode ser preferível não introduzir grandes recompensas para denunciantes.

Deve haver preocupação com denunciantes oportunistas no contexto da corrupção? Até onde se sabe, o oportunismo não é, atualmente, uma questão prevalente dentro de qualquer dos programas de recompensas acima mencionados, e não se identifica nenhuma razão para que ele se torne um problema no contexto da corrupção.

Uma última preocupação é que recompensas podem comprometer a credibilidade do denunciante como testemunha. O Banco da Inglaterra afirmou que:

> [S]e a revelação de um denunciante conduziu a uma acusação criminal que se baseou na evidência do denunciante, o tribunal poderia questionar a confiabilidade da evidência porque a testemunha obteve ganhos financeiros, enfraquecendo, assim, os argumentos da acusação. (REINO UNIDO, 2014, p. 3)

Esse problema não é exclusivo dos regimes de recompensa. Nos programas de leniência, concebidos para desestruturar e evitar cartéis, a empresa que primeiro relata o cartel tem a ganhar financeiramente pagando multas mais baixas ou nenhuma multa. Olhando-se instrumentos como as transações judiciais (*plea bargains*), a pessoa recebe incentivos de ganhos pessoais substanciais na forma de uma sanção reduzida. Esses incentivos também são susceptíveis de comprometer em alguma medida a credibilidade da testemunha. Embora seja uma questão para os tribunais, incentivos pessoais sob a forma de dinheiro ou reduções de condenação são amplamente aceitos nos sistemas

---

[11] Sobre este possível problema, ver, também, Rose, 2014, p. 1283.

judiciais ocidentais. Além disso, quando várias partes e indivíduos estiverem envolvidos, se a primeira parte a denunciar a infração estiver apta a receber uma recompensa em dinheiro, um segundo, terceiro ou quarto funcionário ou participante do cartel pode testemunhar mediante a oferta de leniência, mas sem a recompensa em dinheiro. Isso não elimina os incentivos pessoais do participante do cartel que se propõe a testemunhar, mas retira o incentivo monetário, com o qual o Banco da Inglaterra se preocupa.

7 Conclusões

Os esquemas de recompensas para denunciantes não devem ser vistos como uma rede ampla para captura de todas as formas de corrupção, não devem ser pensados como uma ferramenta pouco precisa para qualquer tipo de tarefa, mas, ao invés disso, seu projeto deverá ser dependente do contexto local. Os programas de recompensa devem ser vistos como um bisturi afiado com aplicabilidade limitada definida por um par de dimensões cruciais de projeto, com a intenção de incentivar indivíduos com informações privilegiadas ou informações originais importantes a se apresentarem. A Autoridade de Regulação Prudencial e a Autoridade de Conduta Financeira do Reino Unido não perceberam esse ponto quando afirmaram que:

> Os incentivos nos EUA beneficiam apenas um pequeno número cuja informação leva diretamente a uma ação de execução bem-sucedida, resultando na imposição de multas (das quais os incentivos são pagos). Eles não fornecem nada para a grande maioria dos denunciantes. (REINO UNIDO, 2014, p. 2)

Embora seja verdade que programas de recompensas podem não fornecer nada para a grande maioria dos denunciantes, avaliar programas de recompensa por sua capacidade de fornecer algo para a grande maioria dos denunciantes é como avaliar um bisturi por sua capacidade de esmagar as coisas. As únicas questões que foram identificadas aqui como um sério obstáculo à adoção de incentivos financeiros estão ligadas a países com instituições fracas, onde os tribunais cometem muitos erros e pode ser difícil ou impossível proteger os denunciantes e suas famílias de violenta retaliação.

Por fim, uma última preocupação vem dos possíveis efeitos sociais negativos de incentivos demasiado poderosos para os cidadãos monitorarem/controlarem uns aos outros. A denúncia em regimes totalitários é um exemplo notável, uma vez que tanto a Alemanha nazista como a Rússia Soviética dependiam fortemente de cidadãos denunciarem uns aos outros (GIVATI, 2016, p. 26). Essa pode ser uma das razões pelas quais as recompensas aos denunciantes não têm visto uma implementação generalizada na Europa.

Referências

BIGONI, M.; LE COQ, C.; FRIDOLFSSON, S.; SPAGNOLO, G. Fines, Leniency and Rewards in Antitrust. *RAND Journal of Economics*, v. 43, n. 2, 368-390, 2012.

BUCCIROSSI, P.; IMMORDINO, G.; SPAGNOLO, G. *Whistleblower Rewards, False Reports, and Corporate Fraud*. Em publicação, 2017.

BUCCIROSSI, P.; SPAGNOLO, G. Leniency policies and illegal transactions. *Journal of Public Economics*, vol. 90, n 6, 1281-1297, 2006.

BUTLER, J.; SERRA, D.; SPAGNOLO, G. *Motivating Whistleblowers*. Em publicação, 2017. Disponível em: <https://www.aeaweb.org/conference/2017/preliminary/1658>. Acesso em: 08 jan. 2017.

CALL, A. C.; KEDIA, S.; RAJGOPAL, S. Rank and file employees and the discovery of misreporting: The role of stock options. *Journal of Accounting & Economics (JAE)*, Forthcoming. Columbia Business School Research Paper No. 16-41, 2016. Disponível em: <https://papers.ssrn.com/sol3/papers.cfm?abstract_id=2791690>. Acesso em: 27 dez. 2016.

CANADÁ. Office of the Whistleblower (OSC). *Protections*, 2016a. Disponível em: <http://www.osc.gov.on.ca/en/protections.htm>. Acesso em: 27 dez. 2016.

CANADÁ. *OSC Policy 15-601 – Whistleblower Program*, July 14, 2016b. Disponível em: <http://www.osc.gov.on.ca/documents/en/Securities-Category1/20160714_15-601_policy-whistleblower-program.pdf>. Acesso em: 27 dez. 2016.

CARSON, T.; VERDU, M.; WOKUTCH, R. Whistle-Blowing for Profit: An Ethical Analysis of the Federal False Claims Act, *Journal of Business Ethics*, v. 77, n. 3, 361-376, 2008.

EBERSOLE, D. Blowing the Whistle on the Dodd-Frank Whistleblower Provisions, *Ohio State Entrepeneurial Business Law Journal*, v. 6, n. 1, 123-174, 2011.

ENGSTROM, D. *Bounty Regimes*. In: ARLEN, J. (Ed.). Research Handbook on Corporate Criminal Enforcement and Financial Misdealing. Edward Elgar Press, Em publicação, 2016.

ENGSTROM, D. Whither Whistleblowing? Bounty Regimes, Regulatory Context, and the Challenge of Optimal Design. *Theoretical Inquiries in Law*, v. 15, 605-633, 2014.

ESTADOS UNIDOS DA AMÉRICA (EUA). Civil Division of the Department of Justice (DOJ). *False Claims Act Statistics*, 2015a. Disponível em: <https://www.falseclaimsact.com/wp-content/uploads/2016/05/FCA-Statistics-Update.pdf>. Acesso em: 08 jan. 2017.

ESTADOS UNIDOS DA AMÉRICA (EUA). *Dodd-Frank Wall Street Reform and Consumer Protection Act*, Public Law 111–203, Jul. 21, 2010. Disponível em: <https://www.gpo.gov/fdsys/pkg/PLAW-111publ203/pdf/PLAW-111publ203.pdf>. Acesso em: 27 dez. 2016.

ESTADOS UNIDOS DA AMÉRICA (EUA). *False Claims Act (FCA)*, United States Code, Title 31, §§ 3729 - 3733. Pub. L. 104-316, title II, §202(n)(2), Oct. 19, 1996, 110 Stat. 3844.

ESTADOS UNIDOS DA AMÉRICA (EUA). *Internal Revenue Code (IRC)*, United States Code, Title 26 – Internal Revenue Code of 1986. Pub. L. 99-514, §2, Oct. 22, 1986, 100 Stat. 2095.

ESTADOS UNIDOS DA AMÉRICA (EUA). Internal Revenue Service (IRS). *Confidentiality and disclosure for whistleblowers*, 2016a. Disponível em: <https://www.irs.gov/uac/confidentiality-and-disclosure-for-whistleblowers>. Acesso em: 27 dez. 2016.

ESTADOS UNIDOS DA AMÉRICA (EUA). Internal Revenue Service (IRS). *How do you file a claim under section 7623 a or b*. 2016b. Disponível em: <https://www.irs.gov/uac/how-do-you-file-a-whistleblower-award-claim-under-section-7623-a-or-b>. Acesso em: 27 dez. 2016.

ESTADOS UNIDOS DA AMÉRICA (EUA). Internal Revenue Service (IRS). *Annual reports by the Whistleblower Office*, 2008-2016. Disponível em: <https://www.irs.gov/uac/whistleblower-office-annual-reports>. Acesso em: 08 jan. 2017.

ESTADOS UNIDOS DA AMÉRICA (EUA). Internal Revenue Service (IRS). *Annual reports by the Whistleblower Office*, 2014. Disponível em: <https://www.irs.gov/uac/whistleblower-office-annual-reports>. Acesso em: 08 jan. 2017.

ESTADOS UNIDOS DA AMÉRICA (EUA). Internal Revenue Service (IRS). *Annual reports by the Whistleblower Office*, 2015b. Disponível em: <https://www.irs.gov/uac/whistleblower-office-annual-reports>. Acesso em: 08 jan. 2017.

ESTADOS UNIDOS DA AMÉRICA (EUA). Securities and Exchange Commission (SEC). *Regulation 21F, implementing the whistleblower award program of Section 922 of the Dodd-Frank Wall Street Reform and Consumer Protection Act*. 2011. Disponível em: <https://www.sec.gov/about/offices/owb/reg-21f.pdf#nameddest=21F-7>. Acesso em: 27 dez. 2016.

ESTADOS UNIDOS DA AMÉRICA (EUA). Securities and Exchange Commission (SEC). *Annual reports on the Dodd-Frank whistleblower program*. Disponível em: <https://www.sec.gov/about/offices/owb/owb-resources.shtml#reports>. Acesso em: 08 jan. 2017.

ETHICS RESOURCE CENTER (ERC). *National Business Ethics Survey of the U.S. Workforce*, 2014. Disponível em: <http://www.ethics.org/ecihome/research/nbes>. Acesso em: 31 out. 2016.

FELDMAN, Y.; LOBEL, O. The Incentives Matrix: The Comparative Effectiveness of Rewards, Liabilities, Duties and Protections for Reporting Illegality. *Texas Law Review*, v. 88, n. 6, 1151-212, 2010.

GIVATI, Y. A Theory of Whistleblower Rewards. *Journal of Legal Studies*, v. 45, n. 1, 43-72, 2016.

HERMAN, Tom. Snitching on a Tax Cheat Can Lead to Big Rewards. *The Wall Street Journal*, Nova York, 6 set. 2002. Disponível em: <http://www.wsj.com/articles/SB1031236543581984475>. Acesso em: 01/06/2017.

HOWSE, R.; DANIELS, R. J. *Rewarding Whistleblowers: The Costs and Benefits of an Incentive-Based Compliance Strategy*. In DANIELS, R. J.; MORCK, R. (Eds.). Corporate Decision-Making in Canada, University of Calgary Press, 525-549, 1995. Disponível em: <http://repository.upenn.edu/law_series/4>. Acesso em: 08 jan. 2017

METZGER, R., GOLDBAUM, R. Retroactivity of the 1986 Amendments to the False Claims Act. *Public Contract Law Journal*, v. 22, n. 4, 684-705, 1992.

NATIONAL WHISTLEBLOWER CENTER (NWC). *The Importance of Whistleblower Rewards in Combating International Corruption*, 2014. Disponível em: <http://www.whistleblowers.org/storage/docs2/anti-corruption-report.pdf>. Acesso em: 01/08/2017.

PACELLA, J. Bounties for bad behavior: rewarding culpable whistleblowers under the Dodd-Frank act and Internal Revenue Code. *University of Pennsylvania Journal of Business Law*, v. 17, 2015.

REINO UNIDO. Bank of England's Prudential Regulations Authority & Financial Conduct Authority. *Financial Incentives for Whistleblowers*, 2014. Disponível em: <https://www.fca.org.uk/news/financial-incentives-for-whistleblowers>. Acesso em: 08 jan. 2017.

ROSE, A. Better Bounty Hunting: How the SEC's New Whistleblower Program Changes the Securities Fraud Class Action Debate. *Northwestern University Law Review*, v. 108, n. 4, 1235-1302, 2014.

ROTHSCHILD, J.; MIETHE, T. Whistle-Blower Disclosures and Management Retaliation. *Work and Occupations*, v.26, n. 1, 107-128, 1999.

SCHMOLKE, K. U.; UTIKAL, V. *Whistleblowing: Incentives and Situational Determinants*. FAU - Discussion Papers in Economics, No. 09/2016. 2016. Disponível em: <https://ssrn.com/abstract=2820475>. Acesso em: 08 jan. 2017.

SPAGNOLO, G. *Divide et Impera*: Optimal Leniency Programs. CEPR Discussion Papers 4840, 2004. Disponível em <http://ssrn.com/abstract=716143>. Acesso em: 27 dez. 2016.

SPAGNOLO, G. *Leniency and Whistleblowers in Antitrust*. In: BUCCIROSSI, P. (Ed.). Handbook of Antitrust Economics, M.I.T. Press, 2008.

STEPHAN, A. *Is the Korean Innovation of Individual Informant Rewards a Viable Cartel Detection Tool?* Forthcoming Draft of Book Chapter in: T Cheng, B Ong, and S Marco Colino, Cartels in Asia (Kluwer 2014), CCP Working Paper 14-3, 2014.

SULLIVAN, K.; BALL, K.; KLEBOLT, S. The Potential Impact of Adding a Whistleblower Rewards Provisions to ACPERA. *The Antitrust Source*, v. 11, 1-6, 2011.

TWEDT, T. D.; HAYS, M. D.; LEE, D.; PRICHARD, D. D. *Lexology. Final Whistleblower Program*. Disponível em: <http://www.lexology.com/library/detail.aspx?g=ac3e9c3c-9f58-4caf-b5c1-0f49d6ed5d81>. Acesso em: 27 dez. 2016.

VEGA, M. Beyond Incentives: Making Corporate Whistleblowing Moral in the New Era of Dodd-Frank Act 'Bounty Hunting'. *Connecticut Law Review*, v. 45, n. 2, 481-545, 2012.

VOGEL, R. Eligibility Requirements for Relators under Qui Tam Provisions of the False Claims Act. *Public Contract Law Journal*, v. 21, n. 4, 593-619, 1992.

WU, K.; ABBINK, K. *Reward Self-Reporting to Deter Corruption: An Experiment on Mitigating Collusive Bribery*. Monash University, Discussion Paper 42/13, 2013. Disponível em: <https://business.monash.edu/__data/assets/pdf_file/0003/339573/reward_self-reporting_to_deter_corruption_an_experiment_on_mitigating

---

Informação bibliográfica deste texto, conforme a NBR 6023:2002 da Associação Brasileira de Normas Técnicas (ABNT):

NYRERÖD, Theo; SPAGNOLO, Giancarlo. Recompensas para denunciantes no combate à corrupção?. Tradução de Reinaldo Diogo Luz. In: FORTINI, Cristiana (Coord.). *Corrupção e seus múltiplos enfoques jurídicos*. Belo Horizonte: Fórum, 2018. p. 251-266. ISBN: 978-85-450-0422-6.

COOPERAÇÃO E COMBATE À CORRUPÇÃO NA UNIÃO EUROPEIA

JAMILE BERGAMASCHINE MATA DIZ

LUCAS TAVARES MOURÃO

Introdução

A corrupção sempre foi um dos mais relevantes e abrangentes problemas relativos à gestão e utilização de recursos que afeta toda sociedade, estando intrinsecamente ligada a assuntos públicos, em especial quando envolve funcionários públicos e representantes eleitos. Contrariamente ao que se possa pensar, não é um efeito exclusivo dos países ditos subdesenvolvidos ou em desenvolvimento, atingindo também os Estados considerados desenvolvidos ou com índices expressivos de desenvolvimento social e econômico.

Somente na União Europeia estima-se um custo de cerca de cento e vinte bilhões de euros anuais com a corrupção, afetando todos os Estados-Membros e seus contribuintes. Efeito concreto dessa prática é o comprometimento do desenvolvimento econômico, da democracia, da justiça social e do próprio Estado de Direito.

O combate a essa prática viciosa deve advir de todos os setores e todas as frentes possíveis, doméstica ou internacionalmente. Além dos mecanismos de controle e repressão provenientes de instituições de alcance global, tais como a Organização das Nações Unidas (ONU) e a Organização Econômica para o Desenvolvimento da Europa (OCDE), a Europa conta com diversos instrumentos para auxiliar em sua luta contra a corrupção. Afora os pactos bilaterais entre os Estados, há instrumentos e grupos de combate que ultrapassam fronteiras, tais como o GRECO, vinculado à Comissão da Europa, e o OLAF, principal instituição criada pela União Europeia para investigar e prevenir atos ligados à corrupção.

Todavia, apesar da multiplicidade de meios que servem de respaldo para o combate à corrupção, há ainda críticas tecidas pela doutrina quanto a sua aplicação, com destaque ao pensamento de que a falha não está na quantidade de instrumentos normativos de combate à prática ilícita, mas na forma de aplicação, seja na investigação, no processamento ou na sanção.

A abordagem que aqui será feita, longe de apresentar uma solução, se propõe a fomentar o debate acerca da importância da cooperação para a integração regional, além de reforçar a necessidade de aprimoramento institucional e procedimental nos atos dos diversos Estados e órgãos, de modo a efetivamente alcançar mecanismos eficazes, eficientes, céleres e próprios para a concretização da justiça. Para tanto, parte-se de uma metodologia que permite analisar a evolução da cooperação interestatal mediante a criação de sistemas comuns de decisão.

A metodologia de trabalho deverá centrar-se, portanto, nos aspectos principais estabelecidos para uma pesquisa interdisciplinar que envolve temas de direito internacional e de direito europeu, especialmente pelo caráter singular que permeia toda análise de sistemas jurídicos de natureza transnacional e comunitária.

Nesse sentido, devem-se utilizar métodos que permitam analisar a evolução dos instrumentos de combate à corrupção no plano da cooperação adotada pela União Europeia. Os métodos histórico e indutivo permitirão estabelecer as premissas conceituais e práticas aplicadas aos atuais mecanismos de combate à corrupção em curso, notadamente como forma de controle, bem como às funções e princípios que regem a atuação dos órgãos criados para tal fim.

No entanto, antes de se examinar os mecanismos de atuação no combate à corrupção, far-se-ão algumas considerações sobre a cooperação jurídica criada no espaço integrado europeu, de forma a dar a conhecer ao leitor as particularidades deste sistema jurídico sem, contudo, ter-se a pretensão de esgotar o tema, dada sua complexidade e amplitude.

1 Noções sobre cooperação jurídica

O estudo do tema "cooperação" na acepção internacionalista parte do Direito da Integração, cujo objeto de análise se situa entre as

Organizações Internacionais Clássicas e as estruturas estatais. Para Sobrinho Heredia (2002), esse ramo do Direito, que postula certa subordinação dos Estados aos organismos criados, decorre do aumento das competências das Organizações Internacionais, matéria que não se adaptou convenientemente ao Direito Internacional Clássico.

Esse novo viés integracionista surgido no cenário global no século passado requer que sejam feitas algumas breves digressões acerca dessa dita subordinação dos Estados aos organismos criados. Afinal, um Estado, como tal, é detentor de soberania[1] plena, entendida aqui como poder supremo que se sobrepõe a qualquer outro e não admite limitações, exceto quando dispostas *voluntariamente* em razão de tratados internacionais. Esse aspecto suscita profundos debates a partir do momento que o Estado se subordina ou se "coordena" a uma instituição de viés internacional. Para os fins a que se propõe este trabalho, contudo, segue-se a ideia preconizada por Mata Diz e Orantes (2012), de que a participação de um Estado em um processo de integração regional se vincula a seu poder soberano, sendo, ao contrário do que muitos defendem, uma expansão da potestade de um país.

Para os citados autores, ocorre um prolongamento do poder soberano em assuntos os quais antes não havia plena capacidade decisória no plano internacional. Dessa forma, a integração não poderia ser admitida como obstáculo à liberdade de associação entre os Estados. Embora para participar de uma organização ou de um processo de integração o Estado atue como se cedesse parte de sua soberania para que o grupo decida em seu nome, é imperioso evidenciar que não há uma renúncia à soberania, uma vez que é tão soberano que pode optar por continuar ou sair do conjunto. O que há é um compartilhamento de soberania do ponto de vista decisório, ou seja, as decisões, ao invés de serem individuais, são tomadas em conjunto, visando à consecução de um bem maior comum. Daí, portanto, ser precisa a afirmação de Mata Diz e Penido Martins (2012, p. 643), quando postulam

> Assim, o chamado "Estado" supranacional representa, em verdade, a junção da vontade de distintos Estados em compartilhar mecanismos e decisões de índole política e jurídica destinadas a fortalecer o papel e a atuação dos partícipes no comércio e nas relações exteriores em geral, além de estabelecer direitos e garantias que venham a aperfeiçoar o sistema normativo protetivo dos direitos fundamentais destes mesmos Estados.

---

[1] Para Dallari, o termo "soberania" possui dois sentidos. No sentido político, é "poder incontrastável de querer coercitivamente e fixar competências". No sentido jurídico, seria "o poder de decidir em última instância". A soberania possui essa dupla face de soberania na ordem interna e independência na ordem externa. (1998, p. 72)

Razão não há, portanto, para que a integração seja vista como empecilho à atuação soberana dos Estados. Pelo contrário, configura uma extensão do poderio estatal para atingir fins e objetivos não alcançáveis pela atuação individual. A integração é um processo necessário à consecução de um bem maior, na medida em que tem objetivos definidos para que seja alcançado o desenvolvimento de uma nação.

Aponta-se que a expressão "integração regional" aqui trabalhada segue o sentido abordado por Kegel e Amal (2009), referindo-se de forma geral a processos de integração econômica e cooperação entre Estados, de intensidade e objetivos distintos. A despeito da ampla gama de fins perseguidos, desponta o que Zamora (2004) coloca como objetivo principal, qual seja, a facilitação da coordenação de ações e políticas, bem como a adoção de condutas cooperativas na maioria das áreas temáticas.

Feito esse introito da noção de "integração" que, como apontado, escapa do objeto de estudo do Direito Internacional Clássico, cabe explicitar em que consistiria a "cooperação", objeto deste estudo, mas que faz parte do Direito da Integração.

Segundo Toffoli e Cestari (2008, p. 23), "cooperação pressupõe trabalho conjunto, colaboração. É nesse sentido que toda e qualquer forma de colaboração entre Estados, para a consecução de um objetivo comum, que tenha reflexos jurídicos, denomina-se cooperação jurídica internacional". Pode também ser entendida como o "auxílio prestado entre nações soberanas, para que o processo iniciado, a iniciar-se ou findo em um Estado, possa ter seguimento com a realização de ato jurídico por órgão jurisdicional ou mesmo administrativo de outro Estado" (GALVÃO DE SOUZA, 2014, p. 37).

Mata Diz (2011) ensina que a integração ultrapassa a mera cooperação internacional, estipulando uma rede de instituições e seu próprio sistema legal. Ou seja, a integração é mais ampla que a cooperação, atingindo a sociedade como um todo e gerando interações que fogem ao controle estatal entre grupos de interesse e representantes das sociedades, como apontam Mariano e Mariano (2002). Enquanto a cooperação pode ser uma estratégia contextualizada e ser abandonada de acordo com a conveniência, a integração, por seu turno, é menos flexível.

Em suma, pode-se imaginar graficamente a cooperação como que contida dentro do universo da integração regional. Enquanto esta última é mais ampla e rígida, abrangendo a sociedade envolvida como um todo, o sistema de cooperação, como dito acima, denota maior flexibilidade e especificidade em determinado aspecto, que pode ser transitório ou permanente. A União Europeia, enquanto união econômica e monetária em desenvolvimento, é resultado de um processo de integração que aborda diferentes vertentes políticas, econômicas e sociais. Dentro do sistema formado pela integração, por sua vez, há diversas formas de cooperação firmadas entre uns e outros Estados soberanos, almejando a objetivos específicos entre eles. É o caso, por exemplo, da cooperação judicial e administrativa contra a corrupção, que passa a ser explicada adiante.

2 Breves apontamentos acerca da corrupção na União Europeia

Tratar de corrupção em terras brasileiras é matéria deveras comum e nada surpreendente. Por outro lado, reconhecer que este problema é também relevante no continente europeu pode ser um tanto quanto inesperado.[2] No entanto, essa é a realidade evidenciada no primeiro relatório da Comissão Europeia sobre a corrupção nos Estados-Membros,[3] divulgado em 2014, no qual foi revelado que a corrupção, sozinha, custa cerca de cento e vinte bilhões de euros à União Europeia, anualmente. O número se torna ainda mais alarmante quando em comparação com o orçamento anual do bloco, que gira em torno de cento e cinquenta bilhões de euros.

O referido relatório aponta que setenta e seis por cento dos países membros da União Europeia experimentaram aumento dos índices de corrupção, com exceção de Dinamarca, Suécia e Finlândia, que sempre aparecem no Index Perception Corruption (IPC) como os menos corruptos. França, Alemanha, Reino Unido e Áustria, por outro lado, surpreenderam ao apresentarem índices negativos em relação à percepção de aumento da corrupção.

À época, a cientista política Biason (2014) apontou que os índices do "Eurobarômetro" de desconfiança nos partidos políticos e nas instituições financeiras europeias, em razão de abuso de poder e suborno, têm similaridade com os valores apontados no "Latinobarômetro" que destaca, há vários anos, as mesmas instituições como as menos confiáveis na América Latina.

---

[2] Radu (2017) aponta que nas últimas décadas apenas dois países conseguiram superar a corrupção: Cingapura e Hong-Kong, embora os métodos usados no combate à corrupção fossem altamente controversos.

[3] Disponível em: <https://ec.europa.eu/home-affairs/sites/homeaffairs/files/e-library/documents/policies/organized-crime-and-human-trafficking/corruption/docs/acr_2014_en.pdf>. Acesso em: 02 jun. 2016.

Constatado o problema, cumpre delimitar em que consiste a corrupção propriamente dita, este mal que está presente em todo o globo e que faz parte do cotidiano da população. Há múltiplas definições, cada uma variando conforme as práticas mais corriqueiras e as instituições mais recorrentemente envolvidas. Trejo Fuentes (2010, p. 107), ao estudar o fenômeno na Europa, segue a ideia de que atos corruptos são aqueles que violam uma regra, ou um dever funcional, na expectativa de obter um benefício,

> atos de corrupção podem ser definidos, então, como "aqueles que constituem a violação, ativa ou passiva, a um dever posicional ou falha para executar qualquer função específica executada num quadro de discrição, a fim de obter um benefício extraposicional, independentemente da sua natureza" (Malem 2002, 35); de modo que o ato é apresentado como uma quebra de confiança que foi depositada, em função de cargo ou emprego, em um indivíduo ou instituição que atua de forma desleal e ilícita em seu próprio e particular benefício.[4]

Adicionalmente, Warner (2007) adverte que, no caso da União Europeia, deve-se reconhecer que a corrupção vincula-se tanto aos aspectos relativos ao financiamento de partidos e campanhas políticas, quanto se volta ao ganho privado dos particulares envolvidos.

Em vista da pluralidade de definições e do objeto deste estudo – que é a corrupção na União Europeia – pode-se partir da definição que o Conselho da Europa[5] conferiu ao termo em 1999, ao instituir a Convenção Civil sobre a Corrupção. O art. 2º da norma traz a seguinte definição

> Para os fins da presente Convenção, entende-se como "corrupção" o fato de solicitar, oferecer, dar ou aceitar, direta ou indiretamente, uma comissão ilícita, ou outra vantagem indevida ou a promessa de tal vantagem indevida que afete o exercício normal de uma função ou o comportamento requisitado do beneficiário da comissão ilícita, ou da vantagem indevida ou da promessa de uma vantagem indevida.[6]

---

[4] No original: Los actos corruptos pueden ser definidos, entonces, como "aquellos que constituyen la violación, activa o pasiva, de un deber posicional o del incumplimiento de alguna función específica realizados en un marco de discreción con el objeto de obtener un beneficio extraposicional, cualquiera sea su naturaleza" (Malem 2002, 35); por lo que dicho acto se presenta como un quiebre en la confianza que se ha depositado en un individuo o institución, que actúan de manera desleal, en pro de su beneficio.

[5] Embora o Conselho da Europa não se confunda com a União Europeia ou suas instituições, que são o objeto deste trabalho.

[6] Tradução livre de: "Aux fins de la présente Convention, on entend par «corruption» le fait de solliciter, d'offrir, de donner ou d'accepter, directement ou indirectement, une commission illicite, ou un autre avantage indu ou la promesse d'un tel avantage indu qui affecte

As causas da corrupção são incertas e plurais. No entanto, algumas diretrizes são mais comumente identificadas. Ao proceder a uma análise antropológica desse efeito, Shore (2005) sustenta que a corrupção tende a prosperar em contextos nos quais as normas burocráticas e as estruturas administrativas são subdesenvolvidas ou mesmo inexistentes. Seguindo este caminho, Trejo Fuentes (2010) traz como "fontes de corrupção" certos aspectos estruturais de um Estado, como o nível de burocracia, a remuneração dos funcionários, a existência e a gravidade de sanções e a liberdade dos mercados.

Frente a esse quadro, Warner (2007) apresenta uma visão pessimista (ou será realista?) de que a corrupção prospera porque empresas e políticos perceberam que o esforço necessário para combatê-la jamais se materializará. Exemplo ilustrativo é a crítica da autora à conivência da União Europeia com a entrada de Estados marcados por atividades claramente vinculadas à corrupção (por exemplo, desvio de recursos públicos), sem ter imposto como barreira à entrada no bloco a existência de altos níveis de corrupção. Conforme manifesta Warner (2007, p. 122)

> Apenas um mês e meio antes de se juntar à UE, a Eslováquia foi criticada pela UE por não ter melhorado suas leis contra a fraude e a corrupção, mas o estado foi autorizado a se juntar ao bloco de qualquer maneira. A Eslováquia já havia sido criticada há alguns meses por suas fracas restrições ao tema de conflito de interesses, financiamento de partidos e corrupção. A UE garantiu a adesão da Romênia e da Bulgária, embora os esforços anticorrupção nesses países tenham tido um sucesso limitado.[7]

Por outro lado, pondera que o combate à corrupção na União Europeia depende mais do reforço das leis e das instituições já existentes do que da criação de novas normas, bem como de menos intervenção política nas medidas judiciais e mais de uma mudança da cultura política, mesmo que difícil de ser alcançada. Embora sejam medidas genéricas, são ainda mais concretas que as normalmente apresentadas pelos estudiosos da área, como encontradas em Trejo Fuentes (2010, p. 117-118), que aposta em valores amplos como cidadania, democracia e educação:

---

l'exercice normal d'une fonction ou le comportement requis du bénéficiaire de la commission illicite, ou de l'avantage indu ou de la promesse d'un tel avantage indu". Disponível em: <https://rm.coe.int/168007f3f9>. Acesso em: 1º jun. 2017.

[7] No original: Just a month and a half before it joined the EU, Slovakia was criticized by the EU for not having improved its laws against fraud and corruption, but the state was allowed to join anyway. Slovakia had already been criticized a few months earlier for its weak restraints on conflict of interest, party financing, and corruption. The EU guaranteed Romania and Bulgaria membership by 2007, even though anticorruption efforts in those countries have been of limited success.

(...) é claro que a corrupção vai persistir até que haja um compromisso com a probidade e o respeito, seja apelando para os cidadãos, o controle democrático e a educação (Malem 2002), a possíveis obrigações impostas pelas organizações internacionais e/ou auto-regulação das empresas.[8]

É pertinente trazer também as considerações de Radu, pesquisador da Romênia, um dos Estados mais afetados pela corrupção na Europa. Segundo aponta, embora a cultura tenha influência no nível de corrupção, não chega a ser um fator decisivo. Para o autor, uma medida crucial para a democratização e a redução da corrupção seria o estabelecimento de um sistema de mérito e de conduta ética nas instituições europeias (RADU, 2017).

Dedicadas algumas linhas sobre a realidade da corrupção na União Europeia e alguns aspectos em torno dela, cabe tratar dos principais mecanismos existentes para contorná-la.

3 Mecanismos de combate à corrupção que afetam a União Europeia

Como o objetivo aqui é tratar especificamente do combate à corrupção no âmbito da União Europeia, não serão tecidas maiores considerações acerca dos métodos de cooperação judicial em âmbito penal como um todo. Para tanto, faz-se remissão ao estudo anterior realizado por Mata Diz e Mourão (2015) sobre a cooperação judicial penal e Integração Regional, à luz do tratamento normativo e institucional na União Europeia e no Mercosul.

Assim como a corrupção é um problema de natureza global, seu combate também parte dos mais diversos organismos internacionais. Trejo Fuentes (2010), por exemplo, menciona que instituições como o Banco Mundial, a Organização de Cooperação e Desenvolvimento Econômico (OCDE), a ONG Transparência Internacional e a Câmara de Comércio Internacional (CCI) são algumas das entidades que buscam atacar e conscientizar sobre tal problema por meio dos mais diversos meios.

Outras fontes de combate à corrupção merecem também ser mencionadas, em razão de sua relevância nessa luta. No âmbito da ONU dá-se destaque ao Escritório das Nações Unidas para as Drogas e o Crime

---

[8] No original: (…) es claro que la corrupción seguirá existiendo mientras no exista un compromiso de probidad y respeto, ya sea apelando a la ciudadanía, al control democrático, a la educación (Malem 2002), a posibles obligaciones impuestas por organismos internacionales y/o a la autorregulación de las empresas.

(UNODC), que se divide em cinco áreas temáticas inter-relacionadas: o crime organizado e o tráfico; a corrupção; a reforma da justiça penal; a saúde e meios de subsistência; e a prevenção do terrorismo. No ano de 2003, o UNODC elaborou a Convenção das Nações Unidas Contra a Corrupção (UNCAC),[9] sendo hoje o único instrumento universal de luta contra corrupção que é legalmente vinculativo. Embora a implementação das diretrizes da UNCAC seja de responsabilidade dos governos, a Convenção tem também um valor significativo como ferramenta anticorrupção para o setor privado, a academia e a sociedade civil.

No âmbito europeu, em 1997 o Conselho da Europa adotou uma resolução com vinte princípios-guia na luta contra a corrupção, elaborados por um Grupo Multidisciplinar sobre Corrupção. Certos de que essa prática condenável diminui a confiança dos cidadãos na democracia, afronta os direitos humanos e prejudica o desenvolvimento econômico e social, o Comitê de Ministros decidiu que os Estados deveriam se pautar pelas seguintes diretrizes

1. adotar medidas efetivas para prevenção da corrupção, incentivando a consciência pública e promovendo um comportamento ético;
2. garantir criminalização coordenada da corrupção nacional e internacional;
3. garantir que aqueles encarregados de prevenção, investigação e adjudicação de atos de corrupção gozem de independência e autonomia apropriadas às suas funções, sejam livres de influências impróprias e tenham meios efetivos de reunir evidências, protegendo as pessoas que ajudam as autoridades no combate à corrupção e preservando a confidencialidade das investigações;
4. fornecer meios apropriados para apreensão e privação dos produtos de corrupção;
5. fornecer medidas adequadas para evitar que pessoas jurídicas sejam usadas para blindar a corrupção;
6. limitar a imunidade de investigação, perseguição ou julgamento de delitos de corrupção no grau necessário em uma sociedade democrática;
7. promover a especialização de pessoas ou grupos encarregados de lutar contra a corrupção e fornecê-los meios apropriados e treinamento para sua tarefa;
8. assegurar que a legislação fiscal e as autoridades encarregadas da sua implementação contribuam para combater a corrupção de forma eficaz e coordenada, nomeadamente negando a dedução fiscal, nos

---

[9] Disponível em: <https://www.unodc.org/documents/brussels/UN_Convention_Against_Corruption.pdf>. Acesso em: 1º jun. 2017.

termos da lei ou na prática, por subornos ou outras despesas ligadas a práticas de corrupção;

9. assegurar que os processos de organização, funcionamento e tomada de decisão das administrações públicas tenham em conta a necessidade de combater a corrupção, particularmente assegurando transparência consistente com a necessidade de alcançar a eficácia;

10. assegurar que as regras relativas aos direitos e deveres dos funcionários públicos tenham em conta os requisitos da luta contra a corrupção e providenciem medidas disciplinares adequadas e eficazes; bem como promovam uma maior especificação do comportamento esperado dos funcionários públicos pelos meios apropriados, tais como códigos de conduta;

11. assegurar que procedimentos de auditoria adequados se apliquem às atividades da administração pública e do setor público;

12. aprovar o papel que os procedimentos de auditoria podem desempenhar na prevenção e detecção de corrupção fora das administrações públicas;

13. assegurar que o sistema de responsabilidade pública ou responsabilização tenha em conta as consequências do comportamento corrupto dos funcionários públicos;

14. adotar procedimentos adequadamente transparentes para os contratos públicos que promovam a concorrência leal e dissuadam os corruptores;

15. incentivar a adoção, pelos representantes eleitos, de códigos de conduta e promover regras para o financiamento de partidos políticos e campanhas eleitorais que impeçam a corrupção;

16. assegurar que a mídia tenha liberdade para receber e divulgar informações sobre questões de corrupção, sujeita apenas a limitações ou restrições necessárias em uma sociedade democrática;

17. assegurar que o direito civil tenha em conta a necessidade de combater a corrupção e, em particular, preveja compensações efetivas para aqueles cujos direitos e interesses são afetados pela corrupção;

18. encorajar pesquisas sobre corrupção;

19. assegurar que, em todos os aspectos da luta contra a corrupção, sejam consideradas as possíveis ligações com o crime organizado e a lavagem de dinheiro;

20. desenvolver, na medida do possível, a cooperação internacional em todas as áreas da luta contra a corrupção. [10]

---

[10] Tradução livre do texto Disponível em: <https://search.coe.int/cm/Pages/result_details.asp x?ObjectID=0900001680534ea6>. Acesso em: 02 jun. 2017.

Vê-se que as diretrizes estipuladas pelo Grupo Multidisciplinar procuram seguir e consolidar as ideias que a doutrina recomenda como combate à corrupção, conforme mencionado no tópico anterior.

O relatório apresentado trazia, ao final, instruções para que fosse instaurado um grupo, submetido ao Conselho da Europa, para monitorar a observância dos princípios elencados e a implementação de instrumentos legais internacionais contra a corrupção. Foi criado então, em 1999, o Grupo de Estados Contra a Corrupção (GRECO), submetido ao Conselho da Europa, responsável por monitorar as diretrizes contrárias à corrupção.

O GRECO tem por objetivo melhorar a capacidade dos seus membros na luta contra a corrupção. Tal tarefa faz-se mediante métodos para identificação de lacunas nas políticas nacionais de luta contra a corrupção e encorajamento dos Estados a realizarem as reformas legislativas, institucionais e práticas necessárias. Dito de outra forma, o GRECO monitora os Estados no cumprimento dos vários instrumentos legais do Conselho da Europa voltados ao combate às mais variadas formas de corrupção doméstica e internacional.

Dentre os instrumentos adotados pelo Comitê de Ministros do Conselho da Europa no combate à corrupção, que têm sua aplicação monitorada pelo GRECO, destacam-se os seguintes: Convenção Penal sobre a Corrupção, de 27 de janeiro de 1999; Convenção Civil sobre a Corrupção, de 04 de novembro de 1999; o Protocolo Adicional à Convenção Penal sobre a Corrupção, de 15 de maio de 2003; a Resolução com os Vinte Princípios-Guia da Luta Contra a Corrupção, de 06 de novembro de 1997; a Recomendação do Código de Conduta dos Funcionários Públicos, de 11 de maio de 2000; e a Recomendação de Regras Gerais contra a Corrupção no Financiamento de Partidos Políticos e Campanhas Eleitorais, de 8 de abril de 2003, entre outros.

A adesão ao GRECO não se limita aos Estados-membros do Conselho da Europa. Qualquer Estado pode aderir ao grupo por meio de notificação dirigida ao Secretário-Geral do Conselho da Europa. Por outro lado, todo Estado que se torna parte na Convenção Penal ou Civil do Conselho da Europa sobre corrupção adere automaticamente ao GRECO e aceita se submeter a seus processos de avaliação. Atualmente, o Grupo conta com quarenta e nove membros, sendo quarenta e oito Estados europeus e os Estados Unidos da América.[11]

Maiores informações sobre os procedimentos adotados pelo Grupo de Estados Contra a Corrupção, tais como seus procedimentos e

---

[11] Disponível em: <http://www.coe.int/en/web/greco/about-greco/what-is-greco>. Acesso em: 07 jun. 2017.

sua composição, são facilmente acessíveis em sua página institucional.[12] Por ora, cabe apenas demonstrar a existência de um grupo criado pela Comissão da Europa, voltado exclusivamente ao auxílio no combate contra a corrupção. Embora não sejam mecanismos provenientes da União Europeia, tanto a UNCAC como o GRECO – juntamente a outras instituições e instrumentos elaborados por organismos internacionais – afetam a dinâmica da luta dos membros do bloco europeu contra a corrupção, razão pela qual foi feita esta apresentação. Afinal, como mencionado, a luta contra essa prática viciosa deve advir de todos os âmbitos.

3.1 Combate à corrupção na União Europeia

Desde a criação da Comunidade Econômica do Carvão e do Aço (CECA) para regular a matéria-prima da economia, até a consolidação do atual estágio de união monetária, a União Europeia se consolidou como o mais bem estruturado e avançado processo de integração no contexto da globalização. É, portanto, esperado que haja diferentes níveis de cooperação entre os Estados-Membros nos mais diversos setores. Dentre eles, evidencia-se a cooperação contra a corrupção, que envida esforços significativos na luta contra essa prática.

Dos principais instrumentos adotados pela União Europeia na luta contra a corrupção pode-se ressaltar a Convenção Relativa à Luta Contra a Corrupção em que estejam implicados Funcionários das Comunidades Europeias ou dos Estados-Membros da União Europeia, de 26 de maio de 1997, que assentou os ditames para repressão das atividades ilícitas dos funcionários comunitários ou nacionais no bojo da União Europeia. A referida convenção traz a definição do que seriam os ilícitos de corrupção passiva e ativa cometidos pelos funcionários do bloco, com a seguinte redação:[13]

> Artigo 2.º
>
> Corrupção passiva
>
> 1 – Para efeitos da presente Convenção, constitui corrupção passiva o facto de um funcionário, intencionalmente, de forma directa ou por interposta pessoa, solicitar ou receber vantagens de qualquer natureza, para si próprio ou para terceiros, ou aceitar promessas dessas vantagens, para

---

[12] Disponível em: <http://www.coe.int/en/web/greco>. Acesso em: 07 jun. 2017.

[13] Disponível em: <https://dre.pt/application/dir/pdf1s/2001/11/265A00/72747279.pdf>. Acesso em: 05 jun. 2017.

que pratique ou se abstenha de praticar, em violação dos deveres do seu cargo, actos que caibam nas suas funções ou no exercício das mesmas.

Artigo 3.º

Corrupção activa

1 — Para efeitos da presente Convenção, constitui corrupção activa o facto de uma pessoa prometer ou dar intencionalmente, de forma directa ou por interposta pessoa, uma vantagem de qualquer natureza a um funcionário, para este ou para terceiros, para que pratique ou se abstenha de praticar, em violação dos deveres do seu cargo, actos que caibam nas suas funções ou no exercício das mesmas. 2 — Cada Estado-Membro deve adoptar as medidas necessárias para que os comportamentos referidos no n.o 1 sejam considerados infracções penais.

Ao longo do texto são trazidas disposições acerca das sanções e da cooperação entre os Estados-Membros, bem como do procedimento a ser adotado.

Releva-se importante mencionar também o papel da Direção Geral de Assuntos Internos da Comissão Europeia, que trata de questões relacionadas à migração e à luta contra o crime organizado (onde se inclui o combate à corrupção), o terrorismo, a cooperação policial e a gestão da fronteira externa da União Europeia. Em 2010 a Comissão adotou o Programa de Estocolmo,[14] pelo qual se comprometeu a lutar contra a corrupção e a desenvolver uma política global de seu combate em estreita colaboração com o GRECO, a OCDE e o UNODC/ONU.

Em decisão de 2011, a Comissão estabeleceu ainda um mecanismo de avaliação periódica de relatórios anticorrupção (Relatório Anticorrupção da UE),[15] de forma a permitir uma constante verificação dos esforços de combate à corrupção nos Estados da União Europeia, fomentando, assim, a vontade política de intensificação da fiscalização e de reforço à confiança mútua. A Comissão também trabalha com Planos de Ação para identificar um conjunto de indicadores para estatísticas criminais oficiais sobre corrupção.

No âmbito do Parlamento Europeu, duas iniciativas merecem destaque na luta contra a corrupção. Em primeiro lugar, a Resolução sobre a Criminalidade Organizada, a Corrupção e a Lavagem de Dinheiro,[16] de 23 de outubro de 2013, que traz recomendações sobre

---

[14] Disponível em: <http://eur-lex.europa.eu/LexUriServ/LexUriServ.do?uri=OJ:C:2010:115:0001:0038:EN:PDF>. Acesso em: 08 jun. 2017.

[15] Disponível em: <https://ec.europa.eu/home-affairs/sites/homeaffairs/files/what-we-do/policies/pdf/com_decision_2011_3673_final_en.pdf>. Acesso em: 08 jun. 2017.

[16] Disponível em: <http://eur-lex.europa.eu/legal-content/PT/TXT/HTML/?uri=CELEX:52013IP0444&from=PT>. Acesso em: 08 jun. 2017.

medidas e iniciativas a serem tomadas. O instrumento, que tem conteúdo recomendatório, dispõe sobre proteção e assistência às vítimas, apreensão de produtos e bens provenientes da criminalidade organizada, reforço à cooperação judicial e policial nos âmbitos europeu e internacional, medidas para uma administração pública eficiente e incorruptível, uma política mais responsável, uma justiça penal mais crédível, um empreendedorismo mais saudável e um sistema bancário e profissional mais transparente.

Trata, ainda, a referida resolução das tecnologias dispostas a serviço da luta contra a criminalidade organizada e traz recomendações para um plano de ação destinado a combatê-la, juntamente com a corrupção e a lavagem de dinheiro.

Conseguinte à adoção da referida resolução, em 2012 foi criada no âmbito do Parlamento a Comissão Parlamentar Especial para a Criminalidade Organizada, a Corrupção e a Lavagem de Dinheiro, que trabalha como comissão de inquérito de atos ligados a lavagem de dinheiro, elisão e evasão fiscal. Há também a Comissão de Controle Orçamentário do Parlamento Europeu, que supervisiona a forma como o orçamento da União Europeia é utilizado. Essa comissão trabalha em estreita colaboração com o Organismo de Luta Antifraude – mencionado a seguir –, analisando cuidadosamente a legislação contra a fraude e outras irregularidades.

Menciona-se também o Tribunal de Contas Europeu, encarregado de auditar as finanças da União Europeia e auxiliar o Parlamento Europeu na supervisão de execução do orçamento da União, fornecendo relatórios e pareceres, não apenas relativos à gestão financeira, mas também a outras atividades. O Tribunal analisa se as operações financeiras foram adequadamente registradas, legalmente executadas e geridas tendo em conta os princípios da economia, da eficiência e da eficácia. Cabe ao Tribunal de Contas informar ao Organismo de Luta Antifraude sobre qualquer suspeita relativa a uma possível fraude ou corrupção.

Conforme manifestam Mata Diz e Caldas (2016, p. 70),

> o Tribunal de Contas examina a legalidade e regularidade das receitas e despesas, com a finalidade de assegurar uma boa gestão financeira, devendo, após o encerramento de cada exercício financeiro, apresentar um relatório aos órgãos competentes, podendo, a qualquer momento, realizar observações inclusive, se o caso, instrumentadas por pareceres especiais sobre questões específicas (...).o Tribunal de Contas realiza um importante trabalho de fiscalização e controle das contas comunitárias em conjunto com o Organismo de Luta Antifraude - OLAF (sigla em inglês), ao desempenhar o papel de "consciência financeira" da UE.

A Europol está também envolvida na luta para combater a fraude em matéria de falsificação de dinheiro e de impostos para proteger a segurança interna da União Europeia. O Organismo de Luta Antifraude e a Europol assinaram um acordo de cooperação em 2004, para que trabalhem em conjunto na luta contra a fraude, corrupção ou qualquer outra infração penal ou atividade ilegal lesivas dos interesses financeiros da União Europeia. O acordo viabiliza a troca de informação técnica e estratégica entre as duas entidades, assim como a cooperação no âmbito da avaliação da ameaça e da análise de risco nas áreas de interesse comum.

Passa-se, por fim, ao principal mecanismo de combate à corrupção em um sistema de cooperação entre os Estados-Membros da União Europeia: o Organismo de Luta Antifraude, OLAF.

3.2 Organismo de Luta Antifraude

Lima (2007) explica que a aplicação de legislação em matéria de proteção aos interesses financeiros comunitários na União Europeia historicamente esbarrava no problema de que alguns Estados controlavam com rigor o respeito das normas, enquanto outros adotavam um comportamento mais permissivo. Entendeu-se, então, que era necessária uma reforma do sistema de controle, criando um órgão de investigação administrativa, diretamente vinculado à Comissão, com o objetivo de assegurar um controle mais efetivo e uma unificação de controles anteriormente feitos pelos Estados-Membros. Foi, por isso, criada a UCLAF – Unidade Comunitária de Luta Antifraude.

Em 1998, contudo, um escândalo abalou a credibilidade da Comissão Europeia, levando à reforma da UCLAF em 1999. Ocorreram investigações sobre membros da Comissão, que tiveram que se demitir sob a pressão do Parlamento Europeu. Uma nova Comissão foi instituída e criou-se o Organismo de Luta Antifraude (OLAF).

O OLAF é parte integrante da Comissão Europeia, mas atua de forma independente, sendo-lhe atribuídas competências para investigar casos de fraude e de corrupção, assim como outras irregularidades financeiras suscetíveis de afetarem os interesses da União Europeia.[17]

---

[17] Conforme material disponível na página da União Europeia, os principais campos de investigação do OLAF são: (A) Em casos de fraude: utilização irregular dos fundos da União Europeia para projetos em áreas como a ajuda externa, a agricultura, o ambiente, entre outras; evasão dos direitos aduaneiros e dos impostos por importadores; contrabando de cigarros por grupos de criminalidade organizada; desvio da ajuda externa concedida para um projeto de construção; financiamento de produtos agrícolas inexistentes (por exemplo, suco de fruta não produzido ou árvores não plantadas). (B) Em casos de violação da ética

Lima (2007) preceitua que sua atividade constitui um processo comunitário "quase penal", ou administrativo-sancionador, supervisionado por um Comitê encarregado de assegurar a autonomia e independência do órgão investigativo.

Em sua atuação, o OLAF tem como objetivos centrais: (a) proteger os interesses financeiros da União Europeia, investigando casos de fraude, de corrupção e quaisquer outras atividades ilegais; (b) detectar e investigar fatos graves, ligados ao exercício de atividades profissionais, de membros e de pessoal das instituições e dos organismos da União Europeia, que possam dar origem a processos disciplinares ou penais; e (c) apoiar a Comissão Europeia na elaboração e na aplicação de políticas de prevenção e de detecção de fraude.

Dado o grau de alcance e relevância da atuação do OLAF, a cooperação com Estados terceiros e outras instituições como a Europol, o Tribunal de Contas Europeu e o Eurojust é estritamente necessária para atingir seu fim na luta contra a corrupção. No relatório de 2016,[18] revelou-se que mais de setenta acordos estão em vigor com diversos países

> Mais de 70 acordos estão atualmente em vigor, inclusive com os principais parceiros comerciais da UE, como EUA, China ou Japão. Em 2016, a lista de acordos em vigor foi ampliada com os seguintes parceiros: Cazaquistão, Costa do Marfim, Gana e Kosovo. Além disso, as negociações para atualizar o acordo anterior foram finalizadas com a Armênia. Negociações com o Mercosul (Argentina, Brasil, Paraguai e Uruguai) fizeram bons progressos.[19]

Além da cooperação com outras instituições e Estados, o OLAF conta também com alguns programas próprios para sua luta contra a fraude. São eles o Hércules, Péricles e o Sistema de Informação Antifraude. Hércules é um programa dedicado à luta contra a fraude, a corrupção e quaisquer outras atividades ilegais que afetem os interesses financeiros da União Europeia, enquanto Péricles é um programa de

---

profissional: irregularidades em processos de adjudicação de contratos públicos; conflitos de interesses; divulgação indevida de perguntas ou de respostas de testes de seleção.

[18] Disponível em: <https://ec.europa.eu/anti-fraud/sites/antifraud/files/olaf_report_2016_en.pdf>. Acesso em: 03 jun. 2017.

[19] No original: More than 70 agreements are currently in place, including with major EU trade partners, like the US, China or Japan. In 2016, the list of agreements in force has been enlarged with the following partners: Kazakhstan, Ivory Coast, Ghana and Kosovo. In addition, negotiations to update the previous agreement have been finalized with Armenia. Negotiations with Mercosur (Argentina, Brazil, Paraguay and Uruguay) have made good progress.

intercâmbio, assistência e treinamento para fortalecer a proteção de notas e moedas de euro na Europa e no mundo inteiro.

Por sua vez, o Sistema de Informação Antifraude oferece ferramentas para melhorar a cooperação com parceiros, incluindo outras instituições, Estados-Membros, organizações internacionais e países fora da UE. Seus elementos mais importantes são o Sistema de Informação Aduaneira e o arquivo de identificação dos processos aduaneiros. O Sistema de Informação Aduaneira é uma base de dados que contém informações armazenadas quanto a produtos, dinheiro, meios de transporte, empresas e pessoas, sendo todos relacionados com infrações. O arquivo de identificação dos processos aduaneiros é uma base de dados que contém o número de arquivos das investigações em curso e já concluídas, relativas a pessoas e empresas, com vista a promover a cooperação na realização de investigações.

Vem sendo, ainda, desenvolvido um projeto denominado "Pluto", que conta com tecnologia da informação. O projeto consiste em um sistema de auditoria e investigação que utiliza ferramentas analíticas e informação relativa a indicadores de fraude, demonstrando que as abordagens conjuntas entre os serviços da Comissão Europeia e o OLAF podem contribuir para uma melhoria das auditorias.

Segundo o Plano Estratégico do período 2016-2020,[20] ao fim de um processo investigativo, o Diretor-Geral do OLAF pode endereçar recomendações aos respectivos interessados. As recomendações são nos campos financeiro, judicial, disciplinar e administrativo. Na literalidade do plano

> As recomendações financeiras são dirigidas às instituições, organismos, escritórios ou agências da UE que fornecem ou gerem fundos da UE, bem como às autoridades competentes dos Estados-Membros e buscam a recuperação dos fundos da UE que são mal utilizados. As recomendações judiciais são dirigidas às autoridades nacionais do Ministério Público, pedindo-lhes que considerem a possibilidade de tomar medidas judiciais. As investigações do OLAF não afetam os poderes das autoridades competentes dos Estados-Membros para iniciar processos penais. As recomendações disciplinares são dirigidas à autoridade que dispõe de poderes disciplinares na instituição ou órgão da UE, pedindo-lhe que considere medidas disciplinares contra a sua equipe. As recomendações administrativas são dirigidas às instituições, organismos, organizações ou agências da UE e visam abordar as deficiências nos procedimentos administrativos ou na legislação. O objeto das recomendações do OLAF

---

[20] Disponível em: <http://ec.europa.eu/anti-fraud/sites/antifraud/files/olaf_sp_2016_2020_en.pdf>. Acesso em: 03 jun. 2017.

podem ser beneficiários de fundos da UE, empregados da UE, direta ou indiretamente, e indivíduos suspeitos de fraude.[21]

Em sua atividade, o OLAF se torna responsável pela preparação de iniciativas legislativas e regulatórias da Comissão Europeia com o objetivo de prevenir a fraude. É também responsável por monitorar as ações tomadas pelas autoridades judiciais em consonância com as recomendações do organismo, para ver se os resultados dos casos levaram a acusações ou a outras medidas judiciais.

Embora o OLAF não tenha competência legal para propor uma ação contra os infratores, ajuda os Estados-Membros e as instituições da União Europeia a detectarem as irregularidades e a investigá-las. Sendo um órgão totalmente independente, pode levar a cabo investigações internas em qualquer organização da União ou Estado-Membro, e em países terceiros nos quais tenham sido despendidos fundos comunitários.

Aqui cabe mencionar o maior desafio das instâncias comunitárias a respeito do OLAF, conforme pontuado por Lima (2007), como sendo o de regular a situação na qual este órgão, que em princípio é de natureza estritamente administrativa, converte-se em polícia judiciária comunitária, recolhendo elementos que podem servir de prova em um processo penal. Frente a esse desafio, a Comissão Europeia propôs em 2013 o estabelecimento de uma Procuradoria-Geral, transferindo as atuais competências do OLAF de conduzir as investigações sobre a fraude e outros crimes suscetíveis de afetarem os interesses financeiros da União Europeia para um novo organismo.

Com esse plano, contudo, o OLAF continuará a efetuar investigações administrativas relativas às irregularidades lesivas aos interesses financeiros da União, onde não exista suspeita de comportamento ilegal, bem como relativas a condutas irregulares graves, por parte dos funcionários da UE ou dos membros das instituições no âmbito do seu trabalho, não relacionadas com os interesses financeiros da União

---

[21] No original: Financial recommendations are addressed to the EU institutions, bodies, offices or agencies providing or managing the EU funds, as well as to the competent authorities of Member States, and seek the recovery of the misused EU funds. Judicial recommendations are addressed to the national prosecution authorities, asking them to consider taking judicial actions. OLAF investigations do not affect the powers of the competent authorities of the Member States to initiate criminal proceedings. Disciplinary recommendations are addressed to the authority having disciplinary powers in the EU institution or body concerned, asking it to consider disciplinary action against its staff. Administrative recommendations are addressed to the EU institutions, bodies, organizations or agencies and aim at addressing the weaknesses in administrative procedures or legislation. The subjects of OLAF's recommendations can be the beneficiaries of EU funds, contractors employed by the EU directly or indirectly and individuals suspected of fraud.

Europeia. São ideias defendidas pela Diretoria-Geral do OLAF para aperfeiçoar o trabalho do organismo que, conforme asseverado no Plano de Trabalho de 2017,[22] já opera com capacidade máxima.

4 Conclusão

Espera-se, com este trabalho, passar a ideia de que a soberania estatal, em um processo de integração, não é sobrepujada pelos vínculos que os Estados formam em favor de uma vontade comum. Trata-se, como exposto, de desdobramento e ampliação da própria soberania este ato de vontade de se submeter a um ordenamento compartilhado em prol do mesmo objetivo.

Esse movimento se faz presente nas mais diversas áreas, entre elas a de combate à corrupção doméstica e internacional, aqui abordada. O fundamento para tanto é a premente necessidade de os países encontrarem soluções a um problema cada vez mais presente: o crescimento da criminalidade transfronteiriça, que se manifesta nas mais variadas formas. Com os avanços exponenciais dos recursos tecnológicos, os corruptores encontram cada vez mais vias para a execução de seus atos fraudulentos. Cabe aos Estados e organismos internacionais conseguir impedir que as práticas atentatórias à lei tenham sucesso.

Ante o versado ao longo deste trabalho, não faltam instrumentos normativos ou acordos interestatais de cooperação contra a corrupção em cenário global. Muitas das resoluções, convenções e recomendações portam, inclusive, o mesmo teor em suas redações. Tal circunstância evidencia, assim, a crítica doutrinária no sentido de que o combate à corrupção na União Europeia depende muito mais do reforço a uma execução das leis e um desempenho das instituições já existentes de modo mais eficaz, eficiente e efetivo, do que, propriamente, da criação de novas normas, necessitando de uma mudança de postura e cultura política, e, talvez, de incentivo a um sistema mais meritocrático dentro das instituições europeias.

As maiores conquistas na luta contra a corrupção estão a cargo do OLAF, o qual tem mostrado notável eficiência na investigação de fraude e outros atos correlatos. Contudo, embora os números levantados pelo organismo sejam surpreendentes, os índices de corrupção continuam em ritmo crescente, sendo que o OLAF já opera com capacidade máxima. Talvez seja a hora de uma nova mudança, nos termos

---

[22] Disponível em: <https://ec.europa.eu/info/sites/info/files/file_import/management-plan-olaf-2017_en_0.pdf>. Acesso em: 03 jun. 2017.

propostos pela Comissão Europeia, para uma reformulação das competências do organismo e a criação de um verdadeiro Ministério Público Europeu que se encarregue da investigação e do processamento dos crimes cometidos no seio da União Europeia, dos quais se sobressaem os ligados à corrupção.

Referências

BIASON, Rita. A corrupção na União Europeia. Disponível em: <http://congressoemfoco. uol.com.br/opiniao/forum/a-corrupcao-na-uniao-europeia/>. Acesso em: 02 jun. 2017.

DALLARI, Dalmo de Abreu. *Elementos da teoria geral do Estado*. 20. ed. São Paulo: Saraiva, 1998.

GALVÃO DE SOUZA, Gustavo Henrique. *A cooperação jurídica no Mercosul*: análise das cartas rogatórias trocadas entre Brasil e Uruguai e o papel do superior tribunal de justiça. Dissertação (Mestrado) – Montevidéu: Universidad de la Empresa, 2014 (inédita).

KEGEL, Patrícia Luíza; AMAL, Mohamed. Instituições, Direito e soberania: a efetividade jurídica nos processos de integração regional nos exemplos da União Europeia e do Mercosul. *Revista Brasileira de Política Internacional*, v. 52, n. 1, p. 53-70, 2009.

LIMA, José Antônio Farah Lopes de. *Direito Penal Europeu*. Leme: J. H. Mizuno, 2007.

MARIANO, Marcelo Passini; MARIANO, Karina L. Pasquariello. As teorias de integração regional e os Estados subnacionais. *Impulso*, Piracicaba, Unimep, v. 13, n. 31, p. 47-69, 2002.

MATA DIZ, Jamile Bergamaschine. *Mercosur*: origen, fundamentos, normas y perspectivas. Curitiba: Juruá Editora, 2011.

MATA DIZ, Jamile Bergamaschine; CALDAS, Roberto Correia da Silva Gomes. Aspectos estruturais e funcionais do controle orçamentário e da gestão eficiente: análise dos Tribunais de Contas do Brasil e da União Europeia. *Revista TCEMG*. Belo Horizonte, v. 33, n. 3, p. 56-72, jul./set. 2015.

MATA DIZ, Jamile Bergamaschine; MARTINS, Thiago Penido. A integração interestatal e as transformações nos elementos essenciais para a definição de Estado. In: RAIZER, Valeska; Del'Olmo, Florisbal. *Direito internacional*. XXIII Congresso do CONPEDI. Aracaju, p. 629-658, junho 2015.

MATA DIZ, Jamile Bergamaschine; MOURÃO, Lucas Tavares. Cooperação judicial penal e integração regional: tratamento normativo e institucional na União Europeia e no Mercosul. *Revista Opinião Jurídica*. Fortaleza, ano 13, n. 17, p. 302-323, jan./dez. 2015.

MATA DIZ, Jamile Bergamaschine; ORANTES, Pedro Noubleau. *Direito da integração regional*. Curitiba: Juruá, 2012.

RADU, Liviu. Corruption in the European Union and the responsibility of european institutions. *Transylvanian Review of Administrative Sciences*. [S.l.], p. 164-176, fev. 2017.

SHORE, Cris. Culture and corruption in the EU: reflections on fraud, nepotism and cronysm in the European Comission. In: HALLER, Dieter; SHORE, Cris. *Corruption*: Anthropological Perspectives. London: Pluto Press, p. 131-156, 2005.

SOBRINO HEREDIA, José Manuel. Las nociones de integración y de supranacionalidad en el derecho de las organizaciones internacionales. *Impulso*. Piracicaba: Unimep, v. 13, n. 31, p. 119-137, 2002.

TOFFOLI, José Antônio Dias; CESTARI, Virgínia Charpinel Junger. Mecanismos de cooperação jurídica internacional no Brasil. In: *Manual de cooperação jurídica internacional e recuperação de ativos*. Brasília: Artecor Gráfica/Editora Ltda, 2008.

TREJO FUENTES, Luis Antonio. Corrupción y desigualdad en la Unión Europea. *Revista de Estudios Sociales*. Bogotá, n. 37, p. 106-120, dez. 2010.

WARNER, Carolyn M. *The best system money can buy*: corruption in the European Union. New York: Cornell University Press, 2007.

ZAMORA, Carlos Murillo. Aproximación a los regímenes de integración regional. *Revista Electrónica de Estudios Internacionales*, Ed. REEI, n. 8, 2004.

Informação bibliográfica deste texto, conforme a NBR 6023:2002 da Associação Brasileira de Normas Técnicas (ABNT):

MATA DIZ, Jamile Bergamaschine; MOURÃO, Lucas Tavares. Cooperação e combate à corrupção na União Europeia. In: FORTINI, Cristiana (Coord.). *Corrupção e seus múltiplos enfoques jurídicos*. Belo Horizonte: Fórum, 2018. p. 267-287. ISBN: 978-85-450-0422-6.

O COMBATE GLOBAL À CORRUPÇÃO E O DIREITO INTERNACIONAL PRIVADO: PRIMEIROS ESFORÇOS DE UMA SISTEMATIZAÇÃO NECESSÁRIA[*]

FABRÍCIO BERTINI PASQUOT POLIDO

> *Policies to control corruption will always be controversial and contested. Those subject to increased surveillance or limits on their discretion will bewail the lack of trust these constraints imply. They will complain that the new controls are politically motivated and that they fail to respect cultural norms. These objections will be particularly evident when anti-corruption measures are imposed or supported by international actors – most notably aid and lending*

---

[*] O presente capítulo foi preparado a partir de pesquisas realizadas no âmbito do Projeto "Culturas, Direito Comparado e os novos desafios do Direito Internacional na ordem global", da Linha de Pesquisa "História, Poder e Liberdade", do Programa de Pós-Graduação em Direito da UFMG, e se encontra conexo ao Observatório Brasileiro de Direito Internacional Privado – *Brazilian PIL Watch*, projeto do Grupo de Pesquisa Interinstitucional "Direito Internacional Privado no Brasil e nos Foros Internacionais" (DGP-CNPq), cuja coordenação o autor divide com a Professora Dra. Nadia de Araujo (PUC-RJ). Pela assistência em pesquisa, o autor agradece às acadêmicas Laura Quick e Mariana Brandão, da Faculdade de Direito da UFMG. E-mail: <fpolido@ufmg.br>.

bodies, global non-profits, or
international treaty regimes
(Susan Rose-Ackerman, 2013)

1 Direito internacional privado, combate global à corrupção e suas fronteiras: uma introdução

Distintas percepções de engajamento crítico – político e social – em questões de cidadania têm levado à compreensão de que a corrupção na esfera pública e privada, além de eticamente reprovável – alcança estágios distintos de implementação, maturação e desenvolvimento como elemento propulsor de certas sociedades, em seus frágeis ambientes democráticos.[1] A ela também têm sido associadas outras manifestações: corrupção como anomalia, corrupção como processo e corrupção como desvirtuamento. Entre Estados, organizações, indivíduos, corporações transnacionais, *'lobbies'* e grupos de interesse, ela se desdobra como autêntico problema da internacionalidade, ou quiçá nova "aporia" das forças motrizes da ordem global.[2]

Há quem sustente ser a corrupção uma das maiores inimigas do sistema internacional de trocas, portanto, das estruturas do sistema econômico internacional (comércio, finanças, trabalho e investimentos). Estudos apontam que ela mina as bases da competição justa nos mercados e contratações,[3] reduz a consistência de decisões domésticas em políticas tributárias, bancárias e de regulamentação de segmentos

---

[1] Entre outros, ver ROSE, Cecily. *International anti-corruption norms*: their creation and influence on domestic legal systems. Oxford: Oxford Press. 2015, p. 7; DRURY, A. Cooper; KRIECKHAUS, Jonathan; LUSZTIG, Michael. Corruption, democracy, and economic growth. *International Political Science Review*, v. 27, n. 2, p. 121 e ss, 2006.

[2] Sobre o tema, LE TOURNEAU, Ph. *L'éthique des affaires et du management au XXIe siècle*. Paris, Dalloz, 2000, p. 11 e ss; ACKERMAN, John M. Rethinking the international anti-corruption agenda: civil society, human rights and democracy. *American University International Law Review*, v. 29, n. 2, p. 293 e ss, 2013; CISSE, Hassane. Crossing Borders in International Development: Some Perspectives on Human Rights, Governance, and Anti-Corruption. *Virginia Journal of International Law*, v. 55, n. 1, p. 1-12, 2014.

[3] Sobre o tema, cf. LAMBSDORFF, Johann Graf. An empirical investigation of bribery in international trade. *The European Journal of development research* v. 10, n. 1, 1998, p. 40 e ss; BOLES, Joffrey R. The Two Faces of Bribery: International Corruption Pathways Meet Conflicting Legislative Regimes. *Michigan Journal of International Law*, v. 35, p. 675; BONELL, Michael J.; MEYER, Olaf. The Impact of Corruption on International Commercial Contracts: General Report. *The Impact of Corruption on International Commercial Contracts*. v. 11, p. 1 e ss, Springer 2015.

da indústria; ofusca a relevância de políticas públicas distributivas e igualitárias e intensifica quadros de crise em países emergentes.[4]

A corrupção em escala transnacional também afeta desempenho de agentes econômicos nas relações de compra e venda de mercadorias, de prestação de serviços, de exploração das tecnologias (no amplo domínio do comércio internacional), níveis de empregabilidade (no domínio do direito do trabalho e direito social), acesso e distribuição de medicamentos (no direito sanitário), de tal modo a transformar valores sistêmicos desejáveis de prosperidade, repartição de riquezas e erradicação de pobreza em redutos simplesmente idealistas ou moralmente desaconselhados pelos conservadores e liberais econômicos de plantão.

Há consenso em admitir-se que a corrupção 'sistêmica' sobrecarrega contas públicas e o funcionamento democrático de instituições, oferecendo bases para apropriação privada de recursos públicos que deveriam ser investidos na elaboração e implementação de políticas orientadas para expansão de direitos fundamentais.[5] Nesse sentido, gera externalidades sociais variadas, prejudica diretamente as camadas mais vulneráveis da população, em geral as que mais dependem de políticas de promoção de direitos sociais, econômicos e culturais. No limite, ela também tende a favorecer empresas corruptoras no acesso aos mercados e aos mecanismos regulatórios, burlando ou iludindo estruturas formais e trâmites burocráticos em governos corruptos nos ambientes domésticos e no estrangeiro. Como bem observa Chevalier, a escalada da corrupção, ilustrada pelos "negócios" e "escândalos" em vários países, revela que o contraste entre a ética do desinteresse – sobre a qual repousa a delegação política – e práticas alimentadas por interesses pessoais não passa mais despercebido pelo escrutínio público; a corrupção projeta-se globalmente como autêntico espelho dos comportamentos morais, culturais e diplomáticos dos Estados, seus governos e instituições.[6]

Com efeito, em convergência com a intensificação das relações internacionais e a globalização, a corrupção atingiu a esfera global, difundindo-se como objeto de campanhas de combate a atos corruptores e corruptos praticados nas interfaces governos-empresas e de reprovação institucional, a exemplo do que realizaram os trabalhos promovidos

---

[4] JENNY, Frédéric. The Asian and Russian economic crises: the role of corruption, cronyism, discrimination and distorted incentives; the role for competition policy: competition policy and the Asian economic crisis. *OECD Journal of Competition Law and Policy*; v. 1, n. 2, p. 13 e ss, 1999.

[5] Cf. MOREIRA NETO, Diogo de Figueiredo; FREITAS; Rafael V. *A juridicidade da Lei Anticorrupção*: reflexões e interpretações prospectivas. Belo Horizonte: Fórum, 2014. p. 5.

[6] CHEVALLIER, Jacques. *L'État post-moderne*. Paris: LGDJ, 2004, p.144-45.

pelas Nações Unidas, OCDE e Conselho da Europa naqueles campos. Durante décadas, parece ter existido tolerância de alguns países industrializados com a corrupção realizada fora de seu território, inclusive permitindo que os custos com o suborno transnacional fossem contabilizados para fins de dedução de impostos.[7] No entanto, da mesma forma em que a proporção homérica da corrupção e sua reprovação eram alcançadas, certos países ditos politicamente corretos diminuíam suas respectivas benevolências interessadas.

Da forma de uma aparente *Realpolitik* às bandeiras messiânicas, o combate à corrupção em países em desenvolvimento e de menor desenvolvimento relativo tem se transformado em lema, *slogan* de interesses partidários, associativos e corporativos ou mesmo em prol da limpeza de regimes ditatoriais, sem a contrapartida de um debate público mais aprofundado sobre raízes, motivações, de processos e estágios corruptores. Nas interfaces internacionais, ações de investigação de atos de corrupção empresarial e governamental, como as levadas a cabo na emblemática 'Operação Lava-Jato' no Brasil, observa-se justamente a erosão de direitos humanos, garantias civis e processuais e objetivos republicanos consolidados por uma constituição democrática, escancarando não apenas a criminalização da política, mas a supressão de etapas fundamentais do devido processo transnacional e a violação do princípio do Estado Democrático de Direito.

Especificamente no contexto dos Estados, suas leis e constituições, o poder simbólico de prevenir, reprimir e responsabilizar condutas corruptoras e corruptas de indivíduos, governantes, empresas, transcende a mera busca por legalidade e segurança. Observada a corrupção como fato social ou decorrente de ação e contribuição humanas, tal como ocorre em relação à degradação ambiental, à violência, a marginalidade e a pobreza, haveria também um papel reclamadamente engajado para o Direito Internacional. São domínios, inclusive, em que interesses de regulação e intervenção – públicos e privados – genuinamente se confundem.

No campo doméstico dos Estados, leis nacionais anticorrupção foram sendo moldadas segundo dois vetores: o primeiro baseado em técnicas de transplante de modelos ou experimentos legislativos de determinados sistemas jurídicos, a exemplo de leis originadoras ou

---

[7] Cf. OCDE. Update on Tax Legislation on the Tax Treatment of Bribes To Foreign Public Officials in Countries Parties to the OECD Anti-Bribery Convention. 2011. Disponível em: <http://www.oecd.org/tax/crime/41353070.pdf>; CARRINGTON, Paul D. Law and Transnational Corruption: The Need for Lincoln's Law Abroad. *Law and Contemporary Problems*, v. 70, p. 132, 2007.

matrizes nos Estados Unidos (*Foreign Corrupt Practices Act of 1977*[8]). O segundo se dá por mecanismos de incorporação e "domesticação" de normas internacionais estabelecidas por tratados e convenções (*hard law*), com obrigações específicas e de caráter vinculante (*e.g.*, tratados e convenções da OCDE, Nações Unidas, Conselho da Europa, Organização dos Estados Americanos), e aquelas oriundas de recomendações, princípios, diretrizes e códigos de conduta e boas-práticas adotadas por organizações internacionais, não governamentais, empresas transnacionais, agências de risco (*soft law*)[9]

Sem que tenha o objetivo de investigar profundamente matrizes teóricas, experiências casuísticas e motivações políticas em torno do 'direito internacional anticorrupção', o presente capítulo estabelece algumas premissas de análise, sobretudo para posicionar certas questões no campo do direito internacional privado. Este, convencionalmente associado ao método de determinação do direito aplicável a casos pluriconectados ("o conflito de leis"), de questões jurisdicionais, de reconhecimento de decisões estrangeiras e de mecanismos de aplicação do direito estrangeiro pelo juiz nacional, ruma para a representação de uma área de conhecimento multidisciplinar, de autênticas transformações metodológicas e de afirmação de valores centrados na "sociedade global aberta", no "pluralismo jurídico" e no respeito aos direitos fundamentais da pessoa humana.[10]

Em essência, o *ethos* das vertentes internacionais do Direito tem sido revisitado à luz de alguns princípios fundantes de uma comunidade internacional em construção, como a proteção de princípios democráticos, das identidades nacionais, culturais e religiosas; do meio ambiente, dos direitos humanos e das minorias nos movimentos migratórios, e também do combate global à corrupção. Eles endossam, igualmente, experiências de engajamento crítico do DIP dentro de

---

[8]   The Foreign Corrupt Practices Act of 1977, as amended, 15 U.S.C. §§ 78dd-1. Disponível em: <http://www.justice.gov/sites/default/files/criminal-fraud/legacy/2012/11/14/fcpa-english.pdf>. Acesso em 01 de setembro de 2017.

[9]   Refiro-me aqui à controvertida teoria da domesticação no direito internacional, admitida como "tentativa pragmática de conferir um tipo de aplicação às normas internacionais, deixando intacta a teoria dualista de que cada Estado é soberano em relação ao direito internacional em seu território". cf. D'AMATO, Anthony. The Coerciveness of International Law. In: *German Yearbook of International Law*, v. 52, 2009, p. 437-460, esp. 443. Segundo essa teoria, o cumprimento das normas internacionais não parte de outros estados, mas é cultivada no ambiente doméstico de um dado estado; assim, norma internacional é domesticada quando um Estado a incorpora e a torna sua própria legislação nacional ou a introjeta segundo procedimentos de elaboração de normas.

[10] Cf. BASEDOW, Jürgen. The Law of Open Societies: Private Ordering and Public Regulation of International Relations: General Course on Private International Law. *Recueil des Cours*, v. 360, p. 135 e ss, 2013.

temas de fronteira, aproveitando suas funções regulatórias, jurisdicionais, cooperativas e concorrenciais e as distintas soluções dadas pelos sistemas jurídicos em contato.

2 Conformação do arcabouço internacional de combate às práticas de corrupção e unilateralismo das soluções

Estudos indicam que boa parte da campanha de combate à corrupção empresarial em escala transnacional iniciou-se em 1977, com a promulgação da *Foreign Corrupt Practices Act of 1977* (FCPA).[11] A lei teria sido o primeiro experimento legislativo a estabelecer sanções contra atos de corrupção praticados por sociedades empresárias ligadas aos Estados Unidos (por vínculos de nacionalidade, sede do controle, local de constituição) em relação a agentes públicos no estrangeiro. A FCPA foi promulgada pelo presidente Jimmy Carter em resposta à pressão da opinião pública americana para que as empresas estadunidenses não atuassem como instrumentos ou catalisadoras de pagamentos de propinas a funcionários públicos estrangeiros, particularmente quando envolvidas em transações, negócios e projetos de internacionalização e expansão. Essas modalidades ilícitas de pagamentos ocorriam com frequência no período da Guerra Fria, particularmente no contexto de compra de aeronaves e armamentos.

A pressão americana atinge seu ápice à época do escândalo Watergate, que levou à renúncia do Presidente Nixon em 1974. Entretanto, a adoção da FCPA, como resultado de política legislativa duplamente preventiva e repressiva, buscou não apenas moralizar as relações comerciais travadas por empresas, mas, sobretudo, proteger o funcionamento dos mercados. Nesse aspecto, a lei tem um objetivo claro de fomento de boas práticas associadas a negócios empresariais (nas esferas regulatória, comercial, societária, investimentos). Isso porque a corrupção de agentes públicos leva a prejuízos efetivos à concorrência

---

[11] Juízos ético-valorativos no direito internacional (público e privado) seriam capazes de justificar novas pretensões de validade para normas e decisões nesse domínio em interface com questões da agenda global de combate à corrupção; e mesmo uma abordagem positiva da disciplina não constituiria barreira ou obstáculo para reconhecer ditas pretensões, sobretudo porque a ética subjacente ao direito oferece respostas normativas para a formulação das soluções aos casos concretos. Na (re)conciliação de objetivos da política normativa anticorrupção no plano internacional e do direito internacional privado, em suas vertentes regulatória, jurisdicional e cooperativa, não faltaria espaço para o debate moral que questões normativas devem suscitar. Sobre isso, ver ensaio da Professora Horatia Muir Watt. Future Directions? In: MUIR WATT, Horatia; FERNÁNDEZ ARROYO, Diego p. (Ed.) *Private International Law and Global Governance Law*. Oxford: Oxford University, 2014, p. 343 e ss.

nos mercados, viola a ética nos negócios e, em certa visão liberal econômica, compromete as bases do sistema capitalista.[12]

As tendências de aplicação unilateral da FCPA pelas autoridades dos Estados Unidos, por sua vez, teriam sido responsáveis, segundo a crítica, por desestabilizar as condições internacionais de competitividade das empresas norte-americanas, posicionando-as em desvantagem em relação a empresas sediadas em outros países, que teriam mais incentivos para prática de atos de corrupção.[13] Tecnicamente, trata-se do argumento sobre as vantagens competitivas da corrupção e ambientes governamentais atrativos para empresas com atuação transnacional.

Nas décadas de 1980 e 1990, pressionados pelo lobby da indústria, os Estados Unidos lançaram esforços para globalizar a campanha do combate, introduzindo o tema nos foros internacionais especializados. O objetivo central seria o de uniformizar o tratamento à corrupção de funcionários públicos estrangeiros, pressionando toda a comunidade internacional, principalmente a partir dos Membros da OCDE, a adotar medidas, em seus sistemas jurídicos internos, de responsabilização de empresas neles sediadas por atos de corrupção transfronteiriça. Esse mote, inclusive, impulsionou as negociações multilaterais da Convenção da OCDE de 1997, concluída 20 anos após a promulgação da FCPA nos Estados Unidos.[14]

A partir da década de 2000, com os trabalhos da OCDE, o processo de profusão das leis nacionais anticorrupção foi iniciado em escalada transnacional, em irreversível tendência que demarca o tema como uma das questões da mundialização e transformações do Direito como um todo. Kramer ressalta, como consequência da globalização e dos movimentos sociais, que os anos 2000 testemunharam a pressão por maior conscientização sobre a necessidade de combate contra a corrupção e indução de melhores índices econômicos e de bem-estar social nos ambientes domésticos dos Estados e em suas relações exteriores. Esse

---

[12] Sobre isso, cf. CARRINGTON, Paul D. Law and Transnational Corruption. p. 132. Ver também a Exposição de motivos da FCPA disponível em: <http://www.justice.gov/sites/default/files/criminal-fraud/legacy/2010/04/11/houseprt-95-640.pdf>.

[13] Cf. GRAHAM, John L. The foreign corrupt practices act: a new perspective. *Journal of International Business Studies*, v. 15, n. 3, p. 107-121, 1984; DARROUGH, Masako N. The FCPA and the OECD convention: Some lessons from the US experience. *Journal of Business Ethics*, v. 93, n. 2, p 257, 2010.

[14] Convenção sobre o Combate da Corrupção de Funcionários Públicos Estrangeiros em Transações Comerciais Internacionais, concluída em Paris, em 17 de dezembro de 1997. Incorporada ao ordenamento brasileiro pelo Decreto nº 3.678, de 30 de novembro de 2000. Disponível em: <http://www.planalto.gov.br/ccivil_03/decreto/D3678.htm>. Sobre a relevância da Convenção, Paul CARRINGTON, cit., p. 140 ressalta: "The OECD Convention marked the beginning of an international movement based on the premise that we all have a stake in the integrity of the global marketplace that deserves the protection of law".

movimento favoreceu a escalada legislativa anticorrupção, influenciando a conformação de quadros regulatórios absolutamente inovadores.[15]

É interessante destacar que outros foros internacionais foram responsáveis por aprofundar os trabalhos de negociação de tratados e convenções nesse domínio (Nações Unidas,[16] Conselho da Europa,[17] Organização dos Estados Americanos,[18] União Europeia,[19] União Africana,[20] Banco Mundial, Organização Mundial do Comércio[21]), proporcionando, ainda, a elaboração de diretrizes e recomendações sobre melhores práticas. Observou-se maior atenção da comunidade internacional quanto à análise das consequências e efeitos da corrupção na condução de negócios internacionais,[22] assim como a adoção de diplomas anticorrupção em diversos países do mundo.

---

[15] Private International Law Responses to Corruption: Approaches to Jurisdiction and Foreign Judgments and the International Fight against Corruption. In: *International Law and the Fight against Corruption.* The Hague: Asser Press, 2012, p. 100 e ss.

[16] Convenção das Nações Unidas contra a Corrupção, adotada pela Assembleia-Geral das Nações Unidas, em 31 de outubro de 2003, na cidade de Mérida, e assinada pelo Brasil em 9 de dezembro de 2003. Incorporada ao ordenamento brasileiro pelo Decreto nº 5.687, de 31 de janeiro 2006. Texto integral em: <http://www.planalto.gov.br/ccivil_03/_ato2004-2006/2006/decreto/d5687.htm> (aqui designada "Convenção da ONU contra Corrupção de 2003").

[17] Convenção sobre combate contra o suborno de funcionários públicos estrangeiros nas transações comerciais internacionais, aprovado pelo Comitê de Ministros do Conselho da Europa, em 27 de janeiro de 1999, a Convenção de Direito Civil sobre a Corrupção, aprovada pelo Comitê de Ministros do Conselho da Europa, em 4 de novembro de 1999. Disponível em: <http://www.coe.int/fr/web/conventions/full-list/-/conventions/rms/090000168007f3f6>. Atualmente, a Convenção de Direito Civil conta com 14 ratificações.

[18] Convenção Interamericana contra a Corrupção, firmada em Caracas, em 29 de março de 1996. O Brasil é signatário e ratificou a convenção, que foi incorporada ao ordenamento jurídico pelo Decreto nº 4.410, de 7 de outubro de 2002. Disponível em: <http://www.planalto.gov.br/ccivil_03/decreto/2002/d4410.htm>.

[19] Convênio relativo ao combate contra os atos de corrupção no qual estão envolvidos funcionários das Comunidades Europeias ou dos Estados Partes da União Europeia, aprovado pelo Conselho da União Europeia em 26 de maio de 1997.

[20] Convenção da União Africana para prevenir e combater a corrupção, de 12 de julho de 2003. A Convenção conta com 49 Estados signatários, tendo recebido 37 ratificações (status: junho de 2017). Disponível: <https://au.int/en/treaties/african-union-convention-preventing-and-combating-corruption>.

[21] Acordo sobre Compras Públicas de 1994, revisado em 2013. O acordo é um acordo plurilateral na sistemática dos acordos da OMC, e nem todos Estados Membros da OMC são parte, o que ocorre com o Brasil. O Art. XVI lida com aspectos da transparência em compras governamentais, além de o tratado estabelecer remissão direta à Convenção de Mérida de 2003.

[22] Cf. CARRINGTON, Paul D. Law and Transnational Corruption. cit. 2010, p. 141; ver também CGU. *Convenções Internacionais. Convenção da OCDE contra suborno de funcionários públicos estrangeiros em transações comerciais internacionais.* Brasília: CGU. 2007 p. 8 Disponível em <http://www.planejamento.gov.br/assuntos/assuntos-internacionais/publicacoes/cartilha_ocde.pdf>.

Quais têm sido, em geral, as principais razões para que os países implementassem políticas legislativas conducentes com leis anticorrupção?

Em primeiro lugar, existe uma tendência de se associar práticas corruptas no ambiente empresarial a perdas consideráveis em termos de competitividade de empresas nos mercados. A Convenção da OCDE, ao estabelecer obrigações multilaterais aos Membros, pressionou países à adoção de normas domésticas com níveis de conformidade. Em uma década, 36 deles promulgaram leis e regulamentos sancionando práticas corruptoras.[23] Da mesma forma, o consenso travado na OCDE foi responsável por disseminar discursos que relacionam práticas corruptas ao subdesenvolvimento e déficit democrático nos Estados. A ONU, ao perceber a reação midiática que o tema proporcionava, iniciou os trabalhos que conduziram à adoção da Convenção de Mérida contra a Corrupção de 2003,[24] intensificando a campanha em favor de reformas legislativas nacionais e adoção de políticas em torno de padrões de conformidade (*compliance standards*), especificamente em torno de áreas temáticas: i) prevenção; ii) cooperação internacional; iii) recuperação de ativos; iv) educação; v) integridade no setor judiciário e setor privado; vi) fraude econômica e crimes relacionados.[25]

Outra razão para a corrida dos países em busca de leis anticorrupção tem sido o significativo número de estudos especializados relativamente aos aspectos econômicos, políticos, financeiros e jurídicos relacionados às práticas corruptas, de modo a embasar procedimentos e mecanismos específicos de controle e repressão.[26] Destaca-se, igualmente, a relevância alcançada pelas experiências de combate à corrupção ao redor do globo, de tal modo que regimes legais e procedimentais concebidos pelos Estados têm sido híbridos, mistos. São constituídos de programas de ação de prevenção e repressão, novas categorias de procedimentos criminais, civis e administrativos, e consolidam novas figuras, como acordos de leniência, políticas e acordos de conformidade ('compliance') e colaborações premiadas.[27]

---

[23] Cf. CARRINGTON, Paul D. Law and Transnational Corruption. cit. p. 132.

[24] Cf. nota 17 *supra*.

[25] Ver informações institucionais em <https://www.unodc.org/unodc/en/corruption/thematic-areas.html>.

[26] Nesse sentido, CARRINGTON, Paul D. Law and Transnational Corruption. cit, p. 142-43 destaca que a corrupção apresenta quatro características que a diferenciam dos demais ilícitos e que dificultam sua repressão pelos sistemas domésticos: i) invisibilidade; ii) confidencialidade. iii) não-rastreabilidade; e iv) ausência de vítima individualmente determinada.

[27] Cf., por exemplo, no Brasil, o art. 3º, inciso I, da Lei nº 12.850, de 2 de agosto de 2013, que estabelece a delação premiada como modalidade de meio de obtenção da prova no

Diante desse cenário, alguns objetivos sistêmicos passam a ser delineados em função de regimes legais e regulatórios anticorrupção: i) cooperação e assistência mútua entre Estados, organizações e demais sujeitos, para prevenção, controle e repressão de condutas ilícitas – corruptas e corruptoras; ii) efetividade na prevenção, controle e repressão em escala transnacional; iii) extraterritorialidade das leis anticorrupção; iv) preservação de ambientes concorrenciais nos mercados a partir de regras de transparência e aplicação da lei; v) contenção rígida de danos resultantes da corrupção para mercados e ambientes governamentais; vi) monitoramento e transparência das práticas empresariais e governamentais, com incremento da participação da sociedade civil;[28] e vii) preservação da estabilidade política, social, econômica cultural dos sistemas domésticos.[29]

Na visão de Rose-Ackerman, o Grupo de Trabalho monitorando a Convenção da OCDE oferece, como única sanção, a "má publicidade"; no entanto, suas ações têm repercutido no sentido de fazer com outros países, além dos Estados Unidos, processem demandas envolvendo atos de corrupção no estrangeiro (portanto, estimulando efeitos extraterritoriais de suas leis domésticas anticorrupção).[30] As recentes reformas legislativas nos EUA, como a *Dodd-Frank Wall Street Reform and Consumer Protection Act* (Dodd-Frank), exigem que empresas atuantes nos segmentos extrativistas apresentem relatórios reproduzindo diretrizes de uma rede transnacional de interesses da indústria extrativa, a *Extractive Industries Transparency Initiative* (EITI). Essa obrigação aplica-se a empresas listadas na bolsa de valores nos Estados Unidos, independentemente do local da sede de negócios ou centro de atividades operacionais. Na visão da Professora Rose-Ackerman, trata-se de desenvolvimento de iniciativa de fontes normativas (*soft law*) não vinculantes, tornando-se *hard law* em determinado país.[31]

E qual seria a relação de instrumentos não vinculantes ou de *soft law* com processos de positivação? Mesmo que destituídas de um caráter vinculante (*binding character*), códigos de conduta, recomendações e leis

---

curso da persecução criminal. Importante ressaltar que a lei tem efeitos extraterritoriais sobre "infrações penais previstas em tratado ou convenção internacional quando, iniciada a execução no País, o resultado tenha ou devesse ter ocorrido no estrangeiro, ou reciprocamente;" (art. 2º, §1º, da Lei nº 12.850).

[28] Art. 3.11 da Convenção de Caracas, de 1996.

[29] Cf., por exemplo, Preâmbulo da Convenção da União Africana para prevenir e combater a corrupção, de 12 de julho de 2003.

[30] International Actors and the Promises and Pitfalls of Anti-Corruption Reform. *University of Pensylvania Journal of International Law*, v. 34, p. 472, 2012.

[31] *Idem*, p. 472-73.

modelos emanados de organizações internacionais e não governamentais podem estar submetidos a processos de "positivação". Tornam-se "direito positivo" ao serem incorporados a determinado sistema jurídico interno, mediante escolhas de políticas legislativas estatais, sujeitos, portanto, ao processo legislativo ou aplicados por tribunais, resultando ou modelando fundamentos para sentenças judiciais e arbitrais.[32]

Inegavelmente, esses dois resultados ou efeitos aplicativos passam por um autêntico processo de domesticação, vale dizer, um processo de internalização de normas internacionais, convencionais (tratados), corporativas, ou não estatais formalmente consideradas (*e.g.* leis, regulamentos, decisões judiciais), respeitando-se a decisão posterior do Estado e seus governos sobre qual modelo adotar para a aplicação dessas normas.

3 Jurisdição e responsabilidades por atos delituais praticados em conexão com corrupção no estrangeiro

Entre as principais questões de direito internacional privado relativas aos litígios envolvendo atos de corrupção no estrangeiro encontram-se aquelas associadas à jurisdição dos Estados e seus tribunais nacionais. Muitas das leis anticorrupção dispõem sobre critérios de competência dos tribunais para processar e julgar ações envolvendo atos praticados no estrangeiro, a partir dos quais os efeitos extraterritoriais dessas leis podem ser verificados. Trata-se de tendência legislativa que comporta certo alargamento da jurisdição do Estado no contencioso transnacional da corrupção, alcançando pessoas, bens e transações no estrangeiro.[33]

Ainda que na maior parte dos casos, as questões de jurisdição circundem o processo penal e o processo administrativo, as interfaces com direito internacional privado são constatadas, particularmente no campo do contencioso transnacional – civil e comercial – envolvendo demandas ancilares, acessórias ou complementares (*e.g.* ações reais, pessoais reipersecutórias e indenizatórias envolvendo múltiplas jurisdições).[34]

---

[32] GABRIEL, Henry Debb. The Advantages of Soft Law in International Commercial Law: the Role of UNIDROIT, UNCITRAL and The Hague Conference. In: *Brooklyn Journal of International Law*. v. 34, n. 3, p. 659, 2009.

[33] Sobre isso, cf. KACZMAREK, Sarah C.; NEWMAN, Abraham L. The Long Arm of the Law: Extraterritoriality and the National Implementation of Foreign Bribery Legislation. *International Organization*, v. 65, n. 4, p. 745 e ss, 2011.

[34] Esses aspectos são revisitados no item 4 infra, de modo a associar, de modo metodológico, as questões jurisdicionais àquelas da cooperação jurídica internacional e assistência recíproca no contencioso internacional da corrupção.

CRISTIANA FORTINI (COORD.)
CORRUPÇÃO E SEUS MÚLTIPLOS ENFOQUES JURÍDICOS

Do ponto de vista dos critérios de competência internacional dos tribunais, as regras jurisdicionais previstas nessas leis e regulamentos domésticos se fundam em elementos de extraterritorialidade: o mais importante, para fins de definição do poder processante, persecutório e adjudicatório das autoridades administrativas e jurisdicionais, são os efeitos sentidos no foro, emergentes das relações envolvendo pessoas, bens e negócios jurídicos. Essa modalidade de jurisdição se observa em outros campos, para além do direito anticorrupção, como nos campos do Direito Penal, responsabilidade civil, antitruste, direito tributário, ambiental e direitos humanos.[35]

O art. 4º da Convenção da OCDE de 1997 estabelece que Estados-Partes têm discricionariedade para fixar regras de jurisdição em relação a atos de corrupção praticados por funcionários públicos estrangeiros, quer os cometidos parcialmente ou integralmente em seu território (art. 4.1), quer os ilícitos praticados no exterior (art. 4.2). O dispositivo também cria um regime de cooperação multilateral para solução de questões jurisdicionais eventualmente incidentes sobre processos paralelos de apuração de responsabilidade (em caso de coincidência do exercício de jurisdição por dois Estados sobre o mesmo fato ou ato),[36] e uma obrigação de conformidade incidente sobre os fundamentos ou bases da jurisdição a partir de critério de "efetividade".[37]

---

[35] De incepção angloamericana, a jurisdição ampliada (*long arm jurisdiction*) diz respeito ao poder dos tribunais locais têm de processar e julgar ações e demandas envolvendo determinadas pessoas físicas ou jurídicas, bens e transações em contato com o Estado estrangeiro (aqui incluídos seus entes federados, territórios e regiões administrativas). A extraterritorialidade encontra-se na relação eventualmente existente entre a regulação material e acionabilidade (pelos mecanismos processuais administrativos e judiciais) no Estado do foro e a ocorrência de fatos e eventos no estrangeiro que embasem o poder-regular e poder-julgar desse mesmo Estado. Por consequência, pela jurisdição ampliada, um tribunal nacional pode ser acionado para apreciar uma demanda intentada contra réu no foro ou no estrangeiro para atos ocorridos no estrangeiro. Em geral, o direito internacional público apresenta restrições ao exercício da jurisdição geral, quer diante do princípio das imunidades de jurisdição e execução (em relação a Estados e organizações internacionais), quer diante o princípio da não ingerência nos assuntos internos do Estado estrangeiro. Existem riscos associados a uma visão mais expansiva da jurisdição de tribunais locais/ nacionais sobre o funcionamento do contencioso internacional privado e regimes de cooperação internacional, como a Suprema Corte dos EUA destacou nos casos *Kiobel v. Royal Dutch Petroleum Co. (US,*133 S.Ct. 1659 (2013), decisão de 17 de abril de 2013) e Mohamad v. Palestinian Authority (18 de abril de 2012). O tema é amplamente debatido em artigo seminal de Harold MAIER, Extraterritorial jurisdiction at a crossroads: An intersection between public and private international law. *American Journal of International Law*, v. 76, n. 2, p. 280 e ss, 1982.

[36] Art. 4.3 da Convenção da OCDE: "Quando mais de uma Parte tem jurisdição sobre um alegado delito descrito na presente Convenção, as Partes envolvidas deverão, por solicitação de uma delas, deliberar sobre a determinação da jurisdição mais apropriada para a instauração de processo."

[37] "Art. 4.4 Cada Parte deverá verificar se a atual fundamentação de sua jurisdição é efetiva em relação ao combate à corrupção de funcionários públicos estrangeiros, caso contrário, deverá tomar medidas corretivas a respeito."

Talvez nesses dois últimos casos, questões variadas de DIP possam ser suscitadas. Primeiramente, o art. 4.3 abre possibilidade para que Estados decidam mutuamente sobre simultaneidade ou paralelismo de processos administrativos e judiciais envolvendo atos de corrupção no estrangeiro. Da mesma forma, a apreciação da efetividade da jurisdição, como conteúdo de obrigação multilateral, pode incidir sobre a regulamentação material e processual em tema de responsabilidade por atos ilícitos com conexão internacional (tanto em tema de lei aplicável e jurisdição envolvendo obrigações extracontratuais), tal como ela é disciplinada nos sistemas jurídicos domésticos.

A determinação da jurisdição de tribunais domésticos nesses casos é genericamente estabelecida a partir da apreciação de critérios de conexão, tais como o local de ocorrência do ato delitual qualificado segundo a lei interna aplicável ou tratado, incluindo atos ocorridos a bordo de aeronaves e embarcações; local de execução de obrigações contratuais que embasaram atos de corrupção, cujos efeitos sejam sentidos no Estado em que as demandas são intentadas; local de residência habitual, domicílio ou sede da parte investigada e que tenha incorrido na prática dos atos delituais; local de residência da parte ofendida ou vítima.

A Convenção das Nações Unidas de 2003 estabelece alguns desses critérios ou bases de jurisdição em seu art. 42, que pode ser considerado o núcleo duro das obrigações dos Estados Partes relativamente à jurisdição nos casos pluriconectados envolvendo corrupção. As regras ali previstas, contudo, sofrem certa constrição ou relaxamento por princípios gerais do Direito Internacional, incluindo imunidades, e que se encontram no art. 4º da Convenção.[38] Tecnicamente, a limitação poderia implicar a não submissão de funcionários de um Estado perante tribunais do Estado estrangeiro, ainda que esse detenha jurisdição sobre casos evolvendo 'atos de império' praticado por aqueles agentes dentro de seu próprio território. A limitação, por seu turno, não recai sobre "atos de gestão", sobretudo pela interação necessária e completar da Convenção de 2003 com a Convenção das Nações Unidas sore Imunidades do Estado e seus Bens de 2003, o direito internacional

---

[38] Artigo 4: "Proteção da soberania 1. Os Estados Partes cumprirão suas obrigações de acordo com a presente Convenção em consonância com os princípios de igualdade soberana e integridade territorial dos Estados, assim como de não intervenção nos assuntos internos de outros Estados. 2. Nada do disposto na presente Convenção delegará poderes a um Estado Parte para exercer, no território de outro Estado, jurisdição ou funções que a legislação interna desse Estado reserve exclusivamente a suas autoridades."

consuetudinário e a prática dos Estados nessa matéria.[39] Em linha com a Convenção sobre Imunidades, ações que envolvam atos de corrupção emergentes de relações privadas (civis e comerciais), por exemplo, não estariam impedidas de serem apreciadas pelos tribunais do Estado estrangeiro.[40]

Em outro exemplo, como observado por Carrington, não haveria limites à jurisdição, do ponto de vista do direito do país do foro, para que tribunais locais apreciem demandas associadas a ilícitos de corrupção ajuizadas contra residentes e domiciliados, na presença de elementos de internacionalidade (*i.e.* expressada pelo critério do domicílio ou residência habitual da parte demanda no contencioso internacional). Entretanto, o efeito dissuasivo de condutas corruptas, vislumbrado pelas leis nacionais anticorrupção no 'padrão OCDE', pode ser mitigado quando empresas estrangeiras escapam à jurisdição dos tribunais segundo o critério pessoal. Nos Estados Unidos, essa sintomática ocorre em relação à não satisfação do requisito dos "contatos mínimos", conforme a cláusula constitucional do devido processo legal, frequentemente erigida como defesa no curso do contencioso internacional privado por empresas sediadas no países terceiros, obstando o exercício de jurisdição pelos tribunais locais acionados.[41]

Ao lado das questões jurisdicionais, a delimitação de regras de responsabilidade, emergente de atos delituais de corrupção, pelos sistemas legislativos domésticos torna-se um dos elementos propulsores do regime internacional anticorrupção, com repercussões para o direito internacional privado especificamente. A Convenção Europeia relativa ao Direito Civil sobre a Corrupção de 1999 estabelece a obrigação dos Estados signatários de incorporar, em seus ordenamentos internos, leis e regulamentos que prevejam direitos e remédios efetivos às partes lesadas, incluindo a "possibilidade de obter compensação pelos

---

[39] Especialmente arts. 10 a 17 da Convenção, compreendendo contratos comerciais, contratos de trabalho, propriedade e posse de bens, danos causados a pessoas e bens, propriedade intelectual, participação em sociedades ou outros entes coletivos, navios e efeitos sobre acordos de arbitragem. Ainda em tema de imunidades, cf. Convenção sobre Privilégios e Imunidades das Nações Unidas, adotada em Londres, a 13 de fevereiro de 1946, incorporada ao ordenamento brasileiro pelo Decreto No 27.784, de 16 de fevereiro de 1950.

[40] Art. 10 da Convenção. Sobre o tema, ver KRAMER, Xandra. Private International Law Responses to Corruption, cit., p. 118-19. Segundo a autora, no caso Yukos/Rosneft (*Yukos Capital SARL v OJSC Rosneft Oil Company*, [2014] EWHC 1288 (Comm)), o Tribunal de Recursos da Inglaterra e do País de Gales abordou diretamente o tema, de tal modo a estabelecer que o princípio da imunidade de jurisdição para atos de império não impede o exame, por parte de tribunais estrangeiros, em suas respectivas jurisdições, da 'justiça material subjacente' a casos individuais ou em base sistêmica, quando eles se refiram a processos de investigação e persecução de atos de corrupção transfronteiriça.

[41] Cf. CARRINGTON, Paul D. Law and Transnational Corruption. cit., p. 132 e ss.

danos" causados por partes envolvidas em atos de corrupção (Art. 1º).
Em matéria de responsabilidade civil extracontratual, a Convenção
dispõe sobre a obrigação dos Estados de adotar leis conducentes com
uma política legislativa de reparação baseada nos seguintes pilares:
(i) direito da parte prejudicada de ajuizar ação indenizatória perante
os tribunais do foro; (ii) compensação de danos condicionada à observância de requisitos legais cumulativos, nomeadamente a ocorrência
do ato de corrupção, praticado ou autorizado pela parte demandada
(autor do dano), ou que tenha resultado de negligência; a constatação
dos prejuízos sofridos pela parte lesada e demandante; e o nexo causal
entre o ato de corrupção e o dano (art. 4º da Convenção de 1999). A
mesma racionalidade é perseguida pela Convenção das Nações Unidas
de 2003,[42] de modo que o regime internacional anticorrupção reconhece o direito das partes prejudicadas por atos de corrupção ao acesso
à jurisdição para fins de tutela e compensação (aqui, duplamente a
dimensão subjetiva e processual do direito).

4 Cooperação jurídica internacional e contencioso internacional privado em processos de corrupção

A resolução de litígios emergentes de relações jurídicas envolvendo atos de corrupção depende de mecanismos adequados e efetivos de
cooperação jurídica internacional e assistência mútua nas esferas civil,
comercial, criminal e administrativa entre Estados e organizações. O
regime internacional anticorrupção, erigido a partir da interação entre
convenções e tratados especializados, recomendações e diretrizes, co-
mitês de monitoramento e o crescente repertório de decisões judiciais e
arbitrais, prevê instrumentos específicos de cooperação jurídica, como
são conhecidas no direito processual internacional.

Para o Brasil, o tema é de relevância ao menos por três aspectos:
o primeiro, pela entrada em vigor do Código de Processo Civil de 2015,
que introduziu inovações em sede legislativa concernentes aos instrumentos de cooperação jurídica internacional (arts. 26-40), destacando
o protagonismo dos tribunais brasileiro e autoridades centrais; o segundo, pela efetividade dos mecanismos preventivos e repressivos da
Lei brasileira Anticorrupção de 2013 (Lei nº 12.846, de 1º de agosto de

---

[42] Cf. Artigo 35: Indenização por danos e prejuízos: "Cada Estado Parte adotará as medidas que sejam necessárias, em conformidade com os princípios de sua legislação interna,
para garantir que as entidades ou pessoas prejudicadas como consequência de um ato de
corrupção tenham direito a iniciar uma ação legal contra os responsáveis desses danos e
prejuízos a fim de obter indenização".

2013); e o terceiro, mais episódico e transiente, pelos desdobramentos das ações nas operações Lava Jato. Para países em desenvolvimento e economias em transição, medidas de recuperação de ativos, por exemplo, têm sido crucial para reverter os efeitos nefastos da exportação de riquezas e capital para paraísos fiscais, centros financeiros e para países nos quais nenhum recurso adicional seria necessário para reconstrução de suas comunidades locais e da sociedade como um todo.[43]

À guisa de uma posição metodológica, seria oportuno mencionar que em processos de natureza penal ou administrativa, iniciados perante os tribunais de determinado Estado, em virtude da ocorrência de atos de corrupção no estrangeiro ou mesmo no foro, também podem ter lugar mecanismos de cooperação em matéria civil e comercial. A corrupção, como fenômeno em monitoramento e combate no plano global, acaba por desempenhar, ainda que ironicamente, papel de "conciliação" ou "diálogos" entre regimes normativos, práticas e instituições. Com o Novo CPC, a sistemática processual brasileira abre-se ao direito internacional, assegurando o respeito aos tratados e convenções quanto à fixação e exercício da jurisdição civil pelos tribunais brasileiros (art. 13) e aos mecanismos de cooperação jurídica internacional (arts. 26 e 27). Esse detalhe, por si só, oferece oportunidades de implementação das obrigações multilaterais e bilaterais assumidas pelo Estado brasileiro no campo da cooperação jurídica internacional, incluindo aquelas resultantes da disciplina do direito anticorrupção, em seus aspectos processuais e cooperativos.

Voltando ao quadro mais amplo da cooperação jurídica internacional em processos envolvendo responsabilização de pessoas físicas e jurídicas pelos danos resultantes de atos de corrupção, é importante destacar que a Convenção da OCDE de 1997 dispõe sobre obrigações de "pronta e efetiva" assistência jurídica mútua entre Estados em investigações e adjudicação de litígios em processos criminais e não criminais com conexão internacional (art. 9[944]). De modo genérico, a Convenção

---

[43] WEBB, Philippa. The United Nations convention against corruption: global achievement or missed opportunity? *Journal of International Economic Law*, v. 8, n. 1, p. 206, 2005.

[44] Cf., por exemplo, o Art. 9.1.: "Cada Parte deverá, respeitando, tanto quanto possível, suas leis, tratados e acordos relevantes, prestar pronta e efetiva assistência jurídica a uma Parte para o fim de condução de investigações e processos criminais instaurados pela Parte sobre delitos abrangidos pela presente Convenção e para o fim de condução de processos não-criminais contra uma pessoa jurídica, instaurados pela Parte e abrangidos por esta Convenção" (grifos nossos). Em mesmo sentido, cf. Art. XIV da Convenção Interamericana contra Corrupção de 1996, que prevê obrigações de cooperação e assistência recíproca para Estados Partes, "com vistas à obtenção de provas e à realização de outros atos necessários para facilitar os processos e as diligências ligadas à investigação ou processo penal por atos de corrupção".

deixa para os direitos internos dos Estados-Partes a regulação específica dos mecanismos de cooperação e como eles são aplicados pelas autoridades administrativas e tribunais domésticos, mas substantiva uma obrigação multilateral de troca de informações e documentos necessários para respaldar ou subsidiar o pedido de assistência jurídica mútua; e, segundo a convenção, esse pedido não pode ser rechaçado ou denegado, no campo criminal, sob a alegação de sigilo bancário pelo Estado Parte requerido (art. 9.3.).[45]

A Convenção de Direito Civil sobre Corrupção de 1999, por sua vez, associa obrigações de cooperação internacional e monitoramento da implementação das obrigações. Ainda que ela conte com 14 partes signatárias e o Brasil não a integre, pode-se mencionar seu caráter inovador relativamente ao processo civil transnacional envolvendo delitos de corrupção. O art. 13 da Convenção recorre a uma técnica de abertura ao regime dos tratados e convenções processuais em matéria civil e comercial e direito interno dos Membros, de modo a contemplar fornecimento de documentos, obtenção de provas, questões jurisdicionais, reconhecimento e execução de decisões estrangeiras e custos processuais.[46]

As linhas acima descritas são perseguidas pela Convenção das Nações Unidas de 2003. Ela inclui a prestação de cooperação e assistência mútua pelos Estados-Partes em "investigações e procedimentos correspondentes a questões civis e administrativas relacionadas com a corrupção" (art. 43.1). A prática observa que existem múltiplas vantagens em optar-se pelo contencioso judicial privado para certas demandas fundadas em direito de propriedade e responsabilidade civil. Um Estado-Parte, por exemplo, pode ajuizar ações reais e pessoais reipersecutórias, com intuito de reaver ou restituir bens ilicitamente transferidos, ou ações indenizatórias para compensação de dados causados por danos decorrentes de ilícito de corrupção ou má gestão da pessoa jurídica. São instrumentos vislumbrados em concorrência com

---

[45] Do ponto de vista da prática brasileira da cooperação internacional em matéria civil, especificamente, o entrelaçamento com processo penal envolvendo atos de corrupção no estrangeiro, pode resultar na necessidade de cumprimento de pedidos passivos de cooperação, requeridos pelas autoridades judiciárias estrangeiras, na esteira do art. 27, incisos II e IV, quanto à colheita de provas, obtenção de informações e concessão de medida judicial de urgência, relativamente a partes sediadas ou domiciliadas no Brasil.

[46] "Article 13 – International co-operation. The Parties shall co-operate effectively in matters relating to civil proceedings in cases of corruption, especially concerning the service of documents, obtaining evidence abroad, jurisdiction, recognition and enforcement of foreign judgements and litigation costs, in accordance with the provisions of relevant international instruments on international co-operation in civil and commercial matters to which they are Party, as well as with their internal law".

o processo criminal ou em virtude de impossibilidade ou dificuldade de persecução, tal como nos casos de morte, imunidades, ausência ou desaparecimento da parte demandada.[47]

A regra endereçada pelo art. 43.1 da Convenção parece suprir uma carência em nível multilateral, observada no passado, quanto à disponibilidade de mecanismos de cooperação em matéria civil, comercial e administrativa no curso de procedimentos penais com conexão internacional.[48] Ela também admite interpretação interativa, em função da complementaridade entre processo civil e processo penal do art. 53 da Convenção. Segundo o dispositivo, Estados-Partes podem recorrer a medidas judiciais e administrativas para a recuperação direta de bens "adquiridos mediante a prática de um delito qualificado" de acordo com Convenção, que não especifica qualquer regra de determinação de lei aplicável ou qualificação, relevantes para o direito internacional privado.

A Convenção, antes, pressupõe a obrigação multilateral de um Estado-Parte dispor de um sistema jurídico (leis, regulamentos, instituições) apto a autorizar outro Estado-Parte a ajuizar ações para recuperação de bens, ativos e mesmo para intervir, como parte interessada, em processos judiciais em andamento perante os tribunais de outro Estado, de modo a fazer valer suas pretensões indenizatórias diante de casos envolvendo atos de corrupção com conexão internacional.[49]

---

[47] Cf. UNITED NATIONS. *Legislative Guide for the Implementation of the United Nations Convention Against Corruption*. Geneva: United Nations, 2006, p. 176, Para 522; UNDOC. *Technical Guide to the United Nations Convention against Corruption*. New York: United Nations, 2009. Disponível em: <https://www.unodc.org/unodc/en/treaties/CAC/technical-guide.html>. Do ponto de vista do direito brasileiro, os atos ilícitos praticados por sócios administradores de sociedades empresárias, por má gestão ou contrários ao previsto no contrato social ou estatuto da companhia, com o intuito de viabilizar ou instrumentalizar atos de corrupção praticados contra a administração pública nacional ou estrangeira, encontram sua regulação material, *inter alia*, nos arts. 990, 1.009, 1.016, 1.017 e 1.091, do Código Civil, sendo o direito brasileiro aplicável, por exemplo, nos procedimentos da Lei Brasileira Anticorrupção de 2013, e que requeiram medidas de cooperação e assistência mútua em matéria civil e comercial.

[48] *Idem*, p. 242 (com o destaque para o seguinte comentário sobre o Art. 43 da Convenção das Nações Unidas: "O Parágrafo 1º endereça o problema encontrado no passado em que Estados podiam oferecer assistência jurídica mútua em casos criminais, mas não em casos civis". Tradução livre do original: "Paragraph 1 addresses the problem encountered in the past, where States could provide legal assistance and cooperation in criminal matters, but not in civil cases").

[49] Cf. UNITED NATIONS. *Legislative Guide for the Implementation of the United Nations Convention Against Corruption*. p. 244, Paras. 710-13. O artigo 53, vale destacar, contém três obrigações específicas quanto à adoção de "medidas para a recuperação direta de bens", de acordo com o direito doméstico dos Estados Partes nos quais os procedimentos tenham sido iniciados: (i) dispor de medidas para permitir que outro Estado Parte ajuíze uma ação civil perante seus tribunais, objetivando a determinação de titularidade ou propriedade

Em linha com uma necessária interface entre direito internacional privado, em sua vertente processual-cooperativa, e o direito processual penal, os exemplos analisados demonstram o evidente compartilhamento de objetivos sistêmicos de consecução de políticas públicas e legislativas com escopo de prevenção e repressão dos atos de corrupção nos ordenamentos internos. No limite, essa interface busca satisfazer as pretensões de validade e observância/efetividade do regime internacional anticorrupção, estruturadas a partir da prática dos Estados-Partes da Convenção de 2003, e submetida a mecanismos de monitoramento em escala global.

A mobilidade de pessoas, bens, capitais e tecnologias fomentada por negócios e transações envolvendo corrupção tem sido rapidamente acentuada pelos processos de globalização e evasão da justiça por parte de governos, empresas e organizações. Justamente nesse sentido é que o direito internacional privado não poderia apresentar um papel neutro ou meramente técnico: ele estabelece pontes de diálogo com os mecanismos de prevenção, investigação, persecução, sancionamento, recuperação e restituição de bens ilicitamente adquiridos ou subtraídos pelas partes incorrendo em condutas corruptas e corruptoras, de tal modo a reclamar um funcionamento mais politica e socialmente comprometido de seus mecanismos jurisdicionais e cooperativos.

5 Corrupção e contratos internacionais

Outro tema de relevância na agenda do direito internacional privado e corrupção diz respeito a questões de lei aplicável, jurisdição e cooperação internacional em litígios transnacionais envolvendo contratos.[50] Sem entrar na discussão sobre a qualificação dos negócios

---

de bens adquiridos mediante prática do ilícito de corrupção tipificado pela Convenção; trata-se de uma obrigação multilateral que busca facilitar o acesso de um Estado, como parte litigante, em processos civis intentados perante os tribunais de outro Estado Parte, impondo deveres de revisão e modernização dos direitos domésticos; (ii) adotar medidas para autorizar seus tribunais domésticos para decidir sobre indenizações ou ressarcimentos por danos a outro Estado prejudicado por atos de corrupção praticados pela parte demandada/ré; (iii) adotar medidas para permitir que autoridades administrativas e judiciais competentes, em ações baseadas em confisco, reconheçam o direito legítimo de propriedade de outro Estado Parte sobre os bens adquiridos mediante prática de um dos delitos qualificados segundo a Convenção pela parte demandada ou sobre a qual recai o confisco, i.e. "a privação em caráter definitivo de bens por ordem de um tribunal ou outra autoridade competente" (cf. art. 2(g) da Convenção de 2003).

[50] Em distintas perspectivas, cf. BONELL, Michael J.; MEYER, Olaf. The Impact of Corruption on International Commercial Contracts, cit., p. 2; SANYAL, Rajib. Determinants of Bribery in International Business: the Cultural and Economic Factors. *Journal of Business Ethics* v. 59, n. 1, p. 139 e ss, 2005.

jurídicos, tema clássico no DIP, o direito internacional convencional estabelece as bases para tratamento de certas questões muitas vezes suscitadas no curso de processos criminais, civis e administrativos envolvendo recuperação de bens e de responsabilidade de pessoas físicas e jurídicas por danos resultantes de atos de corrupção com conexão internacional. Também faz parte desse bloco de questões a implementação de obrigações multilaterais dos Estados relativas ao tratamento jurídico de contratos embasando atos ilícitos do ponto de vista do direito anticorrupção. Em síntese, são temas que afetam potenciais questões típicas de direito internacional privado, tanto em função da harmonização mínima pretendida pelas convenções e tratados anticorrupção (e, por conseguinte, a convergência de certas soluções entre os sistemas jurídicos domésticos), como pela determinação do direito aplicável e jurisdição em litígios civis e comerciais conexos a práticas corruptas e corruptoras.[51]

O art. 8º da Convenção Europeia de Direito Civil e Corrupção de 2002 prevê a obrigação dos Membros de estabelecer, em seus ordenamentos internos, regras sobre nulidade e ineficácia de contratos ou cláusulas de contratos embasando atos de corrupção. Da mesma forma, segundo a Convenção, os Membros devem prever, em seus direitos internos, regras protegendo partes contratuais cujo consentimento tenha sido prejudicado por um delito de corrupção, com recurso aos tribunais para declaração de nulidades desses contratos e direito de indenização por perdas e danos.[52] O art. 34 da Convenção das Nações Unidas de 2003, na mesma linha, estabelece a obrigação de os Estados-Partes eliminarem as "consequências dos atos de corrupção", prevendo, para tanto, a possibilidade de que a lei interna considere corrupção como elemento relevante ou base para declaração de nulidade ou anulação de um contrato, conforme o direito material aplicável e resguardados os direitos adquiridos de boa-fé por terceiros.[53]

Algumas opções são analisadas pela literatura especializada, sugerindo duplamente as soluções de *design* legislativo e de direito material aplicável a contratos, incluindo os contratos internacionais.

---

[51] Pela limitação, este trabalho não esgota a discussão sobre o tema e busca sinalizar, em suas abordagens, os distintos problemas implicados no direito internacional anticorrupção na interface público/privado em matéria de contratos.

[52] "Article 8 – Validity of contracts: Each Party shall provide in its internal law for any contract or clause of a contract providing for corruption to be null and void. 2. Each Party shall provide in its internal law for the possibility for all parties to a contract whose consent has been undermined by an act of corruption to be able to apply to the court for the contract to be declared void, notwithstanding their right to claim for damages".

[53] UN. *Legislative Guide for the Implementation of the United Nations Convention Against Corruption*. cit., p. 147, Para 455 ss.

Bonnel e Meyer,[54] por exemplo, consideram que o contrato que embasou atos de corrupção, direta ou indiretamente, seja sempre passível de uma ação de nulidade; em segundo lugar, que os direitos nacionais permitam deixar a decisão nas mãos da parte lesada, a escolher entre a invalidade e a continuidade da execução do contrato; por fim, os sistemas jurídicos domésticos podem considerar o contrato vinculante, mas limitando os direitos da parte lesada a outros remédios, como indenizações ou redução do preço pactuado.

Referências

ABBOTT, Kenneth W.; SNIDAL, Duncan. Values and interests: International legalization in the fight against corruption. *The Journal of Legal Studies*, 31(1), p. 141-177, 2002.

ACKERMAN, John M. Rethinking the international anti-corruption agenda: civil society, human rights and democracy. *American University International Law Review*, v. 29, n. 2, p. 293-334, 2013.

BOLES, Joffrey R. The Two Faces of Bribery: International Corruption Pathways Meet Conflicting Legislative Regimes. *Michigan Journal of International Law*, v. 35, p. 674-713.

BONELL, Michael J; MEYER, Olaf. The Impact of Corruption on International Commercial Contracts – General Report. In: *The Impact of Corruption on International Commercial Contracts*. Springer International. 2015, p. 1-36.

CARRINGTON, Paul D. Law and Transnational Corruption: The Need for Lincoln's Law Abroad. *Law and Contemporary Problems*, v. 70, p. 109-138, 2007.

CHEVALLIER, Jacques. *L'État post-moderne*. Paris: LGDJ, 2004.

CISSE, Hassane. Crossing Borders in International Development: Some Perspectives on Human Rights, Governance, and Anti-Corruption. *Virginia Journal of International Law*, v. 55, n. 1, p. 1-12, 2014.

CRIVELLARO, Antonio. Arbitration Case Law on Bribery: Issues of Arbitrality, Contract Validity, Merits and Evidence. *Transnational Dispute Management* col. 2, n. 3, p. 109-146, 2005.

D'AMATO, Anthony. The Coerciveness of International Law. *German Yearbook of International Law*, v. 52, p. 437-460, 2009.

DARROUGH, Masako N. The FCPA and the OECD convention: Some lessons from the US experience. *Journal of Business Ethics*, v. 93, n. 2, p. 255-276, 2010.

DRURY, A. Cooper; KRIECKHAUS, Jonathan; LUSZTIG, Michael. Corruption, democracy, and economic growth. *International Political Science Review*, v. 27, n. 2, p. 121-136, 2006.

GABRIEL, Henry D. The advantages of soft law in international commercial law: the role of UNIDROIT, UNCITRAL and The Hague Conference. *Brooklyn Journal of International Law*, v. 34, n. 3, p. 659-78, 2009.

---

[54] The Impact of Corruption on International Commercial Contracts, cit., p. 20.

GRAHAM, John L. The foreign corrupt practices act: A new perspective. *Journal of International Business Studies*, v. 15, n. 3, p. 107-121, 1984.

JENNY, Frédéric. The Asian and Russian economic crises: the role of corruption, cronyism, discrimination and distorted incentives; the role for competition policy: competition policy and the Asian economic crisis. *OECD Journal of Competition Law and Policy*. v. 1, n. 2, p. 13-22, 1999.

KACZMAREK, Sarah C.; NEWMAN, Abraham L. The Long Arm of the Law: Extraterritoriality and the National Implementation of Foreign Bribery Legislation. In: *International Organization*, v. 65, n. 4, p. 745-770, 2011.

KRAMER, Xandra E. Private International Law Responses to Corruption: Approaches to Jurisdiction and Foreign Judgments and the International Fight against Corruption. In: *International Law and the Fight against Corruption*. The Hague: Asser Press, 2012, p. 99-142.

LAMBSDORFF, Johann Graf. An empirical investigation of bribery in international trade. *The European Journal of development research*, v. 10, n. 1, 1998, p. 40-59.

LE TOURNEAU, Ph. L'éthique des affaires et du management au XXIe siècle. Paris: Dalloz, 2000.

MAIER, Harold G. Extraterritorial jurisdiction at a crossroads: an intersection between public and private international law. *American Journal of International Law*, v. 76, n. 2, p. 280-320, 1982.

MOREIRA NETO, Diogo de Figueiredo; FREITAS; Rafael V. *A juridicidade da lei anticorrupção*: reflexões e interpretações prospectivas. Belo Horizonte: Fórum. 2014.

MUIR WATT, Horatia. Future Directions? In: MUIR WATT, Horatia; FERNÁNDEZ ARROYO, Diego p. (Ed.) *Private International Law and Global Governance Law*. Oxford: Oxford University. 2014, p. 343-382.

OCDE. Update on Tax Legislation on the Tax Treatment of Bribes To Foreign Public Officials in Countries Parties to the OECD Anti-Bribery Convention. 2011. Disponível em: <http://www.oecd.org/tax/crime/41353070.pdf>.

OCDE. *Recomendação Revisada sobre o Combate à Corrupção em Transações Comerciais Internacionais*, adotada pelo Conselho da Organização para a Cooperação Econômica e o Desenvolvimento (OCDE), em 23 de maio de 1997 (documento C(97)123/Final).

PIETH, Mark; LOW, Lucinda A.; CULLEN, Peter J. (Ed.). *The OECD convention on bribery: A commentary*. Cambridge: Cambridge University Press, 2007.

ROSE, Cecily. *International anti-corruption norms:* their creation and influence on domestic legal systems. Oxford: Oxford Press. 2015.

ROSE-ACKERMAN, Susan. International actors and the promises and pitfalls of anti-corruption reform. *University of Pensylvania Journal of International Law*, v. 34, p. 447-492, 2012.

SALBU, Steven R. Information technology in the war against international bribery and corruption: the next frontier of institutional reform. *Harvard Journal on Legislation*, v. 38, p. 67, 2001.

SANYAL, Rajib. Determinants of bribery in international business: the cultural and economic factors. *Journal of Business Ethics*, v. 59, n. 1, p. 139-145, 2005.

TROCHON, Jean-Yves. Les Noveaux Risques De L'Entreprise Face a La Mondialisation, une Approche Juridique. *International Business Law Journal*, p. 847, 2003.

UNDOC. *Technical Guide to the United Nations Convention against Corruption.* New York: United Nations, 2009. Disponível em: <https://www.unodc.org/unodc/en/treaties/CAC/technical-guide.html>.

UNITED NATIONS. *Legislative Guide for the Implementation of the United Nations Convention Against Corruption.* Geneva: United Nations, 2006.

WEBB, Philippa. The United Nations convention against corruption: global achievement or missed opportunity? *Journal of International Economic Law,* v. 8, n. 1, p. 191-229, 2005.

WOUTERS, Jan; RYNGAERT, Cedric; CLOOTS, Ann Sofie. The International Legal Framework against Corruption: Achievements and Challenges. *Melbourne Journal of International Law,* v. 14, n. 1, p. 205-280, 2013.

Informação bibliográfica deste texto, conforme a NBR 6023:2002 da Associação Brasileira de Normas Técnicas (ABNT):

POLIDO, Fabrício Bertini Pasquot. O combate global à corrupção e o direito internacional privado: primeiros esforços de uma sistematização necessária. In: FORTINI, Cristiana (Coord.). *Corrupção e seus múltiplos enfoques jurídicos.* Belo Horizonte: Fórum, 2018. p. 289-311. ISBN: 978-85-450-0422-6.

PARTE III

O COMBATE À CORRUPÇÃO SOB A ÓTICA DO DIREITO PENAL

A RESPONSABILIDADE PENAL DA PESSOA JURÍDICA POR CRIME DE CORRUPÇÃO NA PROPOSTA DE NOVO CÓDIGO PENAL

FERNANDO A. N. GALVÃO DA ROCHA

1 Introdução

A sociedade brasileira recentemente foi surpreendida com uma verdadeira avalanche de casos de corrupção, envolvendo partidos políticos e grandes empresas. Os valores já recuperados pela "operação lava jato" evidenciam as dimensões de um problema de magnitude até então inimagináveis. Os custos sociais da corrupção são muito significativos. As estimativas feitas pela Organização das Nações Unidas e pelo Fórum Econômico Mundial indicam que a corrupção custa cerca de 05% do Produto Interno Bruto dos países. Considerando o PIB brasileiro do ano de 2016, que alcançou o patamar de 6,266 trilhões de reais, a corrupção teria causado um prejuízo da ordem de 313 bilhões de reais. As estimativas da Fiesp são bem mais conservadoras. Estudo publicado em 2010 aponta que a corrupção desvia 2,3% do PIB brasileiro. Nesses termos, o prejuízo seria de 144 bilhões de reais anuais.[1]

A corrupção não é um problema que se restringe à cultura brasileira, é um fenômeno global que desafia a cooperação dos países e a

---

[1] DALLAGNOL, Deltan. *A luta contra a corrupção*, p. 41.

integração de esforços que visam estabelecer mecanismos para a sua prevenção e o seu eficiente combate. Desde a década de 1990 é possível observar que a comunidade internacional passou a preocupar-se mais com as consequências da corrupção nos negócios internacionais. Nesse sentido, o XV Congresso Internacional de Direito Penal, realizado na cidade do Rio de Janeiro em setembro de 1994, aprovou enunciado segundo o qual *os sistemas penais nacionais devem, sempre que possível, no âmbito de sua respectiva constituição ou lei básica, prever uma série de sanções penais e de outras medidas às entidades jurídicas e públicas.*[2]

Nesse contexto, o Brasil ratificou três importantes tratados internacionais, que o incluem no esforço mundial contra a corrupção: a Convenção Interamericana contra a Corrupção,[3] a Convenção das Nações Unidas contra a Corrupção[4] e a Convenção sobre o Combate da Corrupção de Funcionários Públicos Estrangeiros em Transações Comerciais Internacionais da Organização para a Cooperação e Desenvolvimento Econômico (OCDE).[5] Nesse último tratado, a responsabilização das pessoas jurídicas beneficiadas com os atos de corrupção mereceu atenção especial.

A Convenção sobre o Combate da Corrupção da OCDE trata da responsabilização das pessoas jurídicas em seu art. 2º, não estabelecendo que tal responsabilização deva ser necessariamente criminal. Portugal e Espanha, por exemplo, optaram por inserir em seus códigos penais a previsão para a responsabilidade criminal da pessoa jurídica beneficiada por atos de corrupção.[6] Por enquanto, nos termos da Lei nº 13.846, de 01 de agosto de 2013, o direito brasileiro restringiu a responsabilidade das pessoas jurídicas beneficiadas por atos de corrupção ao âmbito administrativo e civil.

Seguindo a tendência do Direito mundial de instituir a responsabilização criminal da pessoa jurídica beneficiada com a corrupção, o Projeto de Lei do Senado nº 236/12, que propõe um novo Código Penal brasileiro, ampliar as possibilidades de responsabilização penal da pessoa jurídica para alcançar os casos de corrupção e todos os casos de crimes contra a administração publica. No projeto, a responsabilidade penal da pessoa jurídica encontra previsão nos artigos 41 a 44 propostos

---

[2] REVISTA BRASILEIRA DE CIÊNCIAS CRIMINAIS, v. 8, p. 129.

[3] Promulgado pelo Decreto nº 4.410, de 07 de outubro de 2002.

[4] Promulgado pelo Decreto nº 5.687, de 31 de janeiro de 2006.

[5] Promulgado pelo Decreto nº 3.678, de 30 de novembro de 2000.

[6] Código Penal Português – DL nº 48/95, art. 11 e Código Penal Espanhol – LO nº 05/2010, art. 31 – bis.

para o novo Código Penal, sendo que os três últimos artigos estabelecem as penas a serem aplicadas às pessoas jurídicas. O *caput* do art. 41, que teve inspiração no art. 3º da Lei nº 9.605/98, dispõe que:

> Art. 41. As pessoas jurídicas de direito privado serão responsabilizadas penalmente pelos atos praticados contra a administração pública, a ordem econômica, o sistema financeiro e o meio ambiente, nos casos em que a infração seja cometida por decisão de seu representante legal ou contratual, ou de seu órgão colegiado, no interesse ou benefício da sua entidade.

Na legislação atualmente em vigor, a responsabilidade penal da pessoa jurídica somente existe no subsistema do direito penal ambiental. Diante dos casos concretos já ocorridos, pode-se perceber que muitos operadores do direito ainda se mostram demasiadamente apegados aos paradigmas tradicionais da dogmática penal clássica para admiti-la. Na realidade, a responsabilização criminal da pessoa jurídica nos desafia a realizar apenas uma pequena mudança de paradigmas, que não produz qualquer repercussão na dogmática penal que permite distinguir a conduta punível da pessoa física.

No presente comentário pretendo sustentar que para responsabilizar criminalmente uma pessoa jurídica não é necessário fazer qualquer alteração na dogmática penal, bem como que a opção política acolhida no Projeto de Lei do Senado nº 236/2012 que visa ampliar as possibilidades de utilização de tal espécie de responsabilidade se mostra conveniente e necessária para uma sociedade que pretende estabelecer um combate mais eficiente à corrupção e às manifestações mais relevantes da criminalidade contemporânea.

2 Opção política

A questão essencial que envolve o tema da responsabilidade penal da pessoa jurídica já foi perfeitamente compreendida pelo Superior Tribunal de Justiça em cuja jurisprudência ficou consolidada a possibilidade jurídica da responsabilidade penal da pessoa moral. A decisão paradigma para o entendimento consolidado foi proferida pela 5ª Turma no Recurso Especial nº 564.960-SC (2003⁄0107368-4), cujo voto condutor foi da lavra do Ministro Gilson Dipp. Consta expressamente no inciso III da ementa do acórdão que "a responsabilização penal da pessoa jurídica pela prática de delitos ambientais advém de uma escolha política". E esta é a premissa fundamental que deve ser observada para a compreensão do tema. A Constituição da República de maneira expressa admitiu a possibilidade de responsabilizar criminalmente uma pessoa jurídica (§3º do art. 225), o que já foi reconhecido pela Primeira Turma do Supremo Tribunal Federal, por decisão unânime no acórdão relativo ao julgamento do RE nº 628582 AgR/RS. A instituição de tal possibilidade decorre de opção política legítima e juridicamente válida, que não encontra impedimentos em razão da natureza do ente moral.

Não se pode esquecer que toda regra jurídica resulta de uma opção entre vários caminhos possíveis e que, para a construção normativa, a ideia de *ater-se aos fatos* é mera ilusão.[7] A ciência jurídica interpreta a realidade observada e fundamenta a construção do direito positivo em razão das opções políticas que o legislador faz visando à produção de efeitos práticos. Como materialização de *ações estratégicas*, o direito visa promover a regulamentação das relações intersubjetivas e a realização de determinados objetivos.[8] O sistema normativo é sempre concebido a partir de escolhas políticas sobre a forma mais adequada de resolver as situações de conflito social. Tais escolhas, entretanto, não são imutáveis. De acordo com as conveniências da sociedade, as escolhas podem ser revistas e readaptadas aos interesses que se apresentem prioritários. A Justiça dos homens, à qual *Beccaria* qualificou de *Justiça Política*, não passa de uma relação que se estabelece entre uma conduta e o estado variável da sociedade que a interpreta. As disposições do direito positivo podem ser alteradas à medida que outras opções passem a ser consideradas mais vantajosas ou necessárias ao grupo social.[9] O Direito, como instrumento de controle social, visa realizar objetivos práticos e mostra-se variável de acordo com as necessidades e conveniências da política social adotada pelo Estado.[10]

No Código Penal brasileiro de 1890, o legislador nacional preocupou-se em ressaltar que a responsabilidade é individual. Em seu artigo 25, o Código dispunha que a responsabilidade penal é exclusivamente pessoal, sendo que nos crimes em que tomarem parte membros de corporação, associação ou sociedade, a responsabilidade penal somente recairá sobre aqueles que participarem do fato criminoso. No entanto, no parágrafo único de seu artigo 103, o Código previu a possibilidade da dissolução da pessoa jurídica quando a mesma for utilizada para a prática do crime que especifica. Nesse contexto, a dissolução da pessoa jurídica poderia ser entendida como um efeito da condenação criminal.

---

[7] ROSS, Alf. *Sobre el derecho y la Justicia*, p. 309.

[8] HABERMAS, Jürgen. *Teoria de la acción comunicativa II*, p. 169 e segs.

[9] BECCARIA, Cesare Bonesana – Marquês de. *Dos delitos e das penas*, p. 22-23.

[10] IHERING, Rudolf Von. *A finalidade do direito*, p. 235-236.

Na Consolidação das Leis Penais, aprovada pelo Decreto nº 22.213, de 14 de dezembro de 1932, o mesmo paradoxo se apresentou. Os artigos 25 e 103 da Consolidação repetiram as mesmas disposições do Código de 1890.[11] O Código de 1940, por sua vez, não trouxe qualquer dispositivo que mencionasse restrição da responsabilidade penal à pessoa física nem tampouco a possibilidade de responsabilizar a pessoa jurídica. O mesmo aconteceu na oportunidade da reforma produzida pela Lei nº 7.209, de 1984. Se até então a responsabilidade penal da pessoa jurídica não foi considerada uma opção conveniente, isso não significa que a sociedade não possa rever seu posicionamento. Tal revisão de paradigmas foi promovida pela própria Constituição da República, que sinalizou expressamente em favor da possibilidade jurídica da responsabilidade penal da pessoa jurídica. E não se justifica a resistência dos que se apegam ao paradigma anterior. Nos dias atuais, até mesmo a instituição do casamento sofreu revisão para acolher os casos de homoafetividade. Então, por que não seria possível revisar o velho dogma da irresponsabilidade penal da pessoa jurídica?

Importa notar que a criminalidade e o crime não fazem parte de uma realidade natural, mas sim de construção jurídico-social que depende dos juízos valorativos que produzem a qualidade de criminosa na conduta à qual se aplicam e impõem responsabilidade a determinadas pessoas.[12] É a atividade de definição do que é criminoso ou não, realizada pelos componentes das instâncias que detêm o poder de controle social, que relaciona os indivíduos e suas condutas à consideração de criminoso e de crime. A responsabilidade penal, do mesmo modo, resulta de um processo político de escolha sobre quem deva suportar a pena a ser imposta pela violação da norma jurídico-penal. As definições de crime e de responsável dependem dos interesses, das crenças e da cultura dos indivíduos que usufruem de posição de predomínio na determinação do que seja inadequado e, em última instância, das *ideologias.*

Cabe à política criminal, portanto, eleger os interesses e as ideias diretivas do tratamento reservado ao crime, elaborar as estratégias para seu combate, bem como incrementar a execução dessas estratégias. Coerente com a opção política fundamental do Estado, a política criminal define o que deva ser considerado comportamento criminoso e

---

[11] PIERANGELLI, José Henrique. *Códigos penais do Brasil,* p. 271 e 330.

[12] THOMPSON, Augusto Frederico G. *Quem são os criminosos?,* p. 46-47 e BARATTA, Alessandro. *Criminologia y dogmática penal, pasado y futuro del modelo integral de la ciencia penal,* p. 35.

quais são as estratégias mais adequadas ao combate à criminalidade,[13] e nesse sentido quem deva ser considerado responsável pelo fato lesivo ao bem jurídico.

Quando se discute o tema da responsabilidade penal da pessoa jurídica, não se pode esquecer que o equacionamento da questão deve ser feito no âmbito político. A consideração do que seja socialmente inadequado e quem será responsabilizado criminalmente depende sempre do *ponto de vista* daqueles que legitimamente detêm o poder de imposição.[14] A opção política sobre o tema já foi feita, e por aqueles que detinham legítimo poder para tanto. Os constituintes de 1988 expressamente admitiram a responsabilidade penal da pessoa jurídica no parágrafo 3º do art. 225 da carta constitucional. O ponto de vista contrário à responsabilização penal da pessoa jurídica foi vencido no debate institucional, segundo as regras do jogo democrático. A opção pela responsabilização foi inserida no ordenamento jurídico, o que significa a preponderância do entendimento da conveniência e oportunidade de utilizar a responsabilidade penal da pessoa jurídica como instrumento eficaz no combate à criminalidade.

Vale ainda observar que as opções políticas não são condicionadas pela dogmática jurídico-penal. Esse é um mito que se torna necessário superar. A dogmática não é construída segundo a natureza das coisas, mas segundo os padrões valorativos predominantes e os objetivos a que o poder político se propõe alcançar. É certo que a dogmática penal tradicional alcançou desenvolver elaborações teóricas bastante complexas e profundas. A intensa busca pelo aperfeiçoamento da racionalidade jurídico-repressiva gerou tal abstração para o sistema punitivo que, hoje, se pode temer por seu significativo distanciamento em relação à realidade social na qual produz seus efeitos. Entretanto, a politização do problema da criminalidade ampliou o campo de influência e atuação da política criminal. No momento presente, a política criminal estabeleceu novas relações com a dogmática e o sistema jurídico-penal. Se no contexto tradicional as exigências político-criminais deveriam amoldar-se aos requisitos conceituais-sistemáticos

---

[13] DIAS, Jorge de Figueiredo e ANDRADE, Manuel da Costa. *Criminologia*, p. 106.

[14] O conceito de política, como forma especial de atividade humana, está estreitamente vinculado ao de poder. O poder político se verifica nas relações entre os homens de modo que os poderosos impõem a aceitação de certo ponto de vista e determinam o comportamento dos não poderosos. O homem dispõe de variadas formas de poder sobre seu semelhante e o poder político é apenas uma dessas formas. Da mesma forma, não é possível compreender o Direito desvinculado de sua função organizatória do poder, pois somente o poder cria o dever. Nesse sentido: BOBBIO, Norberto. *Dicionário de política*, p. 954. e TELLES JR., Alcides. *Discurso, linguagem e Justiça*, p. 39.

da noção de crime, hodiernamente a política criminal se apresenta com autonomia e transcendência em relação à dogmática e o sistema jurídico penal, sendo competente para demarcar os limites últimos da punibilidade.[15] A dogmática jurídica e suas premissas metodológicas não possuem valor absoluto, mas relativo, e estritamente vinculadas aos fins que se deseja realizar no ambiente social.[16] As teorias elaboradas para definir o que seja crime e quem seja responsável serão sempre dependentes dos axiomas e princípios de política criminal que se estabelecem no contexto social, como pedras fundamentais, em dado momento histórico e cultural. Nesse sentido, *Claus Roxin* esclarece que a política criminal deve definir o âmbito da incriminação bem como os postulados da dogmática jurídico-penal necessários à responsabilização criminal.[17] Certamente, a dogmática jurídico-penal e a política criminal somente se prestam a combater a criminalidade enquanto produzam efeitos recíprocos e relacionados.[18] O direito penal e a política criminal se completam e, dessa unidade cooperativa, resulta a opção política fundamental do Estado para o trato da criminalidade.

A resistência daqueles de opinião contrária à opção política consagrada no texto constitucional e legal (no caso do subsistema do direito penal ambiental) é manifestamente ilegítima. Não se pode obedecer apenas às leis com as quais concordamos. Devemos sempre obediência à opção política validamente consolidada na Constituição e nas leis.

O discurso dos que resistem à possibilidade da responsabilização criminal da pessoa jurídica parece consistente quando evidencia as dificuldades de aplicação da teoria do crime e quando denunciam uma suposta violação ao princípio político da intranscendência (ou personalidade das penas). O problema que envolve a aplicação da teoria do crime será examinado no item a seguir. No que diz respeito à suposta violação do princípio político-criminal, a mencionada decisão do STJ ofereceu resposta cabal à objeção. Ficou registrado no item XI da ementa do acórdão que na responsabilidade penal da pessoa jurídica "não há ofensa ao princípio constitucional de que *nenhuma pena passará da pessoa do condenado...*, pois é incontroversa a existência de duas pessoas distintas: uma física – que de qualquer forma contribui para a prática do delito – e uma jurídica, cada qual recebendo a punição

---

[15] ZAFFARONI Eugênio Raúl. *Tratado de derecho penal*, p. 132-133. No mesmo sentido: BETTIOL, Giuseppe. *Direito penal da atitude interior*, p. 318.

[16] RUSCONI, Maximiliano A. *Sistema del hecho punible y política criminal*, p. 23.

[17] ROXIN, Claus. *Política criminal y estructura del delito*, p. 62. No mesmo sentido: DIAS, Jorge de Figueiredo e ANDRADE, Manuel da Costa. *Ob. cit.*, p. 106.

[18] MAURACH, Reinhart. *Derecho penal*, p. 52.

CRISTIANA FORTINI (COORD.)
CORRUPÇÃO E SEUS MÚLTIPLOS ENFOQUES JURÍDICOS

de forma individualizada, decorrente de sua atividade lesiva." Com certeza, os argumentos que trabalham garantias dispostas à responsabilização da pessoa física não podem ser opostos à responsabilização da pessoa jurídica.

3 Teoria do crime e pessoa jurídica

A doutrina penal reconhece que o crime apresenta natureza conceitual complexa. Identificar os elementos componentes dessa construção teórica é tarefa cuja importância não se restringe às necessidades de exposição sistêmica da matéria, mas sim de grande repercussão prática para a aplicação do direito repressivo. É por meio do conceito analítico do crime que o operador do direito distingue o fato punível dentre os diversos fatos observados na realidade social. O conceito analítico do crime consolidou-se na doutrina penal como um fato típico, ilícito e culpável. O modelo interpretativo da realidade oferecido pela teoria do crime se presta a identificar a conduta da pessoa física que é considerada pelo Direito Penal como proibida. O modelo pressupõe trabalhar com um método racional de verificação segundo o qual, inexistindo qualquer das qualidades reconhecidas à conduta proibida, não se pode responsabilizar a pessoa que a realiza.

Os argumentos contrários à responsabilização penal da pessoa jurídica que aparentam maior consistência se fundamentam na impossibilidade de aplicação da teoria do crime à pessoa jurídica. Tais argumentos apenas sustentam o que é óbvio. A teoria do crime foi totalmente concebida para aplicação em relação à conduta realizada por uma pessoa física e, por isso, não pode ser aplicada em relação à atividade da pessoa jurídica.

A concepção da pessoa jurídica como uma ficção é incompatível com o reconhecimento da subjetividade jurídico-penal necessária à caracterização do crime conforme o modelo analítico. No entanto, com base na teoria da realidade objetiva, que reconhece na pessoa jurídica real capacidade de vontade e ação, alguns doutrinadores sustentam a aplicação da teoria do crime à pessoa jurídica, reconhecendo sua capacidade de ação e de culpabilidade.[19] Para Klaus Tiedemann, se o Direito reconhece na pessoa jurídica ente possuidor de personalidade jurídica que a habilita a ser titular de direitos e obrigações, não há obstáculos

---

[19] BACIGALUPO, Silvina. *Responsabilidad penal de las personas jurídicas*, p. 128-132.

ao reconhecimento de que a pessoa jurídica possa ser autora de crime.[20] No mesmo sentido, alguns doutrinadores nacionais.[21]

A concepção analítica do crime, contudo, constitui modelo explicativo especialmente formulado para identificar a conduta humana punível. As etapas metodológicas propostas são referidas às qualidades da conduta humana, e não às atividades da pessoa jurídica. Todas as tentativas de "adaptar" a teoria do crime à realidade da pessoa jurídica se mostram manifestamente inconsistentes.

Não se pode falar em tipificar, nos moldes tradicionais, o *comportamento* da pessoa jurídica. A pessoa jurídica não tem comportamento, não desenvolve conduta. Somente a pessoa física se expressa por meio de comportamentos. A pessoa jurídica desenvolve atividades e não se pode considerar tais atividades como ações, no sentido jurídico-penal. Argumentando que a pessoa jurídica não poder ser sujeito ativo de crime, por não possuir capacidade de ação, muitos juristas nacionais repudiam a possibilidade da responsabilidade penal da pessoa jurídica.[22] O raciocínio que rejeita a responsabilidade da pessoa jurídica se fundamenta na tradicional vinculação que foi estabelecida entre o sujeito ativo do crime e o sujeito passivo da pena. Não podendo a pessoa jurídica ser sujeito ativo do crime, não poderia ser sujeito passivo da pena. Esse raciocínio, no entanto, é meramente dogmático.

A construção teórica do injusto trabalha com elementos subjetivos da conduta que não podem ser aplicados ao exame da atividade ilícita atribuída à pessoa jurídica. Embora capazes de infringir as normas jurídicas a que estão submetidas, as pessoas jurídicas não possuem elemento volitivo em sentido estrito. Não se pode entender que a decisão dos diretores ou dos membros do órgão colegiado da pessoa jurídica possa caracterizar uma ação institucional finalisticamente orientada para o ataque ao bem jurídico e, portanto, subsumida ao conceito de dolo.[23] Dolo é conceito jurídico-penal referido a intenção da pessoa física (que pressupõe a representação mental que desenvolve sobre a realidade natural observada) e a pessoa jurídica não tem intenção.

---

[20] TIEDEMANN, Klaus. *Responsabilidad penal de personas jurídicas y empresas en derecho comparado*, p. 30.

[21] COSTA NETO, Nicolao Dino de Castro e outros. *Crimes e infrações administrativas ambientais*, p. 41 e 60; ARAÚJO JÚNIOR, João Marcelo de. *Societas delinquere potest*, p. 89-94; SCHECAIRA, Sérgio Salomão. *Responsabilidade penal da pessoa jurídica*, p. 87; e SZNICK, Valdir. *Direito penal ambiental*, p. 63.

[22] Nesse sentido: KIST, Ataides. *Responsabilidade penal da pessoa jurídica*, p. 85-98; SALES, Sheila Jorge Selim de. *Do sujeito ativo*, p. 27-36.

[23] Nesse sentido: SCHECAIRA, Sérgio Salomão. *Op. cit.*, p. 137-138.

A aplicação da teoria do crime à pessoa jurídica ainda enfrenta importantes problemas relacionados à culpabilidade. O conceito jurídico-penal de culpabilidade implica juízo valorativo que se fundamenta na exigibilidade de conduta diversa, e a pessoa jurídica não desenvolve conduta, pelo que não se pode exigir conduta diversa. O conceito de culpabilidade ainda é referido à consciência da pessoa física sobre a ilicitude da conduta, e a pessoa jurídica não pode vivenciar o entendimento sobre a ilicitude de qualquer fato. Fica claro que não se pode utilizar o conceito de culpabilidade para responsabilizar diretamente a pessoa jurídica. O conceito de culpabilidade não foi elaborado para ser aplicado às pessoas jurídicas. Nem mesmo a noção normativo-social de culpabilidade se presta a reprovar a pessoa jurídica, como sustentam alguns autores.[24] Para aplicação à pessoa jurídica, o conceito de culpabilidade deveria ser modificado em sua essência, passando a apresentar outro conteúdo que até o momento não foi identificado.[25] De qualquer forma, tal alteração de conteúdo produziria um novo conceito jurídico. Não mais a culpabilidade, como se concebe nos dias atuais, e sim outro conceito teórico que permitiria *reprovar* a pessoa jurídica.

O fato é que, não se pode utilizar as noções do direito penal clássico e sua teoria do crime para responsabilizar diretamente a pessoa jurídica. As adaptações que se pretende fazer constroem, verdadeiramente, uma nova teoria do crime: uma teoria do crime especificamente elaborada para identificar a pessoa jurídica responsável criminalmente.

No voto condutor do acórdão paradigma proferido no Superior Tribunal de Justiça, com muita felicidade o sr. Ministro-relator esclarece que é necessário superar a dogmática penal clássica para a implementação e aplicação da responsabilização penal da pessoa jurídica, concluindo que "é incabível, de fato, a aplicação da teoria do delito tradicional à pessoa jurídica, o que não pode ser considerado um obstáculo à sua responsabilização, pois o Direito é uma ciência dinâmica, cujos conceitos jurídicos variam de acordo com um critério normativo e não naturalístico".

Dessa forma, não seria o caso de admitir que "se a pessoa jurídica tem existência própria no ordenamento jurídico e pratica atos no meio

---

[24] COSTA NETO, Nicolao Dino de Castro e outros. *Op. cit.*, p. 60. Sustenta os autores que "a culpabilidade social da empresa surge a partir do momento em que ela deixa de cumprir com a sua função esperada pelo ordenamento jurídico e exigível de todas as empresas em igualdade de condições."

[25] FERNÁNDEZ, Miguel Bajo. in *Responsabilidad penal de las empresas y sus órganos y responsabilidad por el producto*, p. 26.

social através da atuação de seus administradores, poderá vir a praticar condutas típicas e, portanto, ser passível de responsabilização penal". A pessoa jurídica não pratica conduta típica, somente a pessoa física pode praticar a conduta típica.

4 Responsabilidade indireta

No Direito Penal, a fonte imediata de conhecimento/produção do ilícito é a norma jurídico-penal que é subjacente ao tipo penal incriminador. No caso das disposições incriminadoras do Código Penal, todos os tipos penais se referem às condutas humanas que violam a norma protetiva do bem jurídico. Não há previsão típica referida à atividade da pessoa jurídica. Isso significa que apenas a pessoa física pode satisfazer as exigências típicas, em seus aspectos objetivos e subjetivos. A responsabilidade da pessoa jurídica, portanto, é sempre indireta, decorrente da conduta da pessoa física que atuar em seu nome e benefício. Para estabelecer responsabilidade direta para a pessoa jurídica, seria necessário construir uma teoria do crime própria à pessoa jurídica, com tipos incriminadores referidos à atividade lesiva ou potencialmente lesiva ao bem jurídico. Nos termos da proposta constante do PLS nº 236/2012, a responsabilidade penal da pessoa jurídica não se fundamenta em intervenção que se possa reconhecer como própria. Com observância obrigatória aos tipos incriminadores, a responsabilidade penal proposta para a pessoa jurídica será sempre indireta.

Cabe notar que a responsabilidade indireta, ou pelo fato praticado por terceiro, não constitui nenhuma novidade em direito penal. No concurso de pessoas é possível responsabilizar pessoa que não violou diretamente a norma jurídico-penal proibitiva, mas contribuiu de alguma forma para a conduta violadora realizada por outra pessoa. Veja-se o exemplo do indivíduo que fornece a arma para terceiro praticar um homicídio. A responsabilidade daquele que contribui para o crime fica manifestamente dependente da execução da conduta criminosa pelo terceiro. Não se pode olvidar que o art. 31 do CP dispõe que "o ajuste, a determinação ou instigação e o auxílio, salvo disposição expressa em contrário, não são puníveis, se o crime não chega, pelo menos, a ser tentado". A responsabilidade daquele que entrega a arma decorre da vontade do legislador que concebeu a norma de extensão típica do art. 29 do CP e a relaciona à violação da norma proibitiva do art. 121 do mesmo estatuto. No caso, somente é possível falar em responsabilidade própria daquele que entrega a arma em razão da norma de extensão típica do art. 29. Mas, embora se verifica uma responsabilidade por conduta própria (entrega da arma), tal responsabilidade depende da atuação de terceiro (início da execução do homicídio).

Também nos casos de autoria mediata sempre ocorrerá responsabilidade penal dependente do fato praticado por terceiro. Quem executa a conduta material que viola a norma jurídica é o indivíduo considerado *instrumento*, mas como esse não possui responsabilidade e serve aos propósitos do autor mediato, por vontade da lei a responsabilidade recai sobre o autor indireto ou mediato. A construção teórica, já antiga, reserva a denominação de autor àquele que domina o fato por meio do domínio da vontade e da conduta do instrumento. A responsabilidade pesa sobre quem recebe a denominação de autor (ainda que mediato), mas quem executa materialmente a conduta proibida é outro (o instrumento).[26] De acordo com o Código Penal brasileiro, são hipóteses de autoria mediata o erro determinado por terceiro, a coação física ou moral de caráter irresistível, a atuação em atenção a ordem não manifestamente ilegal de superior hierárquico, e a instigação ou determinação ao crime de alguém não punível em virtude de condição ou qualidade pessoal. Mesmo nos crimes culposos, pode-se reconhecer a autoria mediata que gera a responsabilização pelo fato praticado por terceiro. É exemplo o caso do pai que se descuida na guarda de arma de fogo que é utilizada pelo filho menor para ferir outra criança.

Em qualquer caso de concurso de pessoas ou de autoria mediata, entretanto, a responsabilidade da pessoa física é sempre subjetiva. É necessária a apuração do dolo ou da culpa da pessoa física para atender as exigências subjetivas da tipificação. Já quando se pensa em responsabilidade penal da pessoa jurídica, não se pode falar em autoria, ainda que mediata da pessoa moral. Não sendo possível utilizar a teoria do crime para identificar conduta punível por parte desta, a responsabilidade da pessoa jurídica pelo fato praticado pela pessoa física que age em seu nome e benefício deve apresentar outra fundamentação.

O art. 41 proposto para o Código Penal dispõe que "*as pessoas jurídicas de direito privado* **serão responsabilizadas** *penalmente pelos atos praticados contra a administração pública, a ordem econômica, o sistema financeiro e o meio ambiente, nos casos em que a infração seja cometida por decisão de seu representante legal ou contratual, ou de seu órgão colegiado, no interesse ou benefício da sua entidade*". Deve-se reconhecer que tal disposição não estabelece que a pessoa jurídica seja autora de crime, mas apenas que será responsável. A regra não produz qualquer efeito sobre a teoria do crime, que foi construída com muito sacrifício para

---

[26]   DOTTI, René Ariel. *Curso de direito penal*, p. 350.

identificar a conduta criminosa realizada por uma pessoa física. Não se trata de norma de extensão típica ou mesmo de culpabilidade. Não se trata de coautoria entre a pessoa jurídica e a pessoa física, mas sim de responsabilidade penal da pessoa jurídica pela conduta realizada pela pessoa física, porque tal comportamento se deu em nome e benefício da pessoa jurídica. É hipótese de responsabilidade pelo fato de outrem, mas que não possibilita investigar elementos subjetivos na pessoa jurídica responsável.

Dessa forma, fica claro que para a responsabilização da pessoa jurídica, utiliza-se a teoria do crime apenas para identificar a conduta típica realizada por pessoa física, em nome ou benefício do ente moral. Sempre dependente da intervenção de pessoa física, que responde criminalmente de maneira subjetiva, a pessoa jurídica não apresenta elemento subjetivo ou consciência da ilicitude que viabilize a aplicação da teoria do crime. A responsabilidade da pessoa física é subjetiva, pois decorre da aplicação da teoria do crime com suas exigências de natureza subjetiva. A responsabilidade da pessoa jurídica, por outro lado, decorre da relação objetiva que a relaciona à pessoa física que realiza a conduta proibida. A pessoa jurídica só pode ser responsabilizada quando houver intervenção de pessoa física e a análise de sua conduta exige sempre examinar aspectos de natureza subjetiva. Considerando a pessoa jurídica isoladamente, os critérios para sua responsabilidade são objetivos.

O caminho adequado para resolver o problema da responsabilidade penal da pessoa jurídica somente poderá ser encontrado nas teorias da responsabilidade, e não na teoria do crime, que identifica a conduta proibida realizada sempre por uma pessoa física. A pessoa jurídica não pode ser autora de crime, apenas responsável. Nesse sentido, cabe observar que não há qualquer dispositivo constitucional ou legal que afirme ser a pessoa jurídica autora de crime ou que a mesma realize *conduta* ofensiva ao bem jurídico.

5 Responsabilidade civil como referência dogmática

Em essência, o ilícito civil não se diferencia do ilícito penal. A responsabilidade, seja no âmbito civil ou penal, decorre de violação ao ordenamento jurídico, e o interesse de evitar a ofensa ao bem jurídico constitui o traço comum entre as duas formas de responsabilização.[27] Se o ordenamento jurídico é um sistema harmônico, cujas características

---

[27] AGUIAR DIAS, José de. *Da responsabilidade civil*, p. 42.

fundamentais são a unidade e a adequação valorativa,[28] a construção dogmática da responsabilidade civil deve constituir referência obrigatória para a compreensão da responsabilidade penal da pessoa jurídica. Os diversos ramos do direito sempre se inter-relacionam, de modo que a responsabilidade jurídica se apresenta com consequências distintas impostas pelo direito civil e penal.

O ordenamento jurídico civil prevê alguns casos em que a responsabilidade não recai sobre o sujeito que realiza a conduta danosa ao bem jurídico, desvinculando o sujeito passivo da obrigação do sujeito ativo que realiza o ato ilícito. A responsabilidade dos pais pelos atos ilícitos praticados pelos filhos menores e a responsabilidade da empresa pelos atos de seus representantes e empregados constituem exemplos marcantes de tal desvinculação entre o sujeito ativo da violação ao bem jurídico e o sujeito passivo da responsabilização (art. 932, incisos I e III, do Código Civil). No âmbito do Direito Civil, é possível que uma pessoa física realize o comportamento que viola o sistema normativo e uma pessoa jurídica seja identificada como responsável por suportar o ônus da violação normativa. Deve-se notar que no Direito Civil não se questiona a responsabilidade da pessoa jurídica por ato praticado por seu representante, muito embora seja impossível encontrar na pessoa jurídica elemento subjetivo da conduta ou consciência de ilicitude. A responsabilidade civil da pessoa jurídica é de natureza objetiva e tal fato nunca constituiu obstáculos à sua responsabilização.

Nesses termos também deve ser entendida a responsabilidade penal da pessoa jurídica, conforme o art. 41 proposto pelo PLS nº 236/12 para o Código Penal. A pessoa física realiza a conduta típica que viola a norma protetiva do bem jurídico e a pessoa jurídica poderá ser também considerada responsável por tal violação. O dispositivo proposto estabelece norma de extensão da responsabilidade, e não da tipicidade ou culpabilidade. No caso, o sujeito passivo da responsabilidade (pessoa jurídica) não é sujeito ativo do crime (pessoa física).

Cabe ainda ressaltar que, nos termos do §1º do art. 41 do PLS nº 236/12, a responsabilidade das pessoas jurídicas não exclui a das pessoas físicas, autoras, coautoras ou partícipes do mesmo fato, nem é dependente da responsabilização destas.

---

[28] CANARIS, Claus-Wilhelm. *Pensamento sistemático e conceito de sistema na ciência do direito*, p. 14, 20-22.

6 Responsabilidade restrita às pessoas de direito privado

A proposta concebida pelo PLS nº 236/12 para a ampliação da responsabilidade penal da pessoa jurídica encontra duas importantes restrições, sendo que a primeira é relativa à natureza da pessoa jurídica que pode ser responsabilizada e a segunda aos crimes que permitem tal responsabilização.

No que diz respeito à primeira restrição, a proposta foi muito feliz ao restringir a possibilidade da responsabilidade penal às pessoas jurídicas de direito privado, pondo fim a uma discussão que se instaurou entre nós em razão de a Lei nº 9.605/98 ter se omitido sobre a questão. Nesse contexto, importa notar que não há qualquer restrição para a responsabilização penal dos partidos políticos, que, conforme o art. 1º da Lei nº 9.096, de 19 de setembro de 1995, constituem pessoas jurídicas de direito privado.

A possibilidade de responsabilizar pessoas jurídicas de Direito Público constitui tema que também provoca polêmica na doutrina. Poderia o Estado punir a si próprio? Seria possível que o ente estatal busque alcançar algum benefício com a prática de um crime? Essas indagações não obtêm respostas uniformes na doutrina.

Já sustentei a impossibilidade da responsabilização penal da pessoa jurídica de Direito Público.[29] O argumento que me impressionou a época era o de que, neste caso, haveria o exercício do direito de punir contra o seu próprio titular. O Estado não poderia punir a si mesmo. Conforme Sergio Salomão Schecaira, tal punição constituiria verdadeiro absurdo.[30] No entanto, examinando a questão com mais cuidado passei a entender de forma diversa, reconhecendo que a força do argumento é meramente retórica e não jurídica.[31]

Considerando que não há diferença de essência entre o ilícito civil e o penal, bem como que na esfera cível não há qualquer restrição para a responsabilização da pessoa jurídica de Direito Público, alguns doutrinadores já sustentam a possibilidade da responsabilidade penal da pessoa jurídica de Direito Público.[32] Os efeitos patrimoniais decorrentes da violação da norma jurídica na seara cível podem ser suportados

---

[29] GALVÃO, Fernando. *Responsabilidade penal da pessoa jurídica*, p. 75-79.

[30] SCHECAIRA, Sérgio Salomão. *Responsabilidade penal da pessoa jurídica*, p. 191-192.

[31] GALVÃO, Fernando. *Responsabilidade penal da pessoa jurídica*, 4ª edição, p. 103-108.

[32] COSTA NETO, Nicolao Dino de Castro e outros. *Crimes e infrações administrativas ambientais*, p. 70-72. Os autores trabalham sob a perspectiva de que a pessoa jurídica seja autora de crime (coautora necessária de uma pessoa física).

por pessoa jurídica de Direito Público, que possui o direito de regresso contra o agente público que causou a sua responsabilização.

Como o Estado é o único titular do direito de punir, à primeira vista, parece inadequado conceber o exercício do direito contra o seu próprio titular. No entanto, essa solução simplifica demasiadamente as formas de atuação estatal. O sistema jurídico estabelece mecanismos de controle da atuação do próprio Estado e é juridicamente possível que o Poder Judiciário aplique punições ao próprio Estado.

O argumento que sustenta a impossibilidade de o ente estatal obter algum benefício com a prática do crime ambiental também não resiste a um exame mais cuidadoso. Tanto as pessoas jurídicas de Direito Privado como as de Direito Público somente podem ser constituídas e utilizadas para a realização de fins lícitos. E o desvio de finalidade que pode se verificar nas atividades da pessoa jurídica de Direito Privado também pode ocorrer nas atividades da pessoa jurídica de Direito Público. Segundo o nosso ordenamento jurídico, nenhuma pessoa jurídica pode ser constituída ou utilizada para a prática do ilícito. Essa limitação, entretanto, situa-se apenas no plano formal. Se um agente público, atuando em razão das funções, violar a norma incriminadora, poderá a pessoa jurídica de Direito Público também ser responsabilizada. Nesse caso, a pessoa jurídica possui o direito de regresso contra o agente público causador de sua responsabilização.

Portanto, é juridicamente possível estabelecer responsabilização penal para as pessoas jurídicas de Direito Privado e de Direito Público (pertençam estas à administração direta ou indireta). Contudo, adotando uma postura mais cautelosa, o PLS nº 236/12 restringiu a possibilidade de responsabilização às pessoas jurídicas de direito privado. A restrição materializa outra opção política a, caso aprovada, se obedecer.

Contudo, é necessário considerar que o art. 41 proposto pelo PLS nº 236/12 (como também o art. 3º da Lei nº 9.605/98), ao prever que a infração pode ser praticada por decisão do *representante legal* da pessoa jurídica, se apresenta contraditório com a opção por responsabilizar apenas as pessoas jurídicas de direito privado. Afinal, somente as pessoas jurídicas de Direito Público possuem a forma de representação definida em lei. Melhor seria retirar da redação do dispositivo a menção ao *representante legal da pessoa jurídica*.

Ainda vale lembrar que nem todas as pessoas jurídicas que constituem formas descentralizadas de prestação de serviços públicos são de Direito Público. A administração indireta é exercida por meio das autarquias, das empresas públicas, das sociedades de economia mista e das fundações instituídas pelo Poder Público. As autarquias são "entes administrativos autônomos, criados por lei específica, com personalidade jurídica de Direito Público interno, patrimônio próprio e atribuições estatais específicas... A autarquia é forma de descentralização administrativa, através da personificação de um *serviço* retirado da Administração centralizada. Por essa razão, à autarquia só deve ser outorgado *serviço público típico*, e não atividades industriais ou econômicas, ainda que de interesse público".[33] Fica claro que, com a autarquia, tem-se um desdobramento do próprio Estado, uma descentralização administrativa, que preserva as mesmas prerrogativas e restrições da administração direta. Nos termos do projeto, não será possível responsabilizar penalmente as autarquias. As empresas públicas, as sociedades de economia mista e as fundações instituídas pelo Poder Público, por sua vez, são denominadas entidades "paraestatais" e não se confundem com o Estado. A própria denominação *paraestatal* deixa claro que tais entidades não fazem parte do Estado, coexistindo paralelamente ao mesmo. A entidade paraestatal é pessoa jurídica de direito privado[34] e, nos termos do PLS nº 236/12, poderá ser criminalmente responsabilizada.

Cabe ainda observar que não podem ser responsabilizadas penalmente as pessoas que não possuem personalidade jurídica, como a massa falida ou o espólio (art. 12, incisos III e V, do CPC).[35]

7 Responsabilidade restrita a alguns crimes

O PLS nº 236/12 também foi muito feliz ao restringir a responsabilidade penal das pessoas jurídicas aos casos de crimes contra a Administração Pública, a ordem econômica, o sistema financeiro e o meio ambiente. Tal restrição considera a necessidade de haver pertinência entre as atividades da pessoa jurídica e a ofensa aos bens protegidos pela norma penal incriminadora.

A legitimidade da responsabilização da pessoa jurídica somente se apresenta quando os recursos da corporação estiverem estritamente relacionados à realização da infração penal. A opção política por responsabilizar o ente moral decorre do reconhecimento de que na pessoa jurídica convergem forças econômicas que potencializam a gravidade da intervenção criminosa e que tal fato repercute efeitos diretos na lesão ou ameaça de lesão ao bem jurídico. A resposta penal é mais intensa, e a pessoa jurídica é responsabilizada justamente porque o ataque ao bem

---

[33] MEIRELLES, Hely Lopes. *Direito Administrativo brasileiro*, p. 307.

[34] MEIRELLES, Hely Lopes. *Direito Administrativo brasileiro*, p. 307-308.

[35] FREITAS, Vladmir Passos; FREITAS, Gilberto Passos de. *Crimes contra a natureza*, p. 71.

jurídico é mais importante. Se a conduta da pessoa física for desvinculada da organização institucional, não utilizando as forças maiores da pessoa jurídica com seus recursos materiais ou imateriais, a conduta apresenta menor gravidade e a responsabilidade deve restringir-se à pessoa física. Nesse sentido, para que haja responsabilidade penal da pessoa jurídica é necessário comprovar o nexo de causalidade entre a utilização de seus recursos e a infração à norma jurídico-penal.

Os interesses econômicos da empresa privada direcionam a utilização de seus recursos visando ao êxito e ao maior lucro a ser obtido com o comportamento criminoso. Nos crimes contra a Administração Pública, a ordem econômica, o sistema financeiro e o meio ambiente, a intervenção da pessoa jurídica potencializa de maneira relevante a ofensa os bens jurídicos protegidos em benefício da atividade lucrativa da empresa. Por isso, se justifica a responsabilização criminal da empresa que lucra com a prática criminosa.

A restrição ainda se justifica pela possibilidade de impor à corporação o efeito civil de indenizar os danos causados pelo crime como efeito da condenação (art. 91, inciso I, do atual CP e art. 93, inciso I, proposto pelo PLS nº 236/12). Com a responsabilização criminal apenas das pessoas físicas que exteriorizam os interesses econômicos das empresas, a obrigação de indenizar os danos causados pelo crime pode ser deliberadamente impedida em seus efeitos práticos por aqueles que dominam a organização da pessoa jurídica, na medida em que as manifestações exteriores da empresa fiquem a cargo de empregados sem poder econômico suficiente. A condenação criminal da pessoa jurídica dirige contra esta o efeito de indenizar os danos causados pelo crime.

8 Responsabilidade objetiva

A responsabilidade penal da pessoa jurídica somente pode ser concebida em termos objetivos. A responsabilidade da pessoa física, por outro lado, é sempre subjetiva. No entanto, muitos doutrinadores respeitados sustentam que o Direito Penal brasileiro acolhe dispositivos que impõem responsabilização penal objetiva para a pessoa física. As referências sempre lembradas são o art. 25 da Lei nº 7.492/86, que trata dos crimes contra o sistema financeiro nacional; o art. 73, §2º, da Lei nº 4.728/65 – Lei de Mercado de Capitais; o art. 75 da Lei nº 8.078/90 – Código do Consumidor; e o art. 2º da Lei nº 9.605/98 – Lei dos Crimes Ambientais. No mesmo sentido e com clara inspiração no artigo 2º da Lei dos Crimes Ambientais, o PLS nº 236/12 prevê situação jurídica especial para o diretor, o administrador, o membro de conselho e de órgão técnico, o auditor, o gerente, o preposto e mandatário de pessoa jurídica. Teria a proposta o objetivo de instituir responsabilidade objetiva para tais pessoas físicas?

A questão diz respeito à compreensão do significado das expressões utilizadas pelo legislador. Será que quando o legislador se utiliza da expressão *são responsáveis* ou *incide nas penas cominadas* estabelece comando normativo que dispensa a satisfação dos requisitos subjetivos impostos pela teoria do crime? A resposta só pode ser negativa.

Sem dúvidas, a interpretação dos dispositivos da legislação ordinária deve se orientar a partir da referência maior que é a Constituição da República. Se o sistema constitucional impõe que a privação da liberdade individual decorre sempre de uma responsabilidade subjetiva, da satisfação das muitas exigências impostas pela teoria do crime, o sentido jurídico a ser identificado na norma infraconstitucional deve se conciliar com essa premissa maior. A interpretação conforme a Constituição é a única que confere legitimidade, validez e universalidade para a norma jurídica. O princípio da interpretação referida à Constituição impõe que, quando o operador do Direito se encontrar diante de normas que contenham caráter ambíguo ou que induzam a muitos significados, deve seguir a orientação que apresente conformidade com as premissas constitucionais.

Pode-se perceber que a severidade das previsões legais supramencionadas se fundamenta no fato de que as pessoas ali mencionadas possuem um dever especial de agir para proteger o bem jurídico. Tal dever especial de agir decorre naturalmente das peculiaridades próprias às funções que exercem. Mas, a existência de dever especial de agir não se confunde com responsabilidade penal objetiva. A questão foi encontrando expressão linguística cada vez mais clara com os novos diplomas legais e a proposta apresentada no PLS nº 236 para a responsabilização de pessoas físicas que exercem funções relevantes na empresa não deixa dúvidas sobre o estabelecimento da posição de garantidor para tais pessoas. O dispositivo proposto tem a seguinte redação:

Art. 41...

§3º Quem, de qualquer forma, concorre para a prática dos crimes referidos neste artigo, incide nas penas a estes cominadas, na medida da sua culpabilidade, bem como o diretor, o administrador, o membro de conselho e de órgão técnico, o auditor, o gerente, o preposto ou mandatário de pessoa jurídica, que, sabendo da conduta criminosa de outrem, deixar de impedir a sua prática, quando podia agir para evitá-la.

Uma análise cuidadosa permite constatar que tal disposição apenas estabelece o dever especial de agir para as pessoas que desempenham as funções ali mencionadas, para fins exclusivos de caracterizar relação de causalidade omissiva. Tais pessoas foram colocadas na posição de garantidoras da não ocorrência do resultado lesivo contra os bens jurídicos protegidos pelos crimes mencionados no *caput* do art. 41, o que permite caracterizar os crimes *comissivos por omissão*. A regra geral da omissão imprópria estabelece que a omissão somente será penalmente relevante quando o omitente tiver o dever especial de agir para evitar o resultado lesivo e, concretamente podendo intervir para salvar o bem jurídico, se omitir. A imputação objetiva do resultado (violação da norma) somente se estabelece na omissão diante da verificação da possibilidade concreta de agir daquele que está especialmente obrigado a defender o bem jurídico. O parágrafo 3º do art. 41 proposto pelo projeto concilia-se perfeitamente com o disposto no art. 13, §2º, do Código Penal.

A relação jurídica de causalidade omissiva é construída com base na noção de dever especial de agir e não se trata de responsabilidade objetiva. A caracterização do fato típico ainda dependerá da satisfação das exigências subjetivas da tipificação, bem como das demais exigências da teoria do crime. Quando o legislador afirma que determinadas pessoas físicas, pela natureza das funções que desempenham, devem ser consideradas responsáveis, isso significa apenas atribuição da posição de garantidor que permite constatar a violação da norma penal incriminadora por meio de conduta omissiva. Nesses casos, a pessoa indicada na disposição legal poderá violar a norma jurídica incriminadora mediante comportamento omissivo. Em outras palavras, a sua omissão é penalmente relevante. Mas isso não significa que deva ser condenado e que receberá pena pelo simples fato de exercer determinadas funções na empresa. Ninguém pode ser condenado pelo simples fato de ser diretor, administrador, membro de conselho e de órgão técnico de pessoa jurídica. Mesmo que tais pessoas satisfaçam as exigências da relação de causalidade normativa omissiva, ainda será necessário observar todos os demais requisitos da teoria do crime para estabelecer a responsabilidade penal.

9 Conclusões

Nos limites desse apertado comentário, é possível ressaltar que o Projeto de Lei do Senado nº 236/12, ao propor a inserção na parte geral do Código Penal dos artigos 41 a 44 para responsabilizar criminalmente a pessoa jurídica, se fundamenta em opção política válida e legítima já acolhida pela Constituição da República para os crimes ambientais. A opção se mostra conveniente para o combate de outras formas relevantes de criminalidade, em especial porque direciona contra o patrimônio da corporação a obrigação de indenizar os danos causados pelo crime. Não é necessário fazer qualquer alteração na teoria do crime para viabilizar a responsabilidade da pessoa jurídica, pois a possibilidade de sua responsabilização criminal não implica o reconhecimento de *autoria* de crime por parte da corporação. Nos termos da Constituição da República e do PLS nº 236/12, só a pessoa física pode ser considerada autora ou partícipe de crime, sendo que a pessoa jurídica deve ser considerada como possível corresponsável pela prática de crime.

A responsabilidade penal da pessoa jurídica é de natureza indireta, por fato praticado pela pessoa física que age ou se omite de maneira penalmente típica, em seu nome e interesse, aplicando-se os mesmos parâmetros dogmáticos utilizados para a responsabilização civil da pessoa jurídica.

Referências

AGUIAR DIAS, José de. *Da responsabilidade civil*. Rio de Janeiro: Forense, 1997. v. I e II.

ARAÚJO JÚNIOR, João Marcelo de. *Societas delinquere potest* – revisão da legislação comparada e estado atual da doutrina. *In: Responsabilidade penal da pessoa jurídica e medidas provisórias e Direito Penal*. São Paulo: Revista dos Tribunais, 1999.

BACIGALUPO, Silvina. *Responsabilidad penal de las personas jurídicas*. Buenos Aires: Hammurabi, 2001.

BARATTA, Alessandro. Criminologia y dogmática penal, pasado y futuro del modelo integral de la ciencia penal. *In: Política criminal e reforma del sistema penal*. Bogotá: Temis, 1982.

BECCARIA, Cesare Bonesana – Marquês de. *Dos delitos e das penas*. São Paulo: Atena, 1956.

BETTIOL, Giuseppe. Direito Penal da atitude interior. *In: Revista dos Tribunais*, São Paulo, Revista dos Tribunais, v. 442, 1972.

BOBBIO, Norberto. *Dicionário de política*. Brasília: UnB, 1994

CANARIS, Claus-Wilhelm. *Pensamento sistemático e conceito de sistema na ciência do direito*. Lisboa: Fund. Calouste Gulbenkian, 1989.

COSTA NETO, Nicolao Dino de Castro e; BELO FILHO, Ney de Barros; e COSTA, Flávio Dino de Castro e. *Crimes e infrações administrativas ambientais*. Brasília: Brasília Jurídica, 2001.

DALLAGNOL, Deltan. *A luta contra a corrupção*: a lava jato e o futuro de um país marcado pela impunidade. Rio de Janeiro: Primeira Pessoa, 2017.

DIAS, Jorge de Figueiredo; ANDRADE, Manuel da Costa. *Criminologia*: o homem delinqüente e a sociedade criminógena. Coimbra: Coimbra, 1992.

DOTTI, Renê Ariel. *Curso de Direito Penal*: parte geral. Rio de Janeiro: Forense, 2001.

FERNÁNDEZ, Miguel Bajo. La responsabilidad penal de las personas jurídicas en el derecho administrativo español. *In: Responsabilidad penal de las empresas y sus órganos y responsabilidad por el producto*. Barcelona: José Maria Bosch editores, 1996, coord. S. Mir Puig e D. M. Luzón Peña.

FREITAS, Vladmir Passos; FREITAS, Gilberto Passos de. *Crimes contra a natureza*. São Paulo: Revista dos Tribunais, 2006.

GALVÃO, Fernando. *Responsabilidade penal da pessoa jurídica*. 2. ed. Belo Horizonte: Del Rey, 2003.

GALVÃO, Fernando. *Responsabilidade penal da pessoa jurídica*. 4. ed. Belo Horizonte: D´Plácido, 2017.

HABERMAS, Jürgen. *Teoria de la acción comunicativa II*: Crítica de la razón funcionalista. Tradução de Manuel Jimenéz Redondo. Madri: Taurus, 1987.

IHERING, Rudolf Von. *A finalidade do direito*. Tradução de José Antônio Faria Corrêa. Rio de Janeiro: Rio, 1979. v. I.

KIST, Ataides. *Responsabilidade penal da pessoa jurídica*. São Paulo: LED-Editora de Direito, 1999.

MAURACH, Reinhart. *Derecho Penal:* parte general. Atualizado por Heinz Zipf e traduzido por Jorge Bofill Genzsch e Enrique Aimone Gibson. Buenos Aires: Astrea, 1994. v. 1.

MEIRELLES, Hely Lopes. *Direito Administrativo brasileiro*. São Paulo: Malheiros, 1995.

PIERANGELLI, José Henrique. *Códigos penais do Brasil:* evolução histórica. Bauru: Jalovi, 1980.

ROSS, Alf. *Sobre el derecho y la Justicia*. Tradução de Genaro R. Carrió. Buenos Aires: Eudeba, 1994.

ROXIN, Claus. *Política criminal y estructura del delito*: elementos de delito en la base a la política criminal. Tradução de Juan Bustos Ramírez e Hernán Hormazábal Malarée. Barcelona: PPU, 1992.

RUSCONI, Maximiliano A. *Sistema del hecho punible y política criminal*. Buenos Aires: Ad-Hoc, 1995.

SALES, Sheila Jorge Selim de. *Do sujeito ativo*. Belo Horizonte: Del Rey, 1993.

SCHECAIRA, Sérgio Salomão. *Responsabilidade penal da pessoa jurídica*. 2. ed. São Paulo: Método, 2003.

TELLES JR., Alcides. *Discurso, linguagem e Justiça*. São Paulo: Revista dos Tribunais, 1986.

THOMPSON, Augusto Frederico G. *Quem são os criminosos*? Rio de Janeiro: Achiamé, 1983.

TIEDEMANN, Klaus. Responsabilidad penal de personas jurídicas y empresas en derecho comparado. *Revista Brasileira de Ciências Criminais*. São Paulo, Revista dos Tribunais, v. 11, 1995.

ZAFFARONI, Eugênio Raúl. *Tratado de Derecho Penal:* parte general. Buenos Aires: Ediar, 1981. t. III.

XV CONGRESSO INTERNACIONAL DE DIREITO PENAL. Delitos contra o meio ambiente – aplicação da parte geral. REVISTA BRASILEIRA DE CIÊNCIAS CRIMINAIS. São Paulo: Revista dos Tribunais, ano 2, n. 8, outubro-dezembro de 1994.

Informação bibliográfica deste texto, conforme a NBR 6023:2002 da Associação Brasileira de Normas Técnicas (ABNT):

ROCHA, Fernando A. N. Galvão da. A responsabilidade penal da pessoa jurídica por crime de corrupção na proposta de novo código penal *In:* : FORTINI, Cristiana (Coord.). *Corrupção e seus múltiplos enfoques jurídicos.* Belo Horizonte: Fórum, 2018. p. 315-337. ISBN: 978-85-450-0422-6.

RESPONSABILIDADE CORPORATIVA E *COMPLIANCE*: NOVAS ESTRATÉGIAS DE PREVENÇÃO À CRIMINALIDADE ECONÔMICA

FELIPE MARTINS PINTO

PAULA ROCHA GOUVÊA BRENER

Introdução

Os programas de *compliance*[1] são sistemas de organização corporativa que implicam a adoção de um conjunto de medidas para assegurar internamente o cumprimento normativo, bem como evitar e combater a corrupção. São estruturados não só para prevenir violações à lei, mas também para minimizar os danos delas decorrentes, caso venham a ocorrer. Esses sistemas têm ganhado relevante atenção na seara penal como técnica de prevenção à criminalidade na atual sociedade dos riscos.

A sociedade vive um período de vertiginoso desenvolvimento tecnológico, com consequente complexificação das operações econômicas e financeiras, inseridas no intenso processo de globalização, o que

---

[1] Vale chamar atenção para o fato de que os programas de *compliance* são instrumentos utilizados nas diferentes searas do direito, podem se voltar para o direito ambiental, trabalhista, administrativo, societário, entre outros. Para o presente trabalho apenas será relevante análise do *compliance* sob a ótica criminal.

propicia a circulação de mercadorias e do capital com grande fluidez. Inevitavelmente, esse processo estende seus reflexos sobre a criminalidade, que alcança dimensões novas e surpreendentes.

Nesse cenário, as tradicionais medidas reação e apuração de crime se tornaram menos capazes de alcançar os objetivos para os quais foram desenvolvidas, consequentemente, nos últimos anos, diversas propostas têm surgido com o propósito de manter efetivos o Direito e o Processo Penal. Dessa forma, surgem estudos e discussões sobre conceitos de bens jurídicos coletivos e difusos, teoria da cegueira deliberada, teorias de infração dos deveres e dos crimes omissivos impróprios, novas formas de responsabilização de gestores, controladores e da própria pessoa jurídica, além de novos meios de sanção.

O presente trabalho buscará lançar luz sobre uma das técnicas que têm sido desenvolvidas para prevenir e combater práticas ilícitas, os *compliance programs*. Em uma tradução literal para o português, os denominados programas de cumprimento vêm se efetivando no meio corporativo e ganhando destaque teórico. Sua relevância se justifica por seu caráter preventivo, o qual busca justamente reduzir os riscos de se perpetrarem atos delitivos. Nesse sentido, a definição de Ana Maria Neira:

> Los compliance programs son sistemas organizativos que incluyen principios, reglas, procedimientos e instrumentos orientados a asegurar el cumplimiento de la legalidad en el desarrollo de las actividades de una organización, mientras que los criminal compliance programas, en los que se centra este trabajo, constituyen sistemas de organización empresarial, que también tienden a garantizar el cumplimiento normativo, si bien limitados a asegurar la observancia de la normativa jurídico-penal por parte de la empresa.[2]

O trabalho se estruturará da seguinte forma: em um primeiro tópico será apresentada uma breve contextualização histórica da formação do cenário propício para o surgimento do sistema de autorregulação regulada. No segundo ponto, será aprofundado o estudo sobre a adoção do *compliance criminal*, sua estruturação e seus requisitos legais. Em um terceiro momento serão apresentados os novos contornos da responsabilidade dos gestores empresariais, análise essencial para que se compreenda a forma pela qual funcionam os programas de integridade. Por fim, no quarto tópico, será apresentado o papel dos sistemas de *compliance criminal* para a individualização e afastamento

---

[2] NEIRA, Ana Maria. La efectividad de los criminal compliance programs como objeto de prueba em el processo penal. *Política Criminal*, v.11, n.22, p.467-520, dez. 2016, p.469.

de responsabilidade, aspectos que o tornam instrumento interessante também para os empresários.

1 Contextualização: sociedade de riscos e autorregulação regulada

Com a modernidade, a sociedade capitalista vivenciou um enorme desenvolvimento tecnológico, marcado pelo intenso processo de globalização econômica. Neste cenário, cumula-se a facilidade para a circulação de informações, mercadorias e especialmente do capital financeiro, o qual se torna fluido e mundializado. Esse processo, no entanto, acarretou o inevitável enfraquecimento do sistema financeiro, vulnerável e mesmo subordinado à competitividade global e aos movimentos corporativos, cada dia mais complexos. Destaca-se a lição de Leandro Sarcerdo:

> De fato, a maior eficiência e as possibilidades surgidas a partir das mudanças proporcionadas pela integração informacional foram enormes, mas, em contrapartida, tornaram mais frágil todo o sistema financeiro, em vista de sua própria integração e interdependência, geradores de reações em cadeia, com efeito multiplicador, quando do surgimento de vulnerabilidades ou crises, o que se agravava por se tratar de um setor já altamente concentrado e que se concentrava ainda mais a cada dia.[3]

Nesse contexto de desenvolvimento, com a adoção de um imperativo econômico-financeiro neoliberal a partir de meados dos anos 80, a economia globalizada enfrentou um processo de forte desregulamentação. A sociedade demandava um Estado mais afastado, apenas excepcionalmente habilitado a intervir, por meio seu aparato repressivo. Assim, adotou-se como forma de regulamentação de mercado a autorregulação, com destaque para as agências reguladoras de Direito Privado.

No entanto, o enfraquecimento do sistema financeiro, acompanhado da crescente desregulamentação, criou o cenário propício para a proliferação de fraudes. O desmantelamento, a partir dos anos 2000, de complexas estruturas criminais corporativas globalizadas, bem como seus severos efeitos sobre a economia mundial, lançou luz sobre

---

[3] SARCEDO, Leandro. *Compliance e responsabilidade penal da pessoa jurídica*: construção de um novo modelo de imputação baseado na culpabilidade corporativa. São Paulo: LiberArs, 2016, p.21.

o problema da criminalidade econômica corporativa e da lavagem de capitais, demonstrando a falibilidade do sistema desregulamentado.[4] A crise mundial desencadeada em 2008 pelas fraudes ao sistema financeiro nos Estados Unidos deixou claro que a autorregulação não surtiu os pretendidos efeitos de prevenção à criminalidade empresarial. Os auditores externos não eram dotados da independência necessária, as agências não dispunham de aparato repressivo para enfrentamento dos crimes ou para a concretização material de suas normas técnicas e muitas vezes tomavam parte nos esquemas fraudulentos. Assim o diagnóstico de Sarcerdo:

> Tais constatações mostram-se importantes porque propiciam os primeiros questionamentos a respeito da eficácia da autorregulação livre de qualquer intervenção ou regulamentação estatal, isto é, da real e efetiva capacidade de os atores econômico-financeiros se autorregularem e prevenirem a ocorrência de ilícitos, já que as empresas de auditoria, que teriam, em tese, o dever de apontar fraudes e riscos desnecessário na condução dos negócios das empresas que as contratam, acabam não agindo dessa forma, mas, ao contrário, coonestam com práticas ilícitas, cooptadas que são pelo próprio valor de seus honorários.[5]

É nesse contexto da percepção da fragilidade do sistema autorregulatório e da descoberta de grandes fraudes globais e de massivo branqueamento de capitais que ganha destaque a técnica de uma autorregulação regulada, isto é, os sistemas de *compliance*.[6]

2 *Compliance* como instrumento preventivo

A falibilidade da autorregulação não levou à imediata volta do intervencionismo estatal, uma vez que também esse modelo era tido

---

[4] Ilustram esse diagnóstico os casos Enron (2001), WorldCom (2003),a crise das subprimes (2008) e o caso Volkswagen (2015) nos Estados Unidos, o caso Parmalat na Itália (2003), do Banco Barings (1995) na Inglaterra. O mesmo diagnóstico se aplica ao Brasil, tendo o problema ganhado atenção nacional após os casos do Mensalão (2005) e da Operação Lava Jato.

[5] SARCEDO, Leandro. *Compliance e responsabilidade penal da pessoa jurídica*: construção de um novo modelo de imputação baseado na culpabilidade corporativa. São Paulo: LiberArs, 2016, p.24.

[6] Vale notar que os diplomas normativos que inicialmente dispõem sobre o *compliance criminal*, nos mais diversos Estados, são os diplomas que tratam dos crimes de corrupção e lavagem de dinheiro, haja vista a origem dessa técnica e seu especial potencial para a prevenção desse tipo de crime. Com as grandes fraudes, eclodem disposições normativas de enfrentamento à corrupção em diversos Estados. Destaca-se aqui a Convenção da OCDE (1997), o FCPA (1977) e a Lei Sarbanes-Oxley (2002) nos Estados Unidos, o UK Bribery Act (2010) na Inglaterra e a Lei de combate à corrupção (2013) no Brasil.

por insuficiente para o enfrentamento da criminalidade empresarial. O aparato repressivo estatal é estruturado para a reação diante dos crimes, ou seja, *a posteriori*, o que deixa vulnerável a ordem econômica e financeira aos efeitos dos delitos empresariais em questão. Era necessário desenvolver formas de prevenção e redução de riscos sobre a ocorrência de ilícitos, formas de reduzir seus efeitos danosos. Assim,

> [g]anha importância a ideia de que devem existir nas corporações, estruturas especialmente criadas com a finalidade de dar cumprimento às obrigações legais incidentes sobre cada um dos ramos da atividade econômica e/ou financeira, bem como de fiscalizar e impedir as iniciativas em sentido contrário, tudo dentro de um sistema que tem como objetivo principal fazer a gestão do risco empresarial. São as chamadas estruturas de cumprimento, ou, na forma como são mais conhecidas, estruturas de *compliance*.[7]

Os programas de integridade, denominação adotada pela legislação brasileira[8] para se referir aos *compliances*, têm por objetivo criar uma nova cultura empresarial, voltada para o cumprimento das normas por meio do fortalecimento dos canais de comunicação entre as sociedades empresariais, o governo e a sociedade civil, promovendo a integridade e a transparência como elementos fundamentais do sistema. Nesse sentido Renato de Mello Jorge Silveira:

> Essa cultura, de fato, não é senão a expressão da delegação, às empresas, das funções de prevenção de ilícitos (vigilância em sentido amplo), próprias que são do Estado. As empresas, por sua parte, assumem essa delegação mediante a adoção de medidas de autorregulação (regulada), genericamente tidas como programas de cumprimento.[9]

Para assegurar a eficácia dessa política criminal, os empresários terão sua responsabilidade criminal limitada ou mesmo afastada como contrapartida à adoção desses sistemas.[10] Essa contrapartida, entretanto, dependerá da avaliação da eficácia do programa adotado pela pessoa jurídica, o que se torna elemento de discussão e prova nos processos.

---

[7] SARCEDO, Leandro. *Compliance e responsabilidade penal da pessoa jurídica*: construção de um novo modelo de imputação baseado na culpabilidade corporativa. São Paulo: LiberArs, 2016, p.13.

[8] Os sistemas de *compliance* estão previstos na Lei nº 12.846/2013 como "mecanismos e procedimentos internos de integridade", no Decreto nº 55.107/2014 da Prefeitura de São Paulo como "Programa de Conformidade" e no Decreto nº 8.420/2015 como "programa de integridade".

[9] SILVEIRA, Renato de Mello Jorge; SAAD-DINIZ, Eduardo. *Compliance, Direito Penal e Lei Anticorrupção*, São Paulo: Saraiva, 2015, p.135.

[10] Este ponto será trabalhado mais à frente.

Conforme as determinações legais,[11] a avaliação desses programas levará em consideração sua forma de estruturação e o comprometimento da alta direção da pessoa jurídica com o seu cumprimento. Essa estruturação do *compliance* se concentrará na gestão dos riscos envolvidos na atividade daquela pessoa jurídica específica, o que demanda a realização de uma análise das vulnerabilidades para a adequada gestão dos riscos de uma sociedade empresária. Para tanto, deve-se considerar a quantidade de funcionários, a complexidade interna, o envolvimento de terceiros nas atividades empresariais, o setor de atuação, o número de países em que atua a pessoa jurídica e sua integração com o poder público. Destaca-se que esses instrumentos deverão ser adotados de forma efetiva e com seriedade, não sendo admitido seu mero estabelecimento simbólico entre as políticas das sociedades empresariais.

Outro critério de avaliação adotado pela lei é a exigência de que o programa de *compliance* seja continuamente monitorado pelos órgãos da administração, que devem verificar a efetiva aplicação e correto funcionamento do sistema, aperfeiçoando-o quando identificadas falhas em sua estrutura. Demanda-se, ainda, que periodicamente sejam reanalisados os riscos envolvidos na atividade da empresa e atualizado o sistema de *compliance* para sua adequação à amplitude dos riscos empresariais. Diagnosticado o risco, tem-se que

> El contenido del deber de garantía del empresario respecto a los riesgos en el seno de la empresa se concreta en la adopción de medidas de seguridad complementarias, y en la adopción de medidas de salvamento. Las primeras tienen por objeto evitar que los focos de peligro eleven el nivel de riesgo inicial inherente a los mismos. Las segundas deben sustraer a las personas de la esfera de eficacia del riesgo cuando este ya se ha convertido en un peligro concreto e inminente para los bienes jurídicos.[12]

Assim, a legislação impõe como medidas de seguridade a adoção de padrões de conduta e de um código de ética interno e para terceiros, a realização de treinamentos dos funcionários, a precisão e completude dos registros contábeis da sociedade, diligências apropriadas para a

---

[11] Previstas na Lei nº 12.846/2013, no Decreto nº 55.107/2014 da Prefeitura de São Paulo e no Decreto nº 8.420/2015. Para maior detalhamento sugere-se o manual da CGU sobre o programa de integridade, vide: *A responsabilidade social das empresas no combate à corrupção*. Organizado pela Controladoria Geral da União, Instituto ETHOS de empresas e responsabilidade social. Disponível em: <http://www.cgu.gov.br/Publicacoes/etica-e-integridade/arquivos/manualrespsocialempresas_baixa.pdf>. Acesso em: 23 ago. 2016, p.33.

[12] DEMETRIO CRESPO, Eduardo. Sobre la posición de garante del empresario por la no evitación de delitos cometidos por sus empleados, CIIDPE, Parte Especial del Derecho Penal Economico, out. 2014. Disponível em: <http://www.ciidpe.com.ar/?p=322>. Acesso em: 06 jun. 2017.

contratação e supervisão de terceiros e transparência das doações da pessoa jurídica a políticos. Destaca-se, ainda, a criação de canais de comunicação para notificação de irregularidades. Para o funcionamento desses canais, a lei ressalta a importância de que seja assegurada a proteção dos denunciantes de boa-fé contra quaisquer reprimendas internas.

No caso de os riscos se converterem em um perigo concreto, tem-se a criação de procedimentos específicos para a mitigação e contenção. Nesse sentido, é necessária a independência da estrutura ou autoridade interna responsável pela aplicação e fiscalização do sistema de *compliance*, a qual será responsável nesses casos pela apuração de irregularidades e pela aplicação de medidas disciplinares aos envolvidos.

Compreendida a estruturação do *compliance* como instrumento de autorregulação, cumpre analisar as contrapartidas, os efeitos e consequências da adoção desses programas. A análise dessa regulação demanda antes a investigação do *compliance* diante das novas configurações da responsabilidade corporativa.

3 Novos contornos da responsabilidade dos gestores empresariais

O desenvolvimento e complexificação da criminalidade levaram a uma evolução também das teorias acerca da responsabilização criminal. Ao analisar as organizações corporativas, em especial diante do interesse em dar efetividade a sistemas de controle interno, busca-se a responsabilização dos gestores, seja por atos diretamente executados, seja por atos de terceiros.

Não há dificuldades em observar a responsabilidade dos gestores que diretamente cometem crimes. Trata-se dos casos clássicos, sem maior complexidade. A dificuldade surge quando se analisa uma sociedade empresarial complexa, com múltiplos gestores, grande número de subsidiárias, estruturas globalizadas e marcadas pelo grande número de funcionários, operações e fluxos de capitais. Inevitável o risco de que algum dos envolvidos nas operações da empresa venha a se envolver em atos ilícitos. Esse envolvimento, no entanto, no cenário já diagnosticado acima, gera efeitos gravíssimos à economia e ao sistema financeiro de um país.

Diante dos insatisfatórios resultados no enfrentamento desses crimes, surge uma gama de teorias que buscam a solução para o problema, criminalizando o risco empresarial e atribuindo responsabilidade aos gestores por atos de terceiros. Essas teorias são criticadas por diversos doutrinadores pela difícil conciliação com as disposições constitucionais, e mesmo por sua eficácia. No entanto, fato é que elas vêm sendo amplamente adotadas nos tribunais nacionais, o que torna necessário um estudo crítico, tendo sempre em vista que "[n]ão pode ser exigível um dever ilimitado de vigilância dos sócios ou do setor de *compliance* pelos delitos cometidos por funcionários".[13]

Das diversas teorias[14] desenvolvidas para o enfrentamento desse problema, destacam-se três: a) responsabilidade pela autoria mediata; b) responsabilidade pela coautoria; c) responsabilidade pela via omissiva.

A solução oferecida pela teoria da autoria mediata não parece adequada em se tratando dos crimes econômicos e empresariais. Isso porque, para se configurar uma hipótese de domínio do fato, o subordinado deve se enquadrar em uma situação de erro de tipo ou inimputabilidade, o que não ocorre na criminalidade econômica e empresarial. Conforme lição do próprio criador dessa teoria, Claus Roxin, não há que se falar em domínio de organização também pelo motivo de que o suposto indutor não tomou qualquer decisão acerca da execução do fato. Nesses casos, apenas o terceiro toma as decisões determinantes acerca da realização da conduta e de fato performa os atos executórios.[15]

Conforme o autor, faltam inúmeros requisitos da teoria do domínio do fato para que se fundamente a autoria mediata na organização das empresas. O aparato de poder ou a hierarquia organizacional da empresa não estão à margem do ordenamento jurídico, pelo contrário, são estruturas de poder regulamentadas por ele. Também não há que se falar em fungibilidade dos funcionários que realizam os delitos. Por fim, os membros da sociedade empresarial não encontram ampla disponibilidade ao fato criminoso, isto é, esses crimes são altamente reprovados pela sociedade e são efetivamente punidos uma vez descobertos.[16] Desarte, não parece possível aplicar a teoria do domínio do fato a essa seara, pois faltantes os seus requisitos.[17]

---

[13] COSTA, Victor Cezar Rodrigues da Silva; RIBEIRO, Leo Maciel Junqueira. Critérios e limites para a responsabilização penal dos gestores empresariais. *Boletim IBCCRIM*, ano 25, n. 294, p.10-12, maio 2017, p.10.

[14] Aqui foi escolhido um recorte voltado para a aplicação e efeitos do *compliance*. No entanto, diversas outras teorias estão sendo desenvolvidas para o enfrentamento do problema: teoria da cegueira deliberada, teorias da responsabilidade penal da pessoa jurídica, dentre outras.

[15] ROXIN, Claus. El dominio de organización como forma independiente de autoría mediata. Tradução de Justa Goméz Navajas. *Revista Penal*, n. 18, p.243, 2006.

[16] Para maior aprofundamento, *vide*: ROXIN, Claus, El dominio de organización como forma independiente de autoría mediata. Tradução de Justa Goméz Navajas. *Revista Penal*, n. 18, p.245, 2006.

[17] Nesse sentido também: DEMETRIO CRESPO, Eduardo. Sobre la posición de garante del empresário por la no evitación de delitos cometidos por sus empleados, CIIDPE, Parte Especial del Derecho Penal Economico, out. 2014. Disponível em: <http://www.ciidpe. com.ar/?p=322>. Acesso em: 06 jun. 2017.

Aparenta ser igualmente insustentável a solução da coautoria, haja vista não praticar o gestor corporativo nenhum ato executório. Não há, ainda, "uma colaboração com repartição de trabalho mediante colaborações entrelaçadas em relação ao fato, o que comumente se considera como o critério central da coautoria".[18] Ademais, difícil trabalhar no plano da coautoria sem que se identifique uma união de desígnios entre os coautores. Considera-se, portanto, inadequada a teoria da coautoria como melhor forma de responsabilização criminal para os delitos em estudo.[19]

Das teorias apresentadas, portanto, acredita-se que a única que se amolda adequadamente ao sistema penal brasileiro e à realidade corporativa é a teoria estruturada sobre a comissão por omissão, motivo pelo qual o presente trabalho se concentrará sobre ela.[20]

A teoria dos crimes omissivos se volta para a responsabilização dos membros dos órgãos diretivos das sociedades empresariais que não fizeram o exigível para evitar a ocorrência dos atos lesivos. Para essa configuração, necessário considerar que os empresários se encontram numa posição de garante, "assumindo um dever de vigilância para com os acontecimentos dados naquela dimensão empresarial"[21]. À administração das empresas caberia uma posição institucional de dever no sentido da evitação dos delitos cometidos por seus empregados.[22]

Trata-se aqui de uma responsabilidade penal por omissão a título individual dos gestores da empresa, a qual deve estar fundamenta no artigo 13, §2º, do Código Penal brasileiro, o qual determina que será penalmente relevante a omissão "quando o omitente devia e podia agir

---

[18] Tradução livre do excerto original: "una colaboración con reparto de trabajo mediante aportaciones al hecho entrelazadas, lo que comúnmente se considera como el criterio central de la coautoría" (ROXIN, Claus. El dominio de organización como forma independiente de autoría mediata. Tradução de Justa Goméz Navajas, *Revista Penal*, n. 18, p. 243, 2006).

[19] DEMETRIO CRESPO, Eduardo. Sobre la posición de garante del empresario por la no evitación de delitos cometidos por sus empleados, CIIDPE, Parte Especial del Derecho Penal Economico, out. 2014. Disponível em: <http://www.ciidpe.com.ar/?p=322>. Acesso em: 06 jun. 2017.

[20] Nesse mesmo sentido se posicionam: DEMETRIO CRESPO, Eduardo. Sobre la posición de garante del empresario por la no evitación de delitos cometidos por sus empleados, CIIDPE, Parte Especial del Derecho Penal Economico, out. 2014. Disponível em: <http://www.ciidpe.com.ar/?p=322>. Acesso em: 06 jun. 2017.

[21] SILVEIRA, Renato de Mello Jorge; SAAD-DINIZ, Eduardo. *Compliance, Direito Penal e Lei Anticorrupção*. São Paulo: Saraiva, 2015, p.130.

[22] Nesse sentido: SILVEIRA, Renato de Mello Jorge; SAAD-DINIZ, Eduardo. *Compliance, Direito Penal e Lei Anticorrupção*, São Paulo: Saraiva, 2015, p.145/146 e DEMETRIO CRESPO, Eduardo. Sobre la posición de garante del empresario por la no evitación de delitos cometidos por sus empleados, CIIDPE, Parte Especial del Derecho Penal Economico, out. 2014. Disponível em: <http://www.ciidpe.com.ar/?p=322>. Acesso em: 06 jun. 2017.

para evitar o resultado". Em seguida, determina os requisitos para a configuração do dever de agir os quais: "a) tenha por lei obrigação de cuidado, proteção ou vigilância; b) de outra forma, assumiu a responsabilidade de impedir o resultado; c) com seu comportamento anterior, criou o risco da ocorrência do resultado".

Em âmbito corporativo, esse dever de garante se fundamenta na existência de obrigações jurídicas específicas derivadas de normas extrapenais. Essa posição de garante se volta para o dever de vigilância de uma fonte específica de perigo, os riscos empresariais. Assim, só há responsabilidade penal por omissão imprópria quando o sujeito estiver obrigado a vigiar um foco de perigo preexistente e atuar para a adoção e medidas de precaução.[23]

Conforme Demetrio Crespo, são duas as vertentes que devem ser consideradas para que se verifique se há a infração desse dever. A primeira delas remete à realização de um ato anterior permitido que incremente o risco de um foco de perigo preexistente. Alternativamente, pode se amparar na competência organizativa da sociedade empresarial, ou no domínio sobre a fonte de perigo.

Vale ressaltar que essa responsabilização deve se limitar aos atos de terceiro que beneficiam a sociedade empresarial, e não consistam em mero beneficiamento pessoal do terceiro que comete o ato. Nesse sentido, o posicionamento de Demetrio Crespo, *in verbis*: "Esta posición de garante no implicaría en cualquier caso la obligación de evitar cualquier delito cometido en la empresa, sino sólo los llamados delitos vinculados al establecimiento".[24]

Além disso, deve-se ter em mente que só há que se falar em responsabilidade dos gestores quando deixarem de adotar as medidas de seguridade exigidas pela lei.[25] Se adotados todos os cuidados no sentido da evitação dos delitos pelos terceiros, não será possível a sua responsabilização. É nesse ponto que se mostra relevante o programa de integridade.

---

[23] DEMETRIO CRESPO, Eduardo. Sobre la posición de garante del empresário por la no evitación de delitos cometidos por sus empleados, CIIDPE, Parte Especial del Derecho Penal Economico, out. 2014. Disponível em: <http://www.ciidpe.com.ar/?p=322>. Acesso em: 06 jun. 2017.

[24] DEMETRIO CRESPO, Eduardo. Sobre la posición de garante del empresário por la no evitación de delitos cometidos por sus empleados, CIIDPE, Parte Especial del Derecho Penal Economico, out. 2014. Disponível em: <http://www.ciidpe.com.ar/?p=322>. Acesso em: 06 jun. 2017.

[25] DEMETRIO CRESPO, Eduardo. Sobre la posición de garante del empresário por la no evitación de delitos cometidos por sus empleados, CIIDPE, Parte Especial del Derecho Penal Economico, out. 2014. Disponível em: <http://www.ciidpe.com.ar/?p=322>. Acesso em: 06 jun. 2017.

4 Individualização de responsabilidade e afastamento de tipicidade

Se ao Estado interessa a adoção de uma nova cultura empresarial de autorregulação, também aos gestores é proveitoso esse comprometimento. Isso devido ao papel do *compliance* no afastamento de sua responsabilização. As consequências para os gestores com a adoção desses sistemas apresentam três principais efeitos, que serão apresentados a seguir: a delegação de responsabilidades a terceiros, o efeito na redução das penas e o afastamento da tipicidade.

Quanto à questão da delegação de responsabilidade, trata-se da ideia de que a administração da empresa poderia restringir sua responsabilização na medida em que delega seus deveres empresariais a um órgão específico, responsável exclusivamente pela gestão dos riscos da empresa, fiscalização e organização interna preventiva: os *compliance officers*. Adotando-se essa estrutura, não mais se responsabilizaria todo o conselho administrativo da sociedade empresarial, mas estaria individualmente responsável aquele que assumiu o papel de garante.[26]

Essa estratégia dos gestores tem surtido poucos efeitos, haja vista a adoção pelos tribunais de teorias como a da cegueira deliberada e da nova responsabilidade do empresário de assegurar o bom funcionamento dos *compliance officers*. Permanecem responsabilizados os gestores e os delegatários, tendo em vista que:

> Al mismo tiempo, de la delegación surge la obligación para el empresario de no incrementar a través de la misma el riesgo de lesión para bienes jurídicos de terceros, actuando frente a los peligros conocidos en el momento en que se produce la delegación, o frente a los que resulten conocidos posteriormente. Se dice, pues, que se produce una mutación, de modo que la delegación convierte al sujeto en quien recae en destinatario de la norma penal, mientras que la obligación original del delegante se transforma en un deber de controlar su cumplimiento por parte de otro.[27]

Quanto aos efeitos da adoção dos programas de integridade na dosimetria das sanções civis e penais, é questão expressamente postulada na Lei nº 12.846/2013, popularmente denominada Lei de Combate à Corrupção. Assim, as empresas que adotam esses sistemas em momento

---

[26] SILVEIRA, Renato de Mello Jorge; SAAD-DINIZ, Eduardo. *Compliance, Direito Penal e Lei Anticorrupção*. São Paulo: Saraiva, 2015, p.132 a 141.

[27] DEMETRIO CRESPO, Eduardo. Sobre la posición de garante del empresario por la no evitación de delitos cometidos por sus empleados, CIIDPE, Parte Especial del Derecho Penal Economico, out. 2014. Disponível em: <http://www.ciidpe.com.ar/?p=322>. Acesso em: 06 jun. 2017.

anterior ao crime, desde que supridos os requisitos normativos para a sua estruturação, terão suas multas reduzidas e as penas dos gestores amenizadas.

No entanto, mais do que uma mera redução de penas, ao analisar o papel do *compliance* na redução dos riscos empresariais e na intensificação da função dos gestores no sentido de fiscalizar e prevenir a criminalidade, tem-se que tais programas devem apresentar efeitos de real afastamento de tipicidade. Afinal, "la entidade que cuenta con un modelo de prevención de delitos eficaz, no omitió los controles debidos sobre sus empleados en el caso concreto y, por lo tanto, no debe responder por las actuaciones de aquellos".[28]

À luz da teoria da imputação objetiva, não restam dúvidas de que o empresário que exerce seus deveres de vigilância dentro da esfera do possível, que concretamente reduz riscos dentro de sua capacidade de atuação para impedir os resultados deve ter sua imputação afastada pela atipicidade, pois estaria atuando dentro de uma esfera de risco permitido. Nesse sentido a lição de Renato de Mello Jorge Silveira:

> Observe-se, assim, que ao substituir o defeito de organização empresarial por uma correta organização, o que se está a fazer, em verdade, é estipular um risco permitido por parte da empresa, e, portanto, afastando-se a tipicidade, e não meramente abrandando uma responsabilidade. Ter-se-ia, sim, uma eximente pré-constituída.[29]

A partir dessa análise, inevitável a conclusão de que a adoção por um gestor de um sistema de *compliance* eficaz, voltado para o cumprimento normativo e redução dos riscos concretamente analisados para aquela sociedade empresarial, representaria uma causa de exclusão da tipicidade penal.[30] Sua conduta não é meramente neutra, mas ativamente voltada para a redução dos riscos.[31]

---

[28] NEIRA, Ana Maria. La efectividad de los criminal compliance programs como objeto de prueba em el proceso penal. *Política Criminal*, v. 11, n. 22, p.467-520, dez. 2016, p.482.

[29] SILVEIRA, Renato de Mello Jorge; SAAD-DINIZ, Eduardo. *Compliance, Direito Penal e Lei Anticorrupção*. São Paulo: Saraiva, 2015, p. 148.

[30] Nota-se que em uma perspectiva de direito comparado, que o potencial do sistema de *compliance* gerar o afastamento da tipicidade penal é reconhecido em diversos sistemas legais. Destaca-se aqui o sistema espanhol e chileno, também sistemas de *civil law*. Para maior aprofundamento no tema ver: NEIRA, Ana Maria. La efectividad de los criminal compliance programs como objeto de prueba no el processo penal. *Política Criminal*, v. 11, n. 22, p.467-520, dez. 2016, p.477 a 481.

[31] Ressalta-se que a atuação voltada para a redução dos riscos é elemento que afasta a tipicidade tanto na teoria da imputação objetiva de Claus Roxin (ROXIN, Claus. *Funcionalismo e imputação objetiva no direito penal*. Tradução de Luís Greco. 3. ed. Rio de Janeiro: Renovar, 2002)*, quanto na de Günther Jakobs (JAKOBS, Günther. *A imputação objetiva no direito penal*. Tradução de André Luís Callegari, São Paulo: Revista dos Tribunais, 2000).

Vale ressaltar que essa análise deve ser empreendida para cada um dos sócios separadamente e considerando a complexidade da estrutura empresarial da contemporaneidade.[32] Além disso, deve ser analisada a própria eficácia desses sistemas, somente afastando a responsabilidade quando de fato funcionalizados, e não apenas estruturados simbolicamente para a obtenção de vantagens.

Mesmo a adoção de um programa de cumprimento após a ocorrência de delitos deve ser valorada em benefício dos empresários ao longo do processo penal. Será relevante instrumento quando ponderada a determinação de medidas cautelares e preventivas, visando à neutralização delitiva. Afinal, com a instauração de um *compliance* eficaz não mais se pode falar em *periculum in mora* ou *periculum in libertatis*, em risco à ordem pública ou à ordem econômica. O próprio programa opera para evitar a reiteração de condutas delitivas.[33]

A leitura do *compliance* ainda será firmada nos tribunais brasileiros, o que demanda por parte dos operadores do Direito Penal e da doutrina o desenvolvimento teórico e o trabalho probatório em contraditório para que a mais correta consideração do tema seja feita pela jurisprudência pátria. Afinal, a regulação desses instrumentos autorregulatórios ocorrerá nas cortes penais e somente reconhecendo os efeitos benéficos à administração das sociedades empresariais pela adoção desses programas é que se consolidará essa nova cultura corporativa.

5 Considerações finais

Os atuais desafios para o enfrentamento da criminalidade, especialmente em relação aos crimes contra a ordem econômica e o sistema financeiro, se concentram no desenvolvimento de novas estratégias que acompanhem o desenvolvimento dessas atividades e sua

---

[32] COSTA, Victor Cezar Rodrigues da Silva; RIBEIRO, Leo Maciel Junqueira. Critérios e limites para a responsabilização penal dos gestores empresariais. *Boletim IBCCRIM*, ano 25, n. 294, p.10-12, maio 2017, p. 11.

[33] Interessante notar que em alguns sistemas jurídicos a adoção de um sistema de *compliance* em momento posterior ao cometimento de delitos é elemento que justifica a redução das penas aplicadas, nesse sentido o ordenamento Espanhol. Conforme Ana Maria Neira: "Siguiendo con los efectos ligados a la adopción de un modelo eficaz de prevención de delitos, se aprecia que el programa de cumplimiento, adoptado con posterioridad a la comisión del delito, pero antes de la celebración del juicio, serviría para atenuar la pena de la entidad (arts. 12.2.b) D. Lgs. 231, 31 quater d) CP, 6º. 3) Ley 20.393). Esta reducción de la pena se aplicaría tanto al montante de la multa como a la duración o intensidad del resto de penas restrictivas de derechos, cuya imposición podría, incluso, llegar a evitarse". (La efectividad de los criminal compliance programs como objeto de prueba en el proceso penal. *Política Criminal*, v. 11, n. 22, p. 467-520, dez. 2016, p. 483).

crescente complexificação. O sistema de *compliance criminal* parece ser um interessante mecanismo que se presta a essa finalidade, dado o alto potencial da autorregulação regulada em atuar de forma preventiva no âmbito corporativo. Destarte, se estruturado com seriedade, possui esse mecanismo relevante potencial para prevenir e combater a criminalidade econômica, empresarial e a corrupção, formando-se uma nova cultura corporativa, um novo padrão normalizado de comportamento menos tendente às condutas negativamente valoradas pelo ordenamento. A eficácia dessa nova forma de regulação dependerá, para tanto, do engajamento das empresas e do comprometimento da Advocacia, do Poder Judiciário e do Ministério Público ao adequado tratamento do instituto, respeitando seus efeitos no sentido de individualização de responsabilidade e afastamento de tipicidade.

Referências

BAER, Miriam Hechler. Governing Corporate Compliance. *Boston College Law Review*, v.50, n.4, issue 4, p.949-1019, set. 2009.

BENEDETTI, Carla Rahal. *Criminal compliance*, instrumento de prevenção criminal corporativa e transferência de responsabilidade penal. São Paulo: Quartier Latin, 2014.

COSTA, Victor Cezar Rodrigues da Silva; RIBEIRO, Leo Maciel Junqueira. Critérios e limites para a responsabilização penal dos gestores empresariais, *Boletim IBCCRIM*, ano 25, n. 294, p.10-12, maio 2017.

DEMETRIO CRESPO, Eduardo. Sobre la posición de garante del empresário por la no evitación de delitos cometidos por sus empleados. CIIDPE, Parte Especial del Derecho Penal Economico, out. 2014. Disponível em: <http://www.ciidpe.com.ar/?p=322>. Acesso em: 06/06/2017.

GRUPO DE TRABALHO DO PACTO EMPRESRIAL PELA INTEGRIDADE CONTRA A CORRUPÇÃO. *A responsabilidade social das empresas no combate à corrupção.* Desenvolvido pelo Instituto ETHOS de empresas e responsabilidade social, Controladoria Geral da União. Disponível em: <http://www.cgu.gov.br/Publicacoes/etica-e-integridade/arquivos/manualrespsocialempresas_baixa.pdf>. Acesso em: 23/08/2016.

HAVRENNE, Michel François Drizul, Direito penal, sociedade de riscos e teoria da imputação objetiva. *Revista da AGU*, v. 8, n. 22, p.241-262, out./dez. 2009.

JAKOBS, Günther. *A imputação objetiva no direito penal.* Tradução de. André Luís Callegari. São Paulo: Revista dos Tribunais, 2000.

LAGER, James M. Overcoming Cultures of Compliance to Reduce Corruption and Achieve Ethics in Govenment. *McGeorge Law Review*, v. 41, p.63-83, 2009.

NEIRA, Ana Maria. La efectividad de los criminal compliance programs como objeto de prueba en el proceso penal. *Politica Criminal*, v.11, n. 22, p.467-520, dez. 2016.

ROXIN, Claus. El dominio de organización como forma independiente de autoría mediata. Trad. de Justa Goméz Navajas. *Revista Penal*, n. 18, p.242-248, 2006.

ROXIN, Claus. *Funcionalismo e imputação objetiva no direito penal*. Trad. de Luís Greco. 3. ed. Rio de Janeiro: Renovar, 2002.

SARCEDO, Leandro. *Compliance e responsabilidade penal da pessoa jurídica*: construção de um novo modelo de imputação baseado na culpabilidade corporativa. São Paulo: LiberArs, 2016.

SILVEIRA, Renato de Mello Jorge; SAAD-DINIZ, Eduardo. *Compliance, Direito Penal e Lei Anticorrupção*. São Paulo: Saraiva, 2015.

SPAHN, Elizabeth K. Multijurisdictional Anti-Bribery Enforcement, The OECD Anti-Bribery Convention. *Virginia Journal of International Law* 1, v.53, 2012.

UNITED NATIONS OFFICE ON DRUGS AND CRIME. *An Anti-Corruption Ethics and Compliance Programme for Business*: a Practical Guide. Desenvolvido pela Organização das Nações Unidas. Nova York: 2013. Disponível em: <https://www.unodc.org/documents/corruption/Publications/2013/13-84498_Ebook.pdf>. Acesso em: 23 ago. 2016.

WELLNER, Philip A. Effective Compliance Programs and Corporate Criminal Prosecutions. *Cardozo Law Review*, v. 27, 1, p. 497-528, 2005.

Informação bibliográfica deste texto, conforme a NBR 6023:2002 da Associação Brasileira de Normas Técnicas (ABNT):

PINTO, Felipe Martins; BRENER, Paula Rocha Gouvêa. Responsabilidade corporativa e *compliance*: novas estratégias de prevenção à criminalidade econômica. In: FORTINI, Cristiana (Coord.). *Corrupção e seus múltiplos enfoques jurídicos*. Belo Horizonte: Fórum, 2018. p. 339-353. ISBN: 978-85-450-0422-6.

PARTE IV

POLÍTICA E CORRUPÇÃO

CORRUPÇÃO E REFORMA POLÍTICA

ADRIANA CAMPOS SILVA

PAULO HENRIQUE DE MATTOS STUDART

JÚLIA ROCHA DE BARCELOS

1 Introdução

A corrupção é um tema que tem merecido especial atenção nos anos mais recentes, tendo ganhado ampla visibilidade e centralidade em discussões no âmbito da sociedade brasileira.

Encontramo-nos em um processo de profunda reflexão acerca de suas causas, dimensão, efeitos, e, ainda, a respeito dos mecanismos destinados a prevenir e reprimir sua manifestação.

Não se ignora que a corrupção, em uma compreensão ampla e geral do termo, não está restrita a um campo exclusivo das relações sociais, mas, pelo contrário, pode ser encontrada espraiada nas práticas cotidianas mais singelas, não necessariamente vinculadas aos assuntos governamentais.

No entanto, é na esfera pública que a corrupção apresenta seus efeitos mais nefastos, sendo que em um campo, em particular, merece especial preocupação: o sistema político.

Sucessivos casos de corrupção de agentes públicos eleitos, institucionalmente incumbidos do desempenho das mais relevantes funções estatais, têm colocado em xeque o atual modelo eleitoral, e gerado debates a respeito da necessidade de uma urgente e profunda reforma política.

O presente texto concentra-se na abordagem desse problema, estruturando-se em diferentes partes, que se relacionam segundo a temática proposta. Inicia-se por algumas considerações a respeito do fenômeno da corrupção, a fim estabelecer uma definição, necessária para o desenvolvimento do assunto proposto. Em seguida, são tratados aspectos pontuais do atual desenho normativo e institucional voltados à regulação e fiscalização do processo eleitoral, identificando-os como mecanismos vocacionados a coibir a corrupção nas eleições. Na parte subsequente, são discutidas perspectivas que têm orientado os debates em torno de uma reforma política, para, entre outras soluções, aprimorar os mecanismos de combate à corrupção no sistema político.

Ao final, são apresentadas as conclusões dos autores.

2 Considerações gerais sobre a corrupção

Se há um consenso em torno do tema da corrupção, este diz respeito a sua universalidade: "em todos os tempos, lugares e culturas ela aparece".[1] Isso porque a corrupção não é um simples defeito moral, mas sim "um modo de atuar, um instrumento, uma ferramenta que permite alcançar determinados objetivos de outra maneira inalcançáveis ou mais custosos".[2] Nesse sentido, a prática corrupta se relaciona a uma decisão racional e, em sua avaliação de custos e benefícios, tem uma eficácia contextual.[3]

Com efeito, elementos como o nível de prosperidade econômica, o grau de consolidação democrática e a consistência e clareza dos sistemas legal e judicial do país são tradicionalmente apresentados como fatores que desestimulam práticas corruptas, por aumentarem seus custos.[4]

No que se refere ao governo, "uma maior intervenção na economia de um país leva a mais corrupção" devido ao maior número de oportunidades para esse comportamento, mas "um maior tamanho do governo leva a menor corrupção" em razão de maiores gastos em fiscalização".[5] No mesmo sentido "países com maior número de

---

[1] FERREIRA FILHO, Manoel Gonçalves. Corrupção e democracia. *Revista de Direito Administrativo,* Rio de Janeiro, 226, p. 214., 2001

[2] SENA, Jorge F. Malem. La Corrupción. Algunas Consideraciones Conceptuales. *Illes Imperis,* 16, p. 170, 2014. Tradução nossa.

[3] *Ibid.*

[4] GOEL, Rajeev. K.; NELSON, Michael A. Causes of corruption: History, geography and government. *Journal of Policy Modeling,* 32, p. 433-447, 2010.

[5] *Ibid,* p. 443. Tradução nossa.

unidades administrativas de primeiro escalão per capta (...) são associados com menor corrupção", com base na maior possibilidade de fiscalização pelos cidadãos.[6]

A história também influencia níveis de corrupção, com países mais antigos tendo que lidar com práticas mais arraigadas e países de independência recente, com suas oportunidades únicas de pagamentos corruptos em privatizações, por exemplo. Por fim, fatores geográficos como a concentração da população em áreas urbanas facilitam a fiscalização, tornando os níveis de corrupção menores.[7]

No que se refere à origem do termo, *corruptio*, em latim, "é a explosão do âmago de um fruto, em razão de sua podridão interna". Assim, a corrupção seria "uma falta que perverte e, por isso, ameaça o regime, porque solapa seus fundamentos".[8]

No entanto, o caráter universal da corrupção deu azo ao surgimento de teorias revisionistas que atribuem a ela um papel positivo no funcionamento e modernização do Estado. Não é essa a premissa deste trabalho, devendo-se reconhecer entre as consequências negativas da corrupção: desestímulo a investimentos criando óbices ao desenvolvimento econômico, político e social; aumento do custo dos bens e serviços envolvidos; criação de barreiras de mercado; violação da regra da maioria e depreciação do sistema representativo; controle dos partidos políticos por intermediários; influência política de organizações criminais, como as do narcotráfico; geração de um conjunto de atividades delitivas associadas, como lavagem de dinheiro, caixa dois, falsidade, entre outras.[9] Alguns definem a corrupção inclusive como um "imposto à pobreza".[10]

É certo, assim, que a corrupção deve ser combatida, promovendo-se a diminuição de seus benefícios e o aumento de seus custos. Não se nega, ainda, que esse combate demanda uma estratégia ampla e que abarque não só um novo desenho institucional, com adaptação do comportamento das elites, mas também a aceitação da população em geral sobre sua necessidade e conveniência.[11]

---

[6] *Ibid*, p. 443. Tradução nossa.

[7] *Ibid*.

[8] FERREIRA FILHO. *op. cit.*, p. 213.

[9] SENA, *op. cit.* 176.

[10] *Ibid*. Tradução nossa.

[11] *Ibid*.

Nesse trabalho, contudo, como já adiantado, nos limitaremos a tratar da relação entre a corrupção e o direito eleitoral, notadamente em suas inúmeras – e sempre atuais – reformas políticas ou eleitorais.

Registre-se que o conceito de corrupção adotado parte das seguintes premissas: a intenção dos corruptos é obter um benefício irregular e essa intenção se manifesta através da violação de um dever institucional, de sorte que há uma relação causal entre a intenção e a violação do dever. A violação representa uma deslealdade com a instituição, que no caso dos políticos é a própria democracia. Por fim, a conduta é cometida em segredo ou ao menos com discrição.[12]

3 Considerações sobre o atual modelo jurídico-institucional de garantia da higidez do processo eleitoral

Parece haver um consenso a respeito da necessidade de uma reforma política no Brasil, o que não significa que não haja ampla divergência na direção a ser seguida para corrigir, aprimorar, ou mesmo reorganizar o sistema político, eleitoral e partidário brasileiros.

Não obstante, não se pode ignorar que o Brasil já conta com um robusto arcabouço jurídico e institucional destinado a conferir legitimidade e autenticidade às eleições.

Nesse sentido, a Constituição de 1988 não se restringe a prever a realização de eleições diretas e periódicas, mas vai além e estabelece a "normalidade e legitimidade das eleições" como um valor fundamental, de modo a possibilitar que do exercício do sufrágio resulte legítima expressão da soberania popular na escolha dos mandatários.

Para tanto, sob o aspecto institucional, notabiliza-se a adoção de um eficaz sistema judicial de controle das eleições e investiduras políticas, no qual a atribuição de verificação da higidez das eleições é desvinculada dos órgãos nos quais os mandatos são disputados, estabelecendo-se, em lugar, o controle e direção do pleito por um corpo de magistrados.

Trata-se de controle estritamente jurídico, acreditado na ideia geral de equidistância do Poder Judiciário e de neutralidade do direito, quando aplicado por juízes, em relação às questões político-partidárias.

A adoção de tal modelo, somada à implantação do sistema de votação eletrônico, logrou êxito em praticamente extirpar a fraude e a corrupção dos procedimentos eleitorais de recepção de votos e de

---

[12] *Ibid*, p. 172

apuração do resultado das eleições, prática muito recorrente no passado brasileiro e ainda presente em várias partes do mundo.

Também são dignos de nota a constante evolução e aprimoramento dos mecanismos de fiscalização pelos órgãos integrantes do sistema de justiça eleitoral, a exemplo do Ministério Público e da própria Justiça Eleitoral. Atualmente, são uma realidade, possibilitando o controle social pelo eleitor, plataformas informatizadas de acompanhamento e divulgação de dados de registros de candidatos, assim como de prestação de contas de campanha, com informações financeiras de arrecadação e gastos de recursos eleitorais.

A título de exemplo, pode-se citar o desenvolvimento, pelo Ministério Público Federal, do módulo conta-suja, integrante do Sisconta Eleitoral (ferramenta eletrônica utilizada para reunir informações sobre candidatos), cujo objetivo é realizar o cruzamento de dados de candidatos com outros de órgãos, tal como o Banco Central, Receita Federal e o Conselho de Controle de Atividades Financeiras, para identificar possíveis indicativos de irregularidades na arrecadação de recursos de campanha.

A seu turno, sob o aspecto regulatório, por imperativo constitucional, qualquer disciplina legislativa do processo eleitoral deverá observar critérios inerentes ao ideal democrático, que se encontram inseridos implícita e explicitamente na Constituição de 1988, quer quando este incorporou o princípio democrático ao proclamar a República Federativa do Brasil como Estado Democrático de Direito (art. 1 e art. 17), quer quando estabeleceu textualmente a necessidade de observância e proteção do pluralismo político (art. 1, V), do voto direto, universal, secreto e igual (art. 14 e art. 60, II), da liberdade partidária e o pluripartidarismo (art. 17, §1º), acesso ao fundo partidário e acesso gratuito ao rádio e à televisão pelos partidos políticos (art. 17, §3º), bem como quando estabeleceu mandatos por período certo, conferidos sempre por eleições periódicas (art. 28, art. 27, §1º, art. 29, I, art. 32, §2º, art. 45, art. 46, §2º, art. 77, art. 82), que deverão ser normais, legítimas e livres da influência do poder econômico e político, da corrupção e da fraude (art. 14, §9º e §10).

A inserção desses predicados da democracia no texto da Constituição se impõe como limitação material da atividade do legislador ordinário, mas, também, como diretiva para a atuação efetiva do Congresso Nacional, ao qual se incumbiu, por imposição do texto constitucional, a missão de legislar sobre direito eleitoral, a fim de proteger, por exemplo, o processo eleitoral da indevida "influência do poder econômico", e garantir "a probidade administrativa" e "a moralidade para exercício de mandato", por meio da edição de lei complementar de inelegibilidades.

Também merece destaque a previsão pelo legislador constituinte de ação específica, a ação de impugnação de mandato eletivo, destinada a desconstituir o mandato ilegitimamente outorgado, quando obtido mediante abuso do poder econômico, corrupção ou fraude.

Tais componentes são indicativos de que o sistema jurídico brasileiro, já em seu texto maior, a Constituição, estabeleceu comandos e previu mecanismos voltados a tutelar a higidez do processo eleitoral.

No âmbito infraconstitucional, têm sido observadas constantes reformas da legislação eleitoral com o mesmo objetivo, podendo ser citadas, ao longo dos últimos 20 anos, sem qualquer intuito de esgotamento: a expressa tipificação da compra de votos como ilícito passível de cassação de registro ou diploma; a adoção de medidas restritivas à propaganda eleitoral, com objetivo de diminuir o custo das campanhas eleitorais e minorar os efeitos da desigualdade econômica entre concorrentes, a exemplo das proibições de gastos com *outdoors*, distribuição de brindes e realização de showmícios; a edição da Lei da Ficha Limpa, com a ampliação das hipóteses e dos prazos de inelegibilidade; a consolidação e o constante aprimoramento de um regime jurídico destinado a aferir e controlar a arrecadação e gastos de campanha; a adoção de mecanismos para conferir transparência e publicidade às prestações de contas de campanhas eleitorais, com a expressa previsão de sua divulgação no âmbito da internet, com, inclusive, indicação dos nomes dos doadores e os respectivos valores doados; o estabelecimento de infração específica para as hipóteses de captação e gastos ilícitos de recursos para fins eleitorais, cominando-se pena de cassação de diploma.

Não obstante, talvez a medida de maior impacto entre aquelas adotadas na tentativa de coibir o abuso de poder econômico e a corrupção nas eleições tenha sido a proibição de doações eleitorais por pessoas jurídicas, medida recente, resultante não de iniciativa do Poder Legislativo, mas do julgamento, pelo Supremo Tribunal Federal, da Ação Direta de Inconstitucionalidade nº 4.650, cuja compreensão acerca da matéria restou prestigiada no veto presidencial ao Projeto de Lei nº 5.735, de 2013.

A questão do financiamento das campanhas eleitorais representa um dos maiores pontos de atenção no que toca ao risco de corrupção no âmbito do sistema político, eleitoral e partidário, e sobre ela se projetam grande parte das discussões a respeito de uma perspectiva de reforma política, questão que será abordada no tópico subsequente.

4 Perspectivas em discussão

A relação entre o estudo da corrupção e o Direito Eleitoral se dá principalmente em duas frentes: *accountability* eleitoral e financiamento de campanhas. Em ambos, destaca-se o papel da transparência, informação e fiscalização.

4.1 *Accountability* ou responsividade

A primeira seara diz respeito à capacidade de o próprio eleitor combater a corrupção por meio do voto, fazendo com que o político corrupto seja responsabilizado por sua conduta ilícita nas urnas. Nesse ponto há diversos estudos cujos resultados divergem em relação à retração do apoio a candidatos percebidos como corruptos pelos eleitores.

Testando as conclusões de Krause e Mandéz de que a corrupção é punida com eficácia pelos eleitores, Goel e Mazhar – destacando a dificuldade de medir eficazmente o nível de corrupção em razão da sua opacidade – falham em encontrar um efeito estatisticamente robusto da corrupção nos resultados eleitorais.[13]

Xezonakis, Kosmidis e Dahbelrg, por sua vez, concluem que a "corrupção é uma determinante potencial da escolha do voto", mas que variáveis institucionais de *accountability* ligadas ao sistema eleitoral, fragmentação do sistema partidário e *status* majoritário do governo não demonstraram a influência esperada pelo estudo.[14]

Não obstante, seus resultados demonstram que "recompensa ou punição nas urnas não são independentes das informações que os eleitores recebem em relação ao governo em geral e à corrupção em particular", de forma que "o papel da mídia é crucial nesse ponto".[15]

É também essa a conclusão de Bhattacharyya e Hodler, para quem "a democratização é mais condutiva ao combate a corrupção quando a mídia é livre e independente. Simetricamente, a liberdade de mídia é mais útil na luta contra a corrupção quando as instituições democráticas são fortes".[16]

---

[13] GOEL, Rajeev. K.; UMMAD, Mazhar. A Replication of "Corruption and Elections: An Empirical Study for Cross-section of Countries" (Economics and Politics, 2009). *Public Finance Review*, v. 43 (2), p. 143-154, 2015.

[14] XEZONAKIS, Georgios; KOSMIDIS, Spyros; DAHLBERG, Stefan. Can electors combat corruption? Institutional arrangements and citizen behaviour. *European Journal Of Political Research*, 55, p. 160-161, 2016. Tradução nossa.

[15] *Ibid*. 176

[16] BHATTACHARYYA, Sambit; HODLER, Roland. Media Freedom and democracy in the fight against corruption. *European Journal of Political Economy*, 39, p. 16, 2015. Tradução nossa.

CRISTIANA FORTINI (COORD.)
CORRUPÇÃO E SEUS MÚLTIPLOS ENFOQUES JURÍDICOS

Em estudo direcionado à realidade dos municípios brasileiros, Claudio Ferraz e Frederico Finan comprovam que a *accountability* eleitoral afeta diretamente as práticas de políticos que ocupam o cargo, demonstrando que "prefeitos com incentivos à reeleição malversam 27% menos recursos do que prefeitos sem incentivos de reeleição", destacando que "o efeito é mais pronunciado em municipalidades com menos acesso a informação e onde a probabilidade de punição judicial é menor".[17]

A conclusão de que a responsividade eleitoral pode reduzir a corrupção suscita, para os autores, a questão de como tornar o governo mais responsivo. A sugestão dada por eles é a promoção de campanhas de informação sobre implementação de políticas, bem como sobre práticas de corrupção, além da implementação de auditorias.[18]

Fala-se, assim, de um triângulo virtuoso entre transparência, participação e probidade:[19]

> A participação é a base de uma sociedade efetivamente democrática, para que haja efetiva participação se requer transparência (somente há participação inteligente quando se pode processar informação. Por sua vez, a transparência é a base da probidade: somente uma sociedade informada do gasto público pode fiscalizá-lo.

O que se pode extrair, portanto, é que em qualquer mudança legislativa que se pense em realizar é necessário primeiro garantir aos eleitores amplo acesso a informação para que estes possam combater a corrupção nas urnas, além da transparência necessária à fiscalização pelos órgãos competentes.[20]

4.2 Financiamento de partidos e campanhas

Umas das medidas recomendadas na "Relação da Comissão Europeia sobre a luta contra a corrupção" é "Tornar mais rigorosa a

---

[17] FERRAZ, Cláudio; FINAN, Frederico. Electoral Accountability and Corruption: Evidence form the Audits of Local Governments. *American Economic Review*, 101, p. 1274, 2011. Tradução nossa.

[18] *Ibid.*

[19] VARGAS, Patrício Orellanas. Participación, Transparencia y Probidad. *Revista Chilena de Administración Publica*, v. II, n. 5, p. 56, 2003-2004. Tradução nossa.

[20] Destaca-se, neste ponto, o papel das novas tecnologias comunicacionais, conforme brevemente exposto por José Jairo Gomes em *Direito Eleitoral*. 12. ed. São Paulo: Atlas, 2016, p. 466-469, podendo ser mais bem explorado no trabalho de Manuel Castells, entre outros.

normativa em matéria de financiamento para os partidos políticos".[21] Este é, sem dúvida, um dos pontos mais lembrados quando se pensa em corrupção e reforma política, notadamente no contexto de implicação de *big donors*[22] em escândalos de corrupção. De fato, o comportamento das empresas que mais doaram no Brasil não foi direcionado a expressão de sua preferência eleitoral. Ao revés, a estratégia de doação foi pensada "para ter influência no poder de qualquer opção política que vencesse as eleições".[23]

Nesse contexto, "não há como deixar de reconhecer o impacto que as notícias sobre corrupção eleitoral no País desde o ano de 2014 tiveram no entendimento do Supremo Tribunal Federal e na decisão do veto presidencial".[24] Esse veto se fundou no entendimento do Supremo Tribunal Federal, expresso no julgamento da Ação Direta de Inconstitucionalidade nº 4.650, de que estas contribuições violariam a igualdade política e os princípios republicano e democrático:[25]

> 7. Os limites previstos pela legislação de regência para a doação de pessoas jurídicas para as campanhas eleitorais se afigura assaz insuficiente a coibir, ou, ao menos, amainar, a captura do político pelo poder econômico, de maneira a criar indesejada *"plutocratização"* do processo político.
>
> 8. O princípio da liberdade de expressão assume, no aspecto político, uma dimensão *instrumental* ou *acessória*, no sentido de estimular a ampliação do debate público, de sorte a permitir que os indivíduos tomem contato com diferentes plataformas e projetos políticos.
>
> 9. A doação por pessoas jurídicas a campanhas eleitorais, antes de refletir eventuais preferências políticas, denota um *agir estratégico* destes

---

[21] BELTRAME, Priscila Akemi; MENDES, Soraia da Rosa; SCRUZ, Rúbia. Operação Mãos Limpas, 25 anos. *Publicação do Instituto Brasileiro de Ciências Criminais,* ano 25, n. 295.

[22] PEREIRA, Rodolfo Viana; VIDAL, Luísa. *Big Donors* brasileiros: Retrato das 10 (dez) empresas que mais doaram para as campanhas e para os diretórios nacionais dos Partidos Políticos dos Candidatos a Presidência da República nas Eleições de 2010. *Direito Eleitoral*: leituras complementares. RIBEIRO, Patrícia Henriques *et al.* (Org.). Belo Horizonte: D'Plácido, 2014, p. 391-413-

[23] SANTANO, Ana Cláudia. Menos proibições e mais transparências: as (falsas) promessas sobre a vedação de doações de pessoas jurídicas no financiamento de campanhas eleitorais. *Revista Ballot,* Rio de Janeiro, v. 1, n. 1, maio/agosto 2015, p. 191.

[24] LIMA, Martonio Mont'Alverne Barreto. O financiamento das campanhas eleitorais em 2016. *In:* MORAES, Filomeno; SALGADO, Eneida Desiree: AIETA, Vania Siciliano (Org.). *Justiça Eleitoral, controle das eleições e soberania popular.* Curitiba: Íthala, 2016, p. 365-374, p. 371.

[25] BRASIL. Presidência da República. Mensagem nº 358, de 29 de setembro de 2015. Disponível em: <http://www2.camara.leg.br/legin/fed/lei/2015/lei-13165-29-setembro-2015-781615-veto-148261-pl.html>. Acesso em: 12 jul. 2015.

grandes doadores, no afã de estreitar suas relações com o poder público, em pactos, muitas vezes, desprovidos de espírito republicano.

10. O *telos* subjacente ao art. 24, da Lei das Eleições, que elenca um rol de entidades da sociedade civil que estão proibidas de financiarem campanhas eleitorais, destina-se a bloquear a formação de relações e alianças promíscuas e não republicanas entre aludidas instituições e o Poder Público, de maneira que a não extensão desses mesmos critérios às demais pessoas jurídicas evidencia desequiparação desprovida de qualquer fundamento constitucional idôneo.[26]

Para alguns, esta foi a abertura necessária para a implementação do financiamento público de campanha, apresentado como uma "exigência da democracia da modernidade" para limitar a influência do poder econômico.[27] Há, com isso, "o risco de se trocar uma dependência por outra", sendo que a vinculação aos recursos públicos poderia provocar a estatização das agremiações partidárias e a petrificação do sistema de partidos.[28] Com efeito, é esse o caminho que parece trilhar o Projeto de Lei (sem número), de 2017, da Comissão Especial da Reforma Política, que altera a Lei nº 9.096, de 19 de setembro de 1995 (Lei dos Partidos Políticos), a Lei nº 9.504, de 30 de setembro de 1997 (Lei das Eleições), a Lei nº 4.737, de 15 de julho de 1965 (Código Eleitoral) e a Lei nº 13.165, de 29 de setembro de 2015 (Minirreforma Eleitoral de 2015), e dá outras providências.[29]

O projeto não apenas cria o Fundo Especial de Financiamento da Democracia (FFD), "com a finalidade de prover recursos financeiros para o custeio das atividades eleitorais e da realização dos plebiscitos e referendos", como prevê que, nas Eleições de 2018, "noventa e oito por cento dos recursos serão divididos entre os partidos, na proporção do percentual de votos obtido na última eleição geral para a Câmara dos Deputados".[30]

---

[26] BRASIL. Supremo Tribunal Federal. ADI 4650. Acórdão de 17/09/2015. Disponível em: <http://www.stf.jus.br/portal/processo/verProcessoAndamento.asp?numero=4650&classe=ADI&codigoClasse=0&origem=JUR&recurso=0&tipoJulgamento=M>. Acesso em: 4 abr. 2017.

[27] LIMA, *op. cit*, p. 366

[28] SANTANO, *op. cit.*

[29] BRASIL. Câmara dos Deputados. *Relatório Parcial 3/17*. Disponível em: <http://www2.camara.leg.br/camaranoticias/noticias/POLITICA/534602-RELATORIO-INSTITUI-SISTEMA-ELEITORAL-DE-LISTAS-FECHADAS-E-NOVO-FUNDO-DE-FINANCIAMENTO--DE-CAMPANHA.html>. Acesso em: 11 jun. 2017.

[30] *Ibid.*

Assim, as reformas das leis que versem sobre financiamento "não podem ser analisadas sem um diagnostico do seu impacto nas possíveis mudanças que produzem no sistema democrático".[31] De fato, ao se trabalhar com um modelo de democracia ideal, em que os governantes ajam exclusivamente em prol do interesse geral, esquece-se, por vezes, da realidade em que "o processo eleitoral apaixona mesmo os governantes mais sérios", de modo que o fracasso deve ser evitado a qualquer custo, ainda que de modo irregular.[32]

Nesse ponto "quanto mais proibitivas ou restritivas sejam as normas, provavelmente serão menos eficazes", notadamente se não forem construídas alternativas viáveis de financiamento, como ocorreu na reforma de 2015.[33] Destaca-se ainda a excepcionalidade do sistema brasileiro que, no cenário mundial, é minoritário na proibição de doação de qualquer pessoa jurídica, sem distinguir a finalidade das mesmas, se lucrativa ou não.[34]

A escassez de recursos e a realidade do processo político eleitoral, além da ausência de incentivos à doação de pessoas físicas e à fiscalização, poderiam levar a uma situação em que "os partidos não titubearão antes de recorrer às vias irregulares de financiamento", aumentando ainda mais a percepção de corrupção e a rejeição à classe política.[35]

Assim um modelo ideal de financiamento encontraria um ponto de equilíbrio entre recursos públicos e privados, estabelecendo conexões com os eleitores sem criar dependência entre o partido e estes, mas ampliando o número de fontes de arrecadação.[36]

Nesse ponto, em 2015, propôs Ana Cláudia Santano a imposição de limites nominais de arrecadação, alertando para a ineficácia de limites "muito ajustados e desconexos da realidade", sob pena de não se criar o incentivo necessário para superar o financiamento irregular.[37] O ponto foi abarcado na reforma política em discussão na Comissão Especial, que previu que as doações e contribuições de pessoas físicas não poderão ultrapassar três salários mínimos, somadas todas as doações feitas pelo mesmo doador, sendo dois no primeiro turno e um

---

[31] SANTANO, *op. cit.*

[32] FERREIRA FILHO. *op. cit.*

[33] SANTANO, *op. cit*, p. 191/193.

[34] *Ibid.*

[35] *Ibid.*

[36] *Ibid.*

[37] *Ibid.*

para as campanhas de segundo turno. O limite se aplicaria inclusive ao autofinanciamento.[38]

Também a conexão com os eleitores e o fomento a doações de pessoas físicas foi incluída na reforma, a princípio, com a previsão de doação por mecanismo de financiamento coletivo, que já se mostrou um sucesso, por exemplo, na campanha de Barack Obama.

Outro ponto suscitado por Santano para evitar a captação do poder político pelo poder econômico foi a imposição de limite de gastos efetivos às campanhas.[39] O Tribunal Superior Eleitoral chegou a regulamentar a questão em 2016, sendo certo que o projeto de reforma prevê que "os limites de gastos de campanha serão definidos em lei e divulgados pelo Tribunal Superior Eleitoral".[40]

Por fim, também no que tange o financiamento são necessárias "fortes medidas de transparência e publicidade", criando incentivos para uma administração racional dos recursos pelo partido e fomentando a relação de confiança entre este e o cidadão.[41] Nesse ponto, não basta a transparência, mas é necessário um "sistema simplificado de divulgação".

O sistema de Divulgação de Candidaturas e Contas do Tribunal Superior Eleitoral parece ter chegado, em 2016, no nível de simplificação exigido pela autora.[42] Não obstante, também o projeto de reforma parece simplificar ainda mais a informação, uma vez que a prestação de contas ficará a cargo do partido, e ocorrerá com base nas listas apresentadas por este ou pela federação.[43]

4.2.1 A questão do caixa dois

A proposta das dez medidas contra a corrupção, iniciada pelo Ministério Público Federal e transformada em projeto de lei de iniciativa popular, que hoje tramita como Projeto de Lei nº 4.850/2016 na Câmara

---

[38] BRASIL, 2017, *op. cit.*

[39] SANTANO, *op. cit.*

[40] BRASIL, 2017, *op. cit.*

[41] SANTANO, *op. cit.*

[42] Confira-se: <http://divulgacandcontas.tse.jus.br/divulga/>.

[43] Não se ignora aqui, as críticas relacionadas à renovação política e à democracia interna que podem ser feitas ao sistema de lista fechada, as quais, contudo, não são objetos do presente estudo.

dos Deputados e PLC nº 27/2017 no Senado,[44] prevê a criminalização do caixa dois eleitoral.

A prática pode ser definida como a "arrecadação e a utilização de recursos, bens ou serviços fora dos controles exigidos pela lei eleitoral. Em especial a movimentação de dinheiro à margem da conta bancária da campanha".[45]

Pela necessidade da criminalização, o Procurador Regional Eleitoral Vinícius Cabeleira argumenta que a conduta viola o dever de transparência, tem relação direta com a compra de votos, o chamado crime de "corrupção eleitoral", além de relação indireta com a corrupção comum e o desvio de recursos públicos. Argumenta pela relevância do aparato burocrático e legislativo penal para a proteção do bem jurídico, destacando que a punição atual – de desaprovação de contas ou cassação do diploma, ou ainda o enquadramento da conduta como falsidade eleitoral – não tem a gravidade necessária para coibir a conduta, além de dificultar a produção probatória.[46]

Não obstante o apoio popular que garantiu as assinaturas necessárias ao projeto, a criminalização da conduta não é unanimemente apoiada. Assim, o doutorando e mestre na Universidade de Munique, Alaor Leite, entende que o projeto não identificou satisfatoriamente o bem jurídico que o caixa dois lesiona ou coloca em risco, não definiu conceitualmente a conduta que visa proibir, nem demonstrou que existe no ordenamento uma lacuna de punibilidade impossível de ser preenchida por outros ramos do direito.[47] Destaca que "os exemplos mundiais sinalizam que o foco da proibição costuma ser o financiamento de partidos, e não o caixa dois eleitoral".[48] No momento, o projeto aguarda apreciação no Senado Federal,[49] não sendo certa no momento a possibilidade da criminalização.

---

[44] BRASIL. Câmara dos Deputados. Projeto de Lei n. 4850/2016. Disponível em: <http://www.camara.gov.br/proposicoesWeb/fichadetramitacao?idProposicao=2080604>. Acesso em: 11 jun. 2017.

[45] CABELEIRA, Vinícius; LEITE, Alaor. É necessária a tipificação do crime de "caixa dois" eleitoral? Sim x Não. *Publicação do Instituto Brasileiro de Ciências Criminais*, ano 25, n. 295.

[46] *Ibid.*

[47] *Ibid.*

[48] *Ibid.*

[49] BRASIL, *op. cit.*

5 Considerações finais

A constatação de que urge uma reforma política no Brasil não constitui um diagnóstico de maior dificuldade. A despeito do constante amadurecimento e consolidação das instituições incumbidas de controlar e fiscalizar o processo eleitoral, assim como de sucessivas reformas legislativas ao longo dos anos, o modelo atualmente existente dá sinais claros de que se esgotou. Não obstante, a construção de um novo modelo ainda parece ser um salto no escuro.

De um lado, a construção de uma percepção geral, e a conscientização do eleitor em particular, de que a corrupção eleitoral pode ser combatida e punida por meio do voto consciente, constitui um elemento primordial para que a higidez do processo eleitoral possa ser alcançada, afastando-se do exercício do mandato aqueles que não são dignos do seu exercício.

Sob essa ótica, para além da consolidação dos mecanismos de abertura ao controle social existentes, faz-se imprescindível um esforço permanente por maior transparência e participação.

Por outro, um ponto central do debate, relacionado ao financiamento de partidos e campanhas, traz consigo uma equação extremante difícil: como pensar um modelo que consiga "calibrar" otimamente custos e benefícios, de modo que os benefícios logrados com a adoção de vias irregulares não se apresentem atrativos frente aos custos, que deverão ser demasiadamente altos para aqueles que optem por infringir as regras do jogo.

De mesma forma, um ponto de equilíbrio entre recursos públicos e privados deve ser buscado, não coibindo completamente, mas limitando até certa medida contribuições de pessoas físicas, autofinanciamento, bem como modalidades de financiamento coletivo.

Referências

BELTRAME, Priscila Akemi; MENDES, Soraia da Rosa; SCRUZ, Rúbia. Operação Mãos Limpas, 25 anos. *Publicação do Instituto Brasileiro de Ciências Criminais.* Ano 25, n. 295.

BHATTACHARYYA, Sambit; HODLER, Roland. Media Freedom and democracy in the fight against corruption. *European Journal of Political Economy*, 39, p. 13-24, 2015.

BRASIL. Câmara dos Deputados. Relatório Parcial 3/17. Disponível em: <http://www2.camara.leg.br/camaranoticias/noticias/POLITICA/534602-RELATORIO-INSTITUI-SISTEMA-ELEITORAL-DE-LISTAS-FECHADAS-E-NOVO-FUNDO-DE-FINANCIAMENTO--DE-CAMPANHA.html> Acesso em: 11 jun. 2017.

BRASIL. Presidência da Republica. Mensagem nº 358, de 29 de setembro de 2015. Disponível em: <http://www2.camara.leg.br/legin/fed/lei/2015/lei-13165-29-setembro-2015-781615-veto-148261-pl.html>. Acesso em: 12 jul. 2015.

BRASIL. Câmara dos Deputados. Projeto de Lei n. 4850/2016. Disponível em: <http://www.camara.gov.br/proposicoesWeb/fichadetramitacao?idProposicao=2080604>. Acesso em: 11 jun. 2017.

BRASIL. Supremo Tribunal Federal. ADI 4650. Acórdão de 17/09/2015. Disponível em: <http://www.stf.jus.br/portal/processo/verProcessoAndamento.asp?numero=4650&cla sse=ADI&codigoClasse=0&origem=JUR&recurso=0&tipoJulgamento=M>. Acesso em: 4 abr. 2017.

CABELEIRA, Vinícius; LEITE, Alaor. É necessária a tipificação do crime de "caixa dois" eleitoral? Sim x Não. *Publicação do Instituto Brasileiro de Ciências Criminais*. ano 25, n. 295.

CAMPOS SILVA, Adriana (Org.); CATTONI DE OLIVEIRA, Marcelo Andrade (Org.). *Constituição e democracia*: 25 anos da Constituição brasileira. Belo Horizonte: Initia Via, 2015. v. 1.

CAMPOS, Adriana; STUDART, Paulo Henrique M. Reflexões sobre a criação de novos partidos políticos e a distribuição dos recursos do fundo partidário e do tempo de acesso gratuito do rádio e à televisão. *In*: RIBEIRO, Patrícia Henriques; COSTA, Mônica Aragão M. F.; GUERRA, Arthur Magno e Silva (Org.). *Direito Eleitoral*: leituras complementares. Belo Horizonte: D'Plácido Editora, 2014, v. 1, p. 99-116.

CAMPOS, Adriana; ANDRADE NETO, João. Liberdade e segurança: o impacto de um conflito (aparente) entre princípios. *Justiça em Revista*, Belo Horizonte, v. 1, p. 88-102, 2010.

FERRAZ, Cláudio; FINAN, Frederico. Electoral Accountability and Corruption: Evidence form the Audits of Local Governments. *American Economic Review*, 101, p. 1274-1311, 2011.

FERREIRA FILHO. Manoel Gonçalves. Corrupção e democracia. *Revista de Direito Administrativo*. Rio de Janeiro, 226, p. 213-218, 2001.

GOEL, Rajeev. K.; UMMAD, Mazhar. A Replication of "Corruption and Elections: An Empirical Study for Cross-section of Countries" (Economics and Politics, 2009). *Public Finance Review*, v. 43 (2), p. 143-154, 2015.

GOEL, Rajeev. K.; NELSON, Michael A. Causes of corruption: History, geography and government. *Journal of Policy Modeling*, 32, p. 433-447, 2010.

LIMA, Martonio Mont'Alverne Barreto. O financiamento das campanhas eleitorais em 2016. *In*: MORAES, Filomeno; SALGADO, Eneida Desiree: AIETA, Vania Siciliano (Org.). *Justiça Eleitoral, controle das eleições e soberania popular*. Curitiba: Íthala, 2016. p. 365-374. p. 371.

PEREIRA, Rodolfo Viana; VIDAL, Luísa. *Big Donors* brasileiros: retrato das 10 (dez) empresas que mais doaram paras as campanhas e para os diretórios nacionais dos Partidos Políticos dos Candidatos a Presidência da República nas Eleições de 2010. *In*: RIBEIRO, Patrícia Henriques *et al.* (Org.). *Direito Eleitoral*: leituras complementares. Belo Horizonte: D'Plácido, 2014. p. 391-413.

SANTANO, Ana Cláudia. Menos proibições e mais transparências: as (falsas) promessas sobre a vedação de doações de pessoas jurídicas no financiamento de campanhas eleitorais. *Revista Ballot*. Rio de Janeiro, v. 1, n. 1, p. 182-201, maio/agosto 2015.

SENA, Jorge F. Malem. La Corrupción. Algunas Consideracoes Conceptuales. *Illes Imperis*, 16, p. 169-177, 2014.

VARGAS, Patrício Orellanas. Participación, transparencia y probidad. *Revista Chilena de Administración Pública*, v. II, n. 5, p. 49-58, 2003-2004.

XEZONAKIS, Georgios; KOSMIDIS, Spyros; DAHLBERG, Stefan. Can electors combat corruption? Institutional arrangements and citizen behaviour. *European Journal Of Political Research*.

Informação bibliográfica deste texto, conforme a NBR 6023:2002 da Associação Brasileira de Normas Técnicas (ABNT):

SILVA, Adriana Campos; STUDART, Paulo Henrique de Mattos; BARCELOS, Júlia Rocha de. Corrupção e reforma política. In: FORTINI, Cristiana (Coord.). *Corrupção e seus múltiplos enfoques jurídicos*. Belo Horizonte: Fórum, 2018. p. 357-372. ISBN: 978-85-450-0422-6.

SOCIEDADE ÉTICA, ESTADO DE DIREITO E CORRUPÇÃO

JOSÉ LUIZ QUADROS DE MAGALHÃES

1 Introdução

O filósofo esloveno Slavoj Zizek, em sua obra *Sobre la violencia: seis reflexiones marginales*,[1] desenvolve três conceitos de violência que são importantes para entendermos os equívocos das políticas de encarceramento e aumento das penas e controle sobre as pessoas. Zizek nos fala de três formas de violência:

a) uma violência subjetiva que representa a decisão, vontade, de praticar um ato violento. A violência subjetiva representa a quebra de uma situação de (aparente) não violência por um ato violento. A normalidade seria a não violência, a paz e o respeito às normas (normalidade), que é interrompida por um ato de vontade violento;

b) a violência objetiva, diferente da violência subjetiva é permanente. A violência objetiva está presente nas estruturas sociais e econômicas, as permanentes relações que se reproduzem em uma sociedade hierarquizada, excludente, desigual, opressiva e repressiva;

c) a violência simbólica é também permanente. Essa violência se reproduz na linguagem, na gramática, na arquitetura, no

---

[1] ZIZEK, Slavoj. *Sobre la violencia*: seis reflexiones marginales. Buenos Aires: Paidós, 2009.

urbanismo, na arte, na moda, e outras formas de representação. Para entendermos melhor, podemos exemplificar a violência simbólica presente na gramática: em diversos idiomas, os sobrenomes se referem exclusivamente ao pai ou ainda, o plural, no idioma português, por exemplo, sempre vai para o masculino. Assim, se estiverem em uma sala diversas mulheres e um homem, diremos: "eles estão na sala". A violência simbólica, assim como a violência estrutural (objetiva), atua permanentemente.

Assim, de nada adianta construirmos políticas públicas de combate à violência subjetiva sem mudarmos as estruturas socioeconômicas opressivas e desiguais (violentas) ou todo o universo de significações e representações que reproduzem a desigualdade, a opressão e a exclusão do "outro" diferente, subalternizado, inferiorizado.

Um exemplo interessante: a escola moderna é um importante aparelho ideológico,[2] reproduzindo a mão de obra necessária para ocupar os postos de trabalho que permitirão o funcionamento do sistema socioeconômico, assim como reproduzindo os valores e justificativas necessárias para que as pessoas se adequem e não questionem seriamente o seu lugar no sistema social (e no sistema de produção e reprodução). A escola, portanto, tem a fundamental função de uniformizar valores e comportamentos. O recado da escola moderna é: adapte-se; conforme-se; este é o seu lugar no sistema.

Simbolicamente, a escola moderna diz diariamente isso aos seus alunos, por meio do uniforme. Sem o uniforme, a meia, a calça, a camisa e os sapatos padronizados, o aluno não pode assistir à aula. Desde muito tempo, nas escolas, uniformizam-se os cabelos, o andar, o sentar, e, ainda, o pensar, o desejar e o gostar. A criança desde cedo deve se vestir da mesma forma, se comportar da mesma maneira, pronunciar palavras mágicas sem as quais as portas não se abrem. Pois bem, vamos ao problema: a criança, mesmo que não seja dito por meio da palavra (o que também ocorre), percebe no universo simbólico e estrutural, diariamente, todo o tempo, que não há lugar para quem não se normaliza, não se uniformiza. O recado muito claro da escola moderna é: o uniformizado é o bom; não há lugar para o diferente (não uniformizado); para o que se comporta diferente, se veste diferente, ou de alguma forma não se enquadra no padrão. É claro que essa criança, processando o recado permanente (repetido de várias formas) irá compreender que o padrão é bom e o diferente do padrão é ruim. No seu

---

[2] ALTHUSSER, Louis. *Aparelhos ideológicos do Estado:* nota sobre aparelhos ideológicos do Estado. 9. ed. Rio de Janeiro: Graal/Biblioteca de Ciências Sociais, 1985.

universo de significados em processo de construção, o diferente deve ser excluído, afastado, punido, uma vez que aquele que foge ao padrão não pode assistir à aula, não pode sequer permanecer na escola. Logo, quando esta criança percebe algo em alguém, que para ela, é diferente do padrão (o cabelo; uma roupa; a cor; a forma do corpo; da fala; do olhar) irá de alguma forma reagir à ameaça do diferente, excluindo e punindo o diferente "ruim".

Em outras palavras, a escola moderna ensina diariamente a criança a praticar o *bullying*. Vejamos, então, a ineficiência das políticas de combate à violência, à discriminação, à corrupção, que padecem todas desse mal. No exemplo descrito, a escola, o Estado, os governos, criam políticas públicas pontuais de combate ao *bullying* (a tortura mental e agressão física decorrente da discriminação do "diferente") ao mesmo tempo que mantém uma estrutura simbólica que ensina a discriminação (o *bullying*).

Voltamos aos conceitos de violência: toda política de combate à violência; às drogas; à corrupção, serão sempre ineficazes se não se transformarem as estruturas sociais e econômicas que permanente-mente criam as condições para que esta violência subjetiva se repro-duza, assim como o sistema simbólico que continua, da mesma forma reproduzindo a violência. Para acabar com a violência subjetiva só há uma maneira: acabar com a violência simbólica e objetiva. Para acabar com o *bullying* na escola, só mudando as estruturas uniformizadoras e excludentes presentes diariamente na escola; para acabar com a corrupção, só transformando o sistema social econômico de valores (condições objetivas e simbólicas) que reproduzem as condições para que esta (a corrupção) se torne parte da estrutura social e econômica vigente.

Neste ensaio pretendemos trazer algumas reflexões (preocupa-ções) sobre a relação entre ética, cotidiano e corrupção, o que faremos a partir das premissas teóricas acima desenvolvidas. De nada adian-tarão as constantes políticas pontuais de combate à corrupção na vida de nosso país, se essas políticas atacarem apenas os efeitos de forma repressiva e (ainda pior) com o Direito Penal, o aumento do controle e da punição. Os resultados serão enganosos, sempre, se não procurarmos respostas para algumas perguntas: por que a corrupção? Quais são os elementos estruturais e simbólicos em nossa sociedade que reproduzem as condições para a corrupção?

2 O Direito Penal não resolve

Nessa perspectiva podemos trazer nossas reflexões para o Brasil, 2017, em meio a uma grave crise ética, moral, jurídica, econômica e política. O pano de fundo do julgamento é construído pela insistente campanha dos principais meios de informação (a grande mídia) que aposta na punição dos excluídos, dos não enquadrados, dos não uniformizados e normalizados. Lembremos as equivocadas e violentas políticas higienistas e o tratamento oferecido pelo Município de São Paulo, por exemplo, às pessoas adoecidas pelas drogas. No lugar de políticas de Saúde Pública, violência policial, que não resolve nem para as políticas públicas de segurança. As cidades, a exemplo da Paris do Barão Haussmann (1853-1867), não são para todos. A higienização urbana (a exclusão dos pobres) continua sendo a mais nova política urbana do século XXI. O direito penal é a grande aposta. A ideia também não é nova. Se voltarmos ao século XIX, nos reencontramos com esse morto vivo que perambula pelo século XXI. A brutal concentração de riquezas causada pela aposta em uma economia naturalizada que recompensará o mais ousado e eficaz competidor no mercado gera a exclusão; a exploração radical do trabalho; a desigualdade, e com esta, a crescente insatisfação, que se traduz em rebeliões difusas de um lado (o que se pode chamar de uma criminalidade "comum") e rebeliões políticas de outro lado (que são também criminalizadas pelo Estado ocupado pelo poder econômico). Em meio a tamanha insatisfação causada pela desregulamentação econômica que agrava a concentração de riqueza e deixa livres as corporações para o abuso do poder econômico (qualquer semelhança com a atual crise não é mera coincidência), a resposta do Estado será (estamos no século XIX) mais direito penal; mais encarceramento; mais controle social; mais polícia; mais manicômios e presídios. Toda uma justificativa ideológica é construída para explicar a situação: os problemas econômicos não são sistêmicos, mas atribuídos a condutas de alguns indivíduos e na mesma construção ideológica, a criminalidade tampouco é sistêmica, e não se reconhece nenhuma conexão desta com o sistema econômico, social e cultural do liberalismo. No senso comum constrói-se a ideia de que, se existe crime, é por causa dos indivíduos que escolhem o caminho do mal ou, então, são doentes mentais. O poder do Estado, o Legislativo, Executivo e Judiciário, nas mãos dos homens brancos proprietários, define o que é crime, normalidade e pecado, o que, é claro, são as condutas dos pobres excedentes do sistema econômico ou de algum outro tipo de seletividade política. Esse retrato do século XIX restaurado com cores falsas no final do século XX é colocado em grandes imagens globalizadas no século XXI. Esse é o pano de fundo para o "espetáculo" transmitido diariamente para todo o país. Juízes, vaidosos, com poses e gestos, alguns com capas pretas até o tornozelo, sentindo-se a consciência moral do país, julgam e condenam sem provas, mas, segundo "indícios fortes", enquanto outros são processados e devem ser condenados pela "convicção" do acusador. Não, não estamos no século XVI.

Não, o Direito Penal não resolverá a corrupção. A corrupção está na estrutura e nas representações simbólicas de um sistema social, econômico e político intrinsecamente corrupto. A corrupção está no futebol de toda semana; na fila furada; na propina diária; nas pequenas vantagens; a corrupção está na sala de aula; no assinar a presença sem estar presente na aula; na mentira na mídia; na mentira e no encobrimento; na notícia distorcida; nas coincidências... No jogo do roto e do esfarrapado só um é mostrado como tal. Assim como vimos apoiadores da ditadura acusando democratas de autoritários, assistimos corruptos "históricos" pronunciando discursos históricos de moralidade.

Efetivamente, o Direito Penal não resolverá a corrupção. Lei de "ficha limpa" ou espetáculo televisivo das conduções coercitivas, realizado por uma mídia que se tornou autista, não resolverá a corrupção. Felizmente, alguma coisa está fora da ordem (como diria Caetano). Por algum momento "eles" (na verdade o "nós" no poder) perderam o controle do monopólio da desinformação diária. A mídia alternativa mostra o que a grande mídia (que defende a liberdade dos donos dos meios de comunicação, e não a liberdade de imprensa) não mostra, mas propositalmente esconde. O "autismo" em que se lança a mídia pode ser um sinal de esperança para a conquista da liberdade de expressão. Prisões, operações espetaculares, delações premiadas, como uma tortura disfarçada, conduções coercitivas, humilhações públicas, nos expôs ao pior, à ameaça e comprometimento do Estado constitucional e democrático por uma prática que lembra um "tribunal de exceção". Aliás, o que vemos revelado nas telas é o que acontece diariamente com os pobres há muito tempo.

3 Quem diz o que é ético?

Uma pergunta necessária: quem diz o que é direito, o que é justo, o que é legal, o que é normal, o que é crime? O que é crime em uma sociedade pode não ser crime em outra sociedade, o que é crime em um momento histórico pode não ser crime em outro momento. Crime é um conceito histórico, como são conceitos históricos "justiça"; "direito"; "normalidade" e "anormalidade".

Quem diz o que é normal? Ora, a resposta é fácil de ser encontrada: quem tem poder para dizer. E quem tem poder para dizer? Ainda hoje, tem poder para dizer quem detém o controle do poder econômico, do poder do estado, quem controla os aparelhos ideológicos e repressivos do Estado moderno.

Uma reforma estrutural no sistema político; a adoção do financiamento público de campanha; a proibição de reeleição; a introdução de mecanismos de democracia participativa, deliberativa e consensual; essas e outras medidas poderiam ajudar no combate à corrupção? Poderíamos dizer que seria um passo importante, mas ainda não chegaríamos ao núcleo do problema. Trata-se do início de uma reforma estrutural do sistema político, mas que ainda necessita de transformações nas estruturas sociais, culturais e econômicas que geram a corrupção. Lembremos o conceito inicialmente trabalhado. Impossível resolver a violência subjetiva sem eliminar a violência objetiva, estrutural e simbólica. O mesmo vale para a corrupção: impossível resolver a corrupção subjetiva sem a eliminação da corrupção objetiva (estrutural) e simbólica, permanentemente presentes em uma sociedade fundada sobre valores egoístas, materialistas e competitivos. Impossível eliminar a corrupção quando esta é incorporada como valor social e legalizada em diversos aspectos. Aliás, dentro dessa perspectiva, a forma mais rápida de eliminar a corrupção é legalizando as suas práticas, como ocorre em alguns Estados.

Uma pergunta: e se o parlamento fosse integrado por pessoas corruptas que transformassem em lei práticas corruptas? Em outras palavras: e se legalizassem a corrupção como legalizaram a usura?

O conceito de ética e de corrupção deve ser uma construção conjunta, livre, dialógica, consensual em uma sociedade livre das engrenagens corruptas presentes nas estruturas sociais, econômicas e políticas modernas e fortemente impregnadas nos elementos simbólicos das representações de mundo presentes em nossos cotidianos. Em outras palavras: acabar com a corrupção exige compreender as estruturas objetivas e simbólicas da sociedade capitalista construída na modernidade e eliminá-las. Sem isso ficaremos permanentemente repetindo políticas públicas pontuais, reapresentadas periodicamente com nova embalagem, políticas essas que não funcionaram no passado e não funcionarão no futuro.

4 Ética x direito

O direito está ocupando o espaço da ética. Grande perigo. Esta é mais uma pontuação necessária para entendermos a relação entre ética, direito e corrupção. Vivemos em nosso país um fenômeno que se reproduz também em outros Estados: a expansão do direito e a construção ideológica da crença no direito (especialmente o Direito Penal) para a solução de problemas recorrentes (já discutidos) de corrupção e violências. As leis se reproduzem como coelhos. Lei para punir as pessoas que dirigem após beberem álcool; lei para proibir a palmada; lei da ficha limpa para proibir candidatos "sujos" de se candidatarem; lei para proibir o tabaco; leis, leis e mais leis. O problema não é apenas o fato de que essas leis não funcionarão, é obvio, pelo que já discutimos anteriormente. O problema, também, não é o fato de que essas leis desviam a atenção dos reais problemas e fatos geradores da violência, exclusão e corrupção. Talvez, o maior problema seja a substituição da ética pelo direito. Vejamos.

A busca por uma sociedade ética não é um desafio novo. Na modernidade, a grande pretensão de construção de uma sociedade ética, que prescindisse do direito (Direito Penal incluído, óbvio), foi defendida por anarquistas e comunistas. A pretensão da construção de uma sociedade sem estado, sem direito, sem polícia, exército, governos, parlamentos, propriedade privada e qualquer outra forma de poder, de opressão e exclusão foi defendida pelas lutas de comunistas e anarquistas, que, por caminhos distintos, acreditavam na possibilidade de construção de uma sociedade de pessoas livres de qualquer forma de opressão. Essa liberdade seria conquistada após a construção pelo estado socialista (na perspectiva comunista) de um ser humano eticamente, moralmente e intelectualmente "evoluído". Sem pretender discutir neste momento a "hipótese comunista"[3] ressaltamos a aposta na ética. Para viabilizar a hipótese comunista, seria necessário construir seres humanos éticos. Nessa sociedade, as pessoas respeitariam o outro, seriam solidárias, honestas, íntegras, não roubariam ou agrediriam, não por medo do Estado e do Direito Penal, não por medo da polícia e do sistema penitenciário (pois nada disso existiria mais), mas pelo fato de estarem convencidas de que respeitar o "outro", ser solidário e honesto, seria a única conduta correta e logo, possível, de ser adotada.

Não é o objeto deste texto, como disse anteriormente, debater a hipótese comunista: será essa sociedade de pessoas éticas e conscientes possível? O que ressalto aqui é o fato da aposta na possibilidade, na busca e na luta para construção de uma sociedade ética que não mais necessite do direito.

---

[3] BADIOU, Alain. *A hipótese comunista*. São Paulo: Boitempo, 2012. (Coleção estado de sítio).

Hoje ocorre o contrário! Hoje ocorre o oposto! Nossas sociedades contemporâneas apostam no direito como a solução de tudo, o que significa a falência da ética e da moral.

Expliquemos.

O direito, ainda necessário, e todo o seu aparato ideológico, punitivo e repressor pode ser necessário nas sociedades que conhecemos. Se no estado moderno, o direito serviu (e ainda serve em boa medida) para proteger a propriedade e os privilégios (direitos para alguns) de uma minoria de homens, brancos e proprietários (substituídos por proprietários diversos hoje), o direito, mais recentemente, também passou a cumprir um outro papel: proteger e garantir direitos para aqueles que foram sistematicamente excluídos do sistema social e econômico e estruturar formas e sistemas de participação política democrática, o que resultou no reconhecimento do direito à diferença, e mais recentemente, o direito à diversidade. Bem, o direito pode ser necessário, ainda, durante um tempo razoável (entendam o tempo razoável como quiserem).

Portanto, os direitos fundamentais, especialmente o direito à diversidade, é uma importante conquista na luta pela superação de uma modernidade padronizadora e excludente.

O problema reside no fato de fortalecer o direito penal como encobrimento e distração. E não só isso, o maior problema está na ampliação do Direito Penal: tudo passa a ser criminalizado. Todas as condutas não aceitas (não aceitas por quem?) são agora objeto de punição, de criminalização. Presenciamos uma invasão radical do direito sobre o espaço que deveria permanecer com a ética (qual deve ser o espaço da ética?). O resultado disso é a troca de condutas decorrentes do convencimento por condutas decorrentes do medo. Explico. Nos espaços éticos, as pessoas são levadas a agir de determinada maneira por estarem convencidas de que essa conduta é a conduta moralmente sustentável e eticamente correta. No campo do direito, as pessoas são levadas a agir não apenas (e talvez principalmente) por estarem convencidas, mas pela existência de uma sanção estatal, penal, que ameaça a paz, a liberdade e a integridade do infrator.

Assim, quanto mais direito penal, mais se exige do Estado a capacidade de vigiar e punir.[4] Uma pergunta salta diante de nossa percepção: e se o Estado não conseguir vigiar e punir o suficiente para intimidar as pessoas a agirem como o Estado (quem tem poder) deseja que ajam.

---

[4] FOUCAULT, Michel. *Vigiar e punir*: história da violência nas prisões. 20. ed. Petrópolis: Vozes, 1987.

Vejam, então, a resultante dessa equação: o Estado, por meio do direito, chamou tudo para si. "Posso resolver tudo por meio do Direito Penal, do controle, da polícia e do sistema penitenciário", dizem os donos do poder. Diz ainda o "Estado": "posso acabar com a corrupção punindo e controlando os corruptos". Entretanto, alguém, timidamente, no fundo da sala levanta a mão e faz a seguinte pergunta: se o Estado absorveu toda a ética, se tudo passou a depender de um Estado que tudo controla, tudo vê e a todos pune, se algum dia esse Estado não conseguir mais controlar, ver e punir, o que restará, se toda a ética foi reduzida ao Direito Penal?

Não restará nada. Se as pessoas não mais agem por convencimento racional (ético), mas por coação, quando a coação nos anular ou não mais funcionar, não sobrará muita coisa além do caos.

Não, o Direito Penal não solucionará a corrupção, e o triste espetáculo que assistimos no Brasil hoje ainda comprometerá o que o Direito nos ofereceu de muito bom: respeito aos direitos fundamentais conquistados por meio de muita luta.

5 O candidato limpo

Como se não bastasse tudo isso, ainda assistimos à volta de outra assombração: o perigoso discurso da pureza.

Acredito que posso começar este tópico citando a Bíblia:[5] "Mas, como insistissem em perguntar-lhe, ergueu-se e disse-lhes: aquele dentre vóz que está sem pecado, seja o primeiro que lhe atire uma pedra".

O que pode dizer Jesus nesta passagem? Aqueles que apontam o dedo acusando o outro não se vêm no espelho. Pior. Aqueles que apontam o dedo em direção ao outro, acusando-o de corrupção, de impureza, de mentira, não enxergam seus erros, não querem enxergar, fingem não enxergar, e o que pode ser ainda pior: creem firmemente que não têm pecados, que são puros. Esses que creem em sua pureza são os mais perigosos, são os que apedrejam e matam.

A crença na pureza moral, na pureza racial ou qualquer outra pureza levou milhões, em diversos momentos da história, à morte e à tortura. Não há pior discurso do que o discurso da pureza. Não há pior atitude de uma pessoa do que a de se julgar puro.

Nas eleições municipais de 2012, lembro-me de uma propaganda oficial da Justiça Eleitoral que me marcou, pelo seu absurdo: uma bela senhora afirmando que deseja candidatos "limpos". O preocupante é o

---

[5] João 8:7.

fato de que as pessoas aceitam esse discurso com muita tranquilidade. Alguma coisa parece mesmo que está fora de lugar. Entramos em uma estrada que não deveríamos entrar, e estamos indo longe demais nela. O pesquisador francês Jacques Sémelin escreveu o livro *Purificar e destruir*.[6] Trata-se de um importante estudo sobre massacres e genocídios. O autor estuda três passagens trágicas, três genocídios: a "Shoah" judaica, na Segunda Guerra Mundial; o conflito e "limpeza" étnica na ex-Iugoslávia; o genocídio da população Tutsi de Ruanda. O livro se refere ainda aos genocídios armênio e cambojano.

Nesse livro, o autor nos descreve, no decorrer de uma análise minuciosa, os passos dados em direção ao extermínio em massa. Podemos resumi-los nos seguintes:

a) a política não mais enquanto razão, mas como emoção. O espaço político deixa de ser um espaço racional de construção de consensos para ser uma competição entre adversários que almejam o reconhecimento do seu melhor argumento;

b) de adversários a inimigos. A superação da racionalidade dialógica para construção de consensos, superada pela competição de argumentos, tem como etapa seguinte a transformação desses competidores em inimigos. Não se trata mais nem de busca de consensos racionais, nem de vitória do melhor argumento de competidores que buscam um "bem comum", mas de uma luta entre inimigos: ou está comigo ou está contra mim;

c) o inimigo, entretanto, tem a mesma estatura. Embora inimigos, respeitam-se. Qual o passo seguinte: o inimigo não será mais respeitado, mas rebaixado, inferiorizado. Alguma característica no inimigo impede, definitivamente, qualquer possibilidade de diálogo;

d) agora os passos que se seguem visam colocar esse "inimigo" político em uma esfera não humana. Assim o inimigo será animalizado. Esses passos dados pelo nazismo foram repetidos em outros genocídios e passaram a ser integrantes de "manuais" de propaganda eleitoral. A animalização dos judeus e sua representação como ratos foi a estratégia nazista na década de trinta;

e) depois da animalização vem a coisificação. Esse é o momento do discurso religioso se infiltrar na política. Com o discurso religioso, vem a busca da pureza. Agora não são mais

---

[6] SEMELIN, Jacques. *Purificar e destruir*: usos políticos dos massacres e dos genocídios. Rio de Janeiro: Difel, 2009.

adversários políticos; não apenas inimigos humanos; não mais nem mesmo uma relação entre o humano e o animalizado. O outro é coisificado pelo discurso do bem e do mal. Fulano é do bem, o inimigo é do mal. O discurso da pureza está a um passo da catástrofe;

f) passo seguinte: disseminar o medo. Esse inimigo que representa o mal, coisificado, nos ameaça. Ameaça nossa paz; nossa família, nossa propriedade. Estamos contra a parede.

g) agora é necessário um fato como estopim. Um episódio, em geral forjado (falso), desencadeia a violência. Na Alemanha, o assassinato de um diplomata alemão em Paris por um anarquista "judeu" desencadeia a barbárie. A noite dos cristais;

h) Por fim, o extermínio.

O que acabo de relatar foram os passos em direção à violência extrema do projeto nazista. O que acabo de relatar pode ser encontrado em campanhas eleitorais em nosso país, hoje, sem que os passos finais sejam dados, mas com uma aproximação irresponsável e perigosa. O que acabo de relatar decorre do discurso na crença em uma pureza que não existe, e é muito bom que jamais exista. Os que se julgam puros (se julgam além da condição humana) são sempre aqueles que apedrejam.

6 Conclusão, sempre provisória: somos seres processuais, singulares, plurais e dinâmicos

Uma lembrança: somos seres processuais e complexos, plurais. O que significa isso? Não podemos jamais nos deixar reduzir a um nome coletivo. Lembremos que a nomeação na terceira pessoa: nós x eles, ideia que já desenvolvemos em outros artigos e livros, é o passo para o genocídio, para a violência sem limites. A fórmula moderna repete-se à exaustão, mudando os nomes coletivos: nós os bons x eles os maus; nós os espanhóis x eles os "índios"; nós os fiéis x eles os infiéis; nós os arianos x eles os judeus; nós os tutsis x eles os hutus; e assim repetindo.

Assim como não podemos reduzir uma pessoa, ser complexo, em permanente processo de transformação, que é simultaneamente e historicamente uma grande variedade de identificações, a um nome coletivo, não podemos condenar ninguém a repetir, interminavelmente, um momento de sua vida. Não somos um fato, assim como não somos uma religião, uma nacionalidade, um time de futebol, uma profissão ou uma condição social. Ninguém é um "pobre" ou um "rico". Ninguém é só um "cristão" ou um "muçulmano"; ninguém é só um "homem" ou uma "mulher"; ninguém é só um "heterossexual" ou um "gay". Todos somos muitas identificações, muitos sonhos e medos, muitos desejos e crenças ao mesmo tempo. Somos plurais e complexos. As nomeações são simplificações que nos expõe ao pior.

Assim, como não somos só cristãos, muçulmanos, judeus, homens, mulheres, gays, brasileiros, americanos, africanos, asiáticos, trabalhadores, desempregados, professores, alunos, vermelhos, azuis, liberais, comunistas, socialistas, conservadores, não somos, não podemos ser, de forma nenhuma, reduzidos a um momento, uma ação, ações, erros e acertos. Assim como não somos só isso e tudo isso, não somos também para sempre honestos ou desonestos, corruptos ou santos, bons ou maus ou tudo isso ao mesmo tempo.

Temos que ter sempre o direito de mudar, de aprender, de errar e acertar de novo.

Termino com uma lembrança triste e ridícula: lembram-se do caso do Juiz que queria que todos no condomínio em que morava o chamassem de "excelência". Triste redução. Talvez ele fosse juiz com seus filhos e sua mulher e dormisse e acordasse de terno e gravata.

Informação bibliográfica deste texto, conforme a NBR 6023:2002 da Associação Brasileira de Normas Técnicas (ABNT):

MAGALHÃES, José Luiz Quadros de. Sociedade Ética, Estado de Direito e Corrupção. In: FORTINI, Cristiana (Coord.). *Corrupção e seus múltiplos enfoques jurídicos*. Belo Horizonte: Fórum, 2018. p. 373-384. ISBN: 978-85-450-0422-6.

SOBRE OS AUTORES

Adriana Campos Silva
Doutora em Direito Constitucional com ênfase e Direito Eleitoral. Mestre em Direito Econômico. Professora Decana da Área de Direito Constitucional. Professora de Direito Eleitoral e EDH da Pós-Graduação e da Graduação da Universidade Federal de Minas Gerais – UFMG. *Lattes*: <http://lattes.cnpq.br/8283209959095168>. E-mail: <adrilaw100@gmail.com>.

Ana Frazão
Advogada e professora de Direito Civil e Comercial da Universidade de Brasília (UnB). Ex-Conselheira do CADE – Conselho Administrativo de Defesa Econômica (2012-2015). Ex-Diretora da Faculdade de Direito da Universidade de Brasília (2009-2012). Graduada em Direito pela UnB. Especialista em Direito Econômico e Empresarial pela Fundação Getúlio Vargas (FGV). Mestre em Direito e Estado pela UnB e Doutora em Direito Comercial pela Pontifícia Universidade Católica de São Paulo (PUC-SP).

Bruno Martins Torchia
Mestre em Direito Público (FUMEC). Especialista em Direito Público (PUC Minas) e Direito de Empresa (UGF). Curso internacional de Combate ao Crime Organizado pela *Università degli Studi di Roma (TorVergata)*. Sócio do Bruno Torchia Advogados.

Caroline Stéphanie Francis dos Santos Maciel
Mestranda de Direito e pesquisadora bolsista do CNPq no Programa de Pós-Graduação da Faculdade de Direito da UFMG. Advogada vinculada à Divisão de Assistência Judiciária (DAJ) em Direito Tributário e Civil. E-mail: <carolinedossantos3@gmail.com>.

Cristiana Fortini
Doutora em Direito Administrativo pela UFMG. *Visiting Scholar* (pós Doutorado) pela George Washington University. Professora da Graduação e do Programa de Pós-Graduação da Faculdade de Direito da UFMG. Professora do Programa de Pós-Graduação da Faculdade de Direito Milton Campos. Coordenadora da Comissão de Direito Administrativo da OAB/MG. Diretora do Instituto Brasileiro de Direito Administrativo. Advogada.

Débora Carvalho Mascarenhas dos Anjos

Mestranda em Direito e Administração Pública pela Universidade Federal de Minas Gerais (UFMG). Graduada em Direito pela Universidade Fumec. Procuradora do Município de Nova Lima/MG.

Fabiano Teodoro de Rezende Lara

Doutor em Direito Econômico pela UFMG. Professor Adjunto de Direito Econômico da Faculdade de Direito da UFMG (graduação, mestrado e doutorado) e do IBMEC/MG. Coordenador do Grupo de Pesquisa em Direito Econômico (GPDE) da FDUFMG. Advogado. E-mail: <fabiano@fabianolara.com.br>.

Fabrício Bertini Pasquot Polido

Professor Adjunto de Direito Internacional da Faculdade de Direito da Universidade Federal de Minas Gerais – UFMG. Coordenador do Programa de Pós-Graduação em Direito. Doutor em Direito Internacional pela Universidade de São Paulo. Pesquisador-Visitante no Instituto Max-Planck para Direito Internacional Privado e Comparado, Hamburgo (2012). Diretor e fundador do IRIS – Instituto de Referência em Internet e Sociedade. Membro da Associação Americana de Direito Internacional Privado e International Law Association - ILA. Advogado e Consultor. *E-mail*: <fpolido@ufmg.br>.

Felipe Martins Pinto

Advogado Criminalista. Professor de Direito Processual Penal na Faculdade de Direito da UFMG. Vice-presidente do Instituto dos Advogados de Minas Gerais (IAMG).

Fernando A. N. Galvão da Rocha

Professor Associado da Faculdade de Direito da Universidade Federal de Minas Gerais. Juiz Civil do Tribunal de Justiça Militar do Estado de Minas Gerais. Ex-Promotor de Justiça do Ministério Público do Estado de Minas Gerais.

Giancarlo Spagnolo

Mestre em Economia pela Universidade de Cambridge (Reino Unido) e Doutor em Economia pela Stockholm School of Economics (SSE). Professor de Economia na Universidade de Roma II e Pesquisador Sênior do Stockholm Institute of Transition Economics (SITE/SSE), desde 2006. Pesquisador do Centre for Economic Policy Research (CEPR), em Londres, e da Economics Network for Competition and Regulation (Universidade de Amsterdam). Consultor Científico do Laboratory of

Economics, Antitrust and Regulation (LEAR) e pesquisador visitante no Einaudi Institute for Economics and Finance (EIEF), em Roma. Ex-professor da Universidade de Mannheim (Alemanha), ex-Economista Sênior da Divisão de Pesquisa do Banco Central da Suécia, e fundador e ex-chefe da Unidade de Pesquisa da Agência Italiana de Compras Públicas (Consip SpA).

Henrique Cunha Souza Lima
Mestrando em Direito Empresarial pela UFMG. Bolsista da CAPES. Coordenador do Grupo de Estudos em Direito Civil e Processual Civil da UFMG. Bacharel em Direito pela UFMG. Advogado. E-mail: <henriquecsouzalima@gmail.com>.

Jamile Bergamaschine Mata Diz
Catedrática Jean Monnet e professora da Faculdade de Direito da Universidade Federal de Minas Gerais. Professora do PPGD da Universidade de Itaúna/MG. Professora da FDMC/BH. Doutora em Direito Público/Direito Comunitário pela Universidade Alcalá de Henares – Madrid. Assessora Jurídica do Setor de Assessoria Técnica Secretaria do MERCOSUL – Montevidéu (período: 2008-2009). Master en Instituciones y Políticas de la UE – UCJC/Madrid. E-mail: <jmatadiz@yahoo.com.br>.

José Luiz Quadros de Magalhães
Professor da PUC-Minas e UFMG. Mestre e Doutor em Direito. Presidente nacional da Rede para um Constitucionalismo Democrático Latino Americano. *Site*: <www.joseluizquadrosdemagalhaes.blogspot.com.br>.

Júlia Rocha de Barcelos
Bacharela em Direito pela Universidade Federal de Minas Gerais (UFMG). Pós-graduanda em Direito Constitucional pelo Instituto para o Desenvolvimento Democrático (IDDE). Mestranda em Direito Político na Faculdade de Direito da Universidade Federal de Minas Gerais. Assessora na Procuradoria Regional Eleitoral em Minas Gerais. Membro da Academia Brasileira de Direito Eleitoral e Político. *Lattes*: <http://lattes.cnpq.br/3131128538666304>. E-mail: <jrdbl@hotmail.com>.

Laís Rocha Salgado
Mestranda em Direito Administrativo na Universidade Federal de Minas Gerais .LLM em Direito Empresarial pela Fundação Getulio Vargas (FGV). Advogada.

Lindsey D. Carson

Doutora em Direito pela Universidade de Toronto. Advogada Associada do Arnold & Porter, LLP. Professora Adjunta do "The Paul H. Nitze School of Advanced International Studies (SAIS)" da Johns Hopkins University (Washington – EUA).

Lucas Tavares Mourão

Mestrando em Direito pela Universidade Federal de Minas Gerais. Especialista em Direito Constitucional pelo Instituto para o Desenvolvimento Democrático, em parceria com a Universidade de Coimbra (Portugal). Bacharel em Direito pela Universidade Federal de Minas Gerais. Monitor do Grupo de Estudos em Constituição e Política. Advogado. E-mail: <lucastmourao@gmail.com>.

Marcelo Andrade Féres

Professor Adjunto da Faculdade de Direito da UFMG. Procurador Federal. E-mail: <feresmarcelo@hotmail.com>.

Maria Tereza Fonseca Dias

Mestre e doutora em Direito Administrativo pela UFMG. Professora do Departamento de Direito Público da UFMG e dos cursos de Graduação e Pós-Graduação *Stricto Sensu* da Universidade Fumec. Advogada e consultora.

Mariana Magalhães Avelar

Mestranda em Direito e Administração Pública pelo Programa de Pós-Graduação da Faculdade de Direito da UFMG. Especialista em Gestão e Finanças pela Fundação Dom Cabral. Advogada associada da Manesco, Ramires, Perez, Azevedo Marques Sociedade de Advogados. E-mail: <mmagalhaesavelar@gmail.com>.

Mariana Mota Prado

Doutora em Direito pela Faculdade de Direito de Yale (EUA). Professora Associada e Diretora do Programa de Pós-Graduação da Faculdade de Direito da Universidade de Toronto.

Paula Carolina de Oliveira Azevedo da Mata

Mestranda em Direito pela Universidade Federal de Minas Gerais (UFMG) em Produção Normativa (2016). Possui graduação em Direito pela Pontifícia Universidade Católica de Minas Gerais (PUC Minas) (2010), especialização em Direito Civil e Processual Civil (2012) e especialização em Direito Constitucional (2015). É pesquisadora bolsista da Fundação de Amparo à Pesquisa do Estado de Minas Gerais (FAPEMIG), em projeto vinculado ao grupo de estudos Observatório para a Qualidade da Lei da UFMG. Estagiária docente da disciplina Legística. Advogada.

Paula Rocha Gouvêa Brener
Monitora de Direito Penal da Faculdade de Direito da Universidade Federal de Minas Gerais.

Paulo Henrique de Mattos Studart
Mestre em Direito pela Universidade Federal de Minas Gerais (UFMG). Bacharel em Direito pela Universidade Federal de Minas Gerais (UFMG). Advogado. Membro da Comissão de Direito Eleitoral da Ordem dos Advogados do Brasil – Seção Minas Gerais (2013-2014). E-mail: <paulo.henrique.studart@gmail.com>.

Reinaldo Diogo Luz
Doutorando em Direito do Programa de Pós-Graduação em Direito da Faculdade de Direito da UFMG. Bacharel em Direito pela UFMG (2013) e em Engenharia Química pelo Instituto Militar de Engenharia (1997). Mestre em Administração pela Universidade Federal do Rio de Janeiro (2002). Pesquisador do Grupo de Pesquisa em Direito Econômico (GPDE) da FDUFMG.

Renata Ramos de Castro
Mestranda em Direito pela Universidade Federal de Minas Gerais. Pós-Graduanda em Direito Internacional pelo Centro de Direito Internacional (CEDIN). Pós-Graduanda (MBA) em Gerenciamento de Projetos no Instituto Brasileiro de Mercados de Capitais (IBMEC). Bacharel em Direito pela Pontifícia Universidade Católica de Minas Gerais.

Theo Nyreröd
Mestre em Filosofia pela Universidade de Estocolmo e pesquisador na Stockholm School of Economics, desde 2014, com foco em programas de recompensa para *whistleblowers*.

Esta obra foi composta em fonte Palatino Linotype, corpo
10 e impressa em papel Offset 75g (miolo) e Supremo
250g (capa) pela Laser Plus em Belo Horizonte/MG.